COLLECTION D'HISTORIENS CONTEMPORAINS

HISTOIRE

DE

LA GRÈCE

PARIS. — IMP. POUPART-DAVYL ET Cᵉ, RUE DU BAC, 30.

G. GROTE

Vice-Chancelier de l'Université de Londres, Associé étranger de l'Institut de France

HISTOIRE
DE
LA GRÈCE

DEPUIS LES TEMPS LES PLUS RECULÉS

JUSQU'A LA FIN DE LA GÉNÉRATION CONTEMPORAINE D'ALEXANDRE LE GRAND

TRADUIT DE L'ANGLAIS

Par A.-L. DE SADOUS

Professeur au Lycée Impérial de Versailles, Docteur ès lettres de la Faculté de Paris

TOME QUATRIÈME

SEULE ÉDITION FRANÇAISE AUTORISÉE PAR L'AUTEUR

AVEC CARTES ET PLANS.

PARIS

LIBRAIRIE INTERNATIONALE

15, BOULEVARD MONTMARTRE

Au coin de la rue Vivienne

A. LACROIX, VERBOECKHOVEN ET Cie, ÉDITEURS

A Bruxelles, à Leipzig et à Livourne

1865

TOUS DROITS DE REPRODUCTION RÉSERVÉS

1re PARTIE. — GRÈCE LÉGENDAIRE

Ἀνδρῶν ἡρώων θεῖον γένος, οἳ καλέονται
Ἡμίθεοι προτέρῃ γενέῃ.
HÉSIODE.

2e PARTIE. — GRÈCE HISTORIQUE

. . . . . . Πόλιες μερόπων ἀνθρώπων.
HOMÈRE.

Skiritæ (1), etc. Cependant on y voyait quelques villes considérables, agrégations de villages ou de dèmes qui avaient été jadis autonomes. Les principales étaient Tegea et Mantineia, sur les frontières de la Laconie et de l'Argolis, Orchomenos, Pheneus et Stymphalos, vers le nord-est, limitrophes de l'Achaia et de Phlionte, Kleitôr et Heræa, à l'ouest, où le pays est séparé de l'Elis et de la Triphylia par les monts boisés de Pholoe et d'Erymanthos, et Phigaleia, sur la frontière sud-ouest près de la Messênia. Les plus puissantes de toutes étaient Tegea et Mantineia (2), villes ayant des limites communes, presque égales en forces, se partageant la haute et froide plaine de Tripolitza, et séparées seulement par un de ces capricieux torrents qui n'ont d'autre issue que des Katabothra. Régler l'écoulement de cette eau était une tâche difficile, qui demandait la coopération amicale des deux villes ; et quand leurs jalousies fréquentes amenaient une querelle, la plus agressive des deux inondait le territoire de sa voisine comme seul moyen de la molester. La puissance de Tegea, qui s'était formée de neuf municipes constitutifs séparés dans l'origine (3), semble avoir été plus ancienne que celle de sa rivale ; comme nous pouvons en juger par ses éclatantes prétentions héroïques rattachées au nom d'Echemos, et par le poste cédé à ses hoplites dans les armements collectifs des Péloponésiens réunis, poste qui ne le cédait en distinction qu'à celui des Lacédæmoniens (4). S'il

---

(1) Pausan. VIII, 26, 5 ; Strabon, VIII, p. 388.

Quelques géographes distribuaient les Arkadiens en trois subdivisions, Azanes, Parrhasii et Trapezuntii. Azan passait pour le fils d'Arkas, et on disait que son lot dans le partage de l'héritage paternel avait contenu dix-sept villes (ἃς ἔλαχεν Ἀζήν). Stephan. Byz. v. Ἀζανία — Παρρασία. Kleitôr semble la capitale de l'Azania, autant que nous pouvons l'induire de la généalogie (Pausan. VIII, 4, 2, 3). Pæus ou Paos, d'où vint le prétendant azanien à la main de la fille de Kleisthenês,

était entre Kleitôr et Psôphis (Hérod. VI, 127 ; Pausan. VIII, 23, 6). Toutefois un oracle delphien compte les habitants de Phigaleia, à l'angle sud-ouest de l'Arkadia, parmi les Azanes (Pausan. VIII, 42, 3).

On supposait que le tombeau d'Arkas était sur le mont Mænalos (Pausan. VIII, 9, 2).

(2) Thucyd. V, 65. Cf. la description du sol par le prof. Ross (Reisen im Peloponess, IV, 7).

(3) Strabon, VIII, p. 337.

(4) Hérodote, IX, 27.

est vrai, comme l'assure Strabon (1), que l'incorporation de Mantineia, au moyen de ses cinq Dêmes séparés, fut effectuée par les Argiens, nous pouvons supposer que ces derniers adoptèrent cette mesure comme moyen de causer un échec à leurs puissants voisins de Tegea. La plaine commune de Tegea et de Mantineia était bordée à l'ouest par les hauteurs glacées du Mænalos (2), au delà duquel, jusqu'aux frontières de la Laconie, de la Messênia et de la Triphylia, il n'y avait rien en Arkadia que quelques municipes ou villages petits et de peu de conséquence, sans aucune ville considérable, avant l'importante mesure que prit Epaminondas en fondant Megalopolis, peu de temps après la bataille de Leuktra. Les montagnards de ces contrées qui se joignirent à Epaminondas avant la bataille de Mantineia (à une époque où Mantineia et la plupart des villes de l'Arkadia lui étaient opposées) étaient si inférieurs aux autres Grecs sous le rapport de l'équipement, qu'ils ne portaient encore comme arme principale, au lieu de la lance, rien de plus que l'ancienne massue (3).

---

(1) Strabon, *l. c.* Mantineia est comptée parmi les plus anciennes cités de l'Arkadia (Polyb. II, 54). Mantineia et Orchomenos avaient occupé toutes deux dans l'origine des situations très-élevées sur des collines, et avaient été reconstruites sur une échelle plus considérable, plus bas en se rapprochant de la plaine (Pausan. VIII, 8, 3; 12, 4; 13, 2).

Relativement aux rapports qui existaient, pendant la première période historique, entre Sparte, Argos et l'Arkadia, il y a un nouveau fragment de Diodore (parmi les fragments récemment publiés par Didot et tirés des Excerpta qui se trouvent dans la bibliothèque de l'Escurial, Fragm. Historic. Græcor. vol. II, p. 8). Les Argiens avaient épousé la cause des Arkadiens contre Sparte; et au prix de pertes et de souffrances considérables, ils avaient regagné les portions de l'Arkadia qu'elle avait conquises. Le roi d'Argos rendit aux Arkadiens ce territoire recouvré; mais les Arkadiens en général étaient fâchés qu'il ne l'eût pas conservé et distribué entre eux en récompense de leurs pertes pendant la lutte. Ils se soulevèrent contre le roi, qui fut forcé de fuir et se réfugia à Tegea.

Nous n'avons rien qui explique ce fragment, et nous ignorons à quel roi, à quelle date ou à quels événements il se rapporte.

(2) Μαιναλίη δυσχείμερος (Oracle Delphien, ap. Pausan. VIII, 9, 2).

(3) Xénophon, en décrivant l'ardeur qu'Epaminondas inspira à ses soldats avant cette bataille finale, dit (VII, 5, 20), προθύμως μὲν ἐλευκοῦντο οἱ ἱππεῖς τὰ κράνη, κελεύοντος ἐκείνου· ἐπεγράφοντο δὲ καὶ τῶν Ἀρκάδων ὁπλῖται, ῥόπαλα ἔχοντες, ὡς Θηβαῖοι ὄντες·

Tegea et Mantineia tenaient dans une sorte de dépendance plusieurs de ces petits municipes arkadiens voisins d'elles, et désiraient vivement étendre cet empire sur d'autres : pendant la guerre du Péloponèse, nous trouvons les Messèniens établissant et garnissant de troupes une forteresse à Kypsela chez les Parrhasii, près du lieu où plus tard fut fondée Megalopolis (1). Mais, à cette époque, Sparte, comme chef politique de la Hellas, ayant un intérêt capital à tenir toutes les villes grecques, petites et grandes, aussi isolées les unes des autres que possible, et à arrêter tous les desseins tendant à former des confédérations locales, se posait en protectrice de l'autonomie de ces petits municipes arkadiens et refoulait les Messèniens dans leurs propres limites (2). Un peu plus tard, étant à l'apogée de sa puissance, peu d'années avant la bataille de Leuktra, elle alla jusqu'à la mesure extrême de briser l'unité de Mantineia elle-même, en faisant raser ses murs et en répartissant de nouveau ses habitants dans leurs cinq dêmes primitifs, arrangement violent que le tour des événements politiques détruisit très-promptement (3). Ce ne fut qu'après la bataille de Leuktra et l'abaissement de Sparte que des mesures furent prises pour la formation d'une confédération politique arkadienne (4); et même alors les jalousies des cités séparées la rendirent incomplète et éphémère.

πάντες δὲ ἠκονῶντο καὶ λόγχας καὶ μαχαίρας, καὶ ἐλαμπρύνοντο τὰς ἀσπίδας.

Il n'est guère concevable que ces Arkadiens armés de massues aient possédé un bouclier et une armure complète. Le langage de Xénophon, quand il les appelle hoplites, et le terme ἐπεγράφοντο (se rapportant proprement à l'inscription sur le bouclier) paraît conçu dans un esprit de raillerie méprisante, ayant son origine dans les tendances antithébaines de Xénophon : « Les hoplites arkadiens avec leurs massues prétendent qu'ils sont aussi braves que les Thêbains. » Ces tendances de Xénophon se montrent dans des expressions très-peu séantes à la dignité de l'histoire (bien que curieuses comme preuves du temps); c'est ce qu'on peut voir par VII, 5, 12, où il dit des Thébains — ἐνταῦθα δὴ οἱ πῦρ πνέοντες, οἱ νενικηκότες τοὺς Λακεδαιμονίους, οἱ τῷ παντὶ πλέονες, etc.

(1) Thucyd. V, 33, 47, 81.
(2) Thucyd. l. c. Cf. le discours instructif que Kleigenês, l'envoyé d'Akanthos, adressa aux Lacédæmoniens, 382 avant J.-C. (Xenoph. Hellen. V, 2, 15-16).
(3) Xénoph. Hellen. V, 2, 1-6 ; Diodore, XV, 19.
(4) Xénoph. Hellen. VI, 5, 10-11 ; VII, 1, 23-25.

L'ascendant d'Epaminondas accomplit le grand changement permanent, l'établissement de Megalopolis. Quarante petits municipes arkadiens, parmi ceux qui étaient situés à l'ouest du mont Mænalos, furent réunis pour former la nouvelle cité ; les jalousies de Tegea, de Mantineia et de Kleitôr furent suspendues pendant un temps ; et des œkistes vinrent de tous ces endroits aussi bien que des districts des Mænalii et des Parrhasii, pour donner au nouvel établissement un pur caractère pan-arkadien (1). Ce fut ainsi qu'il s'éleva pour la première fois une cité puissante sur les frontières de la Laconie et de la Messènia, délivrant les municipes arkadiens de leur dépendance de Sparte, et leur donnant des intérêts politiques particuliers, qui en firent à la fois un frein pour leur ancien maître et un appui pour les Messéniens rétablis.

Il a été nécessaire d'attirer ainsi l'attention du lecteur pour un moment sur des événements bien postérieurs dans l'ordre des temps (Megalopolis fut fondée en 370 av. J.-C.), afin qu'il pût comprendre, par comparaison, la marche générale de ces incidents du temps passé, où manquent des renseignements directs. La frontière septentrionale du territoire spartiate était formée par quelques-uns des nombreux petits municipes ou districts arkadiens, dont plusieurs furent successivement conquis par les Spartiates et incorporés dans leur empire, bien qu'il nous soit impossible de dire à quelle époque précise. On nous dit que Charilaos, le prétendu neveu et pupille de Lykurgue, prit Ægys, et qu'il envahit aussi le territoire de Tegea, mais avec un mauvais succès singulier ; car il fut vaincu et fait prisonnier (2).

---

(1) Pausan. VIII, 27, 5. Il n'est pas fait mention d'œkiste venu d'Orchomenos, bien que trois des petits municipes *tributaires* (συντελοῦντα) d'Orchomenos fussent incorporés dans la nouvelle cité.

La querelle entre les villes voisines d'Orchomenos et de Mantineia fut acharnée (Xen. Hellen. VI, 5, 11-22). Orchomenos et Hêræa étaient toutes deux opposées à la confédération politique de l'Arkadia.

La harangue de Démosthène, ὑπὲρ Μεγαλοπολιτῶν, prouve fortement l'importance de cette cité, particulièrement c. 10 — ἐὰν μὲν ἀναιρεθῶσι καὶ διοικισθῶσιν, ἰσχυροῖς Λακεδαιμονίοις εὐθύς ἐστιν εἶναι, etc.

(2) Pausan. III, 2, 6 ; III, 7, 3 ; VIII, 48, 3.

Nous apprenons aussi que les Spartiates prirent Phigaleia par surprise dans la trentième Olympiade, mais qu'ils en furent chassés par les Oresthasiens Arkadiens du voisinage (1). Pendant la seconde guerre Messènienne, on représente les Arkadiens comme secondant cordialement les Messèniens; et il paraîtra peut-être singulier que, tandis que ni Mantineia, ni Tegea, ne sont mentionnées dans cette guerre, la ville d'Orchomenos plus éloignée, avec son roi Aristokratês, marche en avant. Mais les faits de la lutte se présentent à nous avec une couleur si poétique, que nous ne pouvons pas nous permettre d'en tirer aucune conclusion positive quant aux temps auxquels on les rapporte.

Œnos (2) et Karystos semblent avoir appartenu aux Spartiates du temps d'Alkman; de plus, le district appelé Skiritis, confinant avec le territoire de Tegea, aussi bien que Belemina et Maleatis, à l'ouest, et Karyæ à l'est et au sud-ouest de Skiritis, formant tous ensemble la frontière septentrionale entière de Sparte, et tous occupés par des habitants arkadiens, avait été conquis et annexé au territoire spartiate (3) antérieurement à 600 avant J.-C. Et Hérodote nous dit qu'à cette époque les rois spartiates Leon et Hegesiklès n'avaient rien moins en vue que la conquête de l'Arkadia entière, et qu'ils envoyèrent demander à l'oracle de

---

(1) Pausan. VIII, 39, 2.

(2) Alkman, Fragm. 15, Welcker; Strabon, X, p. 446.

(3) C'est un fait bien connu que les Skiritæ étaient Arkadiens (Thucyd. V, 47; Steph. Byz. v. Σκίρος); les Arkadiens disputèrent la possession de Belemina à Sparte, dans le temps de son humiliation relative. V. Plutarque, Kleomenês, 4; Pausan. VIII, 35, 4.

Quant à Karyæ (la ville frontière de Sparte, où l'on sacrifiait les διαβατήρια, Thucyd. V, 55), V. Photius. Καρυάτεια — ἑορτὴ Ἀρτέμιδος · τὰς δὲ Καρύας Ἀρκάδων οὔσας ἀπετέμοντο Λακεδαιμόνιοι.

L'empressement avec lequel Karyæ et les Maleates se révoltèrent contre Sparte après la bataille de Leuktra, même avant l'invasion de la Laconie par les Thêbains, les montre évidemment comme des dépendances étrangères de Sparte, acquises par la conquête, sans aucun lien de race (Xénoph. Hellen. VI, 5, 24-26 ; VII, 1, 28). Leuktron dans la Maleatis semble avoir formé une partie du territoire de Megalopolis à l'époque de Kleomenês III (Plut. Kleom. 6); dans la guerre du Péloponèse, c'était la ville frontière de Sparte du côté du mont Lykæon (Thucyd. V, 53).

Delphes de bénir leur entreprise (1). La prêtresse repoussa leurs désirs, comme extravagants, quant à toute l'Arkadia; mais elle les encouragea, avec les équivoques habituelles de son langage, à essayer leur fortune contre Tegea. Exaltés par le cours de leurs succès antérieurs, non moins que par le sens favorable qu'ils donnèrent aux paroles de l'oracle, les Lacédæmoniens marchèrent contre Tegea, confiants tellement dans le succès qu'ils emportèrent avec eux des chaînes pour en charger les prisonniers qu'ils s'attendaient à faire. Mais le résultat fut un désappointement et une défaite. Ils furent repoussés avec perte, et les prisonniers qu'ils laissèrent derrière eux, chargés des mêmes chaînes que leur propre armée avait apportées, furent contraints à des travaux serviles dans la plaine de Tegea; les paroles de l'oracle étant ainsi littéralement accomplies, bien que dans un sens différent de celui dans lequel les Lacédæmoniens les avaient d'abord comprises (2).

Pendant une génération entière, nous dit-on, ils furent constamment malheureux dans leurs campagnes contre les Tégéens, et cette vigoureuse résistance les empêcha probablement d'étendre plus loin leurs conquêtes dans les petits États de l'Arkadia.

A la fin, sous le règne d'Anaxandridès et d'Aristô, les successeurs de Leon et d'Hegesiklès (vers 560 av. J.-C.), l'oracle de Delphes, répondant aux Spartiates qui lui demandaient lequel des dieux ils devaient se rendre favorable pour devenir victorieux, leur enjoignit de trouver et d'apporter à Sparte les ossements d'Orestês, fils d'Agamemnôn. Après une vaine recherche, puisqu'ils ignoraient où ils pourraient trouver le corps d'Orestês, ils s'adresèrent à l'oracle pour avoir des instructions plus précises, et il leur fut dit que le fils d'Agamemnôn était enseveli à Tegea même, dans un lieu

---

(1) Hérod. I, 66, καταφρονήσαντες Ἀρκάδων κρέσσονες εἶναι, ἐχρηστηριάζοντο ἐν Δελφοῖσι ἐπὶ πάσῃ τῇ Ἀρκάδων χώρῃ.

(2) Hérod. I, 67; Pausan. III, 3, 5; VIII, 45, 2. Hérodote vit les mêmes chaînes suspendues dans le temple d'Athênê Alea à Tegea.

« où deux vents soufflaient sous l'action d'une force puissante, où il y avait coup sur coup et destruction sur destruction. » Ces mystérieuses paroles furent éclaircies par un heureux hasard. Pendant une trêve avec Tegea, Lichas, un des chefs des trois cents jeunes Spartiates d'élite qui servaient aux éphores de police mobile dans le pays, visita la place et entra dans la forge d'un forgeron. Celui-ci lui apprit, dans le cours de la conversation, qu'en creusant un puits dans la cour extérieure, il avait récemment découvert un cercueil contenant un corps long de sept coudées; qu'étonné à cette vue, il l'y avait laissé sans le déranger. Lichas fut frappé de l'idée que ces reliques gigantesques du passé ne pouvaient être autre chose que le cadavre d'Orestès, et il en fut assuré en réfléchissant avec quelle exactitude étaient vérifiées les indications de l'oracle; car il y avait « les deux vents soufflant de force » dans les deux soufflets du forgeron; il y avait « le coup et le contre-coup » dans son marteau et son enclume, aussi bien que « destruction sur destruction » dans les armes meurtrières qu'il forgeait. Lichas ne dit rien, mais retourna à Sparte avec sa découverte et la communiqua aux autorités, qui, d'après un plan concerté, le bannirent sous prétexte d'une accusation criminelle. Alors il retourna de nouveau à Tegea, dans le costume d'un exilé, persuada au forgeron de lui céder le local, et quand il l'eut en sa posession, il fouilla le sol et en retira les ossements du héros vénéré, qu'il apporta à Sparte (1).

A partir de cette heureuse acquisition, le caractère de la lutte changea; les Spartiates se trouvèrent constamment victorieux des Tegéens. Mais il ne semble pas que ces victoires amenassent de résultat positif, bien qu'elles aient pu servir peut-être à fortifier la conviction pratique de la supériorité spartiate; car le territoire de Tegea resta intact, et son autonomie ne fut nullement restreinte. Pendant l'invasion des Perses, Tegea paraît comme l'alliée volontaire de

---

(1) Hérod. I, 69-70.

Lacédæmone, et comme la seconde puissance militaire du Péloponèse (1) ; et nous pouvons supposer avec quelque raison que ce fut surtout la vigoureuse résistance des Tégéens qui empêcha les Lacédæmoniens d'étendre leur empire sur la partie plus considérable des communautés arkadiennes. Ces dernières conservèrent toujours leur indépendance, bien que reconnaissant Sparte comme la puissance souveraine du Péloponèse, et obéissant à ses ordres implicitement quant à la manière de disposer de leurs forces militaires. Et l'influence que Sparte possédait ainsi sur toute l'Arkadia fut un des principaux éléments de son pouvoir, qui ne fut jamais sérieusement ébranlé jusqu'à la bataille de Leuktra, à la suite de laquelle elle perdit les anciens moyens qu'elle possédait pour assurer le succès et le pillage à ses partisans d'un ordre inférieur (2).

Ayant ainsi raconté l'extension de la puissance de Sparte sur la frontière septentrionale ou arkadienne, il nous reste à mentionner ses acquisitions à l'est et au nord-est du côté d'Argos. Dans l'origine (comme il a été dit auparavant) non-seulement la province de Kynuria et la Thyreatis, mais encore toute la côte jusqu'au cap Malea, avaient fait partie du territoire d'Argos ou avaient appartenu à la confédération argienne. Hérodote (3) nous apprend qu'avant l'époque où l'ambassade envoyée par Crésus, roi de Lydia, vint solliciter aide et appui en Grèce (vers 547 av. J.-C.), tout ce territoire était tombé sous la domination de Sparte ; mais combien de temps auparavant, ou à quelle époque précise, c'est ce que nous ignorons. Les Argiens avaient, dit-on, remporté une victoire considérable sur les Spartiates dans la vingt-septième Olympiade ou 669 avant J.-C., à Hysiæ, sur la route qui était entre Argos et Tegea (4). A ce moment, il ne paraît pas probable que Kynuria ait été au pouvoir des Spartiates, de sorte

---

(1) Hérod. IX, 26.
(2) Xénoph. Hellen. V, 2, 19. Ὥσπερ Ἀρκάδες, ὅταν μεθ' ὑμῶν ἴωσι, τά τε αὑτῶν σώζουσι καὶ τὰ ἀλλότρια ἁρπάζουσι, etc.

Ces paroles étaient adressées aux Lacédæmoniens environ dix ans avant la bataille de Leuktra.
(3) Hérod. I, 82.
(4) Pausan. II, 25, 1.

que nous devons en reporter l'acquisition à quelque époque du siècle suivant; bien que Pausanias la place beaucoup plus tôt, pendant le règne de Theopompos (1), et qu'Eusèbe la rattache au premier établissement de la fête appelée Gymnopædia à Sparte, en 678 avant J.-C.

Vers l'an 547 avant J.-C., les Argiens firent un effort pour reprendre Thyrea à Sparte, ce qui donna lieu à un combat longtemps mémorable dans les annales de l'héroïsme grec. Il fut convenu entre les deux puissances que la possession de ce territoire serait déterminée par un combat entre trois cents champions choisis de chaque côté; les deux armées ennemies se retirant, afin de laisser le champ libre. Ces deux troupes d'élite montrèrent une valeur si intrépide et si égale qu'à la fin de la lutte il ne resta que trois des champions vivants, Alkênôr et Chromios du côté des Argiens, Othryadès du côté des Spartiates. Les deux guerriers argiens se hâtèrent de retourner chez eux pour annoncer leur victoire; mais Othryadès resta sur le champ de bataille, porta dans le camp spartiate les armes dont il dépouilla les cadavres de l'ennemi, et garda la position jusqu'à ce qu'il fût rejoint par ses compatriotes le lendemain matin. Argos et Sparte réclamèrent toutes les deux la victoire pour leurs champions respectifs, et la querelle après tout fut décidée par un conflit général dans lequel les Spartiates furent vainqueurs, mais non sans beaucoup de pertes des deux côtés. Le brave Othryadès, honteux de retourner dans sa patrie survivant seul à ses trois cents compagnons, se perça de sa propre épée sur le champ de bataille (2).

Cette défaite décida de la possession de Thyrea, qui ne revint sous le pouvoir d'Argos qu'à une époque très-avancée de l'histoire grecque. Le duel préliminaire des trois cents, avec son issue incertaine, quoique bien établi quant au fait général, était représenté par les Argiens d'une manière totalement différente du récit donné plus haut, qui semble

---

(1) Pausan. III, 7, 5.   (2) Hérodote, I, 82; Strabon, VIII, 316

avoir eu cours chez les Lacédæmoniens (1). Mais la circonstance la plus remarquable est que, plus d'un siècle après, lorsque les deux puissances étaient en négociations pour un renouvellement de la trêve expirant alors, les Argiens, soupirant encore après ce territoire qui leur avait appartenu jadis, demandèrent aux Lacédæmoniens de soumettre la question à un arbitrage ; sur leur refus, ils stipulèrent ensuite le privilége de décider le point en litige par un duel semblable au premier, à toute époque excepté pendant la guerre ou une maladie épidémique. L'historien nous dit que les Lacédæmoniens acquiescèrent à cette proposition, bien qu'elle leur parût absurde (2), vu l'extrême désir qu'ils avaient de conserver avec Argos à cette époque leurs relations amicales et pacifiques. Mais il n'y a pas de motif pour croire que le duel réel, auquel Othryadès prit part, fût considéré comme absurde à l'époque où il s'engagea ou dans le siècle qui vint immédiatement après. Il cadra avec une sorte d'humeur belliqueuse et chevaleresque que l'on compte parmi les attributs des anciens Grecs (3), et aussi avec divers exploits légendaires, tels que le combat singulier d'Echemos et d'Hyllos, de Melan-

---

(1) Les Argiens montraient à Argos une statue de Perilaos, fils d'Alkênôr, tuant Othryadès (Pausan. II, 20, 6 ; II, 38, 5 ; Cf. X, 9, 6, et les citations dans Larcher ad Herodot. I, 82). Le récit de Chrysermos, ἐν τρίτῳ Πελοποννησιακῶν (tel qu'il est donné dans Plutarque, Parallel. Hellenic. p. 306) est différent sous bien des rapports.

Pausanias trouva la Thyreatis possédée par les Argiens (II, 38, 5). Ils lui dirent qu'ils l'avaient recouvrée par jugement ; quand et par qui, c'est ce que nous ignorons : elle semble avoir repassé à Argos avant la fin du règne de Kleomenês III à Sparte (220 av. J.-C.), Polybe, IV, 36.

Strabon même compte Prasiæ comme argienne, au sud de Kynuria (VIII, p. 368), bien que dans un autre passage (p. 374), probablement cité d'après Ephore, elle soit regardée comme lacédæmonienne. Cf. Manso, Sparta, vol. II. Beilage, I, p. 48.

Eusèbe, plaçant ce duel à une époque beaucoup plus reculée (Ol. 27, 3, 678 av. J.-C.), attribue la première institution des Gymnopædia à Sparte au désir de rappeler cet événement. Pausanias (III, 7, 3) le place encore plus haut, sous le règne de Theopompos.

(2) Thucyd. V, 41. Τοῖς δὲ Λακεδαιμονίοις τὸ μὲν πρῶτον ἐδόκει μωρία εἶναι ταῦτα, ἔπειτα (ἐπεθύμουν γὰρ πάντως τὸ Ἄργος φίλιον ἔχειν) ξυνεχώρησαν ἐφ' οἷς ἠξίουν, καὶ ξυνεγράψαντο.

(3) Hérod. VII, 9. Cf. le cartel qui, selon Hérodote, fut adressé aux Spartiates par Mardonios, au moyen d'un héraut, un peu avant la bataille de Platée (IX, 48).

thos et de Xanthos, de Menelaos et de Pâris, etc. De plus, l'héroïsme d'Othryadês et de ses concitoyens était un sujet populaire pour les poëtes non-seulement aux Gymnopædia spartiates (1), mais encore ailleurs, et paraît avoir été fréquemment célébré. On doit donc attribuer à un changement dans l'esprit politique des Grecs, à l'époque de la guerre des Perses et après cet événement, l'absurdité attachée à cette proposition pendant la guerre du Péloponèse, dans les esprits même des Spartiates, le peuple de la Grèce le plus attaché aux vieilles coutumes et le moins changeant. L'habitude de calculs politiques avait fait chez eux des progrès si prononcés que les principaux États particulièrement avaient fini par se familiariser avec quelque chose qui ressemblait à une appréciation sérieuse et approfondie de leurs ressources, de leurs dangers et de leurs obligations. On verra de quelle façon déplorable cette sorte de sagacité manquait pendant l'invasion des Perses, lorsque nous en viendrons à décrire cette crise imminente de l'indépendance grecque; mais les événements de cette époque furent bien faits pour l'aiguiser pour l'avenir, et les Grecs de la guerre du Péloponèse étaient devenus plus habiles et plus raffinés dans l'art de former des projets politiques que leurs ancêtres. Et c'est ainsi qu'il se fit que la proposition de régler une dispute territoriale par un duel entre champions choisis, admissible et même adoptée un siècle auparavant, finit plus tard par passer pour ridicule et puérile.

Hérodote dit que les habitants de Kynuria étaient Ioniens, mais qu'ils étaient devenus complétement doriens par suite de leur longue soumission à l'autorité d'Argos, qui les gouvernait comme Periœki. Pausanias explique différemment leur race, qu'il fait remonter au héros éponyme Kynuros, fils de Perseus; mais il ne les rattache pas aux Kynuriens, qu'il mentionne dans un autre endroit comme étant une partie des habitants de l'Arkadia (2). Il est évident que, même

---

(1) Athenæ. XV, p. 678. — (2) Hérod. VIII, 73. Pausan. III, 2, 2; VIII, 27, 3.

à l'époque d'Hérodote, les traces de leur origine primitive étaient presque effacées. Il dit qu'ils étaient « Orneates et Periœki » pour Argos ; et il paraît que les habitants d'Orneæ aussi, qu'Argos avait réduits à la même condition dépendante, rattachaient leur héros éponyme à une souche ionienne. Orneus était fils de l'Attique Erechtheus (1). Strabon semble avoir conçu les Kynuriens comme occupant, dans l'origine, non-seulement le district frontière de l'Argolis et de la Laconie, où Thyrea est située, mais encore la partie nord-ouest de l'Argolis, au-dessous de la crête de la montagne appelée Lyrkeion, qui sépare cette dernière contrée du territoire arkadien de Stymphalos (2). Cette montagne était voisine de la ville d'Orneæ, qui est située sur la frontière de l'Argolis, près des confins de Phlionte ; de sorte que Strabon sert ainsi à confirmer l'assertion d'Hérodote, à savoir que les Orneates étaient une partie des Kynuriens, tenus par Argos en même temps que les autres Kynuriens dans l'état d'alliés dépendants et de Periœki, et très-probablement aussi d'origine ionienne.

La conquête de Thyrea (district important pour les Lacédæmoniens, comme nous pouvons le supposer par le butin considérable que les Argiens y firent pendant la guerre du Péloponèse (3), fut la dernière acquisition territoriale faite par Sparte. Elle était maintenant en possession d'un empire continu, comprenant toute la portion méridionale du Péloponèse, depuis la rive méridionale du fleuve Nedon sur la côte occidentale, jusqu'à la frontière septentrionale de la Thyreatis sur la côte orientale. La superficie de son

---

(1) Pausan. II, 25, 5. Mannert (Geographie der Griechen und Roemer, Griechenland, liv. II, c. 19, p. 618) rattache les Kynuriens d'Arkadia à ceux de l'Argolis, bien qu'Hérodote nous dise que ces derniers étaient Ioniens ; il donne à ce nom une importance et une extension beaucoup plus grandes que ne le comportent les preuves.

(2) Strabon, VIII, p. 370 — ὁ Ἰνα-χος ἔχων τὰς πηγὰς ἐκ Λυρκείου τοῦ κατὰ Κυνουρίαν ὄρους τῆς Ἀρκαδίας. Coray et Grosskurd ne gagnent rien ici par la leçon conjecturale de Ἀργείας au lieu de Ἀρκαδίας, car la crête de Lyrkeion s'étendait entre les deux pays, et pouvait par conséquent sans inconvenance être rattachée à l'un ou à l'autre.

(3) Thucyd. VI, 95.

territoire, qui renfermait et la Laconie et la Messènia, était égale aux deux cinquièmes de toute la Péninsule ; il était gouverné tout entier par la cité seule, et dans l'intérêt exclusif des citoyens de Sparte et en vue d'eux seuls. Dans toute cette vaste étendue il n'y avait pas une seule communauté prétendant à une action indépendante. Les municipes des Periœki et les villages des Ilotes étaient, pris individuellement, sans importance ; et il n'est pas question non plus que l'un d'eux osât traiter avec un État étranger. Tous se considèrent comme étant seulement les sujets des éphores spartiates et leurs agents subordonnés. Ce sont, à la vérité, des sujets mécontents, haïssant aussi bien que craignant leurs maîtres, et auxquels on ne doit point se fier s'il se présente une occasion favorable pour se révolter sans danger. Mais aucun district, aucun municipe isolé n'est assez fort pour relever de lui-même, tandis que tout concert entre eux est empêché par la surveillance habituelle et les précautions peu scrupuleuses des éphores, particulièrement par cette police secrète et jalouse appelée la Krypteia, à laquelle nous avons déjà fait allusion.

Ainsi Sparte avait non-seulement un territoire plus considérable et une population plus nombreuse que tout autre État de la Hellas, mais son gouvernement était aussi plus complétement centralisé et plus rigoureusement obéi. La source de sa faiblesse était dans le mécontentement de ses Periœki et de ses Ilotes ; et ces derniers n'étaient pas (comme les esclaves d'autres États) des barbares importés de différentes contrées et parlant un grec corrompu, mais de véritables Hellènes ; ils avaient le même dialecte et la même lignée, des sympathies communes et mutuelles, et autant de droits à la protection de Zeus Hellanios que leurs maîtres, dont en effet ils ne différaient que par l'éducation parfaite, individuelle et collective, qui était particulière aux Spartiates. Pendant la période qui nous occupe actuellement, il ne semble pas que ce mécontentement agisse sensiblement ; mais nous en observerons les manifestations d'une manière très-peu équivoque après la guerre des Perses et pendant celle du Péloponèse.

A ces causes auxiliaires de la prépondérance spartiate nous devons en ajouter une autre, l'excellente position militaire de Sparte, et le caractère de la Laconie inattaquable en général. De trois côtés ce territoire est baigné par la mer (1), avec une côte remarquablement dangereuse et dénuée de ports ; aussi Sparte n'eut rien à redouter de ce côté jusqu'à l'invasion des Perses et ses conséquences, dont une des plus remarquables fut le développement étonnant des forces navales d'Athènes. La cité de Sparte, fort éloignée de la mer, était admirablement défendue par une frontière septentrionale presque infranchissable, composée de ces districts qui, comme nous l'avons fait remarquer plus haut, avaient été conquis sur l'Arkadia, Karyatis, Skiritis, Maleatis et Beleminatis. La difficulté aussi bien que le danger de pénétrer dans la Laconie par ces défilés des montagnes, que signale Euripide, était vivement sentie par tous les ennemis des Lacédæmoniens, et a été exposée d'une manière frappante par un observateur moderne de premier ordre, le colonel Leake (2). Aucun site ne pouvait être mieux choisi que

---

(1) Xénophon, Hellen. IV, 8, 7 ; φοβούμενος τὴν ἀλιμενότητα τῆς χώρας.
(2) Xénoph. Hellen. V, 5, 10 ; Eurip. ap. Strab. VIII, p. 366 ; Leake, Travels in Morea, vol. III, c. 22, p. 25.

« C'est à la force des frontières et à l'étendue relativement considérable du pays qu'elles renfermaient, que nous devons rapporter la première cause de la puissance lacédæmonienne. Quand le peuple fut fortifié par une vigoureuse discipline militaire, et mû par un esprit d'ambition, ces causes le mirent en état de triompher de ses voisins plus faibles de Messênia, grâce à cette force additionnelle, de contenir les républiques désunies de l'Arkadia, et enfin de conserver pendant des siècles une supériorité militaire reconnue sur tout autre Etat en Grèce.

« Il est à remarquer que tous les principaux défilés conduisant en Laconie amenaient à un seul point : ce point est Sparte ; fait qui montre tout de suite comme la position de cette ville était bien choisie pour la défense de la province, et comme elle était bien appropriée, surtout tant qu'elle continua à n'avoir pas de murs, pour entretenir un état perpétuel de vigilance et de promptitude à se défendre, qui sont les plus sûrs moyens de succès offensifs.

« Il n'y a que deux ouvertures naturelles amenant dans la plaine de Sparte ; l'une par l'Eurotas supérieur, comme on peut appeler le cours de ce fleuve au-dessus de Sparte ; l'autre par son seul bras considérable, l'Œnos, aujourd'hui Kelefina, qui, comme je l'ai déjà dit, rejoint l'Eurotas vis-à-vis de l'extrémité nord-est de Sparte. Tous les accès naturels conduisant à Sparte en venant du nord mènent à l'une ou à

celui de Sparte pour tenir la clef de tous les défilés pénétrables. Cette frontière si bien protégée remplaça d'une manière plus que suffisante des fortifications pour Sparte elle-même, qui conserva toujours, jusqu'à l'époque du despote Nabis, son aspect primitif d'un groupe adjacent de villages placés sur des collines plutôt que celui d'une cité régulière.

Quand, avec de tels avantages territoriaux, nous considérons l'éducation personnelle particulière aux citoyens spartiates, lorsque leur nombre n'avait pas encore diminué, et en outre l'effet de cette éducation sur l'esprit des Grecs, auxquels elle inspirait de la terreur et de l'admiration, nous ne serons pas surpris de trouver que, pendant le demi-siècle qui s'écoula entre l'an 600 avant J.-C. et la conquête définitive de la Thyreatis sur Argos, Sparte eût acquis et commencé à exercer un ascendant reconnu sur tous les États grecs. Ses forces militaires étaient à cette époque supérieures à celles de tous les autres, à un beaucoup plus haut degré qu'elles ne le furent dans la suite ; car d'autres États n'avaient pas encore atteint leur maximum, et Athènes en particulier était bien loin de la hauteur à laquelle elle parvint plus tard. Sous le rapport de la discipline aussi bien que du nombre, la puissance militaire spartiate était même parvenue à cette époque reculée à un point qu'elle ne surpassa pas dans les temps postérieurs, tandis qu'à Athènes, à Thèbes, à Argos, en Arkadia et même en Elis (comme nous le montrerons ci-

---

l'autre de ces deux vallées. Du côté de la Messênia, la prolongation septentrionale du mont Taygête, qui rejoint le mont Lyceon au défilé d'Andania, aujourd'hui le défilé de Makryplai, forme une barrière continue de l'espèce la plus élevée, ne comportant que des routes aisément défendables ; ces routes, soit qu'elles viennent de la Cromitis d'Arkadia pour aller au sud-ouest de la moderne Londari, soit qu'elles partent de la plaine de Stenyklêros, de la plaine de Pamisos, ou de Pheræ, aujourd'hui Kalamata, descendent toutes dans la vallée de l'Eurotas supérieur, et conduisent à Sparte par Pellana. Il y avait, à la vérité, une branche de la route mentionnée en dernier lieu qui descendait dans la plaine de Sparte à la moderne Mistra, et qui doit avoir servi de communication très-fréquente entre Sparte et la partie inférieure de la Messênia ; mais, comme les autres défilés directs du Taygête, elle était beaucoup plus difficile et plus défendable que les routes que j'ai appelées les entrées naturelles de la province. »

après), l'éducation militaire fut, à une époque plus avancée, l'objet d'une attention plus grande et fit des progrès considérables. Les Spartiates (fait observer Aristote) (1) perfectionnèrent leur éducation gymnastique et leur discipline militaire, dans un temps où les autres Grecs négligeaient également l'une et l'autre; leur ancienne supériorité était celle d'hommes exercés sur des hommes qui ne l'étaient pas, et cessa dans la suite quand d'autres États se mirent à assujettir leurs citoyens à des exercices systématiques d'un caractère et d'une tendance analogues. Il est important de ne pas oublier ce fait — la période reculée à laquelle Sparte atteignit son maximum de discipline, de puissance et de possessions territoriales — quand nous expliquons l'acquiescement général que son ascendant rencontra en Grèce, et que ses actes postérieurs ne l'auraient certainement pas mise en état d'acquérir. Cet acquiescement commença d'abord et devint une habitude de l'esprit grec, à une époque où Sparte n'avait pas de rival qui pût en approcher, où elle avait complétement devancé Argos, et où la vigueur de la discipline de Lykurgue s'était manifestée dans une longue série de conquêtes faites pendant la période où d'autres États restaient stationnaires, et finissant seulement (pour employer la phrase quelque peu exagérée d'Hérodote) quand elle eut soumis la plus grande partie du Péloponèse (2).

Les renseignements que nous avons sur la mémorable organisation militaire de Sparte sont peu abondants et ne suffisent pas pour nous en faire connaître clairement les détails. Les armes des Spartiates, quant à tous les points essentiels, ne différaient pas de celles des autres hoplites grecs. Mais il est une particularité importante qu'il faut observer

---

(1) Aristote, Polit. VIII, 3, 4. Ἔτι δὲ αὐτοὺς τοὺς Λάκωνας ἴσμεν, ἕως μὲν αὐτοὶ προσήδρευον ταῖς φιλοπονίαις, ὑπερέχοντας τῶν ἄλλων · νῦν δὲ, καὶ τοῖς γυμνασίοις καὶ τοῖς πολεμικοῖς ἀγῶσι, λειπομένους ἑτέρων · οὐ γὰρ τῷ τοὺς νέους γυμνάζειν τὸν τρόπον τοῦτον διέφερον, ἀλλὰ τῷ μόνον μὴ πρὸς ἀσκοῦντας ἀσκεῖν....... Ἀνταγωνιστὰς γὰρ τῆς παιδείας νῦν ἔχουσι · πρότερον δὲ οὐκ εἶχον.

(2) Hérodote, I, 68. Ἤδη δέ σφι καὶ ἡ πολλὴ τῆς Πελοποννήσου ἦν κατεστραμμένη.

dès le commencement, comme un article dans les institutions de Lykurgue. Ce législateur établit des divisions militaires tout à fait distinctes des divisions civiles, tandis que, dans les autres États de la Grèce, jusqu'à une époque beaucoup plus avancée que celle que nous avons déjà atteinte, les deux classes étaient confondues, — les hoplites ou cavaliers de la même tribu ou du même quartier étant rangés ensemble sur le champ de bataille. Chaque Lacédæmonien était astreint au service militaire de vingt ans à soixante, et les éphores, quand ils envoyaient une expédition, appelaient aux armes tous les hommes dans une limite d'âge donnée. Hérodote nous dit que Lykurgue établit et les syssitia ou repas publics et les énômoties ou triakades, ou subdivisions militaires particulières à Sparte (1). Les triakades ne sont pas mentionnées ailleurs, et nous ne pouvons pas non plus établir distinctement ce qu'elles étaient ; mais l'énômotie était le caractère spécial du système et le pivot sur lequel tournaient tous les arrangements. C'était une petite troupe d'hommes, dont le nombre était variable, étant, suivant divers renseignements, de 25, de 32 ou de 36 hommes, exercés et instruits ensemble aux manœuvres militaires et liés entre eux par un serment commun (2). Chaque énômotie avait un capitaine ou énomotarque séparé, le plus fort et le plus habile soldat de la compagnie, qui occupait toujours le premier rang, et conduisait l'énômotie quand elle marchait sur une

---

(1) Hérodote, I, 67 : Cf. la note de Larcher.

Relativement au sujet obscur et difficile des dispositions militaires de Sparte, v. Cragius, Republ. Laced. IV, 4 ; Manso, Sparta, II, Beilage, 18, p. 224 ; O. Müller, Hist. Dorians, III, 12 ; la note du Dr Arnold sur Thucydide, V, 68 ; et le Dr Thirlwall, History of Greece, vol. I, Appendix 3, p. 520.

(2) Pollux, I, 10, 129. Ἰδίως μέντοι τῶν Λακεδαιμονίων ἐνωμοτία, καὶ μόρα : Cf. Suidas et Hesych. v. Ἐνω-μοτία ; Xénoph. Rep. Lacon. c. 11 Thucyd. V, 67-68 ; Xénoph. Hellen. VI, 4, 12.

Suidas fixe l'énômotie à 25 hommes ; dans l'armée lacédæmonienne qui combattit à la première bataille de Mantineia (418 av. J.-C.), il semble qu'elle consistait en 32 hommes environ (Thucyd. l. c.) : à la bataille de Leüktra, en 36 hommes (Xénoph. Hellen. l. c.). Mais le langage de Xénophon et de Thucydide n'implique pas que le nombre de chaque énômotie fût égal.

seule file, donnant l'ordre de marche aussi bien que l'exemple. Si l'énômotie était rangée sur trois, sur quatre ou sur six files, l'énomotarque occupait habituellement la première place à la gauche, et l'on prenait soin que les hommes du premier rang et ceux de l'arrière-garde fussent des soldats d'un mérite particulier (1).

C'était sur ces petites compagnies que la constante et sévère éducation lacédæmonienne était appelée à agir. On leur apprenait à observer l'ensemble dans la marche, à quitter rapidement la ligne pour prendre la file, à faire conversion à droite et à gauche, de telle sorte que l'énomotarque et les autres protostates ou hommes du premier rang fussent toujours les personnes immédiatement opposées à l'ennemi (2). Leur pas était réglé par le fifre, qui jouait des mesures martiales particulières à Sparte, et était employé dans une

---

(1) O. Müller dit que l'énomotarque, après une παραγωγὴ ou déploiement en phalange, se tenait du côté *droit*, ce qui est contraire à Xénoph. Rep. Lac. 11, 9. — Ὅτε δὲ ὁ ἄρχων εὐώνυμος γίγνεται, οὐδ' ἐν τούτῳ μειονεκτεῖν ἡγοῦνται ἀλλ' ἔστιν ὅτε καὶ πλεονεκτεῖν — l'ἄρχων était le premier énomotarque du λόχος, le πρωτοστάτης (comme on le voit par 11, 5), quand l'énomotie marchait sur une seule file. Mettre l'ἡγεμών au flanc droit se faisait *par occasion*, pour une raison spéciale — ἢν δέ ποτε ἕνεκά τινος δοκῇ ξυμφέρειν, τὸν ἡγεμόνα δέξιον κέρας ἔχειν, etc. Je comprends autrement que Müller la description que fait Xénophon de la παραγωγὴ ou déploiement; il semble plutôt que les énomoties qui étaient les premières faisaient un mouvement de côté à gauche, de sorte que le premier énomotarque conservait encore sa place à gauche, en même temps que l'occasion était donnée aux énomoties de l'arrière-garde de s'avancer et de se mettre en ligne (τῷ ἐνωμοτάρχῃ παρεγγυᾶται εἰς μέτωπον παρ' ἀσπίδα καθίστασθαι) — les mots παρ' ἀσπίδα se rapportent, à ce que j'imagine, à ce que faisait le premier énomotarque, qui donnait l'exemple d'un mouvement de côté à gauche, comme l'indiquent les mots qui suivent — καὶ διὰ παντὸς οὗτος ἔστ' ἂν ἡ φάλαγξ ἐναντία καταστῇ. La phalange était constituée quand tous les *lochi* formaient un front égal et continu, soit que les seize énômoties (dont chaque λόχος était composé) fussent chacune sur une file, sur trois ou sur six.

(2) Xénophon, Anab. IV, 8, 10 sur l'avantage d'attaquer l'ennemi avec ὄρθιοι λόχοι, cas dans lequel les soldats les plus forts et les meilleurs entraient tous d'abord en lutte. On doit se rappeler cependant que l'usage adopté par les troupes de Cyrus ne peut sans danger être cité comme autorité pour la pratique usitée à Sparte. Xénophon et ses collègues établirent les lochi, les pentekosties et les énômoties dans l'armée de Cyrus : le lochos consistait en 100 hommes, mais le nombre des deux autres divisions n'est pas indiqué (Anab. III, 4, 21; IV, 3, 26 : cf. Arrien, Tactic. c. 6).

bataille réelle aussi bien que dans les exercices militaires ; et elles étaient si bien habituées aux mouvements de l'énômotie, que si leur ordre était dérangé par quelque accident contraire, des soldats dispersés pouvaient spontanément se former dans le même ordre, chaque homme connaissant parfaitement les devoirs appartenant à la place où le hasard l'avait jeté (1). Au-dessus de l'énômotie il y avait plusieurs divisions plus considérables, la pentêkostys, le lochos et la mora (2),

---

(1) Les mots de Thucydide indiquent le commandement des Lacédæmoniens comme différant et de celui de leurs ennemis et de celui de leurs alliés à la bataille de Mantineia — καὶ εὐθὺς ὑπὸ σπουδῆς καθίσταντο ἐς κόσμον τὸν ἑαυτῶν, Ἄγιδος τοῦ βασιλέως ἕκαστα ἐξηγουμένου κατὰ νόμον : et c. 68.
Sur la musique de la flûte ou fifre, Thucydide, V, 69 ; Xénophon, Rep. Lac. 13, 9 ; Plutarque, Lykurgue, c. 22.

(2) Meursius, le Dʳ Arnold et Racchetti (Della Milizia dei Grechi Antichi, Milan, 1807, p. 166) pensent tous que lochos et mora étaient des noms différents pour désigner la même division ; mais s'il faut concilier cette opinion avec le renseignement que donne Xénophon dans la Repub. Lac. c. 11, nous devons supposer un changement réel de nomenclature après la guerre du Péloponèse, ce que semble croire le Dʳ Arnold, mais ce qu'il n'est pas aisé de justifier.
Il y a dans l'Appendix du Dʳ Thirlwall un seul point qui a quelque importance, et au sujet duquel je suis forcé d'être d'un autre avis que lui. Après avoir exposé la nomenclature et la classification des forces militaires spartiates telles que les donne Xénophon, il dit : « Xénophon ne parle que des Spartiates, comme on le voit par l'épithète πολιτικῶν, » p. 521 ; les mots de Xénophon sont : Ἑκάστη δὲ τῶν πολιτικῶν μορῶν ἔχει πολέμαρχον ἕνα, etc. (Rep. Lac. 11).
Il me semble que Xénophon parle ici de la réunion des troupes lacédæmoniennes pesamment armées, comprenant et les Spartiates et les Periœki, et non des Spartiates seuls. Le mot πολιτικῶν ne désigne pas les Spartiates comme distingués des Periœki, mais les Lacédæmoniens comme distingués des alliés. Ainsi, quand Agésilas retourne dans sa patrie après le blocus de Phlionte, Xénophon nous dit que ταῦτα ποιήσας τοὺς μὲν συμμάχους ἀφῆκε, τὸ δὲ πολιτικὸν οἴκαδε ἀπήγαγε (Hellen. V, 3, 25).
O. Müller aussi pense que le nombre entier de 5,740 hommes, qui combattirent à la première bataille de Mantineia dans la treizième année de la guerre du Péloponèse, furent fournis par la cité de Sparte elle-même (Hist. of Dorians, III, 12, 2) : et pour le prouver il s'en réfère au même passage que nous venons de citer des Hellenica de Xénophon, qui, en tant qu'il prouve quelque chose, prouve le contraire de ce qu'il avance. Il ne donne à l'appui aucune autre preuve, et c'est, à mon avis, improbable au plus haut degré. J'ai déjà fait remarquer qu'il comprend que l'expression πολιτικὴ χώρα (dans Polybe, VI, 45) signifie le district de Sparte, même comme distingué de la Laconie, explication qui ne me semble pas autorisée par le passage de Polybe.

divisions dont le nombre total semble avoir été de *six*. Quant au nombre de chaque division et à la proportion entre la plus grande et la plus petite, nous trouvons des renseignements complétement différents, dont chacun cependant s'appuie sur de bonnes autorités ; aussi sommes-nous forcé de supposer qu'il n'y avait pas de règle absolue, et que l'énômotie comprenait 25, 32 ou 36 hommes ; les pentêkosties, deux ou quatre énômoties ; le lochos, deux ou quatre pentêkosties, et la mora 400, 500, 600 ou 900 hommes — à différentes époques ou selon les limites d'âge que les éphores pouvaient prescrire pour les hommes qu'ils appelaient en campagne (1).

Ce qui demeure immuable dans le système, c'est d'abord le petit nombre, bien que variant dans certaines limites, de la compagnie élémentaire appelée énômotie, exercée à agir ensemble et composée d'hommes presque du même âge (2), dans laquelle chaque homme connaissait sa place ; en second lieu, l'échelle des divisions et la hiérarchie des officiers ; dans un ordre ascendant, l'énomotarque, le pentekontêr, le lochagos et le polémarque, ou commandant de la mora, chargés chacun de sa division respective. Les ordres que le roi donnait, comme commandant en chef, étaient transmis par

---

(1) Aristote, Λακώνων Πολιτεία, Fragm. 5-6, éd. Neumann : Photius, v. Λόχος. Harpocration, Μόρα. Etymolog. Mag. Μόρα. Le renseignement d'Aristote est transmis d'une manière si imparfaite, que nous ne pouvons clairement reconnaître ce qu'il était. Xénophon dit qu'il y avait cinq moræ en tout, comprenant tous les citoyens en âge de porter les armes (Rep. Lac. 11, 3). Mais Ephore fixait la mora à 500 hommes, Kallisthène à 700 et Polybe à 900 (Plutarque, Pelopid. 17 ; Diodor. XV, 32). Si tous les citoyens en état de porter les armes étaient compris dans six moræ, le nombre de chaque mora doit avoir naturellement varié. A la bataille de Mantineia, il y avait sept lochi lacédæmoniens, chaque lochos renfermant quatre pentêkosties, et chaque pentêkostys comprenant quatre énômoties. Thucydide semble, comme je l'ai fait remarquer auparavant, dire que chaque énômotie est composée de trente-deux hommes. Mais Xénophon nous dit que chaque mora avait quatre lochi, chaque lochos deux pentêkosties, et chaque pentêkostys deux énômoties (Rep. Lac. 11, 4). Les noms de ces divisions restent les mêmes, mais les nombres variaient.

(2) C'est ce qu'indique le fait que les hommes au-dessous de trente ans, ou au-dessous de trente-cinq, étaient souvent détachés dans une bataille afin de poursuivre les troupes légères de l'ennemi (Xénoph. Hellen. IV, 5, 15-16).

les polémarques aux lochagi, des lochagi aux pentekontèrs, et alors de ces derniers aux énomotarques, qui les faisaient exécuter, chacun par son énômotie. Comme tous ces hommes avaient été antérieurement exercés aux devoirs de leurs postes respectifs, l'infanterie spartiate possédait les dispositions et les qualités d'une armée permanente. Dans l'origine, ils semblent n'avoir pas eu du tout de cavalerie (1), et quand la cavalerie finit par être introduite dans leur système, elle eut un caractère très-inférieur, Lykurgue n'y ayant pas pourvu dans ses principes d'éducation militaire. Mais les forces des autres cités de la Grèce, même jusqu'à la fin de la guerre du Péloponèse, eurent peu ou point d'exercices particuliers, n'ayant ni de petite compagnie comme l'énômotie, consistant en hommes spéciaux dressés à agir ensemble, ni d'officiers permanents et disciplinés, ni triple échelle de subordination et de subdivision. La gymnastique et l'usage des armes faisaient en tout lieu partie de l'éducation ; et il est à présumer qu'il n'y avait pas un seul hoplite grec qui manquât entièrement de l'habitude de marcher en ligne et qui ne connût pas les évolutions militaires, en tant que l'obligation de servir était universelle et souvent imposée. Mais un tel usage était accidentel et inégal, et aucun individu à Argos ou à Athènes n'avait une place et un devoir militaires fixes. Le citoyen prenait les armes avec sa tribu, sous un taxiarque choisi dans son sein pour l'occasion, et était placé dans un rang ou dans une ligne où ni sa place ni ses voisins immédiats n'étaient déterminés à l'avance. La tribu semble avoir été la seule classification militaire connue à Athènes (2), et le taxiarque le seul officier choisi dans la

---

(1) Xénoph. Hellen. VI, 4, 12.
(2) Hérodote, VI, 111 ; Thucyd. VI, 98 ; Xénophon, Hellen. IV, 2, 19.
On voit dans les habitants de Messênê en Sicile, aussi bien que de Syracuse, le même ordre d'hoplites, d'après les tribus civiles auxquelles ils appartenaient (Thucyd. III, 90 ; VI, 100).
A Argos, il y avait un corps de 1,000 hoplites qui, pendant la guerre du Péloponèse, était exercé aux manœuvres militaires aux frais de la cité (Thucyd. V, 67), mais il y a lieu de croire que cet arrangement ne fut introduit que vers l'époque de la paix de Nikias, dans la dixième ou onzième année de la guerre du Péloponèse, quand la trêve entre Argos et Sparte venait

tribu pour l'infanterie, comme le phylarque l'était pour la cavalerie, sous le commandement du général en chef. En outre, les ordres du général étaient proclamés par un héraut à haute voix à la ligne tout entière, et non communiqués au taxiarque, de manière à le rendre responsable de leur exécution convenable par sa division. Avec un arrangement fait avec autant de négligence et si peu systématisé, nous serons surpris de trouver que les devoirs militaires fussent souvent si bien accomplis. Mais tout Grec qui le comparait avec la disposition symétrique de l'armée lacédæmonienne et avec la préparation laborieuse par laquelle chaque Spartiate se formait à sa tâche spéciale, éprouvait en lui un sentiment d'infériorité qui lui faisait accepter volontiers la suprématie de « ces artistes de profession dans les choses de la guerre (1) », comme ils sont souvent nommés.

Ce fut grâce au concours de ces diverses circonstances que la reconnaissance volontaire de Sparte comme l'État placé à la tête de la Hellas devint une partie du sentiment habituel des Grecs, pendant l'intervalle de temps qui sépare l'an 600 avant J.-C. de l'an 547 avant J.-C. Pendant cette période aussi surtout, la Grèce et ses colonies, en se développant, formèrent une sorte d'association reconnue et active. Les assemblées religieuses communes, qui reliaient

---

d'expirer), et quand la première commença à nourrir des projets d'ambition. Les Epariti en Arkadia commencèrent dans un temps beaucoup plus avancé, après la bataille de Leuktra (Xénoph. Hellen. VII, 4, 33).

Au sujet des Taxiarques athéniens, un seul pour chaque tribu, V. Æschine, De Fals. Leg. c. 53, p. 300 R.; Lysias, pro Mantitheo, Or. XVI, p. 147; Demosth. adv. Bœotum pro nomine, p. 999 R. Philippic. I, p. 47.

V. le conseil que donne Xénophon (dans son traité De Officio Magistri Equitum) de refondre la cavalerie athénienne, et d'introduire de petites divisions, chacune avec son commandant spécial. La division en tribus est tout ce qu'il trouve reconnu (Off. M. E., II, 2-IV, 9); il recommande fortement de donner des ordres — διὰ παραγγέλσεως, et non ἀπὸ κήρυκος.

(1) Plutarque, Pelopid. c. 23. Πάντων ἄκροι τεχνῖται καὶ σοφισταὶ τῶν πολεμικῶν ὄντες οἱ Σπαρτιᾶται, etc. (Xénoph. Rep. Lac. c. 14) ἡγησαῖο ἂν, τοὺς μὲν ἄλλους αὐτοσχεδιαστὰς εἶναι τῶν στρατιωτικῶν, Λακεδαιμονίους δὲ μόνους τῷ ὄντι τεχνίτας τῶν πολεμικῶν... Ὥστε τῶν δεομένων γίγνεσθαι οὐδὲν ἀπορεῖται · οὐδὲν γὰρ ἀπρόσκεπτόν ἐστιν.

les parties entre elles, non-seulement acquirent un plus grand cérémonial et un développement plus étendu, mais encore devinrent plus nombreuses et plus fréquentes, tandis que les jeux Pythiens, Isthmiques et Neméens étaient élevés à la hauteur d'une institution nationale, et se rapprochaient par leur importance des jeux Olympiques. La supériorité incontestée de Sparte forma ainsi une partie de la première agrégation historique des États grecs. Ce fut vers l'an 547 avant J.-C. que Crésus de Lydia, pressé par Cyrus et les Perses, implora le secours de la Grèce en s'adressant aux Spartiates comme aux présidents reconnus de tout le corps hellénique (1). Et les tendances, agissant alors pour atteindre un certain degré de commerce et de coopération plus étendus parmi les membres dispersés du nom hellénique, furent sans doute favorisées par l'existence d'un État reconnu par tous comme le premier État dont on acceptait la supériorité d'autant plus facilement qu'elle était due à une discipline pénible et laborieuse, que tous admiraient, mais que personne ne voulait copier (2).

Est-il vrai (comme le comprennent O. Müller et d'autres savants) que la manière homérique de combattre fût l'usage général dans le Péloponèse et dans le reste de la Grèce avant l'invasion des Dôriens, et que ces derniers aient intro-

---

(1) Ὑμέας γὰρ πυνθάνομαι προεστάναι τῆς Ἑλλάδος (Hérod. I, 69) ; cf. I, 152; V, 49; VI, 84, touchant l'hégémonie spartiate.

(2) Xénoph. Republ. Lac. 10, 8. Ἐπαινοῦσι μὲν πάντες τὰ τοιαῦτα ἐπιτηδεύματα, μιμεῖσθαι δὲ αὐτὰ οὐδεμία πόλις ἐθελει.

La magnifique oraison funèbre, prononcée par Périklês dans la première partie de la guerre du Péloponèse en l'honneur des guerriers athéniens morts, renferme un contraste remarquable entre le patriotisme et la bravoure volontaires des Athéniens et l'austère, rebutante et fastueuse éducation à laquelle les Spartiates étaient soumis dès leur plus tendre jeunesse; en même temps elle atteste l'effet puissant que cette éducation produisait sur l'esprit des Grecs (Thucyd. II, 37-39). Πιστεύοντες οὐ ταῖς παρασκευαῖς τὸ πλέον καὶ ἀπάταις, ἢ τῷ ἀφ' ἡμῶν αὐτῶν ἐς τὰ ἔργα εὐψύχῳ· καὶ ἐν ταῖς ἀσκήσει οἱ μὲν (les Spartiates) ἐπιπόνῳ ἀσκήσει εὐθὺς νέοι ὄντες τὸ ἀνδρεῖον μετέρχονται, etc.

L'impression des troupes légères quand elles commencèrent pour la première fois à attaquer les hoplites lacédæmoniens dans l'île de Spakteria est fortement exprimée par Thucydide (IV, 34) — τῇ γνώμῃ δεδουλωμένοι ὡς ἐπὶ Λακεδαιμονίους, etc.

duit pour la première fois l'habitude de combattre en rangs serrés et les lances en arrêt? C'est là un point que l'on ne peut déterminer. Dans tout ce que nous savons historiquement de la Grèce, des rangs serrés parmi les hoplites, chargeant avec des lances toujours en main, tel est l'usage qui domine; bien qu'il y ait des cas exceptionnels, dans lesquels on jette la lance, quand des troupes semblent craindre d'en venir aux mains (1). Il n'est non plus nullement certain que la manière homérique de combattre ait réellement prévalu dans le Péloponèse, contrée éminemment incommode pour l'emploi des chariots de guerre. Les descriptions du barde ont bien pu être fondées particulièrement sur ce que lui et ses auditeurs voyaient sur la côte de l'Asie Mineure, où les chariots étaient plus employés, et où le pays était beaucoup plus propice à cet usage (2). Nous n'avons aucune connaissance historique d'une tactique militaire quelconque usitée dans le Péloponèse avant les hoplites aux rangs serrés et avec les lances en arrêt.

Il y avait un État péloponésien, et il était le seul, qui dédaignait de reconnaître la supériorité ou la suprématie de Lacédæmone. Argos n'oublia jamais qu'elle avait été jadis la première puissance de la péninsule, et ses sentiments à l'égard de Sparte étaient ceux d'un compétiteur jaloux, mais impuissant. Par quelle progression s'était opéré le déclin de son pouvoir, c'est ce que nous ne sommes pas en état de reconnaître, et nous ne pouvons pas non plus suivre la série de ses rois postérieurs à Pheidôn. Nous avons déjà dit que, vers l'an 669 avant J.-C., les Argiens remportèrent une victoire sur les Spartiates à Hysiæ, et qu'ils chassèrent du port de Nauplia ses anciens habitants, qui trouvèrent asile, grâce aux Lacédæmoniens, au port de Mothônè en Messênia (3). Damokratidas était alors roi d'Argos. Pausanias nous dit que Meltas, fils de Lakidès, fut le dernier descendant de Temenos qui succéda à cette dignité, lui étant condamné et

---

(1) Xénophon, Hellen. V, 4, 52; cf. III, 5, 20.
(2) Xénophon, Hellen. III, 4, 19.
(3) Pausan. IV, 24, 2; IV, 35, 2.

déposé par le peuple. Plutarque cependant assure que la famille des Hêraklides s'éteignit, et qu'un autre roi, nommé Ægôn, fut choisi par le peuple sur l'indication de l'oracle de Delphes (1). Pausanias semble n'avoir rien su de ce récit. Son langage implique que la dignité royale cessa avec Meltas ; et il se trompe sans doute sur ce point, puisque le titre existait (bien que probablement avec des fonctions très-limitées) du temps de la guerre des Perses. De plus, il y a quelque lieu de présumer que le roi d'Argos était même à cette époque un Hêraklide, puisque les Spartiates lui offrirent un tiers du commandement dans l'armée hellénique, conjointement avec leurs deux rois (2). La conquête de la Thyreatis par les Spartiates priva les Argiens d'une portion importante de leur Periœkis, ou territoire dépendant. Mais Orneæ et la partie qui restait de Lynuria (3) continuèrent encore de leur appartenir ; la plaine qui entourait leur ville était d'un très-bon rapport, et, excepté Sparte, il n'y avait pas dans le Péloponèse d'autre puissance supérieure à eux. Mykenæ et Tyrins, néanmoins, semblent toutes deux avoir été des États indépendants à l'époque de la guerre des Perses, puisque toutes deux elles envoyèrent des contingents à la bataille de Platée, dans un temps où Argos se tenait à l'écart et favorisait plutôt les Perses. A quelle époque Kleônæ devint-elle alliée ou dépendante d'Argos, c'est ce que nous ne pouvons pas reconnaître distinctement. Pendant la guerre du Péloponèse

---

(1) Pausan. II, 19, 2 ; Plutarque (Cur Pythia nunc non reddat oracula, etc., c. 5, p. 396 ; De Fortunâ Alexandri, c. 8, p. 340). Lakidês, roi d'Argos, est aussi nommé par Plutarque comme voluptueux et efféminé (De capiendâ ab hostibus Utilitate, c. 6, p. 89).

O. Müller (Hist. Dorians, III, 6, 10) identifie Lakidês, fils de Meltas, nommé par Pausanias avec Leôkêdês fils de Pheidôn, nommé par Hérodote comme un des prétendants à la main de la fille de Kleisthenês le Sikyonien (VI, 127) ; et il conclut ainsi que Meltas doit avoir été déposé et remplacé par Ægôn vers 560 avant J.-C. Cette conjecture ne me paraît pas mériter beaucoup de confiance.

(2) Hérodote, VII, 149.

(3) Hérodote, VIII, 73.

Strabon distingue deux endroits appelés Orneæ : l'un est un village dans le territoire argien, l'autre une ville entre Corinthe et Sikyôn ; mais je doute qu'il y ait jamais eu deux endroits de ce nom ; la ville ou le village dépendant d'Argos semble être le seul lieu ainsi nommé (Strabon, VIII, p. 376).

on la compte avec ce caractère en même temps qu'Orneæ (1); mais il paraît qu'elle n'avait pas perdu son autonomie vers l'an 470 avant J.-C., époque à laquelle Pindare représente les Kléonæens comme présidant les jeux Néméens et y distribuant des prix (2). La forêt de Néméa était à une distance de leur ville de moins de deux milles (3 kilom.), et ils étaient dans l'origine les présidents de cette grande fête, fonction qui leur fut enlevée dans la suite par les Argiens, de la même manière que les Pisans avaient été traités par les Eleiens par rapport aux jeux Olympiques. L'extinction de l'autonomie de Kleônæ, et l'acquisition que fit Argos de la présidence de la fête néméenne, furent sans doute simultanées, mais nous ne pouvons en marquer l'époque exacte. Car l'assertion d'Eusèbe, qui dit que les Argiens célébrèrent la fête néméenne déjà lors de la cinquante-troisième Olympiade, ou 568 ans avant J.-C., est contredite par le témoignage plus important de Pindare (3).

Quant à Corinthe et à Sikyôn, il conviendra mieux d'en parler quand nous examinerons ce qu'on appelle le Siècle des Tyrans ou Despotes; et quant aux habitants de l'Achaia (qui occupaient la côte méridionale du golfe de Corinthe, à l'ouest de Sikyôn jusqu'au cap Araxos, le point nord-ouest du Péloponèse), quelques mots épuisent ce que nous en connaissons jusqu'au temps où nous sommes arrivé. Ces

---

(1) Thucyd. V, 67 ; VI, 95.
On dit aussi que les Kléonæens aidèrent les Argiens à détruire Mykenæ, conjointement avec les Tégéates; nous ne pouvons pas cependant en conclure quelque chose quant à leur dépendance à cette époque (Strabon VIII, p. 377).

(2) Pindare, Nem. X, 42. Κλεωναίων πρὸς ἀνδρῶν τετράκις (Cf. Nem. IV, 17). Κλεωναίου τ' ἀπ' ἀγῶνος, etc.

(3) V. Corsini Dissertation. Agonisticæ, III, 2.
La dixième Néméenne de Pindare est pour ce point une preuve particulièrement bonne, en ce qu'elle est composée pour Theiæos, natif d'Argos, et qu'elle est supposée devoir être chantée par lui. S'il y avait eu quelque jalousie existant alors entre Argos et Kleônæ au sujet de la présidence de cette fête, Pindare n'aurait jamais dans une telle occasion mentionné expressément les Kléonæens comme présidents.

Ce qu'avancent les Scholies sur Pindare, que les Corinthiens à une époque célébrèrent les jeux Néméens, ou qu'ils furent jadis célébrés à Sikyôn, paraît dénué de fondement (Schol. Pind. Arg. Nem. et Nem. X, 49).

Achæens nous sont donnés comme représentant les habitants de la Laconie antérieurs aux Dôriens ; et, selon la légende, ils s'étaient retirés sous la conduite de Tisamenos dans les parties septentrionales du Péloponèse, d'où ils chassèrent les Ioniens qui s'y trouvaient auparavant, et occupèrent le pays. La race de leurs rois dura, dit-on, depuis Tisamenos jusqu'à Ogygos (1), nous ignorons pendant combien de temps. Après la mort de ce dernier, les cités achæennes formèrent chacune une république séparée, mais avec des fêtes et des sacrifices périodiques dans le temple de Zeus Homarios, ce qui leur fournissait une occasion de régler leurs différends et d'arranger leurs affaires communes. Hérodote et Strabon connaissent douze de ces villes : Pellênê, Ægira, Ægæ, Bura, Helikê, Ægion, Rhypes, Patræ, Pharæ, Olenos, Dymê, Tritæa (2). Mais il a dû exister dans l'origine quelques autres villes autonomes outre ces douze, car, dans la vingt-troisième Olympiade, Ikaros d'Hyperêsia fut proclamé comme vainqueur, et il semble qu'il y a de bonnes raisons pour croire qu'Hyperêsia, ancienne ville du Catalogue homérique, était en Achaia (3). On affirme qu'avant l'occupation du pays par les Achæens les Ioniens avaient habité des villages indépendants, dont plusieurs, postérieurement réunis, composèrent des villes : ainsi Patræ était formée d'un agrégat de sept villages, Dymê de huit (dont l'un fut nommé Teuthea), et Ægion aussi de sept ou de huit. Mais toutes ces villes étaient petites, et quelques-unes tentèrent en outre de s'unir entre elles ; ainsi Ægæ fut réunie à Ægira, et Olenos à Dymê (4). Tous les auteurs semblent disposés à reconnaître douze cités, et pas plus, en Achaia ; car Polybe, adhérant encore à ce nombre, substitue Léontium et Keryneia à Ægæ

---

(1) Polybe II, 41.
(2) Hérodote, I, 145 ; Strabon, VIII, p. 385.
(3) Pausan. IV, 15, 1 ; Strabon, VIII, p. 383 ; Homère, Iliade, II, 573. Pausanias semble avoir oublié ce renseignement, quand il nous dit que le nom d'Hyperêsia fut changé pour celui d'Ægira, dans le temps où les Ioniens occupaient le pays (VII, 26, 1 ; Steph. Byz. le copie, v. Αἴγειρα). Il est douteux que ces deux noms désignent le même endroit, et Strabon ne conçoit pas non plus qu'il en soit ainsi.
(4) Strabon, VIII, p. 337, 342, 386.

et à Rhypes; Pausanias donne Keryneia à la place de Patræ (1). Il n'est question d'aucun fait relatif à ces villes achæennes jusqu'à une époque plus éloignée de la guerre du Péloponèse, et même alors leur rôle fut peu considérable.

La plus grande portion du territoire compris sous le nom d'Achaia était montagneuse ; elle formait le versant septentrional de ces hautes chaînes, que l'on ne traverse que par des gorges très-difficiles, séparant la contrée de l'Arkadia au sud, et jetant divers éperons qui s'approchent tout près du golfe de Corinthe. Une bande de terrain plat, avec un sol blanc et argileux, souvent très-fertile entre ces montagnes et la mer, formait la *plaine* de chacune de ces villes achæennes, qui étaient situées en grande partie sur des éminences escarpées et détachées, dominant cette plaine. Des montagnes placées entre l'Achaia et l'Arkadia coulent de nombreux cours d'eau qui se jettent dans le golfe Corinthien, mais peu d'entre eux coulent toute l'année, et on représente la côte comme dépourvue de ports dans toute sa longueur (2).

---

(1) Polybe, II, 41. (2) V. Leake's Travels in Morea, c. 27 et 31.

CHAPITRE II

CORINTHE, SIKYÔN ET MEGARA. — SIÈCLE DES DESPOTES GRECS

Ancien commerce et premières entreprises des Corinthiens. — Oligarchie des Bacchiadæ. — Ancienne condition de Megara. — Ancienne condition de Sikyôn. — Élévation des despotes. — Premiers changements de gouvernement en Grèce. — Particularité à Sparte. — Cessation de la royauté dans la Grèce en général. — Comparaison avec le moyen âge en Europe. — Sentiment antimonarchique de la Grèce. — M. Mitford. — Causes qui ont amené la naissance de ce sentiment. — Changement en gouvernement oligarchique. — Un tel changement indique un progrès dans l'esprit grec. — Mécontentement inspiré par les oligarchies — moyens employés par les despotes pour acquérir le pouvoir. Exemples. — Tendance vers un droit de cité mieux organisé. — Caractère et action des despotes. — Le despote démagogue des anciens temps comparé au démagogue de date plus récente. — Contraste entre le despote et l'ancien roi héroïque. Position du despote. — Il lui est impossible de bien gouverner. — Le conflit entre l'oligarchie et le despotisme précéda le conflit entre l'oligarchie et la démocratie. — Les anciennes oligarchies renfermaient une foule de sections et d'associations différentes. — Gouvernement des Geomori — ordre fermé de propriétaires actuels ou anciens. — Classes du peuple. — Les forces militaires des anciennes oligarchies consistaient en cavalerie. — Origine de l'infanterie pesamment armée et de la marine militaire libre — toutes deux peu favorables à l'oligarchie. — États dôriens — habitants dôriens et non dôriens. — Dynastie de despotes à Sikyôn — les Orthagoridæ. — Actes violents de Kleisthenês. — Classes de la population sikyonienne. — Chute des Orthagoridæ — état de Sikyôn après cet événement. — Les despotes sikyoniens n'ont pas été déposés par Sparte. — Despotes de Corinthe — Kypselos — Périandre. — Grande puissance de Corinthe sous Périandre. — Chute de la dynastie kypsélide — Megara — Theagenês le despote. — Gouvernement troublé à Megara — Theognis — Analogie de Corinthe, de Sikyôn et de Megara.

J'ai amené ainsi l'histoire de Sparte jusqu'à la période marquée par le règne de Pisistrate à Athènes, époque à laquelle elle avait atteint son maximum de territoire, était de l'aveu de tous l'État le plus puissant de la Grèce, et jouissait d'un degré proportionné de déférence de la part des autres. J'en viens maintenant à parler des trois cités dôriennes situées sur l'isthme et auprès, Corinthe, Sikyôn et Megara, telles qu'elles existaient à la même époque.

Même dans les renseignements peu abondants qui nous sont parvenus, nous trouvons les traces d'une activité et d'un commerce maritimes considérables chez les Corinthiens, aussi loin que le huitème siècle avant J.-C. La fondation de Korkyra et de Syracuse, dans la onzième Olympiade, ou 734 avant J.-C. (dont je parlerai avec plus de détails quand je traiterai de la colonisation grecque en général), due à des expéditions parties de Corinthe, prouve qu'ils connaissaient bien le moyen de tirer parti de l'excellente situation qui les rattachait à la mer des deux côtés du Péloponèse. De plus, Thucydide (1), en les signalant comme étant ceux qui ont surtout purgé la mer des pirates dans les anciens temps, nous dit aussi que le premier grand progrès dans la fabrication des navires, à savoir la construction d'une trirème, ou vaisseau de guerre avec un pont plein et trois bancs pour les rameurs, est dû à l'habileté corinthienne. Ce fut dans l'année 703 avant J.-C. que le Corinthien Ameinoklês construisit quatre trirèmes pour les Samiens, les premières que ces insulaires eussent jamais possédées. La mention de ce fait atteste aussi bien l'importance attachée à la nouvelle invention que l'humble échelle sur laquelle, dans ces anciens temps, on équipait les forces navales. Et il est un fait non moins important qui prouve la puissance maritime de Corinthe dans le septième siècle avant J.-C., c'est que la plus ancienne bataille navale que connaisse Thucydide, était une bataille qui eut lieu entre les Corinthiens et les Korkyræens, 664 avant J.-C (2).

Nous avons déjà dit que la ligne des rois Hêraklides à Corinthe descend graduellement, par une série de noms insignifiants, jusqu'à devenir l'oligarchie nommée Bacchiadæ ou Bacchiades, sous laquelle commence la première notion his-

---

(1) Thucyd. I, 13. (2) *Ibid*. I, 13.

torique que nous ayons de la cité. Les personnes ainsi nommées étaient toutes regardées comme descendant d'Hêraklês, et formaient la caste dominante dans la ville ; ses membres se mariaient habituellement entre eux, et choisissaient dans leur propre sein un prytanis ou président annuel, pour l'administration des affaires. Nous n'avons aucun renseignement sur leur gouvernement intérieur, excepté le conte relatif à Archias, le fondateur de Syracuse (1), l'un des Bacchiades, qui s'était fait tellement détester par un acte de violence brutale dont la conséquence fut la mort du bel et jeune Actæon, qu'il fut forcé de s'expatrier. Le choix d'un tel homme pour remplir le poste distingué d'œkiste de la colonie de Syracuse ne nous donne pas une idée favorable de l'oligarchie bacchiade ; nous ne savons cependant pas sur quelle autorité originale s'appuie le récit, et nous ne pouvons pas non plus être sûrs qu'il soit raconté exactement. Mais Corinthe, sous leur gouvernement, était déjà devenue une puissante cité commerciale et maritime.

Megara, le dernier État dôrien dans cette direction à l'est, et limitrophe de l'Attique au point où les montagnes appelées Kerata descendent jusqu'à Eleusis et jusqu'à la plaine de Thria, fut, affirme-t-on, établie dans l'origine par les Dôriens de Corinthe, et resta pendant quelque temps une dépendance de cette cité. On dit de plus qu'elle commença seulement par être un des cinq villages séparés — Megara, Heræa, Peiræa, Kynosura, Tripodiskos — habités par une population composée de parents, et vivant en général dans des termes d'amitié, divisés cependant parfois par des querelles, et dans ces occasions faisant la guerre avec un degré de douceur et de confiance chevaleresque qui détruit l'affirmation proverbiale quant au caractère sanguinaire des inimitiés entre parents. Ces deux renseignements nous sont transmis

---

(1) Plutarque, Amator. Narrat. c. 2, p. 772 ; Diod. Fragm. liv. VIII, p. 26. Alexander Ætolus (Fragm. I, 5, éd. Schneidewin), et le Scholiaste ad Apoll. Rhod. IV, 1212, semblent rattacher ce fait d'outrage à l'expulsion des Bacchiades de Corinthe, qui n'arriva que longtemps après.

(nous ignorons quelle en est la première source) comme servant à expliquer certaines phrases qui avaient cours (1); l'auteur du second ne peut s'être accordé avec l'auteur du premier en considérant les Corinthiens comme maîtres de la Mégaris, puisqu'il les représente comme fomentant des guerres entre ces cinq villages dans le dessein d'acquérir ce territoire. Quelle que puisse être la vérité relativement à cette ancienne sujétion supposée de Megara, nous la connaissons (2) dans l'âge historique, et cela aussi à une époque aussi reculée que la quatorzième Olympiade, seulement comme une cité dorienne indépendante, maintenant l'intégrité de son territoire sous son chef Orsippos, le fameux coureur olympique, contre quelques ennemis puissants, probablement les Corinthiens. C'était une cité ne jouissant pas d'une médiocre considération, possédant un territoire qui, passant d'un côté du mont Geraneia à l'autre côté, s'étendait jusqu'au golfe Corinthien, sur lequel étaient situés la ville fortifiée et le port de Pégæ, appartenant aux Mégariens. Elle

---

(1) Le premier renseignement semble rapporté à Dêmôn (auteur qui écrivait sur l'archéologie attique, ou, comme on l'appelle, un Ἀτθιδόγραφος, dont la date est environ 280 avant J.-C. V. Phanodêmi, Dêmônis, Clitodêmi, atque Istri, Ἀτθίδων, Fragmenta, éd. Siebelis, Præfatio, p. viii-xi). On le donne comme explication de la locution — ὁ Διὸς Κόρινθος. V. Schol. ad Pindar. Nem. VII ad finem; Schol. Aristoph. Ran. 440 : les Corinthiens semblent avoir représenté leur héros éponyme comme fils de Zeus, bien qu'il y eût d'autres Grecs qui ne le croyaient pas (Pausan. II, 1, 1).

Quant à l'obligation dans laquelle étaient les Mégariens de venir à Corinthe comme démonstration de douleur à l'occasion de la mort de l'un des membres de l'oligarchie Bacchiade, c'est peut-être un récit copié sur le règlement de Sparte concernant les Pericœki et les Ilotes (Hérodote, VI, 57 ; Pausan. IV, 14, 3; Tyrtée, Fragm.). Pausanias pense que la victoire des Mégariens sur les Corinthiens, qu'il vit rappelée dans le Θησαυρὸς mégarien à Olympia, avait été gagnée avant la première Olympiade, quand Phorbas occupait à Athènes l'archontat à vie ; Phorbas est placé par les chronologistes le cinquième dans la série à partir de Medon, fils de Codrus (Pausan. I, 39, 4 ; VI, 19, 9). Il est fait allusion à l'ancienne inimitié qui existait entre Corinthe et Megara dans Plutarque, De Malignitate Herodoti, p. 868, c. 35.

La seconde histoire mentionnée dans le texte est donnée par Plutarque, Quæstion. Græc. c. 17, p. 295, pour expliquer le sens du mot Δορύξενος.

(2) Pausanias, I, 44, 1, et l'épigramme sur Orsippos dans Boeckh, Corpus Inscript. Gr. n° 1050, avec le commentaire de Boeckh.

était mère de colonies anciennes et éloignées, et capable, à l'époque de Solôn, de soutenir une lutte prolongée avec les Athéniens pour la possession de Salamis ; lutte dans laquelle les derniers finirent, il est vrai, par être victorieux, mais ce ne fut pas sans une période intermédiaire de revers et de désespoir.

Quant à l'ancienne histoire de Sikyôn, depuis l'époque où elle devint dôrienne jusqu'au septième siècle avant J.-C., nous n'en connaissons rien. Le premier renseignement que nous possédions relativement à cette ville se rapporte à l'établissement du despotisme d'Orthagoras, vers 680-670 avant J.-C. Et il est un point qui mérite d'être signalé, c'est que les villes mentionnées plus haut, Corinthe, Sikyôn et Megara, éprouvèrent toutes les trois pendant le cours du même siècle un changement semblable de gouvernement. Dans chacune d'elles il s'établit un despote : Orthagoras à Sikyôn, Kypselos à Corinthe, Theagenês à Megara.

Par malheur nous avons trop peu de preuves sur l'état de choses qui précéda et fit réussir ce changement de gouvernement, pour pouvoir en apprécier complétement la portée. Mais ce qui attire plus particulièrement notre attention sur ce fait, c'est que le même phénomène semble s'être présenté à la même époque dans un nombre considérable de cités continentales, insulaires et coloniales, dans beaucoup de parties différentes du monde grec. La période qui s'étend entre 650 et 500 avant J.-C. vit l'élévation et la chute d'une foule de despotes et de dynasties despotiques, chacun dans sa propre ville séparée. Pendant l'intervalle suivant, entre 500 et 350 avant J.-C., de nouveaux despotes, bien qu'il s'en élève à l'occasion, deviennent plus rares. Les disputes politiques prennent un autre tour, et la question est soulevée d'une manière directe et ostensible entre le grand et le petit nombre, entre le peuple et l'oligarchie. Mais dans les temps plus avancés qui suivent la bataille de Chæroneia, à mesure que la Grèce, déclinant en esprit civique non moins qu'en esprit militaire, est contrainte d'employer constamment des troupes mercenaires et est humiliée par l'intervention dominante d'étrangers, le despote, avec ses gardes du corps étrangers permanents, devient encore un trait caractéristique du temps ; tendance qui fut combattue partiellement, mais ne fut jamais complétement vaincue par Aratus et la ligue achæenne du troisième siècle avant J.-C.

Il eût été instructif de posséder un exposé fidèle de ces changements de gouvernement dans quelques-unes des plus considérables villes grecques. Dans l'absence de telles preuves, nous ne pouvons faire mieux que de recueillir les courtes phrases d'Aristote et d'autres écrivains relatives aux causes qui les ont produits. En effet, comme le même changement de gouvernement fut commun, presqu'à la même époque, à des cités différant beaucoup par les localités, les races d'habitants, les goûts, les habitudes et la fortune, il doit en partie avoir dépendu de certaines causes générales qui sont susceptibles d'être déterminées et expliquées.

Dans un précédent chapitre j'essayais d'élucider le gouvernement héroïque de la Grèce, autant que les poëmes épiques pouvaient le faire connaître — gouvernement fondé (si nous pouvons employer la phraséologie moderne) sur le droit divin, en tant qu'opposé à la souveraineté du peuple, mais exigeant, comme condition essentielle, que le roi possédât une force, tant de corps que d'esprit, non indigne de la race élevée à laquelle il appartenait (1). Dans ce gouvernement, l'autorité, qui pénètre toute la société, réside toute dans le roi. Mais, dans des occasions importantes, elle s'exerce au moyen des formes de la publicité ; il délibère et même discute avec le conseil des chefs ou anciens ; après cette délibération il communique avec l'Agora assemblée, qui écoute et approuve, peut-être écoute et murmure, mais n'est pas admise à choisir ou à rejeter. En rendant compte du système de Lykurgue, je remarquais que les anciennes rhetræ primitives (ou chartes contractuelles) indiquaient l'existence de ces mêmes éléments : un roi d'origine surhumaine (dans ce cas particulier deux rois coordonnés), un sénat composé de vingt-huit vieillards,

---

(1) V. un passage frappant dans Plutarque, Præcept. Reipubl. gerend. c. 5, p. 801.

outre les rois qui y siégeaient, et une ekklesia, ou assemblée publique des citoyens, réunis dans le but d'approuver ou de rejeter les propositions qui leur étaient soumises, avec peu ou point de liberté de discussion. Les éléments du gouvernement héroïque de la Grèce se trouvent ainsi être en substance les mêmes que ceux qui existaient dans la constitution primitive de Lykurgue : dans les deux cas, la force prédominante étant entre les mains des rois, et les fonctions du sénat, et plus encore celles de l'assemblée publique étant comparativement étroites et restreintes : dans les deux cas, l'autorité royale ayant pour base un certain sentiment religieux, qui tendait à exclure toute rivalité et à assurer la soumission dans le peuple jusqu'à un certain point, malgré l'inconduite ou les défauts du souverain. Chez les principales tribus des Epirotes, ce gouvernement subsista jusqu'au troisième siècle avant J.-C. (1), bien que quelques-unes y eussent renoncé et fussent dans l'habitude de choisir annuellement un président au sein de la gens à laquelle le roi appartenait.

En partant de ces points, communs au gouvernement héroïque grec et au système primitif de Lykurgue, nous trouvons que, dans les cités grecques en général, le roi est remplacé par une oligarchie consistant en un nombre limité de familles, tandis qu'à Sparte l'autorité royale, bien que considérablement réduite, n'est jamais abolie. Et le tour différent que prirent les événements à Sparte est susceptible d'être expliqué en partie. Il arriva que, pendant cinq siècles, ni l'une ni l'autre des deux lignes coordonnées de rois spartiates ne furent jamais sans quelques représentants mâles, de sorte que le sentiment de droit divin, sur lequel était fondée leur prééminence, ne dévia en aucun temps de la direction qu'il avait reçue. Ce sentiment ne s'éteignit jamais complétement dans l'esprit tenace de Sparte, mais il finit par s'affaiblir assez pour amener le besoin de garanties contre l'abus. Si le sénat avait été un corps plus nombreux composé d'un

---

(1) Plutarque, Pyrrh. c. 5. Aristote, Polit. V, 9, 1.

petit nombre de familles principales et comprenant des hommes de tous les âges, il eût pu se faire qu'il eût étendu ses pouvoirs au point d'absorber ceux du roi. Mais un conseil de vingt-huit hommes très-âgés, choisis indistinctement dans toutes les familles spartiates, était essentiellement une force accessoire et secondaire. Il était trop faible même pour entraver le pouvoir du roi ; encore moins pouvait-il devenir son rival ; et il lui servait même indirectement d'appui, en empêchant la formation de tout autre ordre privilégié assez puissant pour dominer son autorité. Cette insuffisance de la part du sénat fut une des causes qui amenèrent la formation du conseil annuellement renouvelé des Cinq, appelés les éphores ; dans l'origine, conseil de défense, comme les tribuns romains, créé dans le dessein de restreindre les abus du pouvoir royal, mais devenant dans la suite, en se développant, un directoire exécutif souverain et irresponsable. Grâce aux dissensions interminables qui divisaient les deux rois coordonnés, les éphores empiétèrent sur leur pouvoir des deux côtés, les renfermèrent dans de certaines fonctions spéciales, et même les rendirent responsables et passibles de punition, mais n'aspirèrent jamais à abolir la dignité. Ce que l'autorité royale perdit en étendue (pour emprunter la juste remarque du roi Theopompos (1), elle le gagna en durée. Les descendants des jumeaux Eurysthenès et Proklès restèrent en possession de leur double sceptre depuis les premiers temps historiques jusqu'aux révolutions d'Agis III et de Kleomenês III ; généraux des forces militaires, devenant de plus en plus riches, et respectés aussi bien qu'influents dans l'État, bien que les éphores fussent leurs supérieurs. Et ces derniers devinrent avec le temps tout aussi despotes, par rapport aux affaires intérieures, que les rois pouvaient l'avoir jamais été avant eux. Car l'esprit spartiate, profondément pénétré des sentiments de commandement et d'obéissance, resta comparativement insensible aux idées de contrôle et de responsabilité, et même opposé à la discus-

---

(1) Aristote, Polit. V, 9, 1.

sion et à la censure libres des mesures ou des agents publics qu'impliquent de telles idées. Nous devons nous rappeler que la constitution politique spartiate fut à la fois simplifiée dans son caractère et aidée dans son action par la portée compréhensive de la discipline de Lykurgue, avec la pression rigoureuse qu'elle exerçait également sur les riches et sur les pauvres, et qui écartait un grand nombre des causes d'où naissaient ailleurs des séditions; discipline qui habituait les citoyens les plus fiers et les plus rebelles à une vie d'obéissance continue, qui répondait à tout besoin existant de système et de régularité, qui rendait les habitudes personnelles d'existence à Sparte beaucoup plus égales que celles que pouvait leur opposer même la démocratique Athènes, mais qui contribuait en même temps à engendrer un mépris pour les parleurs et un dédain pour tout discours méthodique et prolongé, sentiments suffisants par eux-mêmes pour exclure toute intervention régulière de la masse des citoyens dans les affaires soit politiques, soit judiciaires.

Tel était l'état de choses à Sparte. Mais, dans le reste de la Grèce, le gouvernement héroïque primitif fut modifié dans un sens tout différent : le peuple s'éleva d'une façon bien plus prononcée au-dessus de ce sentiment de droit divin et de respect personnel qui, dans l'origine, donnait au roi son pouvoir. Une soumission volontaire cessa de la part du peuple, et plus encore de la part des chefs inférieurs, et avec elle cessa la royauté héroïque. On en vint à sentir le besoin de quelque chose qui ressemblât à un système ou à une constitution.

On devra chercher sans doute une des causes principales de cette cessation de la royauté, si universelle dans la marche politique de la Hellas, dans la petitesse et la résidence concentrée de chaque société hellénique distincte. Un seul chef, perpétuel et irresponsable, n'était nullement essentiel au maintien de l'union. Dans l'Europe moderne, et dans le plus grand nombre de cas, les différentes sociétés politiques qui sortirent des ruines de l'empire romain embrassaient chacune une population considérable et une vaste étendue de territoire. La forme monarchique se présentait comme le seul moyen connu d'union entre les parties, le seul symbole visible et imposant d'une identité nationale. Le caractère militaire des envahisseurs teutoniques, aussi bien que les traditions de l'empire romain qu'ils démembraient, tendaient également à l'établissement d'un chef monarchique. L'abolition de la dignité aurait été considérée comme un équivalent à la dissolution de la nation, et elle l'aurait été en réalité; puisque le maintien d'une union collective au moyen d'assemblées générales était une si grande gêne que les rois eux-mêmes essayaient en vain de l'exiger de force; et d'ailleurs le gouvernement représentatif était inconnu alors.

L'histoire du moyen âge, bien que présentant une résistance constante de la part de sujets puissants, des rois isolés déposés fréquemment, et des dynasties changées par occasion, contient peu d'exemples d'efforts faits pour maintenir un vaste agrégat politique uni sans un roi, soit héréditaire, soit électif. Même vers la fin du dernier siècle, à l'époque où la constitution fédérale des États-Unis d'Amérique fut créée pour la première fois, plus d'un penseur regarda (1) comme une impossibilité l'application de tout autre système que le système monarchique à un territoire d'une étendue et d'une population considérables, de manière à combiner l'union de l'ensemble avec des garanties et des priviléges égaux pour chacune des parties. Et ce pouvait bien être une impossibilité réelle chez un peuple grossier quelconque, avec de fortes particularités locales, de difficiles moyens de communication, et n'ayant pas encore acquis des habitudes de gouvernement représentatif. Aussi, dans toutes les grandes nations de l'Europe du moyen âge et de l'Europe moderne, à peu d'exceptions près, le sentiment dominant a été favorable à la monarchie; mais partout

---

(1) V. ce sujet discuté dans l'admirable collection de lettres, appelée le Fédéraliste, écrite en 1787, dans le temps où l'on discutait la constitution fédérale des Etats-Unis d'Amérique, lettres 9, 10, 14, par M. Madison.

« Il est de la nature d'une république (dit Montesquieu, Esprit des Lois, VIII, 16) de n'avoir qu'un petit territoire; sans cela, elle ne peut guère subsister. »

où une seule cité, un district ou un groupe de villages, soit dans les plaines de la Lombardie, soit dans les montagnes de la Suisse, a acquis l'indépendance ; partout où une petite fraction s'est séparée de l'agrégat, on a trouvé le sentiment opposé, et la tendance naturelle a été dirigée vers quelque modification du gouvernement républicain (1), qui a souvent, il est vrai, engendré un despote, comme en Grèce, mais toujours au moyen d'un mélange contre nature de force et de fraude. Le système féodal, né de l'état désordonné de l'Europe entre le huitième et le treizième siècle, supposait toujours un suzerain permanent, investi de droits étendus, se rapportant à la fois aux personnes et aux propriétés de ses vassaux, bien que sujet aussi à certaines obligations vis-à-vis d'eux : les vassaux immédiats du roi avaient leurs propres vassaux subordonnés, vis-à-vis desquels ils étaient dans le même rapport ; et dans cette hiérarchie (2) de pouvoir, de

---

(1) David Hume, dans son essai XVᵉ (vol. I, p. 159, éd. 1760), après avoir fait remarquer « que toutes les sortes de gouvernements, libres et despotiques, semblent avoir subi dans les temps modernes (i. e. en tant que comparés aux anciens) un grand changement en mieux, sous le rapport de la politique tant étrangère qu'intérieure », continue en disant :

« Mais, bien que toutes les sortes de gouvernements se soient améliorées dans les temps modernes, cependant le gouvernement monarchique semble avoir fait les plus grands pas vers la perfection. On peut aujourd'hui affirmer des monarchies civilisées ce qu'on disait jadis à la louange des républiques seules, à savoir qu'elles sont un gouvernement de lois et non pas d'hommes. On les trouve susceptibles d'ordre, de méthode et de stabilité à un degré surprenant. La propriété y est sûre, l'industrie encouragée, les arts y fleurissent, et le prince vit en sécurité au milieu de ses sujets, comme un père au milieu de ses enfants. Il y a peut-être, et il y a eu pendant deux siècles, près de deux cents princes absolus, grands et petits, en Europe ; et en accordant vingt années pour chaque règne, nous pouvons supposer qu'il y a eu en tout deux mille monarques ou tyrans, comme les Grecs les auraient appelés ; cependant de ce nombre il n'y en a pas eu un seul, pas même Philippe II d'Espagne, aussi mauvais que Tibère, que Caligula, que Néron, que Domitien, qui furent quatre sur douze dans la liste des empereurs romains. Il faut cependant avouer que, bien que les gouvernements monarchiques se soient plus rapprochés des gouvernements populaires en douceur et en stabilité, ils leur sont encore bien inférieurs. Notre éducation et nos mœurs modernes inspirent plus d'humanité et de modération que celles des anciens, mais n'ont pas encore pu l'emporter entièrement sur les désavantages de cette forme de gouvernement. »

(2) V. les leçons de M. Guizot, Cours d'histoire moderne, leçon 30, vol. III, p. 187, éd. 1829.

propriétés et de territoires fondus ensemble, les droits du chef, qu'il fût roi, duc ou baron, étaient conçus comme constituant un État à part et comme n'étant ni conférés dans l'origine par l'octroi, ni révocables au gré de ceux sur lesquels on les exerçait. Cette idée de la nature essentielle d'une autorité politique était un point dans lequel se rencontraient les trois grands éléments de la société européenne moderne, l'élément teutonique, l'élément latin et l'élément chrétien, chacun toutefois d'une manière différente et avec différentes modifications ; et il en résulta diverses tentatives faites par les sujets pour entrer en accommodement avec leurs chefs, sans aucune idée de lui substituer un pouvoir exécutif délégué. Sur des points particuliers de ces monarchies féodales il s'éleva insensiblement des villes avec une population concentrée, où l'on vit la remarquable combinaison du sentiment républicain réclamant la direction collective et responsable de leurs propres affaires locales, avec la nécessité de l'union et de la subordination vis-à-vis du grand tout monarchique ; et de là vint encore une nouvelle force tendant à la fois à maintenir la forme et à déterminer d'avance la marche du gouvernement royal (1). Et l'on a trouvé pos-

---

(1) M. Augustin Thierry fait observer, Lettres sur l'histoire de France, lettre 16, p. 235 :

« Sans aucun souvenir de l'histoire grecque ou romaine, les bourgeois des onzième et douzième siècles, soit que leur ville fût sous la seigneurie d'un roi, d'un comte, d'un duc, d'un évêque ou d'une abbaye, allaient droit à la république ; mais la réaction du pouvoir établi les rejetait souvent en arrière. Du balancement de ces deux forces opposées résultait pour la ville une sorte de gouvernement mixte, et c'est ce qui arriva, en général, dans le nord de la France, comme le prouvent les chartes de commune. »

Même dans les cités italiennes, qui devinrent autonomes en pratique, et produisirent des despotes aussi nombreux et aussi dénués de principes que les despotes grecs (j'établirai cette comparaison d'une façon plus étendue ci-après), M. Hallam fait observer que « la souveraineté des empereurs, bien que n'étant pas très-réelle, était toujours admise en théorie ; leur nom était employé dans les actes publics et paraissait sur les monnaies. » View of the Middle Ages, part. I, c. 3, p. 346, 6ᵉ édit.

V. aussi M. Raynouard, Histoire du Droit municipal en France, liv. III, c. 12, vol. II, p. 156 : « Cette séparation essentielle et fondamentale entre les actes, les agents du gouvernement, — et les actes, les agents de l'administration locale pour les affaires locales, — cette démarcation politique, dont l'empire romain avait donné l'exemple,

sible en pratique d'atteindre ce dernier objet — de combiner le gouvernement royal avec une administration fixe, des lois égales exécutées sans partialité, la sécurité pour les personnes et les biens, et la liberté de discussion avec des formes représentatives, et cela à un degré que les plus sages parmi les anciens Grecs auraient considéré comme impossible à atteindre (1). Un tel progrès dans l'action pratique de cette sorte de gouvernement, en parlant toujours comparativement aux rois des temps anciens en Syrie, en Égypte, en Judée, dans les cités grecques et à Rome, joint à la force croissante de toute routine établie et à la durée plus grande de toutes les institutions et de toutes les croyances qui ont une fois pris pied dans une vaste étendue de territoire et chez un peuple considérable quelconque ; ces causes, disons-nous, firent que le sentiment monarchique resta prédominant dans l'esprit européen (non toutefois sans de forts dissentiments nés par occasion), grâce au développement des connaissances et aux progrès de l'expérience politique dans les deux derniers siècles.

Il est important de montrer que les institutions et les tendances monarchiques qui dominaient dans l'Europe du moyen âge et dans l'Europe moderne ont été et engendrées et perpétuées par des causes particulières à ces sociétés, tandis que de telles causes n'avaient point place dans les

---

et qui conciliait le gouvernement monarchique avec une administration populaire, — continua plus ou moins expressément sous les trois dynasties. »

M. Raynouard pousse trop loin sa théorie de la conservation continue des pouvoirs municipaux dans des villes depuis l'empire romain jusqu'à la troisième dynastie française ; mais il n'est pas nécessaire que j'entre dans cette question pour le but que je me propose.

(1) Relativement aux républiques italiennes du moyen âge, M. Sismondi fait observer, en parlant de Philippe della Torre, appelé *signor* par le peuple de Come, de Verceil et de Bergame : « Dans ces villes, non plus que dans celles que son frère s'était auparavant assujetties, le peuple ne croyait point renoncer à sa liberté ; il n'avait point voulu choisir un maître, mais seulement un protecteur contre les nobles, un capitaine des gens de guerre, et un chef de la justice. L'expérience lui apprit trop tard que ces prérogatives réunies constituaient un souverain. » Républiques italiennes, vol. III, c. 20, p. 273.

sociétés helléniques ; par là nous pourrons étudier les phénomènes de la Hellas dans l'esprit qui leur convient, et avec une appréciation impartiale de la manière de voir universelle parmi les Grecs à l'égard de l'idée de roi. Le sentiment primitif qu'on éprouvait pour le roi héroïque s'éteignit : il devint d'abord de l'indifférence, ensuite, après l'expérience qu'on fit des despotes, une antipathie prononcée.

Pour un historien tel que M. Mitford, rempli d'idées anglaises relativement au gouvernement, ce sentiment antimonarchique paraît tenir de la folie, et les communautés grecques ressemblent à des fous sans gardien ; tandis que le plus grand des bienfaiteurs est le roi héréditaire qui les conquiert en venant du dehors — le meilleur après lui est le despote indigène qui s'empare de l'acropolis et met ses concitoyens sous le joug. Il ne peut y avoir de moyen plus sûr de mal comprendre et d'altérer les phénomènes grecs que de les lire dans cet esprit, qui détruit les maximes et de prudence et de moralité ayant cours dans l'ancien monde. La haine des rois telle qu'elle existait chez les Grecs (quoi qu'on puisse penser aujourd'hui d'un pareil sentiment) était une vertu prééminente, tirant directement son origine de la partie la plus noble et la plus sage de leur nature. C'était une conséquence de la conviction profonde qu'ils avaient de la nécessité d'une contrainte légale universelle ; c'était une expression directe de cette sociabilité réglée qui exigeait le contrôle d'une passion individuelle de la part de chacun sans exception, et surtout de celui à qui le pouvoir était confié. La conception que les Grecs se formaient d'un seul maître irresponsable, ou d'un roi qui ne pouvait pas faire mal, peut être exprimée par les paroles éloquentes d'Hérodote (1) : « Il renverse les coutumes du pays ; il viole des femmes ; il met des hommes à mort sans jugement. » Aucune autre conception des tendances probables de la royauté n'était justifiée soit par une connaissance générale de la nature hu-

---

(1) Hérodote, III, 80. Νομαῖά τε κινεῖ πάτρια, καὶ βιᾶται γυναῖκας, κτείνει τε ἀκρίτους.

maine, soit par l'expérience politique telle qu'elle exista à partir de Solon; aucun autre sentiment que l'aversion ne pouvait être éprouvé pour un caractère ainsi conçu; personne autre qu'un homme ambitieux et sans principes n'aurait cherché à s'en revêtir.

Notre expérience politique plus étendue nous a appris à modifier cette opinion, en nous montrant qu'avec les conditions de la monarchie dans les meilleurs gouvernements de l'Europe moderne, les énormités décrites par Hérodote ne se rencontrent pas, et qu'il est possible, au moyen de constitutions représentatives agissant sous l'empire d'une certaine force de mœurs, de coutumes et de souvenirs historiques, d'obvier à un grand nombre de maux qui doivent vraisemblablement faire naître l'obligation proclamée d'une obéissance péremptoire vis-à-vis d'un roi héréditaire et irresponsable, que l'on ne peut changer sans employer une violence en dehors de la constitution. Mais un champ aussi considérable d'observation n'était pas ouvert à Aristote, le plus sage aussi bien que le plus prudent des anciens théoriciens; et l'aurait-il été, il ne lui eût pas non plus été possible d'appliquer avec assurance les leçons qu'il en aurait reçues aux gouvernements des diverses cités de la Grèce. La théorie d'un roi constitutionnel particulièrement, telle qu'elle existe en Angleterre, lui aurait paru impraticable, à savoir : établir un roi qui règne sans gouverner, au nom duquel tout le pouvoir s'exerce, et dont cependant la volonté personnelle a en pratique peu ou point d'effet, exempt de toute responsabilité sans faire usage de cette exemption, recevant de chacun des démonstrations illimitées d'hommages qui ne se traduisent jamais en acte, si ce n'est dans les limites d'une loi connue, entouré de tout l'attirail du pouvoir, agissant toutefois comme un instrument passif dans les mains de ministres désignés à son choix par des indications auxquelles il n'est pas libre de résister. Cette remarquable combinaison de grandeur et de puissance surhumaines et fictives avec une camisole de force invisible et réelle, voilà ce qu'un Anglais a dans la pensée quand il parle d'un roi constitutionnel. Les événements de notre histoire ont fait qu'elle a réussi en Angleterre, au milieu d'une aristocratie la plus puissante que le monde ait encore vue; mais il nous reste encore à apprendre s'il se peut faire qu'elle existe ailleurs, ou si la rencontre d'un seul roi, à la fois capable, hostile et résolu, ne peut pas suffire pour la détruire. Quant à Aristote, à coup sûr, il n'aurait pu la considérer que comme inintelligible et impraticable; non pas vraisemblablement même dans un seul cas, mais comme complétement inconcevable en tant que système permanent et avec toutes les diversités de tempérament inhérentes aux membres successifs d'une dynastie héréditaire. Quand les Grecs pensaient à un homme exempt de responsabilité légale, ils le concevaient comme étant réellement et véritablement tel, de fait aussi bien que de nom, et dominant une communauté sans défense exposée à son oppression; et la crainte et la haine qu'il leur inspirait se mesuraient par leur respect pour un gouvernement de lois égales et de libre parole (1), à l'ascendant desquelles s'associaient toutes leurs espérances de sécurité, dans la démocratie d'Athènes plus peut-être que dans toute autre partie de la Grèce. Et si ce sentiment était un des meilleurs de l'esprit grec, il était aussi l'un des plus répandus : c'était un point d'unanimité de haute valeur au milieu de points si nombreux de division. Nous ne pouvons l'expliquer ni le critiquer en le comparant aux sentiments

---

(1) Euripide (Supplices, 429) expose clairement l'idée d'un τύραννος, telle qu'elle était admise en Grèce; l'antithèse des lois :

Οὐδὲν τυράννου δυσμενέστερον πόλει·
Ὅπου, τὸ μὲν πρώτιστον, οὐκ εἰσὶν
[νόμοι
Κοινοί, κρατεῖ δ' εἷς, τὸν νόμον κεκτη-
[μένος
Αὐτὸς παρ' αὑτῷ.

Cf. Soph. Antig. 737. V. aussi la discussion dans Aristote, Polit. III, sect. 10 et 11, où il discute le gouvernement du roi par comparaison avec celui des lois; cf. aussi IV, 8, 2-3. La personne appelée « roi selon la loi » n'est point du tout roi, à son avis : Ὁ μὲν γὰρ κατὰ νόμον λεγόμενος βασιλεὺς οὐκ ἔστιν εἶδος καθάπερ εἴπομεν βασιλείας (III, 11, 1).

Relativement à ἰσονομία, ἰσηγορία, παρρησία — lois égales et discours égal, en tant qu'opposés à la monarchie. V. Hérodote, III, 142, V, 78-92; Thucyd. III, 62; Demosth. ad Leptin. c. 6, p. 481; Eurip. Ion, 671.

On dit de Timoléon, comme partie du vote de reconnaissance émis en son honneur par l'assemblée syracusaine après sa mort — ὅτι τοὺς τυράννους καταλύσας, — ἀπέδωκε τοὺς νόμους τοῖς Σικελιώταις (Plutarque, Timol. c. 39). V. Karl. Fried. Hermann, Griech. Staatsalterthümer, sect. 61).

de l'Europe moderne, et encore moins aux sentiments très-particuliers de l'Angleterre relativement à la royauté; et c'est l'application, quelquefois explicite et quelquefois tacite, de cette règle inconvenable, qui rend l'appréciation que fait M. Mitford de la politique grecque si souvent inexacte et injuste.

Quand nous essayerons d'expliquer la marche des affaires grecques, non d'après la position d'autres sociétés, mais d'après celle des Grecs eux-mêmes, nous verrons de bonnes raisons de la cessation de la royauté aussi bien que de la répugnance qu'elle inspirait. Si l'esprit grec avait été aussi stationnaire et aussi peu susceptible de faire des progrès que celui des Orientaux, le mécontentement causé par quelques rois pris individuellement n'aurait pas amené d'autre changement que la déposition d'un mauvais roi en faveur d'un autre promettant d'être meilleur, sans jamais étendre les vues du peuple jusqu'à une conception plus élevée que celle d'un gouvernement personnel. Mais l'esprit grec était d'un caractère progressif, capable de concevoir et de réaliser graduellement des combinaisons sociales corrigées. De plus, il est dans la nature des choses que tout gouvernement, royal, oligarchique ou démocratique, qui ne comprend qu'une seule cité, soit beaucoup moins stable que s'il embrassait une plus vaste surface et une population plus considérable. Quand la soumission semi-religieuse et machinale, qui suppléait aux défauts personnels du roi héroïque, devint trop faible pour servir de principe moteur, le petit prince se trouvait dans un contact trop étroit avec son peuple, et trop humblement pourvu de toute manière pour produire un prestige ou une illusion d'une autre sorte. Il n'avait aucun moyen d'imposer à son imagination par cette combinaison de pompe, de retraite et de mystère qu'Hérodote et Xénophon appréciaient si bien parmi les artifices de l'art de régner (1). Comme il n'y

---

(1) V. l'histoire de Deiokês (Déjocès), le premier roi mède dans Hérodote, I, 99, évidemment esquisse tracée par une imagination grecque; et la Cyropédie de Xénophon, VIII, 1, 40; VIII, 3, 1-14; VII, 5, 37... οὐ τούτῳ μόνῳ

avait pas de sentiment nouveau sur lequel un chef perpétuel pût appuyer son pouvoir, de même il n'y avait rien dans la situation de la communauté qui rendît le maintien d'une telle dignité nécessaire pour créer une union visible et effective (1). Dans une seule cité, et dans une petite communauté circonvoisine, des délibérations collectives et des règles générales, avec des magistrats temporaires et responsables, étaient praticables sans difficulté.

Conserver un roi irresponsable, et combiner ensuite des institutions accessoires qui le forcent à donner à son pays les avantages d'un gouvernement responsable, c'est en réalité un système extrêmement compliqué, bien que, comme on l'a fait remarquer, nous nous soyons familiarisés avec lui dans l'Europe moderne. Un changement plus simple et plus évident consiste à remplacer le roi lui-même par un magistrat temporaire et responsable ou par plusieurs. Telle fut la marche que les affaires suivirent en Grèce. Les chefs inférieurs, qui, dans l'origine, avaient servi de conseil au roi, trouvèrent possible de le supplanter et de se partager alternativement les fonctions de l'administration; ils conservèrent probablement le droit de convoquer par occasion l'assemblée générale, telle qu'elle avait existé auparavant, et avec aussi peu d'influence pratique. Tel fut en substance le caractère de ce changement qui s'opéra en général dans tous les États grecs, à l'exception de Sparte : la royauté fut abolie, et une oligarchie prit sa place; conseil délibérant collectivement, décidant les affaires générales à la majorité des voix, et choisissant quelques individus dans son propre sein comme administrateurs temporaires et responsables. L'abrogation de la royauté héroïque fit toujours naître une oligarchie. L'époque du mouvement démocratique était en-

---

ἐνόμιζε (Κῦρος) χρῆναι τοὺς ἄρχοντας τῶν ἀρχομένων διαφέρειν τῷ βελτίονας αὐτῶν εἶναι, ἀλλὰ καὶ καταγοητεύειν ᾤετο χρῆναι αὐτούς.

(1) David Hume, Essay XVII. On the Rise and Progress of the Arts and Sciences, p. 198, éd. 1760. Les effets de l'étendue plus ou moins grande du territoire sur la nature du gouvernement sont aussi bien discutés par Destutt de Tracy, Commentaire sur l'Esprit des Lois de Montesquieu, c. 8.

core bien éloignée, et la condition du peuple, c'est-à-dire de l'ensemble des hommes libres, ne fut pas immédiatement changée, soit en bien, soit en mal, par la révolution. Le petit nombre de personnes privilégiées, entre lesquelles étaient réparatis et alternaient les attributs royaux, étaient celles qui par le rang se rapprochaient le plus du roi lui-même; c'étaient peut-être des membres de la même vaste gens que lui, et prétendant à une commune origine divine ou héroïque. Autant qu'il nous est possible de le reconnaître, ce changement semble avoir été opéré par le cours naturel des événements et sans violence. Quelquefois la famille royale s'éteignait et n'était pas remplacée; quelquefois, à la mort d'un roi, son fils qui lui succédait était reconnu seulement (1) comme archonte, ou peut-être écarté complétement pour faire place à un prytanis ou président choisi parmi les hommes de rang à l'entour.

A Athènes, on nous dit que Kodros fut le dernier roi, et que ses descendants furent reconnus seulement comme archontes à vie. Quelques années après, les archontes à vie furent remplacés par des archontes nommés pour dix ans, et pris dans le corps des eupatridæ ou nobles; dans la suite, la durée de l'archontat fut encore réduite à une seule année. A Corinthe, les anciens rois, dit-on, passèrent de la même manière dans l'oligarchie des Bacchiadæ, dans le sein de

---

(1) Aristote, Polit. III, 9, 7 ; III, 10, 7-8.

M. Augustin Thierry fait remarquer, dans un esprit semblable, que le grand changement politique, commun à une partie si considérable de l'Europe du moyen âge au douzième et au treizième siècle, et d'où naquirent les nombreuses *communes* différentes ou constitutions urbaines, s'accomplit avec des circonstances très-variées et de diverses manières, quelquefois par violence, quelquefois par un accord harmonieux.

« C'est une controverse qui doit finir, que celle des franchises municipales obtenues par l'insurrection et des franchises municipales accordées. Quelque face du problème qu'on envisage, il reste bien entendu que les constitutions urbaines du douzième et du treizième siècle, comme toute espèce d'institutions politiques dans tous les temps, ont pu s'établir à force ouverte, s'octroyer de guerre lasse ou de plein gré, être arrachées ou sollicitées, vendues ou données gratuitement : les grandes révolutions sociales s'accomplissent par tous ces moyens à la fois. » (Aug. Thierry, Récits des temps mérovingiens, Préface, p. 19, 2e édit.)

laquelle on choisissait un prytanis annuel. Nous pouvons seulement établir le fait général d'un tel changement, sans connaître comment il s'opéra, les premières connaissances historiques que nous ayons des cités grecques commençant avec ces oligarchies.

Ces gouvernements oligarchiques, variant dans leurs détails, mais analogues dans leurs traits généraux, furent communs à toutes les cités de la Grèce propre, aussi bien qu'à celles des colonies, dans tout le cours du septième siècle avant J.-C. Bien qu'ils eussent peu de tendance immédiate à faire du bien à la masse des hommes libres, cependant quand nous les comparons au gouvernement héroïque qui les précédait, ils indiquent un progrès important, l'adoption pour la première fois d'un système mûri et préconçu dans l'administration des affaires publiques (1). Ils offrent les premières preuves de nouvelles et importantes idées politiques dans l'esprit grec, la séparation du pouvoir législatif et du pouvoir exécutif; le premier dévolu à un corps collectif, non-seulement délibérant, mais encore décidant d'une manière définitive, tandis que le second est confié à des magistrats individuels temporaires, responsables vis-à-vis de ce corps à l'expiration du temps de leur charge. On nous présente d'abord une communauté de citoyens, suivant la définition d'Aristote, d'hommes ayant qualité pour commander et obéir à tour de rôle, et se croyant autorisés à le faire. Le souverain collectif, appelé la Cité, est constitué ainsi. Il est vrai que cette première communauté de citoyens ne comprenait qu'une petite proportion des hommes personnellement libres; mais les idées qui lui servaient de base commencèrent à pénétrer graduellement dans les esprits de tous. Le

---

(1) Aristote, Polit. III, 10, 7. Ἐπεὶ δὲ (i. e. après que les premiers rois eurent fait leur temps) συνέβαινε γίγνεσθαι πολλοὺς ὁμοίους πρὸς ἀρετήν, οὐκέτι ὑπέμενον (τὴν βασιλείαν) ἀλλ' ἐζήτουν κοινόν τι, καὶ πολιτείαν καθίστασαν.

Κοινόν τι, une commune, le grand objet pour lequel les villes européennes du moyen âge, au douzième siècle, luttèrent avec tant d'énergie et qu'elles finirent par obtenir. U charte d'incorporation et un privilège en vertu duquel la ville administre ses propres affaires intérieures.

pouvoir politique avait perdu son caractère d'institution divine, et était devenu un attribut légalement communicable aussi bien que déterminé en vue de certains buts définis; ainsi fut posé le fondement de ces mille questions qui agitèrent tant de cités grecques pendant les trois siècles suivants, en partie quant à sa répartition, en partie quant à son emploi; questions qui s'élevaient parfois entre les membres de l'oligarchie privilégiée elle-même, parfois entre cet ordre comme corps et la masse non privilégiée. On peut ainsi faire remonter à cette première révolution, qui éleva l'oligarchie primitive sur les ruines de la royauté héroïque, l'origine de ces mouvements populaires qui firent naître tant de profonde émotion, tant d'amère antipathie, tant d'énergie et de talent dans tout le monde grec, avec différentes modifications dans chaque cité particulière.

Comment ces premières oligarchies furent-elles administrées, c'est ce que nous ne savons pas directement. Mais les intérêts étroits et antipopulaires, appartenant naturellement à un petit nombre de privilégiés, avec la violence universelle de mœurs et de passions chez les individus, ne nous permettent pas de présumer favorablement soit de leur prudence, soit de leurs bons sentiments, et les faits que nous apprenons relativement à la condition de l'Attique avant la législation de Solôn (faits qui seront racontés dans le chapitre suivant) donnent lieu à des conclusions toutes d'un caractère défavorable.

Le premier choc qu'elles reçurent, et qui en renversa un si grand nombre, vint des usurpateurs appelés despotes, qui employèrent les mécontentements dominants à la fois comme prétexte et comme aide pour leur ambition personnelle, tandis que leur réussite très-fréquente semble impliquer que ces mécontentements étaient répandus au loin aussi bien que sérieux. Ces despotes sortirent du sein des oligarchies, mais non pas tous de la même manière (1). Parfois le magistrat

---

(1) La définition d'un despote est donnée dans Cornelius Nepos, Vit. Miltiadis, c. 8 : « Omnes habentur et dicuntur tyranni, qui potestate sunt

exécutif, à qui les oligarques eux-mêmes avaient remis d'importants pouvoirs administratifs pour une certaine période temporaire, devenait infidèle à ceux qui l'avaient choisi, et acquérait un ascendant suffisant pour conserver malgré eux sa dignité d'une manière permanente, peut-être même pour la transmettre à son fils. Dans d'autres endroits, et vraisemblablement plus souvent, on vit s'élever ce caractère fameux appelé le démagogue, dont les historiens, tant anciens que modernes, tracent ordinairement un portrait si repoussant (1) : un homme énergique et ambitieux, membre quelquefois de l'oligarchie elle-même, se posant comme champion des griefs et des souffrances de la masse non privilégiée, acquérait sa faveur et employait sa force d'une manière assez efficace pour renverser l'oligarchie par la violence et se constituer despote. Il y avait une troisième forme de despote : quelque riche présomptueux, comme Kylôn à Athènes, sans avoir même le prétexte de la popularité, était à l'occasion enhardi, par le succès de semblables aventuriers dans d'autres endroits, à prendre à ses gages une troupe de partisans et à saisir l'acropolis. Et il y eut des exemples, bien que rares, d'une quatrième variété : le descendant direct des anciens rois qui, au lieu de souffrir que l'oligarchie lui imposât des entraves ou le plaçât sous un contrôle, trouvait moyen de la subjuguer, et d'arracher par la force un ascendant aussi grand que celui dont ses ancêtres avaient joui du gré de tous. On doit ajouter encore, dans plusieurs États grecs, l'æsymnète ou dictateur, citoyen investi formellement d'un pouvoir suprême et irresponsable, placé à la tête des forces militaires et pourvu d'une escorte permanente, mais seulement pour un

---

perpetuâ in eâ civitate, quæ libertate usa est. »

Cf. Cicéron, De Republicâ, II, 26, 27; III, 14.

Hippias le Sophiste disait que le mot τύραννος était entré pour la première fois dans la langue grecque vers l'époque d'Archiloque (660 av. J.-C.); Boeckh pense qu'il venait des Lydiens ou des Phrygiens (Comment. ad Corp. Inscript. n° 3439).

(1) Aristote, Polit. V, 8, 2, 3, 4. Τύραννος — ἐκ προστατικῆς ῥίζης καὶ οὐκ ἄλλοθεν ἐκβλαστάνει (Platon, Republ. VIII, c. 17, p. 565). Οὐδενὶ γὰρ δὴ ἄδηλον, ὅτι πᾶς τύραννος ἐκ δημοκόλακος φύεται (Dionys. Halic. VI, 60) : proposition incontestablement trop générale.

temps déterminé, et dans le dessein de conjurer quelque péril imminent ou quelque ruineuse dissension intérieure (1). Le personnage élevé ainsi, jouissant toujours de la confiance dans une large mesure et en général plein de capacité, était quelquefois si heureux, ou se rendait si essentiel à la communauté, que l'on prolongeait le terme de sa charge, et qu'il devenait en réalité despote à vie; ou même, si la communauté n'était pas disposée à lui concéder cet ascendant permanent, il était souvent assez fort pour le garder contre sa volonté.

Telles furent les différentes manières dont les nombreux despotes grecs du septième et du sixième siècle avant J.-C. acquirent leur pouvoir. Bien que les courts renseignements donnés par Aristote nous apprennent ainsi beaucoup de choses en termes généraux, nous n'avons cependant malheureusement pas de tableau contemporain de l'une de ces communautés qui nous mette en état d'apprécier la révolution en détail. Comme exemple des personnes qui, possédant par héritage la dignité royale, étendirent leur pouvoir paternel assez loin pour devenir despotes, Aristote nous cite Pheidôn d'Argos, dont nous avons déjà raconté le règne. Parmi ceux qui se firent despotes au moyen d'un pouvoir officiel exercé antérieurement sous une oligarchie, il nomme Phalaris à Agrigente et les despotes à Milètos et dans d'autres cités des Grecs Ioniens. Au nombre de ceux qui s'élevèrent en devenant démagogues, il désigne en particulier Panætios dans la ville sicilienne de Leontini, Kypselos à Corinthe, et Pisistrate à Athènes (2). Pittakos de Mitylène est l'exemple saillant d'æsymnètes ou despotes choisis. Le démagogue militaire et agressif, renversant une oligarchie qui l'avait

---

(1) Aristote, III, 9, 5; III, 10, 1-10; IV, 8, 2. Αἰσυμνῆται — αὐτοκράτορες μόναρχοι ἐν τοῖς ἀρχαίοις Ἕλλησι — αἱρετὴ τυραννίς: cf. Théophraste, Fragm. περὶ Βασιλείας, et Dionys. Hal. A. R. V. 73-74; Strabon, XIII, p. 617; et Aristote, Fragm. Rerum Public. éd. Neumann, p. 122, Κυμαίων πολιτεία.

(2) Aristote, Polit. V, 8, 2, 3, 4; V. 4, 5. Aristote s'en réfère à l'un des chants d'Alcée comme preuve relative à l'élévation de Pittakos : preuve très-suffisante sans doute — mais nous pouvons voir qu'il n'avait pas d'autres sources de renseignements que les poëtes sur ces temps reculés.

dégradé et maltraité, gouvernant en despote cruel pendant plusieurs années, et finissant par être détrôné et tué, est dépeint avec plus de détails par Denys d'Halicarnasse dans l'histoire d'Aristodêmos de Cumes, la ville italienne (1).

L'assertion générale de Thucydide, aussi bien que celle d'Aristote, nous apprend que le septième et le sixième siècle avant J.-C. furent des siècles de progrès pour les cités grecques en général sous le rapport de la richesse, du pouvoir et de la population ; et les nombreuses colonies fondées pendant cette période (sujet que je traiterai dans un autre chapitre) serviront encore à expliquer ces tendances progressives. Or, les changements que nous venons de signaler dans les gouvernements grecs, quelque imparfaitement que nous les connaissions, sont en résumé des preuves manifestes du développement du droit de cité. Car le gouvernement héroïque, par lequel commencent les communautés grecques, est le plus grossier de tous les gouvernements et celui qui est encore le plus dans l'enfance ; il ne prétend même pas à un système ou à la sécurité, il ne peut en aucune façon être connu à l'avance et ne dépend que des variations accidentelles dans le caractère de l'individu régnant, qui, dans la plupart des cas, loin de protéger les pauvres contre les riches et les grands, devait vraisemblablement satisfaire ses passions tout aussi librement que ces derniers, et avec une impunité encore plus grande.

Les despotes, qui dans un si grand nombre de villes succédèrent à ce gouvernement oligarchique en s'y substituant, régnèrent d'après des principes habituellement étroits et égoïstes, et souvent oppressifs et cruels, « ne songeant (pour employer les termes expressifs de Thucydide) chacun qu'à sa propre personne et à sa propre famille ; » cependant, comme ils ne furent pas assez forts pour détruire l'esprit grec, ils lui donnèrent en l'y gravant une leçon politique pénible, mais profitable, et contribuèrent beaucoup à agrandir la sphère

---

(1) Dionys. Hal. A. R. VII, 2, 12. Le règne d'Aristodêmos tombe vers 510 avant J.-C.

d'expérience aussi bien qu'à déterminer pour la suite le caractère du sentiment hellénique (1). Ils renversèrent en partie le mur de séparation qui s'élevait entre le peuple — proprement appelé ainsi, la masse générale des hommes libres — et l'oligarchie : en effet, les despotes démagogues sont intéressants, comme la première preuve de l'importance croissante du peuple dans les affaires politiques. Le démagogue se posait comme le représentant des sentiments et des intérêts du peuple contre le gouvernement du petit nombre ; probablement il profitait de quelques cas spéciaux de mauvais traitement, et il s'appliquait à se montrer conciliant et généreux dans sa propre conduite personnelle. Quand le peuple par son aide armée l'avait mis en état de renverser les maîtres existants, il avait ainsi la satisfaction de voir son propre chef en possession du pouvoir suprême, mais il n'acquit pour lui-même ni droits politiques, ni garanties plus grandes. Dans quelle mesure peut-il avoir retiré des avantages positifs, outre celui de voir humiliés ses anciens oppresseurs, c'est ce que nous ne savons pas assez pour pouvoir le déterminer (2). Mais même le pire despote était plus redoutable aux riches qu'aux pauvres ; et il est possible que les derniers aient gagné au change en importance relative, malgré la part qu'ils avaient aux rigueurs et aux exactions d'un gouvernement qui n'avait point d'autre fondement permanent que la simple crainte.

Une remarque que fait Aristote mérite d'être mentionnée spécialement ici, comme servant à expliquer le progrès et l'éducation politiques des communautés grecques. Il établit une distinction marquée entre l'ancien démagogue du sep-

---

(1) Thucydide, I, 17. Τύραννοι δὲ ὅσοι ἦσαν ἐν ταῖς Ἑλληνικαῖς πόλεσι, τὸ ἐφ' ἑαυτῶν μόνον προορώμενοι ἔς τε τὸ σῶμα καὶ ἐς τὸ τὸν ἴδιον οἶκον αὔξειν δι' ἀσφαλείας ὅσον ἐδύναντο μάλιστα, τὰς πόλεις ᾤκουν.

(2) Waschsmuth (Hellenische Alterthumskunde, sect. 49-51) et Tittmann (Griechisch. Staatsverfassungen, p. 527-533) font trop valoir tous deux la connexion amicale et le bon vouloir mutuel supposé entre le despote et les hommes libres pauvres. Une antipathie commune contre l'ancienne oligarchie était un lien essentiellement temporaire, dissous aussitôt que cette oligarchie était renversée.

tième et du sixième siècle, et le démagogue moderne, tel que l'avaient vu et lui-même et les générations qui le précédaient immédiatement. Le premier était un chef militaire, audacieux et plein de ressource, qui prenait les armes à la tête d'un corps d'hommes du peuple insurgés, renversait le gouvernement à l'aide de la force et se faisait le maître et de ceux qu'il déposait et de ceux avec le secours desquels il les déposait; tandis que le second était un orateur possédant tous les talents nécessaires pour émouvoir un auditoire, mais n'étant pas disposé à attaquer à main armée, et n'ayant pas non plus qualité pour le faire, accomplissant tous ses projets par des voies pacifiques et constitutionnelles. C'est de l'action pratique et continue des institutions démocratiques que sortit ce changement important qui substituait la discussion et le vote d'une assemblée à un appel aux armes, et qui donnait à la décision prononcée de l'assemblée assez d'influence sur les esprits pour la rendre définitive et la faire respecter, même par les opposants. J'aurai occasion, dans une période plus avancée de cette histoire, d'apprécier la valeur de ce blâme excessif dont on a chargé les démagogues athéniens de la guerre du Péloponèse, Kleôn et Hyperbolos; mais, en admettant qu'en général il soit bien fondé, il n'en sera pas pour cela moins vrai que ces hommes étaient un progrès considérable sur les anciens démagogues, tels que Kypselos et Pisistrate, qui employaient le concours armé du peuple dans le but de renverser le gouvernement établi et d'acquérir pour eux-mêmes l'autorité despotique. Le démagogue était essentiellement un chef d'opposition, qui gagnait son influence en dénonçant les hommes jouissant d'un ascendant réel, et remplissant de véritables fonctions exécutives. Or, dans les anciennes oligarchies, son opposition ne pouvait se manifester que par une insurrection armée, et elle le conduisait soit à une souveraineté personnelle, soit à sa perte. Mais le développement des institutions démocratiques lui assura, ainsi qu'à ses adversaires politiques, une pleine liberté de langage et une assemblée souveraine pour décider entre eux, tandis qu'elle limitait à la fois l'étendue de son ambition et écartait l'appel à la force armée. Le démagogue frondeur d'Athènes du temps de la guerre du Péloponèse (même si nous acceptons littéralement les portraits que font de lui ses pires ennemis) était ainsi un personnage beaucoup moins nuisible et bien moins dangereux que le démagogue armé des anciens temps; et le « progrès dans l'habitude de parler en public (1) » (pour employer une expression d'Aristote) fut la cause de cette différence. L'opposition par la parole remplaça avantageusement l'opposition par l'épée.

L'élévation de ces despotes sur les ruines des oligarchies antérieures était, en apparence, un retour aux principes de l'âge héroïque, la restauration d'un gouvernement de volonté personnelle à la place de cet arrangement systématique connu sous le nom de la Cité. Mais l'esprit grec avait tellement dépassé ces anciens principes, qu'aucun gouvernement nouveau qui les avait pour base ne pouvait rencontrer d'acquiescement volontaire, si ce n'est par quelque excitation temporaire. D'abord sans doute la popularité de l'usurpateur, combinée avec l'ardeur de ses partisans et l'expulsion ou l'intimidation des opposants, et de plus augmentée par le châtiment des oppresseurs opulents, suffisait pour lui procurer l'obéissance; et la prudence de sa part pouvait prolonger ce gouvernement incontesté pendant un temps considérable, peut-être même pendant toute sa vie. Mais Aristote donne à entendre que ces gouvernements, même quand ils commençaient bien, avaient une tendance à devenir de plus en plus mauvais. Un mécontentement se manifestait, et il était aggravé plutôt que réprimé par la violence employée pour le combattre, jusqu'à ce qu'enfin le despote, devenu la proie d'une inquiétude pleine de mauvais vouloir et de défiance, perdît toute équité et toute sympathie bienveil-

---

(1) Aristote, Polit. V, 4, 4; 7, 3. Ἐπὶ δὲ τῶν ἀρχαίων, ὅτε γένοιτο ὁ αὐτὸς δημαγωγὸς καὶ στρατηγός, εἰς τυραννίδα μετέβαλλον· σχεδὸν γὰρ οἱ πλεῖστοι τῶν ἀρχαίων τυράννων ἐκ δημαγωγῶν γεγόνασι. Αἴτιον δὲ τοῦ τότε μὲν γενέσθαι, νῦν δὲ μή, ὅτι τότε μὲν, οἱ δημαγωγοὶ ἦσαν ἐκ τῶν στρατηγούντων· οὐ γάρ πω δεινοὶ ἦσαν λέγειν· νῦν δὲ, τῆς ῥητορικῆς ηὐξημένης, οἱ δυνάμενοι λέγειν δημαγωγοῦσι μέν, δι' ἀπειρίαν δὲ τῶν πολεμικῶν οὐκ ἐπιτίθενται, πλὴν εἴ που βραχύ τι γέγονε τοιοῦτον.

lante dont il avait pu jadis être animé. S'il était assez heureux pour léguer son autorité à son fils, celui-ci, élevé dans une atmosphère corrompue et entouré de parasites, contractait des dispositions encore plus pernicieuses et plus insociables. Ses jeunes instincts étaient plus difficiles à gouverner, tandis qu'il manquait de la prudence et de la vigueur qui avaient été nécessaires à son père pour accomplir lui-même son élévation (1). Une telle position avait pour seul soutien une acropolis fortifiée et des gardes mercenaires, gardes entretenus aux dépens des citoyens, et nécessitant ainsi des exactions constantes en faveur de ce qui n'était rien moins qu'une garnison hostile. Il était essentiel à la sécurité du despote qu'il maintînt dans l'abaissement l'esprit du peuple libre qu'il gouvernait; qu'il isolât les citoyens les uns des autres et qu'il empêchât ces réunions et ces communications mutuelles qu'ordinairement offraient les cités grecques dans l'École, la Leschê ou la Palæstra; qu'il abattît les épis les plus élevés du champ (pour employer une locution grecque), ou qu'il écrasât les esprits exaltés et entreprenants (2). Bien plus, il avait même dans une certaine

---

(1) Aristote, Polit. V, 8, 20. La teneur entière de ce huitième chapitre (du cinquième livre) montre combien peu étaient contenues les passions personnelles, — les désirs immodérés aussi bien que la colère, — d'un τύραννος grec.

Τόν τοι τύραννον εὐσεβεῖν οὐ ῥᾴδιον (Sophocle ap. Schol. Aristides, vol. III, p. 291, éd. Dindorf).

(2) Aristote, Polit. III, 8, 3; V, 7; Hérod. V, 92. Selon le récit d'Hérodote, Thrasybule aurait été la personne qui aurait donné cet avis indirect en conduisant le messager de Périandre dans un champ de blé et en y abattant avec son bâton les plus grands épis. Aristote renverse les rôles, et selon lui ce fut Périandre qui donna l'avis. Tite-Live (I, 54) transporte la scène à Gabies et à Rome, avec Sextus Tarquin qu'il donne comme le personnage qui envoya à Rome demander conseil à son père. Cf. Platon, Republ. VIII, c. 17, p. 565; Eurip. Supplic. 444-455.

La discussion qu'Hérodote attribue aux conspirateurs perses, se demandant après l'assassinat du roi mage s'ils établiront le gouvernement des Perses en monarchie, en oligarchie ou en démocratie, offre une veine d'idées purement grecques, et complétement étrangères à la conception que les Orientaux avaient du gouvernement. Mais elle présente, — brièvement, et cependant avec beaucoup de clarté et de pénétration, — les avantages et les désavantages des trois formes. La thèse établie contre la monarchie est de beaucoup la plus forte, tandis que l'avocat de cette forme de gouvernement admet comme partie de son argumen-

mesure un intérêt à les dégrader et à les appauvrir, ou du moins à leur interdire l'acquisition de la richesse ou du loisir. Aristote considère les vastes constructions entreprises par Polykratês à Samos, aussi bien que les riches donations faites par Périandre au temple d'Olympia, comme ayant été extorquées par ces despotes avec la pensée expresse d'absorber le temps et d'épuiser les ressources de leurs sujets.

Il ne faut pas croire que tous fussent également cruels ou sans principes. Mais la suprématie perpétuelle d'un seul homme ou d'une seule famille était devenue si blessante pour la jalousie de ceux qui se sentaient ses égaux, et pour le sentiment général du peuple, que la répression et la sévérité étaient inévitables, fussent-elles calculées dans l'origine ou non. Et même si un usurpateur, étant une fois entré dans cette carrière de violence, s'en dégoûtait et était éloigné de la continuer, l'abdication seule le laissait dans un danger imminent, exposé à la vengeance (1) de ceux qu'il avait offensés, à moins, en effet, qu'il ne pût se couvrir du manteau de la religion, et stipuler avec le peuple qu'il deviendrait prêtre de quelque temple ou de quelque divinité ; et, dans ce cas, sa nouvelle fonction le protégeait, exactement comme la tonsure ou le monastère abritait un prince détrôné au moyen âge (2). Plusieurs d'entre les despotes se firent les protecteurs de la musique et de la poésie, briguant le bon vouloir des hommes d'intelligence de leur temps par des invitations aussi bien que par des récompenses. En outre, il y eut quel-

---

tation que le monarque individuel doit être l'homme le meilleur de l'État. Otanès, l'adversaire de la monarchie, termine une longue série d'incriminations contre le despote par ces mots mentionnés plus haut : — « Il détruit les coutumes du pays ; il viole des femmes ; il met des hommes à mort sans jugement. » (Hérod. III, 80-82).

(1) Thucyd. II, 63. Cf. encore le discours de Kleon, III, 37-40 : Ὡς τυραννίδα γὰρ ἔχετε αὐτήν, ἣν λαβεῖν μὲν ἄδικον δοκεῖ εἶναι, ἀφεῖναι δὲ ἐπικίνδυνον.

Le sentiment d'amertume contre des despotes semble aussi ancien qu'Alcée, et nous en trouvons des traces dans Solôn et dans Théognis (Théognis, 38-50 ; Solôn, Fragm. VII, p. 32, éd. Schneidewin]. Phanias d'Eresos avait réuni dans un livre les « Assassinats de despotes tués par vengeance » (Τυράννων ἀναιρέσεις ἐκ τιμωρίας — Athénée, III, p. 90 ; X, p. 438).

(2) V. l'histoire de Mæandrios, ministre et successeur de Polykratês de Samos, dans Hérodote, III, 142, 143.

ques cas, tels que celui de Pisistrate et de ses fils à Athènes, dans lesquels on fit une tentative (analogue à celle d'Auguste à Rome) pour concilier la réalité de l'omnipotence personnelle avec un certain respect pour des formes préexistantes (1). Dans ces exemples, l'administration — bien que non pure de crime, n'étant jamais autrement qu'impopulaire, et menée au moyen de mercenaires étrangers, — était sans doute plus douce dans la pratique. Mais des cas de cette nature étaient rares ; et les maximes habituelles aux despotes grecs étaient personnifiées dans Périandre le Kypsélide de Corinthe — personnage dur et brutal, bien que n'étant dépourvu ni de vigueur ni d'intelligence.

La position d'un despote grec, telle que la dépeignent Platon, Xénophon et Aristote (2), et qu'appuient en outre les

---

(1) Thucydide, VI, 54. L'épitaphe d'Archediké, fille d'Hippias (qui était gravée à Lampsakos, où elle mourut), bien qu'écrite par un grand ami d'Hippias, nous montre implicitement l'invective la plus vive contre la conduite habituelle des despotes :

Ἡ πατρός τε καὶ ἀνδρὸς ἀδελφῶν τ'
 [οὖσα τυράννων
Παίδων τ', οὐκ ἤρθη νοῦν ἐς ἀτα-
 [σθαλίην.
(Thuc. VI, 59.)

Un passage de Sismondi peut expliquer la position d'Auguste à Rome, et celle de Pisistrate à Athènes, (Républiques italiennes, vol. IV, c. 26, p. 208) :

« Les petits monarques de chaque ville s'opposaient eux-mêmes à ce que leur pouvoir fût attribué à un droit héréditaire, parce que l'hérédité aurait presque toujours été rétorquée contre eux. Ceux qui avaient succédé à une république, avaient abaissé des nobles plus anciens et plus illustres qu'eux ; ceux qui avaient succédé à d'autres seigneurs n'avaient tenu aucun compte du droit de leurs prédécesseurs, et se sentaient intéressés à le nier. Ils se disaient donc mandataires du peuple ; ils ne prenaient jamais le commandement d'une ville, lors même qu'ils l'avaient soumise par les armes, sans se faire attribuer par les anciens ou par l'assemblée du peuple, selon que les uns ou les autres se montraient plus dociles, le titre et les pouvoirs de seigneur général, pour un an, pour cinq ans, ou pour toute leur vie, avec une paye fixe, qui devait être prise sur les deniers de la communauté. »

(2) Consultez spécialement le traité de Xénophon, appelé Hiero, ou Τυραννικός, où la vie intérieure et les sentiments du despote grec sont exposés d'une manière frappante, dans un dialogue supposé avec le poëte Simonide. La teneur des remarques de Platon dans le huitième et le neuvième livre de la République, et celles d'Aristote dans le cinquième livre (c. 8 et 9) de la Politique, présentent le même tableau, bien qu'avec une moins grande abondance de détails. Le discours de l'un des assassins d'Euphrôn (despote de Sikyôn) est remarquable comme spécimen du sentiment grec (Xénoph. Hellen. VII, 3, 7-12). Les expressions et de Platon et de Tacite, par rapport aux souffrances

indications qui se trouvent dans Hérodote, Thucydide et Isocrate, bien que toujours convoitée par des ambitieux, révèle assez clairement « ces blessures et ces déchirures de l'âme » par lesquelles l'Erinnys intérieure vengeait la communauté de l'usurpateur qui la foulait aux pieds. Loin de considérer l'usurpation heureuse comme une justification de la tentative (selon les théories dominant aujourd'hui relativement à Cromwell et à Bonaparte, que l'on blâme souvent pour avoir tenu à l'écart un roi légitime, mais jamais pour avoir saisi sans autorisation le pouvoir sur le peuple), ces philosophes mettent le despote au nombre des plus grands criminels. L'homme qui l'assassinait était l'objet de récompenses et d'honneurs publics, et un Grec vertueux se serait rarement fait scrupule de porter son épée cachée dans des branches de myrte, comme Harmodios et Aristogeitôn, pour exécuter ce projet (1). Un poste qui s'élevait au-dessus des

---

morales du despote, sont les plus fortes que fournisse le langage : — Καὶ πένης τῇ ἀληθείᾳ φαίνεται, ἐάν τις ὅλην ψυχὴν ἐπίστηται θεάσασθαι, καὶ φόβου γέμων διὰ παντὸς τοῦ βίου, σφαδασμῶν τε καὶ ὀδυνῶν πλήρης..... Ἀνάγκη καὶ εἶναι, καὶ ἔτι μᾶλλον γίγνεσθαι αὐτῷ ἢ πρότερον διὰ τὴν ἀρχήν, φθονερῷ, ἀπίστῳ, ἀδίκῳ, ἀφίλῳ, ἀνοσίῳ, καὶ πάσης κακίας πανδοκεῖ τε καὶ τροφεῖ, καὶ ἐξ ἁπάντων τούτων μάλιστα μὲν αὐτῷ δυστυχεῖ εἶναι, ἔπειτα δὲ καὶ τοὺς πλησίον αὐτοῦ τοιούτους ἀπεργάζεσθαι. (Republic. IX, p. 580.)

Et Tacite, dans le passage bien connu (Annal. VI, 6) : « Neque frustra præstantissimus sapientiæ firmare solitus est, si recludantur tyrannorum mentes, posse aspici laniatus et ictus : quando ut corpora verberibus, ita sævitiâ, libidine, malis consultis, animus dilaceretur. Quippe Tiberium non fortuna, non solitudines protegebant, quin tormenta pectoris suasque ipse pœnas fateretur. »

Il est difficile d'imaginer un pouvoir entouré plus complétement de toutes les circonstances calculées pour le rendre répugnant à un homme de bienveillance ordinaire : le despote grec avait d'immenses moyens pour faire du mal, et à peine en avait-il pour faire du bien. Cependant acquérir le pouvoir sur les autres, à quelque condition que ce soit, est un motif ici absorbant tellement l'esprit, que même ce sceptre précaire et antisocial était toujours fortement convoité. — Τυραννὶς, χρῆμα σφαλερὸν, πολλοὶ δὲ αὐτῆς ἐρασταί εἰσι (Hérod. III, 53). V. les vers frappants de Solôn (Fragm. VII, éd. Schneidewin), et le mot de Jason de Pheræ, qui avait coutume de déclarer qu'il avait faim jusqu'à ce qu'il devînt despote, — πεινῆν, ὅτε μὴ τυραννοῖ· ὡς οὐκ ἐπιστάμενος ἰδιώτης εἶναι (Aristot. Polit. III, 2, 6).

(1) V. le beau Skolion de Callistrate, si populaire à Athènes, XXVII, p. 456, ap. Schneidewin, Poet. Græc. — Ἐν μύρτου κλαδὶ τὸ ξίφος φορήσω, etc.

Xénophon, Hiero, II, 8. Οἱ τύραννοι πάντες πανταχῇ ὡς διὰ πολεμίας πορεύονται. Cf. Isocrate, Or. VIII (De Pace),

entraves et des obligations comprises dans le droit de cité perdait en même temps dans l'opinion générale tout titre à la sympathie et à la protection communes (1); de sorte qu'il y avait danger pour le despote de visiter en personne ces grands jeux Panhelléniques, dans lesquels son propre char pouvait avoir gagné le prix, et où paraissaient avec une pompe fastueuse les theôres, ou députés sacrés, qu'il envoyait comme représentants de sa cité hellénique. Un gouvernement dirigé dans ces circonstances défavorables ne pouvait avoir qu'une courte existence. Bien que l'individu assez audacieux pour s'en emparer trouvât souvent moyen de le garder jusqu'à la fin de sa propre vie, cependant la vue d'un despote vivant jusqu'à la vieillesse était rare, et la transmission de son pouvoir à son fils l'était plus encore (2).

---

p. 182; Polyb. II, 59; Cicéron, Or. pro Milone, c. 29.

Aristote, Polit. II, 4, 9. Ἐπεὶ ἀδικοῦσί γε τὰ μέγιστα διὰ τὰς ὑπερβολὰς, ἀλλ' οὐ διὰ τἀναγκαῖα · οἷον τυραννοῦσιν, οὐχ ἵνα μὴ ῥιγῶσι · διὸ καὶ αἱ τιμαὶ μεγάλαι, ἂν ἀποκτείνῃ τις, οὐ κλέπτην, ἀλλὰ τύραννον.

Il ne peut y avoir de manifestation plus puissante du sentiment que le monde ancien avait à l'égard d'un despote, que les remarques de Plutarque sur la conduite de Timoléon, quand il aide à mettre à mort son frère le despote Timophanês (Plutarque, Timoleon, c. 4-7, et Comp. de Timoleon avec Paulus Emilius, c. 2). V. aussi Plutarque, Comparaison de Dion et de Brutus, c. 3, et Plutarque, Præcepta Reipublicæ gerendæ, c. 11, p. 805; c. 17, p. 813; c. 32, p. 824 (il parle du renversement d'un despote (τυραννίδων κατάλυσις) comme de l'un des plus brillants exploits de l'homme), et le récit donné par Xénophon de l'assassinat de Jason de Pherœ, Hellenic. VI, 4, 32.

(1) Tite-Live, XXXVIII, 50. « Qui jus æquum pati non possit, in eum vim haud injustam esse. » Cf. Theognis, v. 1183, éd. Gaisford.

(2) Plutarque, Sept. Sapient. Conviv. c. 2, p. 147. — Ὡς ἐρωτηθεὶς ὑπὸ Μολπαγόρου τοῦ Ἴωνος, τί παραδοξότατον εἴης ἑωρακώς; ἀποκρίναιο, τύραννον γέροντα. Cf. la réponse de Thalès dans le même traité, c. 7, p. 152.

L'orateur Lysias, présent aux jeux Olympiques, et voyant les theôres du despote syracusain Denys présents aussi dans des tentes ornées de dorure et de pourpre, adressa une harangue aux Grecs assemblés pour les engager à démolir les tentes (Lysiæ Λόγος Ὀλυμπιακὸς, Fragm. p. 911, éd. Reisk.; Dionys. Halicar. De Lysiâ Judicium, c. 29-30). Théophraste attribuait à Themistoklês une recommandation semblable par rapport aux theôres et aux chars de course du despote syracusain Hiéron (Plutarque, Themistoklês, c. 25).

Les lieux communs des rhéteurs prouvent de la manière la plus convaincante combien était unanime la tendance de l'esprit grec à ranger le despote parmi les criminels les plus odieux, et leur meurtrier parmi les bienfaiteurs de l'humanité. Le rhéteur

Parmi les points nombreux de discussion dans la morale politique des Grecs, cette antipathie enracinée pour un maître héréditaire permanent était à part comme un sentiment presque unanime, dans lequel se rencontraient également la soif de la prééminence que ressentait le petit nombre des riches, et l'amour d'une liberté égale qui animait le cœur du grand nombre. Il commença pour la première fois dans les oligarchies du septième et du sixième siècle avant J.-C. : il est le contraire de ce sentiment monarchique prononcé que nous lisons aujourd'hui dans l'Iliade ; et ces oligarchies le transmirent aux démocraties qui ne prirent naissance qu'à une époque plus avancée. Le conflit entre l'oligarchie et le despotisme précéda la lutte entre l'oligarchie et la démocratie, les Lacédæmoniens se présentant activement dans les deux occasions pour soutenir le principe oligarchique. Un sentiment mêlé de crainte et de répugnance les amena à renverser le despotisme dans plusieurs cités de la Grèce pendant le sixième siècle avant J.-C., de la même manière que, pendant leur lutte avec Athènes au siècle suivant, ils aidèrent le parti oligarchique à renverser la démocratie. Et ce fut ainsi que le despote démagogue de ces temps anciens, mettant en avant le nom du peuple comme prétexte, et faisant servir les armes du peuple comme moyen d'accomplissement pour ses ambitieux desseins personnels, servit pour ainsi dire de préface à la démocratie réelle qui se manifesta à Athènes peu de temps avant la guerre des Perses, comme développement de la semence jetée par Solôn.

Autant que nous permettent de le reconnaître les renseignements imparfaits que nous possédons, ces anciennes oli-

---

Théon, traitant des *lieux communs*, dit : Τόπος ἐστι λόγος αὐξητικὸς ὁμολογουμένου πράγματος, ἤτοι ἁμαρτήματος, ἢ ἀνδραγαθήματος. Ἐστὶ γὰρ διττὸς ὁ τόπος · ὁ μέν τις κατὰ τῶν πεπονηρευμένων, οἷον κατὰ τυράννου, προδότου, ἀνδροφόνου, ἀσώτου · ὁ δέ τις, ὑπὲρ τῶν χρηστόν τι διαπεπραγμένων · οἷον ὑπὲρ τυραννοκτόνου, ἀριστέως, νομοθέτου. (Theon, Progymnasmata, c. 7, ap. Walz. Coll. Rhet. vol. I, p. 222. Cf. Aphthonius, Progymn. c. 7, p. 82 du même volume, et Dionys. Halic. Ars Rhetorica, X, 15, p. 390, éd. Reiske).

garchies des États grecs, contre lesquelles luttaient les premiers despotes dans leur tentative d'usurpation, contenaient en elles des éléments plus exclusifs d'inégalité et des barrières plus nuisibles entre les parties constitutives de la population que les oligarchies d'une date plus récente. Ce qui était vrai de la Hellas comme agrégat était vrai, bien qu'à un degré moindre, de chaque communauté séparée dont se composait cet agrégat. Chacune renfermait une variété de clans, d'ordres, de confréries religieuses et de sections soit de lieux, soit de professions, unis ensemble d'une manière très-imparfaite; de sorte que l'oligarchie n'était pas le gouvernement exercé par un petit nombre de riches sur les moins riches et les pauvres (comme le fut le gouvernement oligarchique dans les temps postérieurs), mais celui d'un ordre particulier, quelquefois d'un ordre de patriciens, sur tout le reste de la société. Dans ce cas, la masse soumise pouvait compter des propriétaires opulents et riches aussi bien que le petit nombre qui gouvernait; mais cette masse sujette était elle-même divisée en diverses fractions hétérogènes, qui n'éprouvaient pas une cordiale sympathie mutuelle, ne se mariaient peut-être pas ensemble et ne partageaient pas non plus les mêmes rites religieux. La population de la campagne, c'est-à-dire les villageois qui labouraient la terre, semble, dans ces temps reculés, avoir été assujettie à une dépendance pénible vis-à-vis des grands propriétaires vivant dans la ville fortifiée, et avoir été distinguée par un costume et des vêtements qui souvent leur attiraient un sobriquet peu amical. Ces propriétaires de la ville formaient souvent la classe des gouvernants dans les anciens États grecs; tandis que leurs sujets se composaient : 1° des cultivateurs dépendants vivant dans le district environnant, par qui leurs terres étaient labourées; 2° d'un certain nombre de petits propriétaires travaillant par eux-mêmes (αὐτουργοί), dont les possessions étaient trop exiguës pour entretenir plus de personnes qu'eux-mêmes par le travail de leurs propres mains sur leur propre petit champ, et qui résidaient ou dans la campagne ou dans la ville, suivant les circonstances; 3° de ceux qui vivaient dans la ville, n'ayant pas de terre, mais exerçant un métier manuel, les arts ou le commerce.

Les propriétaires qui gouvernaient étaient connus sous le nom de Gamori ou Geomori, selon que l'on employait pour les désigner le dialecte dôrien ou ionien, puisqu'on les trouvait dans des États appartenant à une race aussi bien qu'à l'autre. Ils semblent avoir constitué un ordre fermé, transmettant leurs priviléges à leurs enfants, mais n'admettant aucun nouveau membre à y participer. Le principe appelé par les penseurs grecs timocratie (la répartition de droits et de priviléges politiques suivant la propriété comparative) semble avoir été peu appliqué dans les temps plus anciens, s'il le fut jamais. Nous n'en connaissons aucun exemple antérieur à Solôn. Aussi, par suite de la multiplication naturelle des familles et de la mutation de la propriété, arrivait-il qu'un grand nombre d'individus de la classe des Gamori ne possédaient aucune terre (1), et avaient peut-être une condition pire que ces petits francs-tenanciers qui n'appartenaient pas à l'ordre; tandis que quelques-uns de ces derniers francs-tenanciers et quelques-uns des artisans et des commerçants dans la ville pouvaient dans le même temps s'élever en fortune et en importance. Dans une classification politique telle que celle-ci, dont l'inégalité exclusive était aggravée par un grossier état de mœurs, et qui n'avait pas de flexibilité pour faire face à des changements dans la position relative des habitants pris individuellement, le mécontentement et les explosions étaient inévitables. Le plus ancien despote, qui était ordinairement un homme riche de la classe privée de ses priviléges, se faisait le champion et le chef des mécontents (2). Quelque oppressif que pût être son gouvernement, c'était du moins une oppression dont la rigueur pesait indistinctement sur toutes les fractions de la population; et quand arrivait l'heure de la réaction contre

---

(1) Comme divers membres de la noblesse polonaise ou hongroise dans les temps modernes.
(2) Thucyd. I, 13.

lui ou contre son successeur, de sorte que l'ennemi commun était chassé par les efforts combinés de tous, il n'était guère possible de ressusciter le système préexistant d'exclusion et d'inégalité sans quelques modifications considérables.

En règle générale, toute communauté grecque formant une cité renfermait dans sa population, indépendamment d'esclaves achetés, les trois éléments dont il a été fait mention plus haut, — de grands propriétaires fonciers avec des paysans subordonnés, de petits propriétaires travaillant par eux-mêmes et des artisans habitant les villes, les trois éléments se trouvant partout avec des proportions différentes. Mais la marche des événements en Grèce, à partir du septième siècle avant J.-C., tendit continuellement à élever l'importance comparative des deux dernières classes; tandis que, dans ces temps anciens, l'ascendant de la première était à son maximum et ne changea que pour décliner. La force militaire de la plupart des cités fut d'abord entre les mains des grands propriétaires dont elle était composée. Elle consistait en cavalerie, formée d'eux-mêmes et de leur suite, avec des chevaux nourris sur leurs terres. Telle fut la première milice oligarchique, ainsi qu'elle était constituée dans le septième et le sixième siècle avant J.-C. (1) à Chalkis et à Eretria en Eubœa, aussi bien qu'à Kolophôn et dans d'autres cités de l'Iônia, et telle qu'elle continua en Thessalia jusqu'au quatrième siècle avant J.-C. Mais l'élévation graduelle des petits propriétaires et des artisans des villes fut marquée par la substitution d'une infanterie pesamment armée à la place de la cavalerie. De plus, il se fit un autre changement non moins important, quand la résistance opposée aux Perses amena la grande multiplication des vaisseaux de guerre grecs, montés par une armée de marins qui vivaient réunis dans les villes maritimes. Tous ces mouvements dans les communautés grecques contribuaient à ouvrir ces oligarchies fermées et exclusives par lesquelles commencent nos pre-

---

(1) Aristote, Polit. IV, 3, 2; 11, 10. Aristot. Rerum Public. Fragm. éd. Neumann, Fragm. 5. Εὐβοέων πολιτεῖαί, p. 112; Strabon, X, p. 447.

mières connaissances historiques, et à les amener à devenir ou des oligarchies un peu plus ouvertes, embrassant tous les hommes possesseurs d'une certaine quantité de propriétés, ou bien des démocraties. Mais la transition, dans les deux cas, se faisait ordinairement au moyen du despote comme intermède.

En énumérant les éléments distincts et discordants dont se composait la population de ces anciennes communautés grecques, nous ne devons pas oublier un autre élément qui se trouvait dans les États dôriens en général, des hommes de race dôrienne, en tant qu'opposés à des hommes non dôriens. Les Dôriens étaient, dans tous les cas, des immigrants et des conquérants, s'établissant à côté des premiers habitants et à leurs dépens. Dans quels termes était constituée la cohabitation et dans quelles proportions envahisseurs et envahis se mêlaient-ils, c'est un point sur lequel nous avons peu de renseignements. Quelque importante que soit cette circonstance dans l'histoire de ces communautés dôriennes, nous ne la connaissons que comme un fait général sans pouvoir en suivre les résultats en détail. Mais nous en voyons assez pour nous convaincre que, dans ces révolutions qui renversèrent les oligarchies et à Corinthe, et à Sikyôn, peut-être aussi à Megara, les éléments dôriens et non dôriens de la communauté furent en conflit plus ou moins directement.

Les despotes de Sikyôn sont les plus anciens au sujet desquels nous ayons quelque mention distincte. Leur dynastie dura cent ans, période plus longue que la durée de tout autre despote grec connu par Aristote; de plus, ils gouvernèrent, dit-on (1), avec douceur et respectèrent beaucoup dans la pratique les lois préexistantes. Orthagoras, le fondateur de la dynastie, s'éleva à la position de despote vers 676 avant J.-C., en renversant l'oligarchie dôrienne qui existait avant

---

(1) Aristote, Polit. V, 9, 21. Un oracle, dit-on, avait prédit aux Sikyoniens qu'ils seraient soumis pendant la durée d'un siècle à une main qui les flagellerait (Diodor. Fragm. lib. VII - X, Fragm. 14, éd. Maii).

lui (1); mais on n'a pas conservé la cause et les circonstances de cette révolution. Il avait été, dit-on, cuisinier dans l'origine. Dans la série de ses successeurs, nous trouvons mentionnés Andreas, Myrôn, Aristônymos et Kleisthenês. Myrôn remporta une victoire à la course des chars à Olympia dans la trente-troisième Olympiade (648 av. J.-C.), et construisit dans le même saint lieu un trésor contenant deux alcoves de cuivre ornées, pour recevoir des offrandes commémoratives données par lui-même et par sa famille (2). Relativement à Kleisthenês (dont on doit placer l'époque entre 600 et 560 av. J.-C., sans pouvoir guère la déterminer exactement), on nous rapporte quelques faits extrêmement curieux, mais d'une nature qu'il n'est pas très-facile de suivre ou de vérifier.

Le récit d'Hérodote nous apprend que la tribu à laquelle appartenait Kleisthenês lui-même (3) (et naturellement ses

---

(1) Hérodote, VI, 126; Pausan. II, 8, 1. Il y a quelque confusion au sujet des noms d'Orthagoras et d'Andreas; ce dernier est appelé *cuisinier* dans Diodore (Fragm. Excerpt. Vatic. lib. VII, X. Fragm. 14); cf. Libanius in Sever. vol. III, p. 251, Reisk. On a supposé, avec quelque probabilité, que la même personne est désignée sous deux noms; les deux noms ne semblent pas se rencontrer dans le même auteur. V. Plutarque, Ser. Numin. Vind. c. 7, p. 553.

Aristote (Polit. V, 10, 3) paraît avoir compris que le pouvoir avait passé directement de Myrôn à Kleisthenês, en omettant Aristônymos.

(2) Pausan. VI, 19, 2. Les Eleiens apprirent à Pausanias que le cuivre de ces alcoves venait de Tartêssos (la côte sud-ouest de l'Espagne depuis le détroit de Gibraltar jusqu'au territoire au delà de Cadix); il refuse de garantir cette assertion. Mais O. Müller la regarde comme une certitude — « deux chambres incrustées de cuivre de Tartêssos, et ornées de colonnes doriques et ioniques. Les ordres d'architecture employées dans ces constructions, ainsi que le cuivre de Tartêssos que les Phokæens avaient apporté alors en Grèce en quantités considérables de chez le roi hospitalier Arganthonios, attestent les rapports de Myrôn avec les Asiatiques » (Dorians, I, 8, 2). C'est ainsi que le Dr Thirlwall expose aussi le fait: « Du cuivre de Tartêssos, qui n'avait pas été introduit en Grèce depuis longtemps. » (Hist. Gr. c. 10, p. 483, 2e édit.). Cependant, si nous examinons la chronologie du cas qui nous occupe, nous verrons que la trente-troisième Olympiade (648 av. J.-C.) doit avoir été antérieure même à la première découverte de Tartêssos par les Grecs, avant que le voyage accidentel du marchand samien Kôlæos leur ait fait connaître la contrée pour la première fois, et plus d'un demi-siècle (au moins) avant les rapports des Phokæens avec Arganthonios. Cf. Hérod. IV, 152; I, 163, 167.

(3) Hérodote, V, 67.

aïeux, Orthagoras ainsi que les autres Orthagoridæ) était distincte des trois tribus dôriennes, qui ont déjà été nommées dans le chapitre relatif à la constitution de Lykurgue à Sparte, les Hylleis, les Pamphyli et les Dymanes. Nous apprenons aussi que ces tribus étaient communes aux Sikyoniens et aux Argiens. Kleisthenês, étant dans un état d'hostilité acharnée vis-à-vis d'Argos, essaya par plusieurs moyens d'abolir les points de communauté entre les deux pays. Sikyôn, rendue dôrienne dans l'origine par des colons venus d'Argos, était comprise dans le « lot de Têmenos », ou parmi les villes de la confédération argienne. Le lien de cette confédération était devenu de plus en plus faible, en partie sans doute par l'influence des prédécesseurs de Kleisthenês ; mais peut-être les Argiens ont-ils essayé de le resserrer, en se mettant ainsi dans un état de guerre avec ce dernier, et en l'amenant à détacher Sikyôn d'Argos d'une manière palpable et violente. Il y avait deux ancres auxquelles tenait la connexion : d'abord, une sympathie légendaire et religieuse, puis les cérémonies et les dénominations civiles ayant cours parmi les Dôriens Sikyoniens : Kleisthenês les anéantit toutes les deux. Il changea les noms et des trois tribus dôriennes et de la tribu non dôrienne à laquelle il appartenait lui-même ; la dernière, il la nomma du titre flatteur d'Archelai (chefs du peuple) ; les trois premières il les appela des noms injurieux d'Hyatæ, d'Oneatæ et de Chœreatæ, empruntés aux trois mots grecs signifiant sanglier, âne et petit porc. Nous ne pouvons apprécier tout ce qu'une telle insulte avait d'amer que si nous nous imaginons le respect que les tribus d'une cité grecque avaient pour le héros de qui leur nom était emprunté. Ces nouvelles dénominations données par Kleisthenês renfermaient l'intention d'avilir les tribus dôriennes aussi bien que la prétention d'élever sa propre tribu au-dessus des autres ; c'est ce qu'affirme Hérodote et ce qui semble bien digne de créance.

Mais la violence dont Kleisthenês était capable dans son antipathie antiargienne est manifestée d'une manière bien plus évidente par sa conduite à l'égard du héros Adrastos et du sentiment légendaire du peuple. Dans un précédent chapitre (1), j'ai déjà dit quelque chose de cet incident remarquable, qu'il est bon cependant de mentionner encore ici brièvement. Le héros Adrastos, dont Hérodote lui-même vit la chapelle dans l'agora de Sikyôn, appartenait en commun et à Argos et à Sikyôn, et était l'objet d'un respect spécial pour les deux villes. Il figure dans la légende comme roi d'Argos et comme petit-fils et héritier de Polybos, roi de Sikyôn. Il fut le chef malheureux aux deux siéges de Thèbes, si fameux dans l'ancienne épopée. Les Sikyoniens écoutaient avec délices et les exploits des Argiens contre Thèbes tels qu'ils étaient célébrés dans les récits des rhapsodes épiques, et le conte lamentable d'Adrastos et de ses malheurs de famille, tels que les chantait le chœur tragique. Non-seulement Kleisthenês défendit aux rhapsodes de venir à Sikyôn, mais encore il résolut de chasser Adrastos lui-même du pays, — telle est l'expression grecque littérale, le héros luimême étant regardé comme réellement présent et habitant parmi le peuple (2). D'abord il demanda à l'oracle de Delphes la permission d'effectuer directement ce bannissement; mais la Pythie répondit en refusant avec indignation : « Adrastos est roi des Sikyoniens ; mais toi, tu es un bandit. » Ainsi bafoué, il employa un stratagème calculé pour amener Adrastos à partir de son plein gré (3). Il envoya à Thèbes demander qu'on lui permît d'introduire dans Sikyôn le héros Melanippos, et la permission lui fut accordée. Or Melanippos, célèbre dans la légende comme le puissant champion de Thèbes contre Adrastos et les assiégeants argiens, et comme ayant tué et Mêkisteus le frère, et Tydeus le gendre d'Adrastos, était pour ce dernier l'objet d'une haine profonde. Kleisthenês amena dans Sikyôn ce héros antinational, lui assignant un terrain consacré dans le prytaneion ou palais du gouvernement, et même dans la partie la plus fortifiée (4)

---

(1) V. vol. I, c. XIV, p. 313.
(2) Hérod. V, 67. Τοῦτον ἐπεθύμησε ὁ Κλεισθένης, ἐόντα Ἀργεῖον, ἐκβαλεῖν ἐκ τῆς χώρης.

(3) Hérodote, V, 67. Ἐφρόντιζε μηχανὴν τῇ αὐτὸς ὁ Ἄδρηστος ἀπαλλάξεται.

(4) Ἐπαγαγόμενος δὲ ὁ Κλεισθένης

(car, à ce qu'il semble, on regardait comme probable qu'Adrastos attaquerait l'intrus et le combattrait); de plus, il enleva et les chœurs tragiques et les sacrifices à Adrastos, assignant les premiers au dieu Dionysos et les seconds à Melanippos.

Les manifestations religieuses de Sikyôn étant ainsi transportées d'Adrastos à son ennemi mortel, et du parti des Argiens au siége de Thèbes à celui des Thébains, on supposa qu'Adrastos avait volontairement quitté la place. Et le but que se proposait Kleisthenês de briser la communauté de sentiment entre Sikyôn et Argos fut en partie atteint.

On peut supposer qu'un maître qui pouvait exercer une telle violence sur le sentiment religieux et légendaire de la communauté était capable de faire de propos délibéré aux tribus dôriennes l'insulte qu'impliquent leurs nouvelles dénominations. Toutefois, comme nous ne connaissons pas l'état de choses qui précédait, nous ne savons pas jusqu'à quel point elle a pu être une représaille pour une insulte antérieure dans le sens opposé. Il est évident que les Dôriens de Sikyôn se tinrent, eux et leurs anciennes tribus, tout à fait séparés du reste de la communauté, bien que nous ne soyons pas en état d'établir quelles étaient les autres portions constitutives de la population, ni dans quels rapports elles étaient vis-à-vis de ces Dôriens. On parle, il est vrai, d'une population rurale dépendante dans le territoire de Sikyôn, aussi bien que dans celui d'Argos et d'Epidauros, analogue aux Ilotes en Laconie. A Sikyôn on nommait cette classe les Korynêphori (hommes à la massue) ou les Katônakophori, à cause de l'épais manteau de laine qu'ils portaient, avec une peau de mouton cousue à la jupe : à Argos, elle s'appelait les Gymnèsii, parce qu'ils n'avaient pas l'armure militaire ni l'usage des armes régulières : à Epidauros, Konipodes ou les Pieds-poudreux (1). Nous pouvons conclure qu'une classe

---

τὸν Μελάνιππον, τέμενος οἱ ἀπέδεξε ἐν αὐτῷ τῷ πρυτανηίῳ, καί μιν ἐνθαῦτα ἵδρυσε ἐν τῷ ἰσχυροτάτῳ (Hérod. *ib.*)

(1) Julius Pollux, III, 83; Plutarque, Quæst. Græc. c. 1, p. 291; Théopompe ap. Athenæ. VI, p. 271; Welcker,

semblable existait à Corinthe, à Megara et dans chacune des villes dôriennes de l'Aktê argolique. Mais outre les tribus dôriennes et ces tribus rustiques, il a dû exister probablement des propriétaires non dôriens et habitant dans la ville, et c'est sur eux que nous pouvons supposer que s'appuyait le pouvoir des Orthagoridæ et de Kleisthenês, pouvoir peut-être plus bienveillant et plus indulgent pour les serfs de la campagne que ne l'avait été antérieurement celui des Dôriens. La modération qu'Aristote attribue aux Orthagoridæ en général est démentie par les actes de Kleisthenês. Mais nous pouvons croire avec probabilité que ses prédécesseurs, contents de maintenir la prédominance réelle de la population non dôrienne sur la dôrienne, se mêlèrent très-peu de la position séparée et des habitudes civiles de cette dernière ; tandis que Kleisthenês, provoqué ou alarmé par quelque tentative qu'elle fit pour fortifier son alliance avec les Argiens, eut recours à la fois à des mesures de répression et à cette nomenclature injurieuse qui a été citée plus haut. Kleisthenês dut de conserver le pouvoir plutôt à son énergie militaire (selon Aristote) que même à sa modération et à sa conduite populaire. Ce qui y contribua sans doute, ce fut le faste qu'il déploya aux jeux publics ; car il fut vainqueur dans la course des chars aux jeux Pythiens en 582 avant J.-C., aussi bien qu'aux jeux Olympiques en outre. De plus, il fut dans le fait le dernier de la race, et ne transmit pas son pouvoir à un successeur (1).

On peut donc considérer les règnes des premiers Orthagoridæ comme marquant une prédominance, nouvellement acquise, mais exercée doucement, des non Dôriens sur les Dôriens à Sikyôn, et le règne de Kleisthenês comme manifestant une forte explosion d'antipathie de la part des premiers à l'égard des seconds. Et bien que cette antipathie,

---

Prolegomen. ad Theognid. c. 19, p. 34.

Nous pouvons mentionner, comme formant une analogie avec ce nom de Konipodes, les anciennes cours de justice en Angleterre appelées Courts of Pie-powder, *Pieds-poudrés*.

(1) Aristote, Polit. V, 9, 21 ; Pausanias, X, 7, 3.

avec l'application de ces noms de tribus outrageants qui servaient à l'exprimer, soit attribuée à Kleisthenês personnellement, nous pouvons voir que les habitants non Dôriens dans Sikyôn la partageaient en général; puisque ces mêmes noms de tribus continuèrent à être appliqués non-seulement pendant le règne de ce despote, mais encore durant soixante ans après sa mort. Il est à peine nécessaire de faire remarquer que de telles dénominations ne purent jamais être reconnues ni employées parmi les Dôriens eux-mêmes. Après l'intervalle de soixante années à partir de la mort de Kleisthenês, les Sikyoniens en arrivèrent à un arrangement à l'amiable de la querelle, et placèrent les noms des tribus sur un pied satisfaisant pour tout le monde. Les anciennes dénominations dôriennes (Hylleis, Pamphyli et Dymanes) furent rétablies, tandis que le nom de la quatrième tribu, où habitants non Dôriens, fut changé d'Archelai en Ægialeis, — Ægialeus fils d'Adrastos étant constitué son éponyme (1). Ce choix du fils d'Adrastos pour éponyme semble prouver que le culte d'Adrastos lui-même fut alors remis en honneur à Sikyôn, puisqu'il existait du temps d'Hérodote.

Je parlerai dans un autre endroit de la guerre que Kleisthenês aida à faire contre Kirrha pour protéger le temple de Delphes. Il semble que sa mort et la fin de sa dynastie arrivèrent en 560 avant J.-C. environ, autant qu'on peut en établir la chronologie (2). Qu'il ait été déposé par les Spar-

---

(1) Hérodote, V, 68. Τούτοισι τοῖσι οὐνόμασι τῶν φυλέων ἐχρέωντο οἱ Σικυώνιοι, καὶ ἐπὶ Κλεισθένεος ἄρχοντος, καὶ ἐκείνου τεθνεῶτος ἔτι ἐπ' ἔτεα ἑξήκοντα · μετέπειτα μέντοι λόγον σφίσι δόντες, μετέβαλον ἐς τοὺς Ὑλλέας καὶ Παμφύλους καὶ Δυμανάτας · τετάρτους δὲ αὐτοῖσι προσέθεντο ἐπὶ τοῦ Ἀδρήστου παιδὸς Αἰγιαλέος τὴν ἐπωνυμίην ποιεύμενοι κεκλῆσθαι Αἰγιαλέας.

(2) La chronologie d'Orthagoras et de sa dynastie est embarrassante. L'offrande commémorative de Myrôn à Olympia est marquée pour l'an 648 avant J.-C., et ceci doit rejeter le commencement du règne d'Orthagoras à une époque placée entre 680 et 670. Ensuite Aristote nous dit que la dynastie entière dura 100 années; mais elle doit probablement avoir duré un peu plus longtemps, car on ne peut guère placer la mort de Kleisthenês plus tôt que 560 avant J.-C. La guerre contre Kirrha (595 av. J.-C.) et la victoire Pythienne (582 av. J.-C.) tombent pendant son règne : mais le mariage de sa fille Agaristê avec Megaklês peut difficilement être placé avant l'an

tiates (comme le supposent K.-F. Hermann, O. Müller et le docteur Thirlwall), c'est ce que l'on ne peut guère admettre d'une manière compatible avec le récit d'Hérodote, qui mentionne la durée des noms injurieux imposés par lui aux tribus dôriennes pendant un grand nombre d'années après sa mort. Or, si les Spartiates étaient intervenus la force en main pour supprimer sa dynastie, nous pouvons supposer avec raison que, même s'ils ne rétablirent pas la prépondérance prononcée des Dôriens à Sikyôn, ils auraient au moins délivré les tribus dôriennes de cette ignominie manifeste. Mais il semble douteux que Kleisthenès ait eu un fils : et l'importance extraordinaire attachée au mariage de sa fille Agaristê, qu'il accorda à l'Athénien Megaklês de la grande famille des Alkmæônidæ, semble plutôt prouver qu'elle était héritière, non de son pouvoir, mais de sa fortune. Il ne peut exister de doute quant au fait de ce mariage, dont na-

---

570 avant J.-C., si même on peut le placer si haut ; car Kleisthenês l'Athénien, né de ce mariage, opéra la révolution démocratique à Athènes en 509 ou 508 avant J.-C. La fille que Megaklês donna en mariage à Pisistrate vers 554 avant J.-C. était-elle aussi issue de ce mariage, comme le prétend Larcher, c'est ce que nous ignorons.

Megaklês était fils de cet Alkmæôn qui avait assisté les députés envoyés par Crésus de Lydia en Grèce pour consulter les divers oracles, et que Crésus récompensa si libéralement qu'il fit sa fortune (cf. Hérodote, I, 46 ; VI, 125) ; et le mariage de Megaklês se fit dans la génération suivante, après qu'Alkmæôn avait été enrichi ainsi — μετὰ δὲ, γενέῃ δευτέρῃ ὕστερον (Hérod. VI, 126). Or, le règne de Crésus s'étend de 560 à 546 avant J.-C., et la députation qu'il envoya aux oracles de la Grèce semble l'avoir été vers 556 avant J.-C. V. la note de Larcher, ad Hérodot. V, 66, note longue, mais peu satisfaisante.

Mais quand je raconterai l'entrevue de Solôn avec Crésus, je montrerai qu'il y a des raisons pour croire qu'Hérodote, dans sa manière de concevoir les événements, date très-mal le règne et les actes de Crésus aussi bien que de Pisistrate. C'est là une conjecture de Niebuhr, que je crois très-juste et qui est rendue encore plus probable par ce que nous trouvons rapporté ici au sujet de la suite des Alkmæônidæ. Car il est évident qu'Hérodote ici conçoit l'aventure qui se passa entre Alkmæôn et Crésus comme étant survenue une génération (environ vingt-quatre ou trente ans) avant le mariage de Megaklês avec la fille de Kleisthenês. Cette aventure se trouvera donc vers 590-585 avant J.-C., ce qui serait à peu près le temps de l'entrevue supposée (si elle fut réelle) entre Solôn et Crésus, indiquant le maximum du pouvoir et de la prospérité du second.

(1) Müller, Dorians book I, 8, 2 ; Thirlwall, Hist. of Greece, vol. I, c. X, p. 486, 2ᵉ éd.

quit le chef athénien Kleisthenês, plus tard l'auteur de la grande révolution démocratique à Athènes, après l'expulsion des Pisistratidæ; mais les détails animés et amusants dont Hérodote l'a entouré portent beaucoup plus le cachet du roman que celui de la réalité. Arrangé apparemment par quelque ingénieux Athénien comme compliment à l'adresse de la race alkmæônide de sa ville, qui comprenait et Kleisthenês et Periklês, le récit rappelle une rivalité matrimoniale entre cette race et une autre noble maison athénienne, et donne en même temps une explication mythique d'une phrase vraisemblablement proverbiale à Athènes : « *Hippokleidês, ne t'inquiète pas* (1). »

Plutarque compte Æschinês de Sikyôn (2) parmi les des-

---

(1) Hérodote, VI, 127-131. La locution expliquée est — Οὐ φροντὶς, Ἱπποκλείδῃ; cf. les allusions qui y sont faites dans les Parœmiographi, Zenob. V, 31 ; Diogenian. VII, 21 ; Suidas, XI, 45, éd. Schott.

La convocation des prétendants que Kleisthenês invita de toutes les parties de la Grèce, et la marque et le caractère distinctifs de chacun, sont agréablement racontés, aussi bien que le caprice d'ivrogne par lequel Hippokleidês perd à la fois la faveur de Kleisthenês et la main d'Agaristê, qu'il était sur le point d'obtenir. Ce semble être une histoire formée sur le modèle de divers incidents que présente la vieille épopée, et particulièrement les prétendants d'Hélène.

En un point, cependant, l'auteur du récit semble avoir négligé à la fois et les exigences de la chronologie, et la position historique et les sentiments de son héros Kleisthenês. En effet, parmi les prétendants qui se présentent à Sikyôn conformément à l'invitation de ce dernier, se trouve Leôkêdês, fils de Pheidôn le despote d'Argos. Or, l'hostilité et la violente antipathie à l'égard d'Argos, qu'Hérodote attribue dans un autre endroit au Sikyonien Kleisthenês, rendent presque impossible qu'un fils d'un roi quelconque d'Argos ait pu devenir un prétendant à la main d'Agaristê. J'ai déjà raconté la violence que fit Kleisthenês au sentiment légendaire de sa ville natale, et les noms injurieux qu'il imposa aux Dôriens Sikyoniens, tout cela sous l'influence d'un fort sentiment antiargien. Ensuite, quant à la chronologie, Pheidôn, roi d'Argos, vécut à quelque moment entre 760-730, et son fils ne peut jamais avoir été un aspirant à la main de la fille de Kleisthenês, dont le règne tombe en 600-560 avant J.-C. Les chronologistes ont recours ici à la ressource habituelle dans des cas difficiles : ils reconnaissent un second Pheidôn plus récent qui, d'après eux, a été confondu par Hérodote avec le premier ; ou ils altèrent le texte d'Hérodote en lisant « descendant de Pheidôn. » Mais ni l'une ni l'autre de ces conjectures ne s'appuient sur aucune base ; ce texte d'Hérodote est coulant et clair, et le second Pheidôn n'est prouvé nulle part ailleurs. V. Larcher et Wesseling *ad loc.*; cf. aussi tome III, c. IV de cette histoire.

(2) Plutarque, De Herod. Malign. c. 21, p. 859.

potes déposés par Sparte ; à quelle époque cet événement se passa-t-il, ou comment se rattache-t-il à l'histoire de Kleisthenês telle que la donne Hérodote, c'est ce qu'il nous est impossible de dire.

Dans le même temps que les Orthagoridæ à Sikyôn, mais commençant un peu plus tard et finissant un peu plus tôt, nous trouvons les despotes Kypselos et Périandre à Corinthe. Le premier paraît comme ayant renversé l'oligarchie appelée les Bacchiadæ. Nous n'avons aucun renseignement sur la manière dont il accomplit son projet, et cette lacune historique est imparfaitement remplie par divers pronostics et oracles religieux, figurant à l'avance l'élévation, le dur gouvernement et le détrônement, après deux générations, de ces puissants despotes.

Suivant une idée profondément imprimée dans l'esprit grec, les dieux annoncent ordinairement à l'avance la destruction d'un grand prince ou d'un grand pouvoir, bien que, soit par dureté de cœur, soit par inadvertance, on ne fasse pas attention à l'avertissement. Relativement à Kypselos et aux Bacchiadæ, nous apprenons que Melas, un des ancêtres du premier, était l'un des colons primitifs de Corinthe qui accompagnèrent le premier chef dôrien Alêtês, et qu'Alêtês fut en vain averti par un oracle de ne pas l'admettre (1). Une autre fois encore, immédiatement après la naissance de Kypselos, les Bacchiadæ furent informés que sa mère était sur le point de donner le jour à un enfant qui serait l'auteur de leur ruine ; le dangereux enfant évita la mort d'une façon merveilleuse : il n'échappa aux desseins de ses meurtriers que parce qu'il fut heureusement caché dans un coffre. Labda, mère de Kypselos, était fille d'Amphiôn, qui appartenait à la gens ou famille des Bacchiadæ ; mais elle était boiteuse, et aucun homme de la gens ne voulait consentir à l'épouser avec cette difformité. Eetiôn, fils d'Echekratès, qui devint son mari, appartenait à une généalogie héroïque différente, mais qui cependant n'était guère moins distinguée. Il était un

---

(1) Pausanias, II, 4, 9.

des Lapithæ, descendait de Kæneus et habitait dans le dème corinthien appelé Petra. Nous voyons ainsi que Kypselos était non-seulement un homme de haute naissance dans la ville, mais un Bacchiade par sa mère ; ces deux circonstances étaient de nature à lui rendre insupportable l'exclusion du gouvernement. Il acquit une grande popularité auprès du peuple, et avec son aide il renversa et chassa les Bacchiadæ, et continua à régner comme despote à Corinthe pendant trente ans jusqu'à sa mort (655-625 av. J.-C.). Suivant Aristote, il conserva pendant toute sa vie la même conduite conciliante qui, au début, lui avait valu le pouvoir ; et sa popularité se soutint d'une manière si efficace, qu'il n'eût jamais besoin de gardes du corps. Mais l'oligarchie corinthienne du siècle d'Hérodote (dont cet historien a intercalé le récit dans la harangue de l'envoyé corinthien Sosiklès (1) aux Spartiates) fit une description très-différente, dépeignit Kypselos comme un maître cruel, qui bannissait, pillait et tuait en masse.

Périandre son fils et son successeur, bien qu'énergique comme guerrier, distingué comme protecteur de la poésie et de la musique, et même compté par quelques-uns parmi les sept sages de la Grèce, est néanmoins uniformément représenté comme oppresseur et inhumain dans sa manière de traiter ses sujets. Les révoltantes histoires que l'on raconte relativement à sa vie privée, et à ses relations avec sa mère et sa femme, peuvent en grande partie être regardées comme des calomnies suggérées par des idées odieuses associées à sa mémoire. Mais il semble qu'il y ait de bonnes raisons pour lui imputer une tyrannie de la pire espèce. La croyance ordinaire faisait remonter à Périandre (2) et à son contemporain Thrasybule, despote de Milêtos, les maximes sangui-

---

(1) Aristote, Polit. V, 9, 22 ; Hérodote, V, 92. Le récit relatif à Kypselos et à ses exactions exercées en masse sur le peuple, contenu dans le second livre apocryphe des Œconomica d'Aristote, coïncide avec l'idée générale d'Hérodote (Aristot. Œconomic. II, 2) ; mais je n'ajoute pas foi à ce que dit ce traité pour des faits du sixième ou du septième siècle avant J.-C.

(2) Aristote, Polit. V, 9, 2-22 ; III, 8, 3. Hérodote, V, 92.

naires de précaution d'après lesquelles agissaient si souvent les despotes grecs. Il entretint une puissante garde du corps, versa beaucoup de sang, et poussa à l'excès ses exactions, dont une partie fut employée en offrandes votives à Olympia. Aristote et d'autres considéraient une telle munificence à l'égard des dieux comme faisant partie d'un système calculé, dans la pensée de garder ses sujets à la fois durs au travail et pauvres. Dans une occasion il invita, nous dit-on, les femmes de Corinthe à s'assembler pour célébrer une fête religieuse, et alors il leur enleva leurs riches atours et leurs beaux ornements. Quelques écrivains plus récents le dépeignent comme l'austère ennemi de tout ce qui ressemblait au luxe et aux habitudes dissolues, fortifiant l'industrie, obligeant chaque homme à rendre compte de ses moyens d'existence, et faisant jeter dans la mer les entremetteuses de Corinthe (1). Bien qu'on puisse avoir assez de confiance dans les traits généraux de son caractère, dans sa cruelle tyrannie non moins que dans sa vigueur et sa capacité, cependant les incidents particuliers rattachés à son nom sont extrêmement douteux. Ce qui, de tous ces faits, semble le plus croyable, c'est le récit de sa querelle acharnée avec son fils et sa conduite brutale à l'égard d'un grand nombre de jeunes Korkyræens, tels que les rapporte Hérodote. Périandre mit à mort, dit-on, son épouse Melissa, fille de Proklès, despote d'Epidauros. Son fils Lykophrôn, informé de cette action, en ressentit contre son père une antipathie sans remède. Périandre, après avoir essayé en vain, et par la rigueur, et par la conciliation, de vaincre ce sentiment dans l'esprit de son fils, l'envoya résider à Korkyra, alors dépendant de son empire; mais quand il se trouva vieux et incapable, il le rappela à Corinthe, pour assurer la durée de la dynastie. Lykophrôn refusa encore obstinément toute communication personnelle avec son père; alors celui-ci le pria de venir à Corinthe, et

---

(1) Ephore, Frag. 106, éd. Marx.; Héraclide de Pont, Frag. V, éd. Koehler; Nicolas de Damas, p. 50, éd. Orell.; Diogène Laërte, I, 96-98; Suidas, v. Κυψελιδῶν ἀνάθημα.

s'engagea à passer à Korkyra. Les Korkyræens furent si terrifiés par l'idée de la visite du formidable vieillard, qu'ils mirent Lykophrôn à mort; acte que vengea Périandre en saisissant trois cents jeunes gens de leurs plus nobles familles, et en les envoyant au roi lydien Alyattês à Sardes, pour qu'ils fussent châtrés et employés comme eunuques. Les vaisseaux corinthiens dans lesquels on expédia les jeunes gens touchèrent heureusement à Samos en route; là les Samiens et les Knidiens, choqués d'un procédé qui blessait tout sentiment hellénique, s'arrangèrent pour délivrer les jeunes gens du sort misérable qui leur était destiné, et après la mort de Périandre ils les renvoyèrent dans leur île natale (1).

Tandis que nous nous éloignons avec dégoût de la vie politique de cet homme, nous apprenons en même temps la grande étendue de sa puissance, plus grande que celle qui a jamais été possédée par Corinthe après l'extinction de sa dynastie. Korkyra, Ambrakia, Leukas et Anaktorion, toutes colonies corinthiennes, mais États indépendants pendant le siècle suivant, paraissent dans ce temps comme des dépendances de Corinthe. Ambrakia, dit-on, a été sous la domination d'un autre despote nommé Périandre, probablement aussi un Kypsélide de naissance. Il semble en effet que les villes d'Anaktorion, de Leukas, et d'Apollonia sur le golfe Ionien, ou furent fondées par les Kypsélides, ou reçurent des renforts de colons corinthiens, pendant leur dynastie, bien que Korkyra eût été établie bien longtemps avant (2).

Le règne de Périandre dura quarante ans (625-585 av. J.-C.); Psammetichos, fils de Gordios, qui lui succéda, régna trois années, et la dynastie kypsélide, dit-on, se termina

---

(1) Hérodote, III, 47-54. Il détaille avec quelque longueur cette tragique histoire. Cf. Plutarque, de Herodoti Malignitate, c. 22, p. 860.

(2) Aristote, Polit. V, 3, 6; 8, 9. Plutarque, Amatorius, c. 23, p. 768, et De Serâ Numinis Vindictâ, c. 7, p. 553. Strabon, VII, p. 325; X, p. 452. Skymnus Chius, v. 454, et Antoninus Liberalis, c. 4, qui cite l'ouvrage perdu appelé Ἀμβρακικὰ d'Athanadas.

alors, après avoir continué pendant soixante-treize ans (1). Sous le rapport du pouvoir, du faste magnifique et des relations étendues tant en Asie qu'en Italie, ils tenaient évidemment une place élevée parmi les Grecs de leur temps. Leurs offrandes consacrées à Olympia excitaient une grande admiration, particulièrement la colossale statue dorée de Zeus et le vaste coffret de bois de cèdre dédié à Hêrê et placé dans son temple, et qui était orné de diverses figures en or et en ivoire. Ces figures étaient empruntées de l'histoire mythique et légendaire, tandis que le coffret rappelait et le nom de Kypselos et le conte de sa merveilleuse conservation dans son enfance (2). Si Plutarque est exact, cette puissante dynastie doit être comptée parmi les despotes que Sparte déposa (3). Toutefois il est difficile qu'Hérodote ait connu cette intervention des Spartiates, en admettant qu'elle ait été un fait réel.

Coïncidant, sous le rapport du temps, avec le commencement du règne de Périandre à Corinthe, se trouve Theagenès, despote à Megara, qui acquit aussi, dit-on, son pouvoir par des moyens démagogiques, aussi bien que par de violentes agressions dirigées contre les riches propriétaires,

---

(1) V. M. Clinton, Fasti Hellenici, ad ann. 625-585 avant J.-C.
(2) Pausanias, V, 2, 4; 17, 2; Strabon, VIII, p. 353; cf. Schneider, Epimetrum ad Xenophon. Anabas. p. 570. Pausanias et Dion Chrysostome virent tous deux le coffre à Olympia (Or. XI, p. 325, Reiske).
(3) Plutarque, De Herodot. Malign. c. 21, p. 859. Si Hérodote avait su ou cru que la dynastie des Kypsélides à Corinthe fût déposée par Sparte, il n'aurait pas manqué de faire allusion à ce fait dans la longue harangue qu'il attribue au Corinthien Sosiklès (V, 92). Quiconque lira ce discours s'apercevra que, dans ce cas, il est presque impossible de ne pas conclure de son silence qu'il l'ignorait.
O. Müller attribue à Périandre une politique antidôrienne calculée « inspirée par le désir de déraciner entièrement les particularités de la race dôrienne. Pour ce motif il abolit les tables publiques, et interdit l'ancienne éducation. » (O. Müller, Dorians, III, 8, 3.)

Mais on ne peut démontrer que des tables publiques (συσσίτια) ou une éducation particulière, analogues à celles de Sparte, aient jamais existé à Corinthe. S'il n'est rien entendu de plus par ces συσσίτια que des banquets publics dans des occasions de fêtes particulières (V. Welcker, Prolegom. ad Theognid. c. 20, p. 37), ils ne sont nullement particuliers aux cités dôriennes. Théognis, v. 270, ne justifie pas non plus Welcker en affirmant « Syssitiorum vetus institutum » à Megara.

dont il détruisait le bétail dans leurs pâturages à côté de la rivière. On ne nous dit pas par quelle conduite antérieure les riches s'étaient attiré cette haine de la part du peuple; mais Theagenès conserva toujours entière la faveur populaire, obtint par un vote public une garde du corps, en apparence pour sa sécurité personnelle, mais il l'employa pour renverser l'oligarchie (1). Toutefois il ne garda pas son pouvoir, même pendant sa propre vie. Une seconde révolution le détrôna et le chassa; et dans cette occasion, après le court intervalle d'un gouvernement tempéré, le peuple, dit-on, renouvela d'une manière encore plus marquée son antipathie contre les riches, bannissant quelques-uns d'entre eux, confisquant leurs propriétés, s'introduisant dans les maisons de quelques autres pour réclamer une hospitalité forcée, et même rendant une palintokia formelle, ou décret pour exiger des riches qui avaient prêté de l'argent à intérêt le remboursement de tout l'intérêt passé que leur avaient payé leurs débiteurs (2). Pour apprécier exactement une telle demande, nous devons nous rappeler que l'usage de prendre un intérêt pour de l'argent prêté était regardé par une partie considérable de la plus ancienne société avec des sentiments de complète réprobation. Et l'on verra, quand nous en viendrons à la législation de Solôn, combien ce sentiment réactionnaire, si violent contre le créancier, fut provoqué par l'action antérieure de la dure loi qui déterminait ses droits.

Nous entendons parler en termes généraux de plus d'une révolution dans le gouvernement de Megara — une démocratie anarchique renversée par le retour d'oligarques bannis, et ceux-ci à leur tour incapables de se maintenir longtemps (3); mais nous sommes également sans renseignements quant aux dates et aux détails. Et quant à l'une de ces luttes, nous sommes admis aux effusions d'un contemporain et d'une victime, le poëte mégarien Théognis. Par malheur

---

(1) Aristote, Polit. V, 4, 5; Rhetor. I, 2, 7.
(2) Plutar., Quæst. Græc. c. 18, p. 295.

(3) Aristote, Polit. IV, 12, 10; V. 2, 6; 4, 3.

ses vers élégiaques, tels que nous les possédons, sont dans un tel état de mutilation, d'incohérence et d'interpolations, que nous ne nous faisons pas une idée distincte des événements qui les provoquent. Encore moins pouvons-nous découvrir dans les vers de Théognis cette force et cette particularité de pur sentiment dôrien que, depuis la publication de l'histoire des Dôriens de O. Müller, il a été à la mode de rechercher d'une manière si étendue. Mais nous voyons que le poëte se rattachait à une oligarchie de naissance, et non de richesse, qui avait été récemment renversée par l'irruption d'une population rustique antérieurement sujette et dépendante, que ces sujets se soumirent volontiers à un seul despote, pour échapper à leurs premiers maîtres, et que Théognis avait été lui-même, par ses propres amis et compagnons, dépouillé de son bien et exilé, par l'effort injuste « d'ennemis dont il espère pouvoir un jour boire le sang (1). » Il dépeint avec de tristes couleurs la condition des cultivateurs soumis avant cette révolution : Ils « habitaient en dehors de la ville, étaient vêtus de peaux de chèvre, et ignoraient les sanctions juridiques ou lois (2). » Après cela, ils étaient devenus citoyens, et leur importance s'était immensément accrue. C'est ainsi (d'après son impression) que la race vile a foulé aux pieds la race noble, que les méchants sont devenus maîtres, et que les bons ne sont plus comptés pour rien. L'amertume et l'humiliation réservées à la pauvreté, et l'ascendant immérité que donne la richesse même aux hommes les plus indignes (3), sont au nombre des sujets saillants de ses plaintes. Son poignant sentiment personnel sur ce point suffirait seul pour prouver que la révolution

---

(1) Théognis, v. 262, 349, 512, 600, 828, 834, 1119, 1200, éd. Gaisf. : Τῶν εἴη μέλαν αἷμα πιεῖν, etc.

(2) Théog., v. 349, Gaisf. : Κύρνε, πόλις μὲν ἔθ' ἥδε πόλις, λαοὶ δὲ δὴ ἄλλοι
Οἳ πρόσθ' οὔτε δίκας ᾔδεσαν οὔτε [νόμους,
Ἀλλ' ἀμφὶ πλευρῇσι δορὰς αἰγῶν κα-[τέτριβον,
Ἔξω δ' ὥστ' ἔλαφοι τῆσδε ἐνέμοντο [πόλιος.

(3) Théognis, v. 174, 267, 523, 700, 865, Gaisf.

récente n'avait nullement détruit l'influence de la propriété; ce qui contredirait l'opinion de Welcker, qui conclut sans raison, d'un passage dont le sens est incertain, que le territoire de l'État avait été formellement divisé de nouveau (1). La révolution mégarienne, autant que nous pouvons le comprendre par Théognis, paraît avoir amélioré considérable-

---

(1) Consultez les Prolégomènes de l'édition de Théognis de Welcker, ainsi que ceux de Schneidewin (Delectus Elegiac. Poetar. p. 46-55).

Les Prolégomènes de Welcker sont particulièrement importants et fort instructifs. Il explique longuement la tendance commune à Théognis et aux autres anciens poëtes grecs à employer les mots *bon* et *méchant*, non eu égard à quelque règle morale, mais à la richesse en tant qu'opposée à la pauvreté, à la noblesse opposée à une basse naissance, à la force opposée à la faiblesse, à une politique conservatrice et oligarchique opposée à l'innovation (sect. 10-18). Le sens moral de ces mots n'est pas absolument inconnu, quoiqu'il soit rare, dans Théognis; il se développa graduellement à Athènes, et finit par être popularisé par l'école des philosophes sokratiques aussi bien que par les orateurs. Mais la signification ancienne ou politique se conserva toujours, et la fluctuation entre les deux sens a produit de fréquents malentendus. Il faut faire constamment attention quand nous lisons les expressions οἱ ἀγαθοί, ἐσθλοί, βέλτιστοι, καλοκάγαθοί, χρηστοί, ou d'autre part, οἱ κακοί, δειλοί, etc., pour voir si le contexte est tel qu'il leur donne la signification morale ou la signification politique. Welcker semble aller un peu trop loin quand il dit que le dernier sens tomba en désuétude, par l'influence de la philosophie sokratique » (Proleg. sect. 2, p. 25). Les deux sens continuèrent à exister en même temps, comme nous le voyons par Aristote (Polit. IV, 8,

2), — σχεδὸν γὰρ παρὰ τοῖς πλείστοις οἱ εὔποροι, τῶν καλῶν κἀγαθῶν δοκοῦσι κατέχειν χώραν. On trouve parfois une distinction minutieuse dans Platon et dans Thucydide, qui parlent des oligarques comme « de personnes *appelées* très-excellentes » — τοὺς καλοὺς κἀγαθοὺς ὀνομαζομένους (Thucyd. VIII, 48) — ὑπὸ τῶν πλουσίων τε καὶ καλῶν κἀγαθῶν λεγομένων ἐν τῇ πόλει (Platon, Rep. VIII, p. 569).

On peut trouver le même double sens dominant également dans la langue latine : « *Bonique* et *mali* cives appellati, non ob merita in rempublicam, omnibus pariter corruptis; sed uti quisque locupletissimus, et injuriâ validior, quia præsentia defendebat, pro bono habebatur » (Sallust. Hist. Fragment. lib. I, p. 935, Cort.). Et encore Cicéron (De Republ. I, 34) : « Hoc errore vulgi cum rempublicam opes paucorum, non virtutes, tenere cœperunt, nomen illi principes *optimatium* mordicus tenent, re autem carent eo nomine. » Dans le discours de Cicéron pro Sextio (c. 45) les deux sens sont confondus ensemble avec intention, quand il donne sa définition de *optimus quisque*. Welcker (Proleg. s. 12) présente plusieurs autres exemples du sens pareillement équivoque. Il ne manque pas d'exemples du même emploi de langage dans les lois et coutumes des anciens Germains — boni homines, probi homines, Rachinburgi, Gudemaenner. V. Savigny, Geschichte des Roemisch. Rechts im Mittelalter, vol. I, p. 184; vol. II, p. 22.

ment la condition des cultivateurs autour de la ville, et fortifié une certaine classe qu'il considère comme « les mauvais riches » — tandis qu'elle détruisit les priviléges de cet ordre dominant, auquel il appartenait lui-même, et qu'il appelait dans son langage « les bons et les vertueux, » avec un effet ruineux pour sa propre fortune individuelle. Jusqu'à quel point cet ordre dominant était-il exclusivement dôrien, c'est ce que nous n'avons pas le moyen de déterminer. Le changement politique dont souffrit Théognis, et le nouveau despote qu'il indique ou comme installé réellement, ou comme presque imminent, doivent être arrivés très-longtemps après le despotisme de Theagenês; car la vie du poëte semble tomber entre 570 et 490 avant J.-C., tandis que Theagenês doit avoir gouverné vers 630-600 avant J.-C. Aussi, d'après le tableau défavorable que le poëte présente comme son expérience ancienne et personnelle, de la condition des cultivateurs ruraux, il est évident que le despote Theagenês ne leur a ni accordé aucun bienfait permanent, ni donné accès à la protection juridique de la cité.

C'est ainsi que les despotes de Corinthe, de Sikyôn et de Megara servent comme échantillons de ces influences révolutionnaires qui, vers le commencement du sixième siècle avant J.-C., semblent avoir ébranlé ou renversé les gouvernements oligarchiques dans un très-grand nombre de cités, d'un bout à l'autre du monde grec. Il existait une sorte de sympathie et d'alliance entre les despotes de Corinthe et de Sikyôn (1); nous ignorons jusqu'à quel point ce sentiment s'étendait encore à Megara. Cette dernière ville semble évidemment avoir été plus populeuse et plus puissante pendant le septième et le sixième siècle avant J.-C. que nous ne la verrons plus tard durant les deux siècles brillants de l'histoire grecque. Ses colonies, que l'on trouve aussi loin que la Bithynia et le Bosphore de Thrace d'un côté, et que la Sicile de l'autre, prouvent une étendue de commerce aussi bien

---

(1) Hérodote, VI, 128.

qu'une puissance navale qui ne le cédaient pas jadis à Athènes ; aussi serons-nous bien moins surpris, en arrivant à la vie de Solôn, de la trouver en possession de l'île de Salamis, et la conservant longtemps, et à un moment avec tout espoir de succès, contre toutes les forces des Athéniens.

CHAPITRE III

PORTION IONIENNE DE LA HELLAS. — ATHÈNES AVANT SOLÔN

Histoire d'Athènes avant Drakôn — seulement une liste de noms. — Plus de roi après Kodros. — Archontes à vie. — Archontes décennaux. — Archontes annuels, au nombre de neuf. — Archontat de Kreôn, 683 avant J.-C. — Commencement de la chronologie attique. — Obscurité de la condition civile de l'Attique avant Solôn. — Prétendue division duodécimale de l'Attique dans les temps anciens. — Quatre tribus ioniennes — Geleontes, Hoplêtes, Ægikoreis, Argadeis. — Point de noms de castes ni de professions. — Parties constitutives des quatre tribus. — La Trittys et la Naukrarie. — La Phratrie et la Gens. — Ce qui constituait la gens ou communauté de familles. — Agrandissement artificiel de la primitive association de famille. — Les idées de culte et d'ancêtres se confondent. — Croyance à un premier père divin commun. — Ces ancêtres sont fabuleux, cependant encore accrédités. — Analogies empruntées d'autres nations. — Gentes romaines et grecques. — Droits et obligations des frères de la gens et de la phratrie. — La gens et la phratrie après la révolution de Kleisthenês devinrent extra-politiques. — Nombreuses communautés politiques distinctes dans l'origine à Athènes. — Thêseus. — Longue durée du sentiment cantonal. — Quels dêmes étaient dans l'origine indépendants d'Athènes. — Eleusis. — Eupatridæ, Geômori et Demiurgi. — Les Eupatridæ dans l'origine occupaient tous les pouvoirs politiques. — Sénat de l'Aréopage. — Les neuf archontes, — leurs fonctions. — Drakôn et ses lois. — Différents tribunaux pour juger l'homicide à Athènes. — Règlements de Drakôn au sujet des Ephetæ. — Superstitions locales à Athènes au sujet du jugement pour homicide. — Tentative d'usurpation faite par Kylôn. — Son insuccès, et massacre de ses partisans par l'ordre des Alkmæônides. — Jugement et condamnation des Alkmæônides. — Peste et souffrances d'Athènes. — Sectes et confréries mystiques au sixième siècle avant J.-C. — Epimenidês de Krête. — Epimenidês visite et purifie Athènes. — Sa vie et son caractère. — Contraste entre son époque et celle de Platon.

Après avoir suivi dans les précédents chapitres le mince courant de l'histoire péloponésienne, depuis le premier commencement d'une chronologie authentique en 776 avant J.-C. jusqu'au maximum de l'acquisition territoriale des Spartiates, et la reconnaissance générale de la suprématie de Sparte, antérieurement à 547 avant J.-C., j'en viens à exposer tout ce qui peut être établi relativement à la portion ionienne de la Hellas pendant la même période. Cette portion comprend Athènes et l'Eubœa, les îles Cyclades et les cités ioniennes sur la côte de l'Asie Mineure, avec leurs différentes colonies.

Quant au Péloponèse, nous avons pu distinguer quelque chose de ressemblant à un ordre de faits réels dans la période en question : Sparte marche à grands pas, tandis que tombe Argos. Quant à Athènes, par malheur, nos matériaux sont moins instructifs. En effet, très-faible est le nombre des faits historiques antérieurs à la législation de Solôn ; l'intervalle qui sépare 776 avant J.-C. de 624 avant J.-C., c'est-à-dire l'époque de la législation de Drakôn peu de temps avant la tentative d'usurpation de Kylôn, ne nous donne qu'une liste d'archontes dénuée de tout incident.

Afin d'honorer l'héroïsme de Kodros, qui avait sacrifié sa vie pour le salut de son pays, personne après lui, nous dit-on, ne fut autorisé à porter le titre de roi (1). Son fils Medôn, et douze successeurs — Akastos, Archippos, Thersippos, Phorbas, Megaklès, Diognêtos, Phereklès, Ariphrôn, Thespieus, Agamestôr, Æschylos et Alkmæôn — furent tous archontes à vie. Dans la seconde année d'Alkmæôn (752 av. J.-C.), la dignité d'archonte fut restreinte à une durée de dix ans; et on compte sept de ces archontes décennaux — Charops, Æsimidès, Kleidikos, Hippomenès, Leokratès, Apsandros, Eryxias. Avec Kreôn, qui succéda à Eryxias, l'archontat fut non-seulement rendu annuel, mais encore il fut transformé en commission et réparti entre neuf personnes. Ces neuf archontes changés annuellement durent pendant toute la période historique, interrompus seulement par les quelques intervalles de troubles politiques et de compression étrangère. Jusqu'à Kleidikos et Hippomenès

---

(1) Justin, II, 7.

(714 av. J.-C.), la dignité d'archonte avait continué d'appartenir exclusivement aux Medontidæ, ou descendants de Medôn et de Kodros (1); à cette époque elle fut ouverte à tous les Eupatrides, ou ordre de noblesse dans l'État.

Telle est la série de noms par lesquels nous passons du terrain de la légende sur celui de l'histoire. Toutes nos connaissances historiques relatives à Athènes sont limitées à la période des archontes annuels; série d'archontes éponymes, à partir de Kreôn, qui est complétement digne de foi (1). Quant au temps qui précède 683 avant J.-C., les antiquaires attiques nous ont donné une suite de noms, que nous devons prendre tels que nous les trouvons, sans pouvoir soit garantir le tout, soit séparer le faux du vrai. Il n'y a pas lieu de douter du fait général qu'Athènes, comme tant d'autres communautés grecques, ait été dans les premiers temps de son existence gouvernée par une série de rois héréditaires, et qu'elle ait passé de cette forme de gouvernement à une république, d'abord oligarchique, ensuite démocratique.

Nous ne sommes en état de déterminer ni la classification civile, ni la constitution politique de l'Attique, même à l'époque de l'archontat de Kreôn, 683 avant J.-C., où commence pour la première fois la chronologie athénienne authentique; encore bien moins pouvons-nous prétendre à avoir une connaissance quelconque des siècles antérieurs. De grands changements politiques furent introduits d'abord par Solôn (vers 594 av. J.-C.), ensuite par Kleisthenès (509 av. J.-C.), puis par Aristeidès, Periklès et Ephialtès, entre la guerre des Perses et celle du Péloponèse; de sorte que l'ancienne politique d'avant Solôn, et qui plus est, même la politique réelle de ce législateur, cessèrent de plus en plus d'avoir cours et d'être connues. Mais tous les rensei-

---

(1) Pausan, I. 3, 2; Suidas, Ἱππομένης; Diogenian. Centur. Proverb. III. Ἀσεβέστερον Ἱππομένους.

(2) V. Boeckh sur les Marbres de Paros, in Corp. Inscript. Græc. part. 12, sect. 6, p. 307, 310, 332.

Depuis le commencement du règne de Medôn, fils de Kodros, jusqu'au premier archonte annuel Kreôn, les Marbres de Paros comptent 407 ans, Eusèbe, 387.

gnements que nous possédons relativement à cette ancienne politique sont tirés d'auteurs qui vivaient après tous ces grands changements ou après la plupart d'entre eux, et qui, ne trouvant pas d'annales, ni rien de plus que les légendes courantes, expliquèrent le passé aussi bien qu'ils purent par des conjectures plus ou moins ingénieuses, rattachées généralement aux noms légendaires dominants. Ils purent quelquefois prendre pour base de leurs conclusions des usages religieux, des cérémonies périodiques, ou des sacrifices communs, subsistant encore de leur propre temps. C'était là sans doute les meilleures preuves que l'on pût trouver relativement à l'antiquité athénienne, puisque de tels usages se conservèrent intacts pendant tous les changements politiques. C'est de cette manière seule que nous arrivons à quelque connaissance partielle de la condition de l'Attique avant Solôn, bien que comme ensemble elle reste encore obscure et inintelligible, même après les nombreuses explications des commentateurs modernes.

Philochore, écrivant dans le troisième siècle avant l'ère chrétienne, disait que Kekrops avait dans l'origine divisé l'Attique en douze districts — Kekropia, Tetrapolis, Epakria, Dekeleia, Eleusis, Aphidnæ, Thorikos, Braurôn, Kythêros, Sphêttos, Kèphisia, Phalêros, et que ces douze districts furent réunis par Thêseus en une seule société politique (1). Ce partage ne comprend pas la Megaris, qui, suivant d'autres renseignements, est représentée comme unie à l'Attique, et comme ayant formé une partie de la répartition que fit le roi Pandiôn entre ses quatre fils, Nisos, Ægeus, Pallas et Lykos, histoire aussi ancienne que Sophocle au moins (2). Dans d'autres récits encore, une quadruple division est appliquée aux tribus, qui, dit-on, étaient au nombre de quatre, commençant à Kekrops, et appelées de

---

(1) Philochore, ap. Strab. IX, p. 396. V. Schoemann, Antiq. J. P. Græc. 6; V. sect. 2-5.

(2) Strabon, IX, p. 392. Philochore et Andrôn étendaient le royaume de Nisos depuis l'isthme de Corinthe jusqu'au Pythion (près d'Œnoë) et jusqu'à Eleusis (Strab. ib.); mais il y avait bien des contes différents.

son temps Kekrôpis, Autochthon, Aktæa et Paralia. Sous le roi Kranaos, ces tribus (nous dit-on) reçurent les noms de Kranaïs, d'Atthis, de Mesogæa et de Diakria (1); sous Erichthonios, ceux de Dias, d'Athenaïs, de Poseidonias, d'Hephæstias; enfin, peu après Erechtheus, elles furent nommées, d'après les quatre fils d'Iôn (lequel avait pour mère Kreüsê, fille d'Erechtheus, et Apollon pour père), Geleontes, Hoplêtes, Ægikoreis, Argadeis. Les quatre tribus attiques ou ioniennes, sous les noms que nous venons de mentionner, continuèrent à former la classification des citoyens jusqu'à la révolution de Kleisthenês en 509 avant J.-C., qui introduisit les dix tribus, telles que nous les trouvons jusqu'à l'époque de la domination macédonienne. On affirme, et avec quelque plausibilité étymologique, que les dénominations de ces quatre tribus doivent dans l'origine avoir eu rapport aux occupations de ceux qui les portaient — les Hoplêtes étant la *classe des guerriers*, les Ægikoreis les *chevriers*, les Argadeis les *artisans*, et les Geleontes (Teleontes ou Gedeontes) les *cultivateurs*. C'est d'après cela que quelques auteurs ont attribué aux anciens habitants de l'Attique (2) une distribution primitive réelle en professions ou castes héréditaires, semblable à celle qui dominait dans l'Inde et en Égypte. Si même nous admettions qu'une telle division en castes pouvait avoir prévalu dans l'origine, elle doit être tombée en désuétude longtemps avant l'époque de Solôn; mais il ne semble pas qu'il y ait des raisons suffisantes pour croire qu'elle ait jamais dominé. Les noms des tribus peuvent avoir été originairement empruntés de certaines professions; mais il ne s'ensuit pas nécessairement que la réalité correspondît à cette dérivation, ou que tout individu qui appartenait à une tribu quelconque fût membre de la profession d'où le nom avait été tiré dans l'origine. De l'éty-

---

(1) Pollux, VIII, c. 9, 109-111.
(2) Un récit affirmait qu'Iôn, le père des quatre héros d'après lesquels ces tribus furent nommées, était le premier législateur qui avait civilisé l'Attique, comme Lykurgue, Numa ou Deukaliôn (Plutarque, adv. Kol. c. 31, p. 1125).

mologie des noms, fût-elle aussi claire que possible, nous ne pouvons sans doute admettre la réalité historique d'une classification d'après les professions. Et cette objection (qui serait sérieuse même si l'étymologie avait été claire) devient irrésistible quand on ajoute que l'étymologie même n'est pas certaine (1); que les noms eux-mêmes sont écrits avec des différences que l'on ne peut concilier; et que les quatre professions nommées par Strabon omettent les chevriers et comprennent les prêtres, tandis que ceux que spécifie Plutarque laissent de côté les seconds et comprennent les premiers (2).

Tout ce qui paraît certain, c'est que c'étaient là les quatre anciennes tribus ioniennes (analogues aux Hylleis, aux Pamphyli et aux Dymanes parmi les Dôriens) qui dominaient non-seulement à Athènes, mais dans plusieurs des cités ioniennes tirant d'Athènes leur origine. Les Geleontes sont mentionnés dans des inscriptions existant encore et appartenant à Teôs en Iônia, et toutes les quatre sont nommées dans celles de Kyzikos dans la Propontis, qui est une fondation de l'ionienne Milêtos (3). Les quatre tribus et les quatre noms (en admettant quelques variantes de leçons) sont donc vérifiés historiquement. Mais ni le temps de leur introduction, ni leur importance primitive ne sont des faits que l'on

---

(1) Ainsi Euripide fait dériver Αἰγικορεῖς, non de αἴξ chèvre, mais de Αἰγίς l'Égide d'Athênê (Ion, 1581); il donne aussi *Teleontes*, dérivé d'un éponyme *Teleôn*, fils d'Iôn, tandis que les inscriptions de Kyzikos s'accordent avec Hérodote et autres pour le nom Geleontes. Plutarque (Solôn, 25) donne Gedeontes. Dans une inscription athénienne publiée récemment par le professeur Ross (datant vraisemblablement du premier siècle après l'ère chrétienne), on a vérifié pour la première fois le culte de Zeus Geleôn à Athènes — Διὸς Γελέοντος ἱεροκήρυξ (Ross, *Die attischen Demen*, p. 7-9. Halle, 1846).

(2) Plutarque (Solôn, c. 25); Strabon, VIII, p. 383. Cf. Platon, Critias, p. 110.

(3) Boeckh, Corp. Inscr. n°s 3078, 3079, 3665. Le commentaire approfondi dont Boeckh accompagne l'inscription mentionnée en dernier, et dans lequel il défend l'ancienne réalité historique de la classification par professions, n'est, à mon avis, nullement satisfaisant.

K. F. Hermann (Lehrbuch der Griechischen Staatsalterthümer, sect. 91-96) donne un sommaire de tout ce que l'on peut connaître relativement à ces anciennes tribus athéniennes. Cf. Ilgen, De Tribubus Atticis, p. 9 *seq*. Tittmann, Griechische Staatsverfassungen, p. 570-582; Wachsmuth, Hellenische Alterthumskunde, sect. 43, 44.

puisse prouver ; l'on ne peut non plus ajouter aucune foi aux diverses explications des légendes d'Iôn, d'Erechtheus et de Kekrops, dues à des commentateurs modernes.

On peut considérer ces quatre tribus soit comme des agrégats religieux et sociaux, dont chacun comprenait dans son sein trois phratries et quatre-vingt-dix gentes ; ou comme des agrégats politiques, et à ce point de vue chacun renfermait trois trittyes et douze naukraries. Chaque phratrie contenait trente gentes ; chaque trittys comprenait quatre naukraries ; le nombre total était ainsi de trois cent soixante gentes et de quarante-huit naukraries. De plus, chaque gens contenait, dit-on, trente chefs de familles, dont le total était donc de dix mille huit cents.

En comparant ces deux distributions entre elles, nous pouvons faire remarquer qu'elles sont distinctes dans leur nature et vont dans des directions opposées. La trittys et la naukrarie sont essentiellement des subdivisions fractionnaires de la tribu, et reposant sur la tribu comme sur leur plus haute unité. La naukrarie est une circonscription locale, composée des naukrares ou principaux chefs de maisons (ainsi semble l'indiquer l'étymologie), qui lèvent dans chaque district respectif la quote part des contributions publiques qui lui appartient, et surveillent les dépenses, fournissent les forces militaires dues par le district, à savoir, deux cavaliers et un vaisseau, ainsi que les principaux officiers du district, les prytanes des naukrares (1). On doit probablement com-

---

(1) Sur les Naukraries, V. Aristote, Fragm. Rerum Public. p. 89, éd. Neumann ; Harpokration, v. Δήμαρχος, Ναυκραρικὰ ; Photius, v. Ναυκραρία ; Pollux, VIII, 108 ; Schol. ad Aristoph. Nub. 37.

Οἱ πρυτάνεις τῶν Ναυκράρων, Hérod. V, 71 ; ils dirigèrent les opérations militaires dans la résistance à l'usurpation de Kylôn.

Cette assertion, à savoir que chaque naukrarie était obligée de fournir un vaisseau, ne peut guère être vraie du temps antérieur à Solôn : comme c'est Pollux qui l'avance, nous serions amené à concevoir qu'il ne la déduit que du nom ναύκραρος (Pollux, VIII, 108), bien que l'étymologie réelle semble plutôt être de ναίω (Wachsmuth, Hellen. Alt. sect. 44, p. 240).

Il peut y avoir quelque raison pour croire que l'ancien sens du mot ναύτης se rattachait aussi à ναίω ; une telle supposition diminuerait la difficulté par rapport aux fonctions des ναυτοδίκαι comme juges dans les cas d'admission

prendre, comme accompagnant ces cavaliers, un certain nombre de fantassins, variant selon les besoins ; mais le contingent n'en est pas spécifié, parce que l'on ne regardait peut-être pas comme nécessaire de limiter d'une manière précise les obligations de personne, si ce n'est des hommes riches qui servaient à cheval, à une époque où l'ascendant oligarchique était dominant, et où la masse du peuple était dans un état de sujétion relative. Les quarante-huit naukraries sont ainsi une subdivision systématique des quatre tribus, embrassant complétement tout le territoire, la population, les contributions et les forces militaires de l'Attique, subdivision formée exclusivement pour des fins se rattachant à l'État entier.

Mais les phratries et les gentes sont une division complétement différente de celle-ci. Elles paraissent être des agrégations de petites unités primitives réunies en une unité plus considérable ; elles sont indépendantes de la tribu, et ne la présupposent pas ; elles naissent séparément et spontanément, sans uniformité calculée à l'avance, et sans rapport avec un but politique commun ; le législateur les trouve préexistantes, et les dispose ou les modifie pour répondre à quelque dessein national. Nous devons distinguer le fait général de la classification et de la subordination successive dans l'échelle, des familles à la gens, des gentes à la phratrie, et des phratries à la tribu, d'après la symétrie numérique précise donnée à cette subordination, telle que nous la voyons dans les auteurs, trente familles pour une gens, trente gentes pour une phratrie, trois phratries pour chaque tribu. Si une contrainte législative agissant sur des éléments naturels préexistants avait pu jamais produire une égalité de nombres si rigoureuse, les proportions n'auraient pu en

---

illicite dans les phratores. V. Hesychius et Harpokration, v. Ναυτόδικαι ; et Baumstark, De Curatoribus Emporii, Friburg, 1828, p. 67 seq.; cf. aussi le fragment de la loi de Solôn, ἢ ἱερῶν ὀργίων ἢ ναῦται, que Niebuhr corrige d'une manière conjecturale. Roem. Gesch. V, I, p. 323, 2ᵉ éd.; Hesychius, Ναυστῆρες — οἱ οἰκέται. V. Pollux, Ναῦλον et Lobeck, Ῥηματικὸν, sect. 3, p. 7 ; Λειναῦται παρὰ Μιλησίοις ? Plutarque, Quaest. Graec. c. 32, p. 298.

être conservées d'une manière permanente (1). Mais nous pouvons douter avec raison qu'elle ait jamais existé ainsi ; elle paraît plutôt ressembler à l'imagination d'un antiquaire qui se serait plu à supposer une création systématique primitive dans des temps antérieurs aux annales, en multipliant ensemble le nombre des jours dans le mois et le nombre des mois dans l'année. Supposer que chaque phratrie contenait un nombre égal de gentes, et chaque gens un nombre égal de familles, n'est guère admissible sans preuves meilleures que celles que nous possédons. Mais, à part cette contestable précision d'échelle numérique, les phratries et les gentes elles-mêmes furent des associations réelles, anciennes et durables chez le peuple athénien ; et il est très-important de les comprendre (2). La base de tout l'ensemble était la maison, le foyer ou la famille, dont un certain nombre plus ou moins grand composait la gens ou le genos. Cette gens était donc un clan, un sept ou une confrérie étendue et en partie factice, unie par : 1. Des cérémonies religieuses communes et un privilége exclusif de sacerdoce, en l'honneur du même dieu, supposé le premier auteur de la race et caractérisé par un surnom spécial. 2. Par un lieu de sépulture commun.

---

(1) Meier, De Gentilitate Atticâ, p. 22-24, croit que cette perfection numérique est due à Solôn ; mais il n'y a rien qui le prouve, et elle n'est pas non plus en harmonie avec les tendances générales de la législation de Solôn.

(2) C'est ainsi que, relativement aux *Tythings* (dizaines) et aux *Hundreds* (centuries) anglo-saxons, et à la division encore plus répandue du *Hundred*, qui semble dominer dans toute l'antiquité teutonique et scandinave, d'une manière beaucoup plus étendue que le *Tything*, il n'y a pas de raison pour croire que ces proportions numériques précises aient été réalisées en pratique générale : la nomenclature systématique remplissait son but en marquant l'idée de gradation et le type dont on se rapprochait jusqu'à un certain point. M. Thorpe fait observer au sujet du *Hundred*, dans son Glossaire pour les « Ancient Laws and Institutes of England, » v. *Hundred, Tything, Frid-Borg*, etc. : « Dans le Dialogue de Scaccario, il est dit qu'un Hundred « ex hydarum aliquot centenariis, sed non determinatis, constat ; quidam enim ex pluribus, quidam ex paucioribus constat ? » Suivant quelques récits, il se compose exactement de cent hydes, selon d'autres de cent tythings, selon d'autres de cent familles libres. Il est certain que, quelle qu'ait pu être son organisation primitive, le Hundred, à l'époque où nous arrivons à le connaître, différait beaucoup d'étendue dans diverses parties de l'Angleterre.

3. Par des droits mutuels de succession à la propriété. 4. Par des obligations réciproques de soutien, de défense et de redressement des torts. 5. Par le droit et l'obligation mutuels qu'avaient les membres de se marier entre eux dans certains cas déterminés, surtout là où il y avait une fille orpheline ou une héritière. 6. Par la possession, du moins dans quelques cas, de biens communs, d'un archonte et d'un trésorier particuliers.

Tels étaient les droits et les obligations caractérisant l'union de la gens (1). L'union phratrique, unissant plusieurs gentes, était moins intime, mais comprenait encore quelques droits et obligations mutuels d'un caractère analogue, spécialement une communauté de rites sacrés particuliers, et de priviléges mutuels de poursuite dans le cas du meurtre d'un phrator. Chaque phratrie était considérée comme appartenant à une des quatre tribus, et toutes les phratries de la même tribu jouissaient d'une certaine communauté périodique de rites sacrés, sous la présidence d'un magistrat appelé le phylo-basileus ou roi de la tribu, choisi parmi les Eupatrides : Zeus Geleôn était de cette manière le dieu patron de la tribu Geleontes. En dernier lieu, les quatre tribus étaient unies ensemble par le culte commun d'Apollon Patrôos, regardé comme leur père et leur tuteur divin; car Apollon était le père d'Iôn, et on réputait fils d'Iôn les éponymes de toutes les quatre tribus.

Telle fut la première union religieuse et sociale de la population de l'Attique dans son échelle graduellement ascendante, en tant que distinguée de l'union politique, probablement d'introduction plus récente, représentée d'abord par les trittyes et les naukraries, et dans des temps postérieurs par les dix tribus de Kleisthenês, subdivisées en trittyes et

---

(1) V. dans l'ouvrage du professeur Ross (Ueber die Demen von Attika, p. 26) l'instructive inscription du γένος Ἀμυνανδριδῶν, rappelant l'archonte de cette gens, le prêtre de Kekrops, le Ταμίας ou trésorier, et les noms des membres, avec le dême et la tribu de chaque individu. Cf. Bossler, De Gent. Atticis, p. 53. Sur les rites religieux particuliers de la gens appelée Gephyræi. V. Hérodote, V, 61.

en dêmes. Le lien d'agrégation formé par la religion et la famille est le plus ancien des deux; mais on verra que le lien politique, bien que commençant plus tard, acquiert une influence toujours croissante pendant la plus grande partie de cette histoire. Dans le premier cas, les relations personnelles sont le caractère essentiel et prédominant (1), les relations locales étant subordonnées; dans le second, la propriété et la résidence deviennent les considérations principales, et l'élément personnel ne compte qu'en tant qu'il est proportionné à ces accompagnements. Toutes ces associations de phratries et de gentes, les plus considérables aussi bien que les plus petites, étaient fondées sur les mêmes principes et les mêmes tendances de l'esprit grec (2), une réunion de l'idée de culte avec celle d'ancêtres, ou d'une communauté de certains rites religieux spéciaux avec une communauté de sang, réelle ou supposée. Le dieu ou le héros, auquel les membres assemblés offraient leurs sacrifices, était conçu comme le premier père auquel ils devaient leur

---

(1) Φυλαὶ γενικαί opposées à φυλαὶ τοπικαί. — Dionys. Hal. Ant. Rom. IV, 14.

(2) Platon, Euthydem. p. 302; Aristote, ap. Schol. in Platon. Axioch. p. 465, éd. Bek. Ἀριστοτέλης φησί· τοῦ ὅλου πλήθους διῃρημένου Ἀθήνησιν εἰς τε τοὺς γεωργοὺς καὶ τοὺς δημιουργούς, φυλὰς αὐτῶν εἶναι τέσσαρας, τῶν δὲ φυλῶν ἑκάστης μοίρας εἶναι τρεῖς, ἃς τριττύας τε καλοῦσι καὶ φρατρίας· ἑκάστης δὲ τούτων τριάκοντα εἶναι γένη, τὸ δὲ γένος ἐκ τριάκοντα ἀνδρῶν συνιστάναι· τούτους δὴ τοὺς εἰς τὰ γένη τεταγμένους γεννήτας καλοῦσι. Pollux. VIII, 3. Οἱ μετέχοντες τοῦ γένους, γεννῆται καὶ ὁμογάλακτες· γένει μὲν οὐ προσήκοντες, ἐκ δὲ τῆς συνόδου οὕτω προσαγορευόμενοι. Cf. aussi III, 52; Mœris. Atticist. p. 108.
Harpokrat. v. Ἀπόλλων Πατρῷος, Θεοίνιον, Γεννῆται, Ὀργεῶνες, etc. Etymol. Magn. v. Γεννῆται, Suidas v. Ὀργεῶνες; Pollux, VIII, 95. Demosth. cont. Eubulid. p. 1319. Εἰ τ...

τορες, εἶτα Ἀπόλλωνος Πατρῴου καὶ Διὸς ἑρκίου γεννῆται; et cont. Neær. p. 1365. Isée emploie ὀργεῶνες comme synonyme de γεννῆται (V. Orat. II, p. 19, 20-28, éd. Bek.). Schoemann (Antiq. J. P. Græc. § 26) considère les deux comme essentiellement distincts. Φρήτρη et φῦλον se rencontrent tous deux dans l'Iliade, II, 362. V. la Dissertation de Buttmann, Ueber den Begriff von φρατρία (Mythologus, c. 24, p. 305); et celle de Meier, De Gentilitate Atticâ, où sont bien réunis et discutés les points de connaissance auxquels on peut parvenir relativement aux gentes.

Dans l'inscription thérœenne (n° 2448 ap. Boeckh. Corp. Inscript., V. son commentaire, p. 310) contenant le testament d'Epiktêta, par lequel un legs est fait à οἱ συγγενεῖς — ὁ ἀνδρεῖος τῶν συγγενῶν — ce dernier mot ne signifie pas des relations de parenté ou de sang, mais une variété de l'union des gentes « thiasus » ou « sodalitium. » Boeckh.

origine, souvent par une longue liste de noms intermédiaires, comme dans le cas du Milésien Hékatée, auquel nous avons déjà si souvent fait allusion (1). Chaque famille avait ses propres rites sacrés et sa commémoration funèbre d'ancêtres, célébrés par le maître de la maison, et les membres seuls de la famille y étaient admis; de sorte que l'extinction d'une famille, entraînant avec elle la suspension de ces rites religieux, était regardée par les Grecs comme un malheur, non-seulement à cause de la perte des citoyens qui la composaient, mais aussi parce que les dieux de la famille et les noms des citoyens morts étaient ainsi privés de leurs honneurs (2), et pouvaient visiter le pays par leur courroux. Les associations plus considérables, appelées gens, phratrie, tribu, furent formées par une extension du même principe,

---

(1) Hérodote, I, 143. Ἑκαταίῳ — γενεηλογήσαντί τε ἑωυτὸν καὶ ἀναδήσαντι τὴν πατριὴν ἐς ἑκκαιδέκατον θεόν. Et, γενεηλογήσαντι ἑωυτὸν καὶ ἀναδήσαντι ἐς ἑκκαιδέκατον θεόν. L'expression attique — ἀγχίστεια ἱερῶν καὶ ὁσίων — explique l'association intime qui existe entre la parenté de famille et les priviléges religieux communs.— Isée, Orat. VI, p. 89, éd. Bek.

(2) Isée, Or. VI, p. 61; II, p. 38; Demosth. adv. Makart. p. 1053-1075; adv. Leochar. p. 1093. Quant à cette perpétuation des rites sacrés de famille, le sentiment qui dominait chez les Athéniens est à peu près le même que celui que l'on voit aujourd'hui en Chine.

M. Davis fait observer — « des fils sont considérés dans ce pays, où le pouvoir qu'on exerce sur eux est si absolu pendant la vie, comme un appui sûr, aussi bien que comme une source probable de richesses et de dignités, s'ils réussissent dans la science. Mais le grand objet est la perpétuation de la race, pour sacrifier aux tombeaux de famille. Sans fils, un homme vit sans honneur ni contentement, et meurt malheureux; et, comme seul remède, il est autorisé à adopter les fils de ses frères plus jeunes.

« Ce n'est pas seulement pendant sa vie qu'un homme attend les services de ses fils. C'est sa consolation, sur le déclin de ses ans, de penser qu'ils continueront d'accomplir les rites prescrits dans la salle des ancêtres et aux tombeaux de famille, quand il ne sera plus; et c'est l'absence de cette perspective qui lui rend doublement pénible le défaut d'enfants. La superstition tire son influence de l'importance qu'attache le gouvernement à cette sorte de devoir posthume; le négliger, c'est, comme nous l'avons vu, encourir la répression des lois. En effet, de tout ce qui fait l'objet de leurs soins, il n'y a rien dont les Chinois s'occupent si religieusement que des tombeaux de leurs ancêtres, convaincus que toute négligence est indubitablement suivie d'un malheur dans ce monde. » (The Chinese, by John Francis Davis, c. 9, p. 131-134, ed. Knight, 1840.)

M. Mill mentionne le même état de sentiment chez les Hindous (History of British India, book II, c. 7, p. 381, éd. in-8°).

à savoir de la famille considérée comme une confrérie religieuse, adorant quelque dieu ou quelque héros commun avec un surnom approprié et le reconnaissant comme leur premier père à tous; et les fêtes Theoenia et Apatouria (1) (les premières attiques, les secondes communes à toute la race ionienne) réunissaient annuellement les membres de ces phratries et de ces gentes en vue du culte, de l'allégresse et du maintien de sympathies spéciales, raffermissant ainsi les liens plus étendus sans faire disparaître les plus petits.

Telles furent les manifestations de la sociabilité grecque, ainsi que nous les lisons dans l'ancienne constitution non-seulement de l'Attique, mais encore d'autres États grecs. Pour Aristote et Dikæarque, c'était une recherche intéressante que de faire remonter toute société politique à certains atomes élémentaires supposés et de montrer pour quels motifs et par quels moyens les familles primitives, ayant chacune sa huche à farine et son foyer séparés (2), avaient été réunies en agrégats plus considérables. Mais l'historien doit accepter comme un fait définitif le plus ancien état de choses que lui font connaître ses témoins, et dans le cas qui nous occupe maintenant l'union des gentes et des phratries est un fait dont nous ne pouvons pas prétendre à pénétrer le commencement.

Pollux (probablement d'après l'ouvrage perdu d'Aristote sur les Constitutions de la Grèce) nous apprend clairement que les membres de la même gens à Athènes n'étaient pas communément unis par le sang, et même sans aucun témoignage formel nous aurions pu conclure qu'il en était ainsi. Dans quelle mesure la gens, à l'époque inconnue de sa pre-

---

(1) Xénophon, Hellen. I, 5, 8; Hérodote, I, 147; Suidas, Ἀπατουρία — Ζεὺς Φράτριος — Ἀθηναία φρατρία, le dieu président l'union phratrique. — Platon, Euthydem. c. 28, p. 302; Demosth. adv. Makart. p. 1054. V. Meier, De Gentilitate Atticâ, p. 11-14.

Les πάτριαι à Byzance, qui différaient des θίασοι, et qui, comme corporation, possédaient des biens (τά τε θιασωτικὰ καὶ τὰ πατριωτικά, Aristote, Œconomic. II, 4), sont sans doute le pendant des phratries athéniennes.

(2) Dikæarque ap. Stephan. Byz. v. Πατρά; Aristote, Polit. I, 1, 6; Ὁμοσίπυος et ὁμοκάπνους sont les vieux mots que ce dernier cite d'après Charondas et Epimenidès.

mière formation, reposait-elle sur une parenté réelle, c'est ce que nous n'avons aucun moyen de déterminer, soit par rapport aux gentes athéniennes, soit aux gentes romaines, qui étaient analogues dans tous les points principaux. La *gentilitas* est un lien en soi; distinct des liens de famille, mais présupposant leur existence et les étendant par une analogie artificielle, fondée en partie sur une croyance religieuse et en partie sur un contrat positif, de manière à comprendre des personnes non unies par le sang. Tous les membres d'une seule gens, ou même d'une seule phratrie, se croyaient issus, non pas à la vérité du même aïeul ou du même bisaïeul, mais du même premier père divin ou héroïque. Tous les membres contemporains de la phratrie d'Hékatée avaient un dieu commun pour premier auteur au seizième degré; et cette croyance fondamentale, dans laquelle l'esprit grec entrait avec tant de facilité, fut adoptée et convertie par un contrat positif en principe d'union pour les gentes et les phratries. Et les phratries, ainsi que les gentes, nous paraissent mystérieuses parce qu'un tel mélange, non reconnu par le christianisme, est en opposition avec les habitudes modernes de pensée, et que nous ne comprenons pas facilement comment une telle fiction légale et religieuse a pu pénétrer si profondément dans les sentiments grecs. Mais ces phratries et ces gentes sont en harmonie avec toutes les généalogies légendaires qui ont été exposées dans un précédent volume. Sans doute Niebuhr, dans son importante étude sur les anciennes gentes romaines, a raison de supposer que ce n'étaient pas des familles réelles, issues de quelque premier père historique commun. Toutefois il n'en est pas moins vrai (bien qu'il semble adopter une autre supposition) que l'idée de la gens comprenait *la croyance* à un premier père commun, divin ou héroïque, généalogie que nous pouvons proprement appeler fabuleuse, mais qui était consacrée et accréditée parmi les membres de la gens elle-même, et servait de lien important d'union entre eux (1). Et bien qu'un esprit analytique comme

---

(1) Niebuhr, Roemische Geschichte, vol. I, p. 317-337. Le langage de Varron sur ce point est clair : — Ut in hominibus quædam sunt cognationes et

Aristote pût discerner la différence qui existe entre la gens et la famille, de manière à distinguer la première comme étant le produit de quelque contrat spécial, toutefois ce n'est pas là une bonne preuve des sentiments habituels des anciens Grecs. Il n'est pas non plus certain qu'Aristote lui-même, fils du médecin Nichomachos, qui appartenait à la gens des Asklêpiades (1), eût consenti à rejeter l'origine par voie de génération de *toutes* ces familles religieuses sans aucune exception. Les familles naturelles changeaient, bien entendu, de génération en génération, quelques-unes s'étendant pendant que d'autres diminuaient ou s'éteignaient ; mais la gens n'éprouvait pas de changements, si ce n'est par la procréation, l'extinction ou la subdivision de ces familles qui la composaient. En conséquence, les relations des familles avec la gens furent dans un cours perpétuel de fluctuation, et la généalogie des ancêtres de la gens, appropriée comme elle l'était sans doute à son ancienne condition, devint avec le progrès du temps en partie surannée et mal assortie. Nous n'entendons parler de cette généalogie que rarement, parce qu'elle n'est présentée au public que dans certains cas saillants et vénérables. Mais les plus humbles gentes avaient

---

gentilitates, sic in verbis. Ut enim ab Æmilio homines orti Æmilii et gentiles, sic ab Æmilii nomine declinatæ voces in gentilitate nominali. » Paul Diacon. p. 94 : « Gentilis dicitur ex eodem genere ortus, et is qui simili nomine appellatur, etc. » V. Bekker, Handbuch der Roemischen Alterthumer, part. 2, abth. 2, p. 36.

La dernière partie de la définition devrait être effacée pour les gentes grecques. Le passage de Varron ne prouve pas la réalité historique du premier père ou genarque Æmilius, mais il prouve que les membres de la gens croyaient en lui.

Le Dr Wilda, dans son savant ouvrage, « Das Deutsche Strafrecht » (Halle, 1842), n'est pas d'accord avec Niebuhr dans le sens opposé, et semble soutenir que les gentes grecques et romaines étaient composées réellement des parents du même sang, mais éloignés (p. 123) : comment cette assertion peut-elle être prouvée, c'est ce que j'ignore ; et elle ne s'accorde pas avec l'opinion qu'il avance dans la page précédente (p. 122), avec beaucoup de justesse, que ces *quasi* familles sont des faits primordiaux dans l'ancienne société humaine, au delà desquels nous ne pouvons pousser nos recherches. « Plus nous remontons dans l'histoire, plus la communauté présente la forme d'une famille, bien qu'en réalité ce ne soit *pas* une famille pure. C'est là la limite des recherches historiques, que personne ne peut franchir impunément » (p. 122).

(1) Diogen. Laërt. V, 1.

leurs rites communs, un premier père surhumain commun, une généalogie commune aussi bien que les plus célèbres ; le plan et la base idéale étaient les mêmes dans toutes.

Des analogies, empruntées de parties du monde et de peuples très-différents, prouvent combien ces unions de famille, agrandies et factices, s'accordent avec les idées d'une ancienne phase de société. Le clan écossais, le sept irlandais (1), les anciennes familles légalement constituées

---

(1) V. Colonel Leake's Travels in Northern Greece, c. 2, p. 85 (le mot grec φράτριαι semble être adopté en Albanie) ; Boué, La Turquie en Europe, vol. II, c. 1, p. 15-17 ; c. 4, p. 530 ; Spenser's View of the state of Ireland (vol. VI, p. 1542-1543 de l'édition des œuvres de Spenser donnée par Tonson, 1715) ; Cyprien Robert, Die Slaven in der Turkey, b. I, c. 1 et 2.

De même aussi, dans les lois du roi Alfred, en Angleterre, au sujet d'un meurtre, les frères de guilde ou membres de la même guilde sont forcés de figurer dans la position de parents éloignés, s'il arrive qu'il n'y ait pas de parents unis par le sang :

« Si un homme, sans parents paternels, combat avec un homme et le tue, s'il a des parents maternels, ils payeront un tiers du were ; les frères de guilde, un tiers ; pour un tiers il peut fuir. S'il n'a pas de parents maternels, ses frères de guilde payeront une moitié ; pour une moitié il peut fuir... Si un homme tue un homme dans une telle position, s'il n'a pas de parents, moitié sera payée au roi, une moitié à ses frères de guilde. » (Thorpe, Ancient Laws and Institutes of England, vol. I, p. 79-81.) Et dans le même ouvrage, Leges Henrici primi, vol. I, p. 596, les idées de la parenté et de la guilde se confondent de la façon la plus intime : « Si quis hominem occidat — si eum tunc *cognatio sua* deserat, et pro eo *gildare* nolit, etc. » Dans la loi salique, les membres d'un *contubernium* avaient les mêmes droits et les mêmes obligations les uns vis-à-vis des autres (Rogge, Gerichtswesen der Germanen, c. 3, p. 62). Cf. Wilda, Deutsches Strafrecht, p. 389, et l'estimable traité spécial du même auteur (Das Gildenwesen im Mittelalter. Berlin, 1831), où il montre l'origine et les progrès des guildes depuis les premiers temps du paganisme germain. Il démontre que ces associations ont leur base dans les habitudes et les sentiments les plus anciens de la race teutonique — la famille était pour ainsi dire une guilde naturelle, la guilde une famille factice. Des cérémonies et des fêtes religieuses communes, une défense et une aide mutuelles, aussi bien qu'une mutuelle responsabilité, étaient les liens reconnus chez les *congildones*; c'étaient des *sororitates*, aussi bien que des *fraternitates*, comprenant à la fois des hommes et des femmes (deren Genossen wie die Glieder einer Familie eng unter einander verbunden waren, p. 145). Wilda explique comment cette primitive *phratrie* sociale et religieuse (quelquefois cette même expression *fratria* est employée, V. p. 109) est devenue quelque chose de semblable à une tribu ou *phylè* plus politique (V. p. 43, 57, 60, 116, 126, 129, 344). La *commune* unie par le serment, qui se répandit tellement en Europe au commencement du douzième siècle, tient à la fois de l'une et de l'autre — *conjuratio — amicitia jurata* (p. 148, 169).

en Frise et chez les Dithmarses, la phis ou phara en Albanie, sont des exemples d'un usage semblable (1) ; et l'adoption de prisonniers par les Indiens de l'Amérique du Nord,

---

Les membres d'une *phara* albanaise sont tous conjointement engagés à poursuivre, et chacun d'eux individuellement exposé à subir la vengeance du sang, en cas d'homicide commis sur l'un d'eux ou par l'un d'eux (Boué, *ut supra*).

(1) V. l'important chapitre de Niebuhr, Roem. Gesch. vol. I, p. 317, 350, 2ᵉ édit.

Les *Alberghi* de Gênes, dans le moyen âge, étaient des familles agrandies créées par un contrat volontaire. — « De tout temps (fait observer Sismondi) les familles puissantes avaient été dans l'usage, à Gênes, d'augmenter encore leur puissance en adoptant d'autres familles moins riches, moins illustres ou moins nombreuses, auxquelles elles communiquaient leur nom et leurs armes, qu'elles prenaient ainsi l'engagement de protéger, et qui, en retour, s'associaient à toutes leurs querelles. Les maisons dans lesquelles on entrait ainsi par adoption étaient nommées des alberghi (auberges), et il y avait peu de maisons illustres qui ne se fussent ainsi recrutées à l'aide de quelque famille étrangère. » (Républiques italiennes, t. XV, c. 120, p. 366.)

Eichhorn (Deutsche Staats - und Rechtsgeschichte, sect. 18, vol. I, p. 84, 5ᵉ éd.) fait remarquer, au sujet des anciens Germains, que les « familiæ et propinquitates » germaines mentionnées par Tacite (Germ. c. 7), et le « Gentibus cognationibusque hominum » de César (B. G. VI, 22), avaient plus d'analogie avec la *gens* romaine qu'avec la parenté de sang ou par mariage. Suivant l'idée de quelques tribus germaines, l'individu pouvait même à son gré renoncer à la parenté du sang et la rompre, avec tous les droits et toutes les obligations qui s'y rattachaient ; il pouvait se déclarer ἐκποιητός, pour employer l'expression grecque. V. le tit. 63 de la loi salique que cite Eichhorn, *l. c.*

Le professeur Koutorga, de Saint-Pétersbourg (dans son Essai sur l'Organisation de la Tribu dans l'antiquité, traduit du russe en français par M. Chopin, Paris, 1839), a marqué et expliqué l'analogie fondamentale entre la classification sociale, dans les temps anciens, des Grecs, des Romains, des Germains et des Russes (V. particulièrement p. 47, 213). Relativement à l'ancienne histoire de l'Attique, cependant, beaucoup de ses principes sont avancés sur des preuves bien peu dignes de foi (V. p. 123 *seq.*).

Parmi les tribus arabes de l'Algérie, il y en a quelques-unes que l'on suppose formées des descendants, réels ou réputés tels, de quelque saint homme ou *marabout*, dont la tombe, couverte d'un dôme blanc, est le point central de la tribu. Quelquefois une tribu de cette sorte est divisée en *ferka* ou sections, dont chacune a pour chef ou fondateur, un fils de l'éponyme ou fondateur de la tribu. Parfois ces tribus sont agrandies par l'adjonction ou l'adoption de nouveaux éléments ; de sorte qu'elles deviennent des tribus plus considérables, « formées à la fois par le développement de l'élément familial et par l'agrégation d'éléments étrangers. » — « Tout cela se naturalise par le contact, et chacun des nouveaux venus prend la qualité d'Amri (homme des Beni Amer) tout aussi bien que les descendants d'Amer lui-même. » (Tableau de la situation des Etablissements français en Algérie, Mar. 1846, p. 393.)

aussi bien que l'empire et l'efficacité universels de la cérémonie d'adoption dans le monde grec et romain, nous offre une formalité solennelle dans certaines circonstances, produisant une union et des affections semblables à celles de la parenté. C'était de cette même nature qu'étaient les phratries et les gentes à Athènes, les curies et les gentes à Rome. Mais elles furent particulièrement modifiées par l'imagination religieuse de l'ancien monde, qui faisait toujours remonter le passé à des dieux et à des héros; et la religion leur fournissait ainsi et la généalogie commune comme base, et la communauté privilégiée de rites sacrés spéciaux comme moyen de commémoration et de perpétuité. Les gentes, tant à Athènes que dans d'autres parties de la Grèce, portaient un nom patronymique, la marque de ce qu'elles croyaient être leur paternité commune : nous trouvons les Asklepiadæ dans beaucoup de parties de la Grèce, les Aleuadæ en Thessalia, les Midylidæ, les Psalychidæ, les Blepsiadæ, les Euxenidæ à Ægina, les Branchidæ à Milêtos, les Nebridæ à Kôs, les Iamidæ et les Klytiadæ à Olympia, les Akestoridæ à Argos, les Kinyradæ à Kypros, les Penthilidæ à Mitylênê (1), les Talthybiadæ, à Sparte, non moins que les Kodridæ, les Eumolpidæ, les Phytalidæ, les Lykomêdæ, les Butadæ, les Euneidæ, les Hesychidæ, les Brytiadæ, etc., en Attique (2). A chacune de ces gentes correspondait un premier auteur mythique plus ou moins connu, et passant pour le premier père aussi bien que pour le héros éponyme de la gens : — Kodros, Eumolpos, Butês, Phytalos, Hesychos, etc.

---

(1) Pindare, Pyth. VIII, 53; Isthm. VI, 92; Nem. VII, 103; Strabon IX, p. 421; Steph. Byz. v. Κῶς; Hérod. V, 44; VII, 134; IX, 37; Pausan. X, 1, 4; Callim. Lavacr. Pallad. 33; Schol. Pindar. Pyth. II, 27; Aristote, Polit. V, 8, 13; Ἀλευάδων τοὺς πρώτους, Platon, Menon. 1, qui les signale comme une gens nombreuse. V. Buttmann, Dissert. sur les Aleuadæ, dans le Mythologus, vol. II, p. 246. Les Bacchiadæ à Corinthe, ἐδίδοσαν καὶ ἤγοντο ἐξ ἀλλήλων (Hérod. V, 92).

(2) Harpokration, v. Ἐτεοβουτάδαι, Βουτάδαι; Thucyd. VIII, 53; Plutarque, Thêseus, 12; Themistoklês, I; Demosth. cont. Neær. p. 1365, Polemon ap. Schol. ad Soph. Œdip. Col. 489; Plutarque, Vit. X, Orator. p. 841-844. V. la Dissertation de O. Müller, De Minervâ Poliade, c. 2.

La révolution de Kleisthenês en 509 avant J.-C. abolit les anciennes tribus dans des vues civiles, et en créa dix nouvelles, laissant les phratries et les gentes sans changement, mais introduisant la distribution locale suivant les dêmes ou cantons, comme base de ses nouvelles tribus politiques. Un certain nombre de dêmes appartenaient à chacune des tribus kleisthénéennes (les dêmes dans les mêmes tribus n'étaient pas ordinairement contigus, de sorte que la tribu ne coïncidait pas avec une circonscription définie), et le dême, dans lequel chaque individu fut alors enrôlé, continua d'être celui dans lequel ses descendants le furent aussi. Mais les gentes n'avaient pas de connexion, comme telles, avec ces nouvelles tribus, et les membres de la même gens pouvaient appartenir à différents dêmes (1). Il est à propos de faire remarquer cependant que, dans une certaine mesure, dans l'ancien arrangement de l'Attique, la division en gentes coïncidait avec la division en dêmes, c'est-à-dire qu'il arrivait assez souvent que les gennêtes (ou membres de la même gens) vivaient dans le même canton, de sorte que la gens et le dême avaient le même nom. En outre, il semble que Kleisthenês reconnut un certain nombre de nouveaux dêmes, auxquels il donna des noms tirés de quelque gens importante résidant près du lieu. C'est ainsi que nous devons expliquer le nombre considérable de dêmes kleisthénéens qui portent des noms patronymiques (2). Il y a une remarquable différence entre la gens ro-

---

(1) Demosth. cont. Neær. p. 1365. Tittmann (Griechische Staatsverfass. p. 277) pense que chaque citoyen, après la révolution de Kleisthenês, était nécessairement membre de quelque phratrie, aussi bien que de quelque dême ; mais la preuve qu'il produit est à mon avis insuffisante. Les idées de phratrie et de tribu sont souvent confondues ensemble ; ainsi les Ægeidæ de Sparte, qu'Hérodote (IV, 149) appelle une tribu, sont appelés par Aristote une phratrie de Thêbains (ap. Schol. ad Pindar. Isthm. VII, 8). Cf. Wachsmuth, Hellenische Alterthumskunde, sect. 83, p. 17.

Un grand nombre de dêmes semblent avoir tiré leurs noms des arbustes ou des plantes qui croissaient dans leur voisinage (Schol. ad Aristoph. Plutus, 586, Μυρρενοῦς, Ραμνοῦς, etc.).

(2) Par exemple, Æthalidæ, Butadæ, Kothôkidæ, Dædalidæ, Eiresidæ, Epieikidæ, Erœadæ, Eupyridæ, Echelidæ, Keiriadæ, Kydantidæ, Lakiadæ, Pambôtadæ, Perithoidæ, Persidæ, Semachidæ, Skambônidæ, Sybridæ, Titakidæ, Thrygonidæ, Hybadæ, Thymœ-

maine et la gens grecque, qui a sa source dans l'usage différent par rapport à la manière dont les noms étaient donnés. Un patricien romain portait habituellement trois noms : — le nom de sa gens, avec un nom à la suite pour désigner sa famille, et un autre en avant qui lui était particulier dans cette famille. Mais à Athènes, du moins après la révolution de Kleisthenês, le nom de la gens n'était pas employé ; un homme était désigné par son propre nom seul, suivi d'abord du nom de son père, puis de celui du dême auquel il appartenait, par exemple *Æschinês, fils d'Atromêtos, Kothôkide.* Une telle

---

tadæ, Pæonidæ, Philaidæ, Chollidæ : tous ces noms de dêmes, portant la forme patronymique, se trouvent dans Harpokration et Étienne de Byzance seuls.

Nous ne savons pas que les Κεραμεῖς aient jamais constitué un γένος ; mais le nom du dême Κεραμεῖς est évidemment donné, d'après le même principe, à un lieu occupé surtout par des potiers. La gens Κοιρώνιδαι était appelée, dit-on, Φιλιεῖς (? Φλυεῖς) et Περιθοῖδαι aussi bien que Κοιρώνιδαι : les nombres de gentes et ceux de dêmes ne semblent pas toujours pouvoir se distinguer.

Les Butadæ, bien qu'étant une gens extrêmement vénérable, étaient aussi comptés comme dême (V. le Psephisme au sujet de Lykurgue dans Plutarque, Vit. X Orator. p. 852) ; cependant nous ne savons pas qu'il y eût quelque localité appelée Butadæ. Peut-être quelques-uns des noms mentionnés plus haut sont-ils simplement des noms de gentes, enregistrés comme dêmes, mais sans intention d'impliquer une communauté de séjour entre les membres.

Les membres d'une gens romaine occupaient des résidences adjacentes dans quelques occasions. Nous ne savons pas dans quelle mesure (Heiberg, De Familiari Patriciorum Nexu, c. 24, 25, Sleswic. 1829).

Nous trouvons ailleurs les mêmes noms patronymiques de dêmes et de villages : à Kôs et à Rhodes (Ross, Inscr. Gr. ined. n° 15,-26. Halle, 1816) ; *Lestadæ* à Naxos (Aristote, ap. Athenæ. VIII, p. 348) ; *Botachidæ* à Tegea (Steph. Byz. in v. ; *Branchidæ* près de Milêtos, etc. ; et une explication intéressante est fournie, dans d'autres temps et d'autres lieux, par la fréquence de la terminaison *ikon* dans des villages près de Zürich en Suisse, — Mezikon Nennikon, Wezikon, etc. Blüntschli, dans son Histoire de Zurich, démontre que ces terminaisons sont des abréviations de *inghoven*, renfermant un élément patronymique primitif, indiquant le premier établissement de membres d'une famille, ou d'une bande portant le nom de son capitaine, dans le même endroit (Blüntschli, Staats-und-Rechtsgeschichte der Stadt Zurich, vol. I, p. 26).

Dans d'autres inscriptions de l'île de Kôs, publiées par le professeur Ross, nous trouvons un dême mentionné (sans nom), composé de trois gentes réunies : « In hoc et sequente titulo alium jam deprehendimus *demum Coum*, e tribus gentibus appellatione patronymicâ conflatum, Antimachidarum, Ægiliensium, Archidarum » (Ross, Inscript. Græc. ined. Fascic. III, n° 307, p. 44, Berlin, 1845). C'est là un spécimen de l'opération introduite d'une manière systématique en Attique par Kleisthenês.

différence dans le système habituel de donner les noms tendait à rendre le lien de la gens plus présent à l'esprit de chacun à Rome que dans les cités grecques.

Avant la classification pécuniaire des habitants de l'Attique introduite par Solôn, les phratries et les gentes, les trittyes et les naukraries étaient les seuls liens reconnus parmi eux, et la seule base d'obligations et de droits légaux, en sus de la famille naturelle. La gens constituait un corps compacte, et quant aux biens, et quant aux personnes. Jusqu'au temps de Solôn, personne n'eut le pouvoir de faire de disposition testamentaire. Si un membre mourait sans enfants (1), ses gennètes héritaient de ses biens, et ils continuaient à le faire, même après Solôn, s'il mourait intestat. Une fille orpheline pouvait de droit être demandée en mariage par un membre quelconque de la gens, les agnats les plus proches étant préférés (2); si elle était pauvre, et qu'il ne voulût pas l'épouser lui-même, la loi de Solôn l'obligeait à lui fournir une dot proportionnelle à ses biens inscrits sur les registres, et à la marier à un autre ; et la grandeur de la dot qu'on devait donner (considérable même telle qu'elle fut fixée par Solôn et qui fut doublée dans la suite) semble prouver que le législateur avait indirectement l'intention d'imposer un mariage réel (3). Si un homme était tué, d'abord ses proches parents, ensuite ses gennètes et ses phrators, étaient à la fois autorisés et obligés à poursuivre le crime en justice (4) ; tandis que ses compagnons de dême, ou les habitants

---

(1) Plutarque, Solôn, 21. Nous trouvons un cimetière commun appartenant exclusivement à la gens et conservé avec ténacité (Demosth. cont. Eubulid. p. 1307 ; Cicéron, Leg. II, 26).

(2) Demosth. cont. Makart. p. 1068. V. dans Plutarque la singulière clause conditionnelle qui était ajoutée (Solôn, c. 20).

(3) Meursius, Themis Attica, I, 13.

(4) Telle fut la coutume primitive, et la limitation μέχρις ἀνεψιαδῶν (Meier, De Bonis Damnat. p. 23, cite ἀνεψια-δῶν καὶ φρατόρων) est introduite dans la suite (Demosth. cont. Euerg. et Mnesib. p. 1161) ; c'est ce que nous pouvons conclure de la loi telle qu'elle se trouve dans Demosth. cont. Makart. p. 1069, qui renferme les phrators, et conséquemment, à fortiori, les gennètes ou membres de la gens.

Le même mot γένος est employé pour désigner à la fois le cercle des parents que l'on peut appeler de ce nom, frères, cousins germains (ἀγχι-στεῖς, Demosth. cont. Makart. c. 9,

du même dème que lui, ne possédaient pas le même droit de poursuite. Tout ce que nous savons des lois athéniennes les plus anciennes repose sur les divisions en gentes et en phratries, qui sont regardées partout comme des extensions de la famille. Il est à observer que cette division est complétement indépendante de toute qualification fondée sur les biens, — les riches aussi bien que les pauvres étant compris dans la même gens (1). De plus, les différentes gentes ne jouissaient nullement d'une même dignité, qui avait surtout sa source dans les cérémonies religieuses dont chacune possédait l'administration héréditaire et exclusive, et qui, considérées dans quelques cas comme ayant une sainteté supérieure par rapport à toute la cité, étaient en conséquence nationalisées. C'est ainsi que les Eumolpidæ et les Kêrykes, qui fournissaient l'hiérophante et surveillaient les mystères de Dêmêtêr Eleusinienne, et les Butadæ, chez lesquels on prenait la prêtresse d'Athênê Polias aussi bien que le prêtre de Poseidôn Erechtheus dans l'acropolis, semblent avoir été respectés plus que toutes les autres gentes (2). Quand le nom

---

p. 1058), etc., dépassant l'οἶκος, et la quasi-famille ou gens. Comme le lien de la gens tendait à s'affaiblir, de même le premier sens du mot eut cours de plus en plus, jusqu'à l'extinction du second. Les ἐν γένει ou οἱ προσήκοντες auraient eu un sens plus large à l'époque de Drakôn qu'à celle de Démosthène. Συγγενής appartient ordinairement à γένος dans le sens plus étroit, γεννήτης à γένος dans le sens plus large; mais Isée emploie quelquefois le premier mot comme un équivalent exact du second (Orat. VII, p. 95, 99, 102, 103, Bekker). Τριακάς paraît être signalé dans Pollux comme l'équivalent de γένος ou gens (VIII, 111); mais le mot ne se rencontre pas dans les orateurs attiques, et nous ne pensons pas établir sa signification avec certitude : l'inscription du dème de Peirœeus donnée dans Boeckh (Corp. Ins. n° 101, p. 140) ajoute plutôt à la confusion en révélant l'existence d'un τριακάς constituant la partie fractionnaire d'un dême, et non rattachée à une gens; cf. le Comment. de Boeckh ad loc. et les Addenda et Corrigenda, p. 900.

Le Dr Thirlwall traduit γένος, maison; ce que je ne peux m'empêcher de croire inexact, parce que ce mot est l'équivalent naturel de οἶκος, mot très-important par rapport aux sentiments attiques, et tout à fait différent de γένος (Hist. of Greece, vol. II, p. 14, c. 11). On verra qu'il est impossible de le traduire par un mot anglais connu quelconque sans qu'en même temps il naisse dans l'esprit des idées erronées; c'est ce qui sera accepté comme mon excuse, je l'espère, si je l'adopte dans cette histoire sans le traduire.

(1) Demost. cont. Makart. l. c.
(2) V. Æschine, De Falsâ Legat.

des Butadæ fut choisi dans l'arrangement de Kleisthenês comme le nom d'un dême, la gens sacrée, ainsi appelée, adopta la dénomination distinctive de Eteobutadæ, ou « les vrais Butadæ (1). »

Un grand nombre des anciennes gentes de l'Attique nous sont connues par leur nom ; mais il n'y a qu'une seule phratrie (les Achniadæ) dont le titre nous soit parvenu (2). Ces phratries et ces gentes ne comprirent probablement jamais à aucune époque toute la population du pays, et la partie qui n'y était pas renfermée tendait à devenir de plus en plus considérable, dans les temps antérieurs à Kleisthenês (3),

---

p. 292, c. 46 ; Lysias cont. Andocid. p. 108 ; Andocide, De Mysteriis, p. 63, Reiske ; Dinarque et Hellanicus ap. Harpokrat. v. Ἱεροφάντης.

Dans le cas de crimes d'impiété, particulièrement dans des offenses contre la sainteté des mystères, les Eumolpidæ avaient un tribunal particulier composé de membres tirés de leur propre sein, devant lequel les offenseurs étaient amenés par l'archonte-roi. Etait-il souvent employé, c'est ce qui semble douteux. Ils avaient aussi certaines coutumes non écrites d'une grande antiquité, en vertu desquelles ils prononçaient (Demosth. cont. Androtion. p. 601 ; Schol. ad Demosth. vol. II. p. 137, Reiske ; cf. Meier et Schoemann, Der Attische Prozess, p. 117). Les Butadæ avaient aussi certaines maximes anciennes non écrites (Androtion ap. Athenæ. IX, p. 374).

Cf. Bossler, De Gentibus et Familiis Atticæ, p. 20, et Ostermann, De Præonibus Græcor. sect. 2 et 3 (Marpurg. 1845).

(1) Lycurgue l'orateur est désigné comme τὸν δῆμον Βουτάδης, γένους τοῦ τῶν Ἐτεοβουταδῶν (Plutarque, Vit. X Orator. p. 841).

(2) Dans une inscription (ap. Boeckh, Corp. Inscript. n° 465), on a conservé quatre noms des phratries dans la cité grecque de Neapolis, et six noms dans les trente curies romaines (Becker, Handbuch der Roemischen Alterthümer, p. 32 ; Boeckh, Corp. Inscript. II, p. 650).

Chaque phratrie attique semble avoir eu ses propres lois et ses propres coutumes séparées, distinctes des autres, τοῖς φράτορσι, κατὰ τοὺς ἐκείνων νόμους (Isée, Or. VIII, p. 115, éd. Bek. ; VII, p. 99 ; III, p. 49).

Bossler (De Gentibus et Familiis Atticæ, Darmstadt, 1833), et Meier (De Gentilitate Atticâ, p. 41-54) ont donné les noms de celles des gentes attiques qui sont connues : la liste de Meier en comprend un nombre de soixante-dix-neuf (V. Koutorga, Organis. Trib. p. 122).

(3) Tittmann (Griech. Staatsalterthümer, p. 271) pense que Kleisthenês augmenta le nombre des phratries ; mais le passage d'Aristote présenté pour soutenir cette opinion est une preuve insuffisante (Polit. VI, 2, 11). Nous pouvons encore moins être d'accord avec Platner (Beytraege zur Kenntniss des Attischen Rechts, p. 74-77), quand il dit que trois nouvelles phratries furent assignées à chacune des nouvelles tribus kleisthénéennes.

Une allusion est faite dans Hesychius, Ἀτριάκαστοι, Ἔξω τριακάδος, à des personnes non comprises dans aucune gens ; mais on ne peut guère croire

aussi bien que plus tard. Elles restèrent sous sa constitution, et durant l'histoire qui suivit, comme des quasi-familles ou corporations religieuses, conférant des droits et imposant des obligations que les tribunaux réguliers faisaient remplir par des voies de rigueur, sans être directement rattachées au droit de cité ou à des fonctions politiques : un homme pouvait être citoyen sans être inscrit dans une gens. Sous sa constitution, les quarante-huit naukraries cessèrent de remplir des desseins importants. Le dême, au lieu de la naukrarie, devint la division politique élémentaire, pour des buts militaires et financiers; tandis que le dêmarque devint le président actif, à la place du chef des naukrares. Le dême cependant ne coïncidait pas avec une naukrarie, ni le dêmarque avec le chef antérieur de la naukrarie, bien qu'ils fussent analogues et établis dans le même but (1). Tandis que les naukraries n'avaient été qu'au nombre de quarante-huit, les dêmes formaient des subdivisions plus petites, et (dans les temps plus récents du moins) montèrent à cent soixante-quatorze (2).

Mais, bien que cette ancienne division quadruple soit assez intelligible en elle-même, il y a beaucoup de difficulté à la concilier avec cette diversité de gouvernement qui, ainsi que nous le savons, a prévalu dans l'origine parmi les habitants de l'Attique. Depuis Kekrops jusqu'à Thêseus (dit Thucy-

---

que cela se rapporte à une époque antérieure à Kleisthenês, comme Wachsmuth voudrait le soutenir (p. 238).

(1) Le langage de Photius sur ce sujet (v. Ναυκραρία μὲν ὁποῖόν τι ἡ συμμορία καὶ ὁ δῆμος · ναύκραρος δὲ ὁποῖόν τι ὁ δήμαρχος) est plus exact que celui d'Harpokration, qui les identifie tous les deux complétement, — v. Δήμαρχος. S'il est vrai que les naukraries furent continuées sous la constitution de Kleisthenês avec ce changement tel, que leur nombre fut porté à cinquante, cinq pour chaque tribu kleisthénéenne, elles doivent probablement avoir continué de nom seulement sans action ni fonctions réelles. Kleidêmos donne ce renseignement, et Boeckh le suit (Public Economy of Athens, I, II c. 21, p. 256) ; cependant je ne puis m'empêcher de douter de son exactitude. Car la τριττύς (tiers de la tribu kleisthénéenne) était certainement conservée et était une division active et efficace (V. Demosth. De Symmoriis c. 7, p. 184), et il ne semble guère probable qu'il y eût deux divisions coexistantes, l'une représentant le tiers l'autre le cinquième des mêmes tribus

(2) Strabon, IX, p. 396.

dide), il y eut un grand nombre de cités différentes en Attique, chacune d'elles autonome et se gouvernant elle-même, avec son propre prytaneion et ses propres archontes. C'était seulement dans les occasions de quelque danger commun que ces communautés distinctes délibéraient ensemble sous l'autorité des rois athéniens, dont la cité à cette époque comprenait seulement la roche sainte d'Athênê dominant la plaine (1) (dans la suite si remarquable comme acropolis d'Athènes agrandie), avec une aire étroite au-dessous d'elle du côté méridional. Ce fut Thêseus (dit-il) qui accomplit cette grande révolution par laquelle toute l'Attique fut réunie en un seul gouvernement ; — toutes les magistratures et tous les conseils locaux furent concentrés dans le prytaneion et le sénat d'Athènes. Sa sagacité et sa puissance combinées imposèrent à tous les habitants de l'Attique la nécessité de reconnaître Athènes comme la seule cité du pays, et d'occuper leurs propres demeures simplement comme des portions constitutives du territoire athénien. Ce mouvement important, qui donna naturellement une grande extension à la cité centrale, fut rappelé pendant toute la durée des temps historiques par les Athéniens dans la fête périodique appelée Synœkia, en l'honneur de la déesse Athênê (2).

Tel est le récit que fait Thucydide de la diversité primitive et de la réunion postérieure des différentes portions de l'Attique. Il n'y a pas lieu de douter du fait général, bien que la cause efficace que donne l'historien, — le pouvoir et la sagacité de Thêseus, — appartienne à la légende et non à l'histoire. Nous ne pouvons pas non plus prétendre déterminer soit les démarches réelles à l'aide desquelles fut accompli ce changement, soit sa date, soit le nombre de parties qui finirent par constituer Athènes dans tout son dé-

---

(1) Strabon, IX, p. 396, Πετρᾷ ἐν πεδίῳ περιοικουμένη κύκλῳ. Euripide, Ion, 1578, σκόπελον οἳ ναίουσ' ἐμόν (Athênê).

(2) Thucyd. II, 15; Theophr. Charact. 29, 4. Plutarque (Thêseus, 24) présente les actes de Thêseus avec de plus grands détails et une nuance plus forte de démocratie.

veloppement — encore agrandie à quelque époque ancienne, bien que nous ignorions quand, par la réunion volontaire de la ville bœôtienne ou demi-bœôtienne Eleutheræ, située au milieu des vallées du Kythærôn entre Eleusis et Platée. Ce fut l'habitude constante de la population de l'Attique, même jusqu'à la guerre du Péloponèse (1), de résider dans leurs cantons séparés, où leurs anciennes fêtes et leurs anciens temples continuaient d'exister comme reste d'un état d'autonomie antérieure. Ils ne se rendaient à la ville qu'à des époques spéciales, dans des buts religieux ou politiques, et ils regardaient encore la résidence à la campagne comme leur véritable patrie. Nous pouvons voir combien ce sentiment cantonal était profond chez eux par ce fait, qu'il survécut à l'exil temporaire auquel les contraignit l'invasion des Perses, et qu'il fut repris quand l'expulsion de cette armée destructive leur permit de reconstruire leurs demeures ruinées dans l'Attique (2).

Nous ne pouvons établir maintenant combien des dèmes reconnus par Kleisthenês eurent des gouvernements séparés dans l'origine, ou dans quels agrégats locaux ils étaient combinés. On doit se rappeler que la cité d'Athènes elle-même contenait plusieurs dèmes, tandis que Peiræeus (Pirée) aussi formait un dème à part. Quelques-unes des douze divisions, que Philochore attribue à Kekrops, offrent des marques probables d'une ancienne existence indépendante : — Kekropia, ou la région entourant et renfermant la cité et l'acropolis ; la Tetrapolis, composée d'Œnoê, de Trykorythos, de Probalin-

---

(1) Pausan. I, 2, 4 ; 38, 2. Diodor. Sicul. IV, 2. Schol. ad Aristophan. Acharn. 242.

Les Athéniens transportèrent d'Eleutheræ à Athènes, et une vénérable statue de Dionysos et une cérémonie religieuse en honneur de ce dieu. La réunion de la ville à Athènes est présentée par Pausanias comme ayant été opérée par suite de la haine de ses citoyens pour Thêbes, et doit s'être faite antérieurement à 509 avant J.-C., époque à laquelle nous trouvons Hysiæ comme dème frontière de l'Attique (Hérodote, V, 72 ; VI, 108).

(2) Thucyd. II, 15, 16. Οὐδὲν ἄλλο ἢ πόλιν τὴν ἑαυτοῦ ἀπολείπων ἕκαστος — relativement aux Athéniens de la campagne qui furent forcés de se retirer à Athènes lors de la première invasion pendant la guerre du Péloponèse.

thos et de Marathôn (1); Eleusis; Aphidnæ et Dekeleïa (2), toutes deux distinguées par leur connexion mythique particulière avec Sparte et les Dioskures. Mais il est difficile d'imaginer que Phalêron (qui est l'une des divisions séparées nommées par Philochore) puisse jamais avoir joui d'une autonomie séparément d'Athènes. De plus, nous trouvons, dans quelques-uns des dêmes que Philochore ne mentionne pas, des preuves d'antipathies constantes, et des prohibitions de mariage mutuel entre leurs membres, qui pourraient paraître indiquer qu'ils avaient été jadis de petits États séparés (3). Bien que, dans la plupart des cas, nous ne puissions conclure que peu de chose des légendes et des cérémonies religieuses que presque chaque dême avait en propre (4), cependant celles d'Eleusis sont si remarquables qu'elles établissent l'autono-

---

(1) Etymologicon Magn. v. Ἐπακρία χωρά; Strabon, VIII, p. 383; Stephan. Byz. v. Τετράπολις.
Les Τετράκωμοι comprenaient les quatre dêmes, Πειραιεῖς, Φαληρεῖς, Ξυπετεῶνες, Θυμοίταδαι (Pollux, IV, 105); cependant on a douté que ce fût là une ancienne division. (V. Ilgen, De Tribubus Atticis, p. 51).
La Ἐπακρέων τριττύς est mentionnée dans une inscription donnée par Ross (Die Demen von Attica, p. 6). Cf. Boeckh ad Corp. Inscr. n° 82 : entre autres dêmes, elle comprenait le dême Plôtheia. Mesogæa aussi (ou plutôt les Mesogei, οἱ Μεσόγειοι) semble être une communauté faite en vue de sacrifices et de desseins religieux, et contenir le dême Batê. V. Inscriptiones Atticæ nuper repertæ duodecim, par Ern. Curtius; Berlin, 1843; Inscript. I, p. 3. La situation exacte du dême Batê en Attique est inconnue (Ross, Die Demen von Attica, p. 64) ; et quant à la question de savoir quelle portion de l'Attique était appelée Mesogæa, on a mis en avant des conjectures très-différentes, qu'il n'y a pas, à ce qu'il semble, moyen de contrôler. Cf. Schoemann,

De Comitiis, p. 343, et Wordsworth, Athens and Attica, p. 229, 2e éd.

(2) Dikæarque. Fragm. p. 109, éd. Fuhr; Plutarque, Thêseus, c. 33.

(3) Telles qu'il en existait entre les Pallénæens et les Agnusiens (Plutarque, Thêseus, 12).
Les Acharnæ étaient le dême le plus considérable et le plus populeux de l'Attique (V. Ross, Die Demen von Attika, p. 62; Thucyd. II, 21); cependant Philochore ne le mentionne pas comme ayant jamais constitué une πόλις indépendante.
Plusieurs des dêmes semblent avoir été réputés pour des qualités particulières, bonnes ou mauvaises : V. Aristoph. Acharn. 177, avec une note d'Elmsley.

(4) Strabon, IX, p. 396; Plutarque, Thêseus, 14. Polémon a écrit un livre spécial sur les héros éponymes des dêmes et des tribus attiques (Preller, Polemonis Fragm. p. 42) : les Atthidographes étaient tous riches sur le même sujet : V. les Fragments de l'Atthis d'Hellanicus (p. 24, éd. Preller) et ceux d'Ister, de Philochore, etc.

mie probable de ce territoire jusqu'à une époque relativement moderne. L'hymne homérique à Dêmêtêr, racontant la visite de cette déesse à Eleusis après l'enlèvement de sa fille, et le premier établissement des cérémonies Eleusiniennes, spécifie le prince éponyme Eleusis et les divers chefs du lieu,— Keleos, Triptolemos, Dioklès et Eumolpos. Il signale aussi la plaine Rharia dans le voisinage d'Eleusis. Mais il n'est pas fait la moindre allusion à Athènes ni à aucune part qu'auraient eue les Athéniens à la présence ou au culte de la déesse. Il y a lieu de croire qu'à l'époque où cet hymne fut composé Eleusis était une ville indépendante : quelle était cette époque, c'est ce que nous n'avons pas le moyen d'établir, bien que Voss la place aussi bas que la trentième Olympiade (1). Et la preuve qu'on en tire a d'autant plus de prix, parce que l'hymne à Dêmêtêr présente une couleur rigoureusement spéciale et locale; de plus, le récit fait par Solôn à Crésus, relativement à Tellus l'Athénien qui périt dans une bataille livrée contre les habitants d'Eleusis (2), suppose de la même manière l'indépendance de la première ville dans des temps reculés. Il n'est pas non plus sans importance de mentionner que, même à une époque aussi rapprochée que l'an 300 avant J.-C., Dikæarque, ce visiteur attentif à observer, déclare découvrir une différence entre les Athéniens indigènes et les Attiques, aussi bien sous le rapport de la physionomie que sous celui du caractère et du goût (3).

Dans l'histoire qui nous est présentée des actes de Thêseus, il n'est point fait mention de ces quatre tribus ioniennes ; mais on nous signale une autre distribution du peuple, totalement différente, en Eupatridæ, Geômoni et Demiurgi, qu'il introduisit, dit-on, le premier. Denys d'Halicarnasse donne seulement une double division,— les Eupatridæ et les cultivateurs dépendants, correspondant à l'idée qu'il avait des

---

(1) J.-H. Voss, Erlaüterungen, p. 1 : V. l'hymne, 96-106, 451-475; cf. Hermesianax ap. Athen. XIII, p. 597.

(2) Hérodote, I, 30.
(3) Dikæarque, Vita Græciæ, p. 141, Fragm. éd. Fuhr.

patriciens et des clients dans l'ancienne Rome (1). Autant que nous pouvons comprendre cette triple distinction, elle semble disparate et sans lien avec les quatre tribus mentionnées plus haut. Les Eupatridæ sont les hommes riches et puissants, appartenant aux familles les plus distinguées dans toutes les diverses gentes et vivant principalement dans la cité d'Athènes, après la réunion de l'Attique en un corps ; on distingue d'eux le moyen et le bas peuple, rangés, en gros, en deux classes, celle des laboureurs et celle des artisans. On attribue aux Eupatridæ un ascendant religieux aussi bien que politique et social. On les représente comme la source de toute autorité en matières tant sacrées que profanes (2) ; ils comprenaient sans doute ces gentes, telles que les Butadæ, dont le peuple considérait les cérémonies sacrées avec le plus grand respect; et nous pouvons concevoir Eumolpos, Keleos, Dioklês, etc., tels qu'ils sont représentés dans l'hymne homérique à Dêmêtêr, avec le caractère d'Eupatridæ d'Eleusis. Les gentes plus humbles, et les membres plus humbles de chaque gens, sembleraient dans cette classification confondus avec cette portion du peuple qui n'appartenait à aucune gens.

C'était parmi ces Eupatridæ exclusivement, et sans doute par leur choix, qu'étaient pris les neuf archontes annuels, probablement aussi les prytanes et les naukrares. Nous pouvons naturellement supposer que le sénat de l'Aréopage était composé de membres du même ordre. Les neuf archontes y entraient tous à l'expiration de leur année de charge, soumis seulement à la condition d'avoir subi convenablement l'épreuve de la reddition de compte pour leur administration ; et ils restaient membres de ce corps pendant

---

(1) Plutarque, Thêseus, c. 25 ; Dionys. Hal. II, 8.
(2) Etymologic. Mag. Εὐπατρίδαι — οἱ αὐτὸ τὸ ἄστυ οἰκοῦντες, καὶ μετέχοντες τοῦ βασιλικοῦ γένους, καὶ τὴν τῶν ἱερῶν ἐπιμέλειαν ποιούμενοι. Le βασιλικὸν γένος comprend non-seulement les Kodrides, mais les Erechtheides, les Pandionides, les Pallantides, etc. V. aussi Plutarque, Thêseus, c. 24 ; Hesychius, Ἀγροιῶται.

Cependant Isocrate semble parler de la grande famille des Alkmæonidæ comme si elle n'était pas comprise dans les Eupatridæ (Orat. XVI, De Bigis, p. 351, 506, Bek.).

leur vie. Telles sont les autorités politiques dont nous entendons parler dans la plus ancienne période imparfaitement connue du gouvernement athénien, après la cessation de la royauté et l'adoption du changement annuel d'archontes. Le sénat de l'Aréopage semble représenter le conseil homérique des vieillards (1); et il y avait sans doute, dans des occasions particulières, des assemblées générales du peuple, avec le même caractère formel et passif que l'agora homérique ; du moins, nous trouverons des traces d'assemblées pareilles antérieures à la législation de Solôn. Quelques écrivains de l'antiquité attribuaient à Solôn le premier établissement du sénat de l'Aréopage, exactement comme il y en avait aussi quelques-uns qui considéraient Lykurgue comme ayant réuni le premier la Gerusia spartiate. Mais l'on ne peut guère douter que ce ne soit là une erreur, et que le sénat de l'Aréopage ne soit une institution primitive, d'une antiquité immémoriale, bien que sa constitution, aussi bien que ses fonctions, ait éprouvé plus d'un changement. Il existait d'abord seul, comme une autorité permanente et formant corps, dans l'origine à côté des rois et dans la suite à côté des archontes. Il était alors naturellement connu par le titre de *la* Boulê — *le* sénat ou conseil ; son titre distinctif « sénat de l'Aréopage » (emprunté du lieu où se tenaient les séances) ne lui fut pas donné avant la formation par Solôn du second sénat ou second conseil, dont il était nécessaire de le distinguer.

Ceci semble expliquer pourquoi il n'était jamais mentionné dans les ordonnances de Drakôn, dont le silence fournissait un argument en faveur de ceux qui croyaient qu'il n'existait pas de son temps et qu'il fut établi pour la première fois par Solôn (2). On nous parle du sénat de l'Aréopage surtout comme d'un tribunal judiciaire, parce que dans son action il conserva

---

(1) Meier und Schoemann, Der Attische Prozess. Einleitung, p. 10.
(2) Plutarque, Solôn, c. 19; Aristote, Polit. II, 9, 2; Cicéron, De Offic. I, 22. Pollux semble adopter l'opinion que Solôn institua le premier le sénat de l'Aréopage (VIII, 125).

constamment ce caractère pendant toute l'histoire athénienne, et que les orateurs ont le plus souvent occasion de faire allusion à ses décisions en matière de procès. Mais ses fonctions étaient dans l'origine du caractère sénatorial le plus large ; il dirigeait en général aussi bien qu'il jugeait. Et bien que l'accroissement graduel de la démocratie à Athènes (comme nous l'expliquerons ci-après) diminuât à la fois ses pouvoirs et contribuât encore plus comparativement à l'abaisser, en augmentant l'influence directe du peuple dans l'assemblée et la justice, aussi bien que celle du sénat des Cinq-Cents, qui fut un associé et un auxiliaire permanent de l'assemblée publique, cependant il semble avoir été, même jusqu'à l'époque de Periklès, le corps le plus important dans l'État. Et après qu'il eut été rejeté à l'arrière-plan par les réformes politiques de ce grand homme, nous le trouvons encore dans des occasions particulières se mettre en avant pour revendiquer ses anciens pouvoirs, et pour exercer pour le moment cette intervention indéterminée dont il avait joui sans contestation dans l'antiquité. L'attachement des Athéniens pour leurs anciennes institutions donna au sénat de l'Aréopage un empire puissant et constant sur leurs âmes, et ce sentiment fut plutôt fortifié qu'affaibli quand il cessa d'être un objet de jalousie populaire,—quand il ne put plus être employé comme auxiliaire de prétentions oligarchiques.

Des neuf archontes, dont le nombre resta sans être changé depuis l'an 683 avant J.-C. jusqu'à la fin de la démocratie libre, trois portaient des titres spéciaux, — l'archonte éponyme, dont le nom servait à désigner l'année, et dont on parlait sous le nom de *l'archonte;* l'archonte basileus (roi), ou plus souvent le basileus, et le polémarque. Les six autres avaient le titre général de thesmotetæ. Chacun des trois premiers possédait une compétence judiciaire exclusive par rapport à certains sujets spéciaux : les thesmotetæ étaient sous ce rapport tous sur un pied d'égalité, agissant quelquefois comme conseil, quelquefois individuellement. L'archonte éponyme décidait toutes les disputes relatives à la famille, aux relations de gens et de phratrie : il était le protecteur légal des orphelins et des veuves (1). L'archonte basileus (ou archonte roi) était compétent dans les plaintes touchant les offenses faites au sentiment religieux et touchant l'homicide. Le polémarque (nous parlons de temps antérieurs à Kleisthenês) était le chef des forces militaires et juge des disputes entre les citoyens et les non-citoyens. En outre, chacun de ces trois archontes avait des fêtes religieuses particulières qui lui étaient assignées, et son devoir était de les surveiller et de les diriger. Les six thesmotetæ semblent avoir été juges dans des disputes et des plaintes, en général contre des citoyens, sauf les questions spéciales, réservées pour la compétence des deux premiers archontes. Suivant le sens propre du mot thesmotetæ, tous les neuf archontes avaient droit d'être appelés ainsi (2), bien que les trois premiers eussent des désignations spéciales qui leur étaient propres. Le mot thesmoi (analogue aux themistes (3) d'Homère) comprend dans sa signification à la fois des lois générales et des sentences particulières, — les deux

---

(1) Pollux, VIII, 89-91.
(2) Nous trouvons les mots θεσμοτέτων ἀνάκρισις dans Démosth. cont. Eubulid. c. 17, p. 1319, et Pollux, VIII, 85 ; série de questions auxquelles ils avaient à répondre avant qu'on les admît à remplir leurs fonctions. De semblables questions doivent avoir été posées à l'archonte, au basileus et au polémarque, de telle sorte que nous pouvons à bon droit interpréter les mots θεσμοτέτων ἀνάκρισις comme s'appliquant à tous les neuf archontes, puisque effectivement, nous trouvons immédiatement après, p. 1320, les mots τοὺς ἐννέα ἄρχοντας ἀνακρίνετε ; de plus, tous les neuf, après avoir subi les εὔθυναι à la fin de leur année de charge, devenaient membres de l'aréopage.
(3) Relativement au mot θέμιστες dans le sens homérique, V. vol. II, c. 6, de cette histoire.
Aristote (Polit. II, 9, 9) et Démosthène (cont. Euerg. et Mnesibul. c. 18, p. 1161) appellent tous deux les ordonnances de Drakôn νόμοι, non θεσμοί. Andocide distingue les θεσμοί de Drakôn et les νόμοι de Solôn (De Mysteriis, p. 11). C'est là adopter une phrase relativement moderne ; Solôn appelait ses propres lois θεσμοί. Le serment des περίπολοι ἔφηβοι (les jeunes gens qui formaient la police armée de l'Attique pendant les deux premières années de l'âge qu'ils avaient à servir), tel qu'il est donné par Pollux (VIII, 106), semble contenir beaucoup d'anciennes phrases : cette phrase ci — καὶ τοῖς θεσμοῖς τοῖς ἱδρυμένοις πείσομαι — est remarquable en ce qu'elle indique l'ancienne association de sanction religieuse qui s'attachait au mot θεσμοί ; car ἱδρύεσθαι est le mot employé par rapport à l'établissement et à l'installation des dieux qui protégeaient le pays — θέσθαι νόμους est le terme plus moderne pour exprimer faire des lois. Cf. Stobée, De Republicâ. XLIII, 48, éd. Gaisford, et Demosth. cont. Makart. c. 13, p. 1069.

idées n'étant pas encore distinguées, et la loi générale étant conçue seulement dans son application à quelque cas particulier. Drakôn fut le premier thesmothète que l'on pria de mettre ses thesmoi en écrit, et de leur donner ainsi essentiellement un caractère de généralité plus ou moins grande.

Dans les temps plus récents et mieux connus de la loi athénienne, nous trouvons ces archontes privés, dans une grande mesure, de leurs pouvoirs de juger et de décider, et réduits à la tâche d'entendre d'abord les parties et de recueillir les preuves, ensuite d'introduire l'objet du procès dans le tribunal approprié qu'ils présidaient. Mais, dans l'origine, il n'y avait pas séparation de pouvoirs ; les archontes jugeaient à la fois et administraient, se partageant ces privilèges qui jadis avaient été réunis dans les mains du roi, et probablement responsables à la fin de leur année de charge vis-à-vis du sénat de l'Aréopage. Il est probable aussi que les fonctions de ce sénat et celles des prytanes et des naukrares étaient de la même nature double et confuse. Tous ces fonctionnaires appartenaient aux eupatridæ, et tous sans doute agissaient plus ou moins dans l'intérêt étroit de leur ordre ; de plus, il y avait large place pour le favoritisme par voie de connivence, aussi bien que pour l'antipathie de la part des archontes. Qu'il en ait été réellement ainsi, et que le mécontentement commençât à être sérieux, c'est ce que nous pouvons conclure du devoir imposé au thesmothète Drakôn, 624 avant J.-C., de mettre en écrit les thesmoi ou ordonnances, de sorte qu'elles fussent « montrées publiquement » et connues à l'avance (1). Il ne se mêla pas de constitution politique, et dans ses ordonnances Aristote trouve peu de choses dignes de remarque, si ce n'est l'extrême sévérité (2) des punitions décrétées : de petits vols, ou même

---

(1) Ὅτε θεσμὸς ἐφάνη ὅδε. — telle est l'expression exacte d'une loi de Solôn (Plutarque, Solôn, c. 19) ; le mot θεσμὸς se trouve dans les propres poëmes de Solôn, θεσμοὺς δ' ὁμοίους τῷ κακῷ τε κἀγαθῷ.

(2) Aristote, Polit. II, 9, 9 ; Rhetor. III, 25, 1 ; Aulu Gelle, N. A. XI, 18 ; Pausanias, IX, 36, 4 ; Plutarque, Solôn, c. 19 ; bien que Pollux (VIII, 42) ne soit pas d'accord avec lui. Taylor, Lect. Lysiacæ, c. 10. Relativement aux

une vie passée notoirement dans l'oisiveté étant punis de la mort ou de la perte des priviléges.

Mais nous ne devons pas expliquer cette remarque comme démontrant une inhumanité spéciale dans le caractère de Drakôn, qui n'était pas investi du pouvoir considérable dont Solôn jouit dans la suite, et au sujet duquel on ne peut croire qu'il ait imposé à la communauté des lois sévères de sa propre invention. Étant lui-même naturellement un eupatride, il publia par écrit des ordonnances pareilles à celles que les archontes eupatrides avaient eu auparavant l'habitude d'imposer sans les écrire, dans les cas particuliers qui se présentaient à eux: et l'esprit général de la législation pénale s'était tellement adouci, pendant les deux siècles qui suivirent, que ces anciennes ordonnances paraissaient à Aristote d'une rigueur intolérable. Probablement ni Drakôn, ni le Locrien Zaleukos, qui le précédait quelque peu en date, n'étaient plus rigoureux que le sentiment de l'époque; en effet, le petit nombre de fragments des tables drakoniennes qui sont parvenus jusqu'à nous, loin de présenter une cruauté aveugle, introduisent pour la première fois, dans la loi athénienne, des distinctions atténuantes par rapport à l'homicide (1), fondées sur la variété des circonstances accessoires. Il établit, dit-on, les juges appelés ephetæ, cinquante et un anciens appartenant à quelque gens respectée ou possédant une position élevée, qui tenaient leurs séances pour juger les homicides dans trois endroits différents, selon la différence des cas qui leur étaient soumis. Si la partie accusée, reconnaissant le fait, niait toute coupable intention et alléguait un accident, le cas était jugé au lieu appelé le Palladion; si l'accusé était reconnu coupable d'un homicide accidentel, il était condamné à un exil temporaire, à moins

---

θεσμοὶ de Drakôn, V. Kuhn ad Ælian. V. H. VIII, 10. La maxime préliminaire que Porphyre (De Abstinentiâ, IV, 22) attribue à Drakôn ne peut guère être véritable.

(1) Pausanias, IX, 36, 4. Δράκοντος Ἀθηναίοις θεσμοθετήσαντος · ἐκ τῶν ἐκείνου κατέστη νόμων οὓς ἔγραψεν ἐπὶ τῆς ἀρχῆς, ἄλλων τε ὁπόσων ἄδειαν εἶναι χρὴ, καὶ δὴ καὶ τιμωρίας μοιχοῦ. Cf. Démosth. cont. Aristokr. p. 637; Lysias De Cæde Eratosthen., p. 31.

qu'il ne pût apaiser les parents de la victime ; mais ses biens étaient laissés intacts. Si encore, reconnaissant le fait, il se défendait au moyen de quelque argument propre à le justifier, tel que le cas de légitime défense, ou d'un adultère flagrant dans lequel il aurait surpris la victime avec sa propre épouse, le procès avait lieu sur un terrain consacré à Apollon et à Artemis appelé le Delphinion. Un endroit particulier appelé Phreattys, contigu au rivage de la mer, était aussi désigné pour le procès d'une personne qui, étant sous le coup d'une sentence d'exil pour un homicide involontaire, pouvait être accusée d'un second homicide, commis naturellement en dehors des limites du territoire ; étant considérée comme impure par suite de la première sentence, elle n'avait pas la permission de mettre le pied sur le sol, mais restait pendant son procès sur un bateau tiré tout près du rivage. Au Prytaneion ou siège du gouvernement même, les quatre phylo-basileis, ou rois des tribus, tenaient des séances pour juger un objet inanimé quelconque (un morceau de bois ou une pierre, etc.) qui avait occasionné la mort de quelqu'un, sans l'intervention prouvée d'une main humaine ; quand le fait était vérifié, on jetait en forme le bois ou la pierre hors de la frontière (1). Toutes ces distinctions impliquent natu-

---

(1) Harpokration, v. Ἐφέται, Ἐπὶ Δελφινίῳ, Ἐπὶ Παλλαδίῳ, Ἐν Φρεαττοῖ; Pollux, VIII, 119, 124, 125; Photius, v. Ἐφέται; Hesychius, ἐς Φρέατου; Demosth. cont. Aristokrat. c. 15-18, p. 642-645; contra Makart. c. 13, p. 1068. Quand Pollux parle des cinq cours dans lesquelles jugeaient les ephetæ, il y comprend probablement l'Aréopage (V. Demosth. cont. Aristokrat. c. 14, p. 641).

Au sujet des juges ἐν Φρεαττοῖ, V. Arist. Polit. IV, 13, 2. Sur le sujet général de cette ancienne et obscure procédure criminelle, V. Matthiæ, De Judiciis Atheniensium (in Miscellan. Philologiæ, vol. I, p. 143 seq.); et Schoemann, Antiq. Jur. Pub. Att. sect. 61, p. 288 ; Platner, Prozess und Klagen bey den Attikern, l. I, c. 1; et E. W. Weber, Comment. ad Demosth. cont. Aristokrat. p. 627, 641; Meier und Schoemann, Attisch. Prozess, p. 14-19.

Je ne puis considérer les ephetæ comme des juges d'appel, et je suis d'accord avec ceux (Schoemann, Antiq. Jur. Pub. Gr. p. 171; Meier und Schoemann, Attisch. Prozess, p. 16 ; Platner, Prozess und Klagen, t. I, p. 18) qui se défient de l'étymologie rattachant ce mot à ἐφέσιμος. Le sens actif du mot, de la famille de ἐφίεμαι (Æsch. Prom. 4) et d'ἐφετμή, s'accorde mieux avec le cas actuel : V. O. Müller, Proleg. ad Mythol. p. 424 (bien qu'il n'y ait pas

rellement l'investigation préliminaire du cas (appelée ana-krisis) faite par l'archonte-roi, afin que l'on pût connaître quelle était la nature du crime et où se devaient tenir les séances des ephetæ.

La manière de traiter l'homicide se rattachait si intimement aux sentiments religieux des Athéniens, que les contemporains de Démosthène lisaient ces anciens règlements, qui ne furent jamais formellement abrogés pendant toute la durée des âges historiques, gravés sur leur colonne (1). L'Aréopage continua de rendre la justice, et l'on dit qu'il en fut de même des ephetæ, même pendant l'époque de Démosthène, bien que leurs fonctions fussent tacitement usurpées ou restreintes, et leur dignité diminuée (2) par les dikasteries plus

---

de raison pour croire que les ephetæ soient plus anciens que Drakôn) : comp. cependant K. F. Hermann, Lehrbuch der Griechischen Staatsalterthümer, sect. 103, 104, qui pense différemment.

Le procès, la condamnation et le bannissement d'objets inanimés qui avaient été la cause d'une mort, reposaient sur des sentiments largement répandus dans le monde grec (V. Pausan. VI, 11, 2 ; et Théocrite, Idyll. XXIII, 60) : analogues en principe à la loi anglaise relativement au « deodand » (deodandum); et à l'esprit qui règne dans les anciens codes germaniques en général (V. Dr C. Trümmer, Die Lehre von der Zurechnung, c. 28-38. Hamburg, 1845).

Les codes germaniques ne se contentent pas d'imposer une obligation générale, d'apaiser les parents de la victime et les membres de la gens, mais ils déterminent à l'avance la somme qui suffira pour ce but; somme qui, dans le cas d'un homicide involontaire, est payée comme compensation aux parents qui survivent. Quant à la différence qui existe entre un homicide coupable, un homicide justiciable et un homicide accidentel, voir le traité approfondi de Wilda, Das Deutsche Strafrecht, c. VIII, p. 544-559, dont la doctrine cependant est combattue par le Dr Trümmer dans le traité mentionné plus haut.

A Rome, suivant les Douze Tables et auparavant, un homicide involontaire devait être expié par le sacrifice d'un bélier (Walter, Geschichte des Roemisch. Rechts, sect. 768.

(1) Demosth. cont. Euerg. et Mnèsib. p. 1161.

(2) Demosth. cont. Aristokrat. p.647. Τοσούτοις δικαστηρίοις, ἃ θεοὶ κατέδειξαν, καὶ μετὰ ταῦτα ἄνθρωποι χρῶνται πάντα τὸν χρόνον, p. 643. — οἳ ταῦτ᾽ ἐξαρχῆς τὰ νόμιμα διαθέντες, οἵτινες ποθ᾽ ἦσαν, εἴθ᾽ ἥρωες, εἴτε θεοί. V. aussi le discours cont. Makart. p. 1069; Eschin. cont. Ktesiphon. p. 636; Antiph. De Cæde Herodis, c. 14.

Le tribunal populaire, à l'époque d'Isocrate et de Démosthène, tenait ses séances ἐπὶ Παλλαδίῳ pour juger les accusations d'homicide involontaire — preuve frappante de la sainteté spéciale du lieu consacré à ce but (V. Isokrate cont. Kallimach. Or. XVIII, p. 381; Demosth. cont. Neær. p. 1348).

Ce que dit Pollux (VIII, 125), que les Ephetæ devinrent méprisés, n'est pas confirmé par le langage de Démosthène.

populaires créés dans la suite. C'est de cette manière que nous sommes parvenus à les connaître, tandis que les autres institutions drakoniennes ont péri ; mais il y a beaucoup d'obscurité sur ce point, et particulièrement quant au rapport qui existait entre les ephetæ et les aréopagites. En effet, le sujet était si peu connu, même par ceux qui à Athènes se livraient à des recherches historiques, que la plupart d'entre eux supposaient que le conseil de l'Aréopage avait été institué pour la première fois par Solôn ; et même Aristote, bien qu'il contredise cette idée, ne s'exprime pas lui-même dans un langage très-positif (1). Les dispositions de Drakôn relatives aux ephetæ semblent impliquer qu'il y avait, avant lui, des juges à l'Aréopage pour juger l'homicide, en ce qu'il ne prend pas de nouvelles mesures pour examiner les conséquences directes de l'homicide volontaire, qui, selon tous les récits, était du ressort de l'Aréopage ; mais les ephetæ et les Aréopagites étaient-ils les mêmes personnes, en tout ou en partie, c'est ce que les renseignements que nous avons ne suffisent pas pour nous faire reconnaître. Avant Drakôn, il n'existait pas de tribunal pour juger l'homicide, si ce n'est le sénat, siégeant à l'Aréopage. Et nous pouvons conjecturer qu'il y avait quelque chose se rattachant à ce lieu,—légendes, cérémonies ou sentiments religieux, — qui forçait les juges y siégeant à condamner tout homme reconnu coupable d'homicide, et les empêchait de tenir compte de circonstances atténuantes ou propres à le justifier (1). Drakôn assigna aux ephetæ des lieux différents pour leurs séances ; lieux marqués d'une manière si précise et si invariablement maintenus, que nous pouvons voir de quelle manière propre ces questions spéciales d'homicide commis dans des circonstances particulières, qu'il assignait à chacun, étaient adaptées, dans la croyance des Athéniens, aux nouvelles localités sacrées

---

(1) Plutarque, Solôn, c. 19 ; Arist. Polit. II, 9, 2.

(2) Lire sur ce sujet les principes posés par Platon à l'égard du vol (Leg. XII, p. 941). Néanmoins Platon copie, en grande partie, les dispositions des tribunaux éphétiques, dans ses mesures pour l'homicide (Leg. IX, p. 865-873).

choisies (1), chacune d'elles ayant son propre cérémonial, sa propre procédure distincts, indiqués par les dieux eux-mêmes. Nous avons déjà souvent fait remarquer que les sentiments des Grecs étaient associés de la manière la plus intime à des localités particulières ; et c'est conformément à ces sentiments que procéda Drakôn dans les dispositions qu'il prit pour mitiger la condamnation prononcée sans distinction contre tout homme reconnu coupable d'homicide, condamnation qui fut inévitable tant que l'Aréopage resta le seul lieu de jugement. L'homme qui avouait avoir versé le sang d'un autre, ou qui en était convaincu, ne pouvait être acquitté ni condamné à moins qu'à la peine entière (c'est-à-dire à la mort ou à l'exil perpétuel avec la confiscation des biens) par les juges siégeant sur la colline d'Arês, quelque excuse qu'il pût présenter ; mais les juges au Palladion et au Delphinion pouvaient l'entendre, et même admettre sa défense, sans contracter la tache d'irréligion (2). Drakôn

---

(1) Je ne connais pas d'endroit où l'aptitude spéciale de localités particulières, consacrées chacune à son propre but, soit exposée d'une manière aussi puissante que dans le discours que prononce Camille contre la translation de Rome à Véies (Tite-Live, V, 52).

(2) On m'a fait remarquer que ce que j'avance ici ne s'accorde pas avec les Euménides d'Eschyle, qui montrent Oreste jugé à l'Aréopage et acquitté, bien qu'il avoue son parricide ; parce que la justification qu'Apollon présente en sa faveur, en disant que Klytemnæstra avait mérité son sort, pour avoir tué Agamemnôn antérieurement, est tenue pour suffisante. Je pense, cependant, qu'une étude attentive de ce drame très-curieux, loin de contredire ce qui est dit ici dans le texte, l'expliquera et le confirmera davantage.

La cause jugée représente deux parties : d'abord, les plaignantes officielles ou déesses vengeresses (les Euménides) qui réclament Orestês comme leur victime, péremptoirement, et sans même écouter aucune excuse, dès que le fait de son parricide est vérifié ; en second lieu, Orestês lui-même, qui reconnaît l'acte, mais allègue qu'il l'a commis pour venger son père, sous la sanction et même l'instigation d'Apollon, qui paraît comme son témoin et son défenseur.

Deux points de vue, relativement à l'homicide, sont mis en conflit : l'un représenté par les Euménides, l'autre par Apollon, agissant indirectement avec la sanction de Zeus.

Les divins privilèges des Euménides sont placés d'un côté, ceux d'Apollon de l'autre ; les premières se plaignent que le second intervient dans leurs affaires, et se mêle d'actes qui ne le concernent pas légitimement (227-715), tandis que chacune des deux parties offre avec des menaces terribles la perspective du mal qu'elle fera respectivement à l'Attique, si le verdict est rendu contre elle.

ne s'est pas directement mêlé des juges siégeant à l'Aréopage, et il ne les a même jamais mentionnés.

Athênê, comme protectrice d'Athènes, a son territoire à défendre contre le tort dont il est menacé des deux côtés, et à éviter d'offenser l'un ou l'autre. Ce résultat est obtenu, en effet, autant qu'il est possible, sans qu'on se dispense de prononcer une sentence. On égalise les votes des dikastes ou jurés, de sorte qu'eux, du moins, comme Athéniens, peuvent ne pas irriter l'un ou l'autre des puissants antagonistes ; et l'acquittement d'Orestês s'ensuit, parce que Athênê elle-même a prononcé en sa faveur, par la raison que ses sympathies sont plutôt pour le sexe mâle que pour le sexe féminin, et que le meurtre d'Agamemnôn compte plus à ses yeux que celui de Klytæmnestra. Ce procès, que l'on suppose être le premier qui ait jamais été jugé pour du sang répandu (πρώτας δίκας κρίνοντες αἵματος χυτοῦ — 682), se termine par un verdict d'acquittement prononcé par Athênê comme voix prépondérante entre les votes égaux des dikastes.

Alors les Euménides éclatent en expressions violentes de plaintes et de menaces, qu'Athênê cherche à apaiser de son mieux. Elles se plaignent d'avoir été vaincues et déshonorées ; elle leur dit qu'il n'en a pas été ainsi, puisque les votes étaient égaux, et qu'elle s'est prononcée en faveur d'Orestês, parce qu'il a agi sous la sanction et la garantie d'Apollon, indirectement même de Zeus, et que c'est à ces deux qu'appartenait réellement la responsabilité de l'acte. Alors elle supplie instamment les Euménides de renoncer à leur mécontentement, et d'accepter un domicile en Attique, avec les témoignages les plus signalés d'adoration et de respect de la part du peuple. Longtemps elles refusent ; à la fin elles cèdent, et consentent à devenir avec elle habitantes d'Athènes (δέξομαι Παλλάδος ξυνοικίαν, 917 —μετοικίαν δ' ἐμὴν εὖ σέβοντες, 1017). Alors Athênê les conduit, en procession solennelle, au lieu de repos qui leur est destiné (προτέραν δ' ἐμὲ χρὴ στείχειν θαλάμους ἀποδείξουσαν, 1001).

Or ce lieu de repos, toujours consacré dans la suite aux Euménides, était situé tout près de la colline appelée Aréopage, ou réellement sur cette colline (Pausan. I, 28, 6. Schol. ad Thucyd. I, 126. Ἅς (Σεμνὰς θεὰς) μετὰ τὸν Ὀρέστην οἱ Ἀθηναῖοι πλησίον τοῦ Ἀρείου πάγου ἱδρύσαντο, ἵνα πολλῆς τιμῆς τύχωσιν). Ainsi l'Aréopage leur est cédé et consacré ; et comme conséquence, la procédure contre l'homicide, comme elle était dirigée en ce lieu, doit avoir été rendue conforme à leur point de vue : la condamnation péremptoire du coupable, sans admettre d'excuse ni de justification. Athênê, dans son marché avec elles, s'engage à ce qu'elles ne souffrent jamais de nouveau d'humiliation pareille à celle qu'elles ont récemment subie par l'acquittement d'Orestês ; à ce qu'elles reçoivent les honneurs du culte dans sa plus large mesure. En retour, elles promettent d'assurer au pays d'abondantes bénédictions (940-985).

Ici donc est le résultat du drame d'Eschyle, montrant comment ces déesses finirent par être consacrées sur l'Aréopage ou tout près de la colline, et comment en conséquence leur manière d'apprécier l'homicide devint exclusivement dominante *dans cette localité*.

Il n'était pas nécessaire, pour le dessein d'Eschyle, de dire quelle mesure prit Athênê pour installer Apollon et pour s'occuper de sa manière d'apprécier l'homicide, opposée à celle des Euménides. Apollon, dans le cas d'Orestês, avait gagné la victoire, et ne

Ainsi, sous le rapport de l'homicide, les ordonnances drakoniennes réformaient en partie l'étroitesse, en partie mitigeaient la rigueur de l'ancienne procédure; et elles sont tout ce qui est venu jusqu'à nous, ayant été conservées sans altération par le respect religieux des Athéniens pour l'antiquité sur ce sujet particulier. Solôn rappela, dit-on, le reste de ses ordonnances à cause de leur intolérable sévérité. C'est ainsi sans doute qu'elles paraissaient aux Athéniens d'une époque récente, qui en étaient venus à apprécier les offenses au moyen d'une mesure différente, et même à Solôn, qui avait à calmer la colère d'un peuple souffrant et en révolte réelle.

Nous verrons bientôt, quand je raconterai les actes de Solôn, que sous cette oligarchie eupatride et cette sévère législation, le peuple de l'Attique était assez misérable. Mais l'époque de la démocratie n'avait pas encore commencé, et le gouvernement reçut son premier coup des mains d'un eupatride ambitieux qui aspirait au despotisme. Telle fut la phase (comme on l'a fait remarquer dans le chapitre précédent) que traversa, pendant le siècle que nous étudions actuellement, une partie considérable des gouvernements grecs.

Kylôn, patricien athénien, qui ajoutait à une grande position de famille la célébrité personnelle d'une victoire à Olympia, comme coureur dans le double stade, conçut le dessein de saisir l'acropolis et de se faire despote. Quelque événement spécial était-il survenu dans sa patrie qui stimulât ce projet, c'est ce que nous ignorons ; mais il obtint à la

---

demandait rien de plus. Cependant sa façon de juger et de traiter l'homicide, admettant de certaines justifications spéciales, ne doit pas être exclue complétement d'Athènes, bien qu'elle le soit de l'Aréopage. Cette difficulté est résolue par l'établissement du nouveau tribunal au Delphinion, ou temple d'Apollon Delphinios (Plutarque, Thésens, c. 12-14. K. F. Hermann, Gottesdienst. Alterthümer, Griech. 60, 3), où l'on suit la procédure d'Apollon, contradictoirement à celle des Euménides, et où l'on peut plaider l'homicide justifiable.

La légende d'Apollon et du Delphinion forme ainsi la suite et le complément de celle des Euménides et de l'Aréopage.

fois de l'encouragement et une aide précieuse de son beau-père Theagenès de Mégara, qui, grâce à la popularité dont il jouissait auprès du peuple, avait déjà renversé l'oligarchie mégarienne, et était devenu despote dans sa ville natale. Toutefois, avant de tenter un coup si hasardeux, Kylôn consulta l'oracle de Delphes, et en réponse le Dieu lui conseilla de prendre l'occasion de « la plus grande fête de Zeus » pour s'emparer de l'acropolis. De telles expressions, comme tout Grec les interprétait naturellement, désignaient les jeux Olympiques dans le Péloponèse. De plus, pour Kylôn, vainqueur lui-même aux jeux Olympiques, cette interprétation se trouvait recommandée par une propriété particulière apparente. Mais Thucydide, qui n'est point indifférent à l'honneur de l'oracle, rappelle à ses lecteurs qu'il ne fut fait aucune question, qu'il ne fut donné aucune instruction expresse, *où* l'on dût chercher, — soit en Attique, soit ailleurs — « la plus grande fête de Zeus » en question, et que la fête publique des Diasia, célébrée périodiquement et avec solennité dans le voisinage d'Athènes, était aussi appelée la « plus grande fête de Zeus Meilichios. » Probablement de tels scrupules exégétiques ne se présentèrent à personne avant l'issue malheureuse de la conspiration, et à Kylôn moins qu'à tout autre : au retour des premiers jeux Olympiques qui se célébrèrent, il se mit à la tête d'une troupe, fournie en partie par Theagenès, en partie composée de ses amis d'Athènes, et s'empara soudainement du rocher sacré de la ville. Mais cette tentative excita une indignation générale dans le peuple athénien, qui vint en foule de la campagne pour aider les archontes et les prytanes des naukrares à la réprimer. Kylôn et ses compagnons furent bloqués dans l'acropolis, où ils se trouvèrent bientôt dans l'embarras, faute d'eau et de provisions; bien que beaucoup d'Athéniens retournassent dans leurs foyers, on laissa pour le siége des forces capables de réduire les conspirateurs à la dernière extrémité. Après que Kylôn lui-même se fut échappé furtivement, et que plusieurs de ses compagnons furent morts de faim, les autres, renonçant à tout espoir de se défendre, s'assirent comme suppliants auprès de l'autel. L'archonte

Megaklès, en regagnant la citadelle, trouva ces suppliants près d'expirer de faim sur le terrain sacré, et pour prévenir une telle souillure, il les engagea à quitter la place en leur promettant la vie sauve. Cependant ils n'eurent pas plus tôt passé sur le terrain profane, que la promesse fut violée et qu'ils furent mis à mort ; quelques-uns même, qui, voyant le destin dont ils étaient menacés, s'arrangèrent pour se jeter sur l'autel des déesses Vénérables (ou Euménides) près de l'Aréopage, reçurent leurs blessures mortelles, malgré cette protection inviolable (1).

Bien que la conspiration eût été ainsi réprimée, et le gouvernement maintenu, ces incidents déplorables laissèrent derrière eux une longue suite de maux; de profonds remords religieux avec des antipathies politiques envenimées. Il resta encore, sinon un parti kylonien considérable, du moins une grande quantité de personnes qui ressentirent la manière dont les Kyloniens avaient été mis à mort, et qui devinrent en conséquence des ennemis mortels de Megaklès l'archonte, et de la grande famille des Alkmæônides, à laquelle il appartenait. Non-seulement on déclara frappés de malédiction Megaklès et ceux qui l'avaient aidé personnellement, mais on supposa que sa tache avait été transmise à ses descendants, et nous trouvons ci-après la blessure rouverte, non-seulement à la seconde et à la troisième génération, mais encore deux siècles après l'événement primitif (2). Quand nous voyons que cet acte avait laissé une impression si vive, même après le long laps de temps qui s'était écoulé, nous pouvons bien penser qu'il suffisait, immédiatement après, pour troubler complétement la tranquillité de l'État. Les Alkmæônides et leurs partisans défièrent longtemps leurs adversaires, en résistant à tout jugement public. Les dissensions continuèrent sans qu'on espérât qu'elles cesseraient, jusqu'à ce que Solôn, qui jouissait alors d'une haute réputa-

---

(1) Le récit est donné dans Thucydide, I, 126; Hérod. V, 71; Plutarque, Solôn, XII.

(2) Aristoph. Equit. 445, et les Scholies; Hérod. V, 70.

tion de sagacité et de patriotisme, aussi bien que de bravoure, leur persuada de soumettre la question à un examen judiciaire, à un moment si éloigné de l'événement, que plusieurs des acteurs étaient morts. En conséquence, ils furent jugés par une cour spéciale de trois cents eupatrides, Myrôn du dème Phlyeis étant leur accusateur. En se défendant contre l'accusation d'avoir manqué au respect dû aux dieux et au droit consacré de l'asile, ils alléguèrent que les suppliants kyloniens, quand on les eut décidés à quitter le terrain sacré, avaient attaché une corde autour de la statue de la déesse et s'y étaient cramponnés pour assurer leur marche; mais qu'en approchant de l'autel des Euménides, la corde s'était cassée accidentellement, — et cet événement critique (tel était l'argument des accusés) prouvait que la déesse elle-même avait retiré d'eux sa main protectrice et les avait abandonnés à leur sort (1). Leur argument, remarquable comme servant à expliquer les sentiments du temps, ne fut pas cependant accepté comme excuse. On les trouva coupables, et tandis que ceux d'entre eux qui vivaient se retiraient en exil, ceux qui étaient déjà morts furent déterrés et jetés hors des frontières. Cependant leur exil, qui ne dura que pendant un certain temps, ne fut pas regardé comme suffisant pour expier l'impiété qui leur avait valu une condamnation. Les Alkmæônides, une des plus puissantes familles de l'Attique, continuèrent longtemps d'être considérés comme une race souillée (2), et dans des cas de calamité publique cette famille était exposée à être mise à part comme

---

(1) Plutarque, Solôn, c. 12. Si l'histoire de la rupture de la corde avait été vraie, Thucydide n'aurait guère manqué de la mentionner; mais il n'y a pas lieu de douter que ce fût la défense réelle présentée par les Alkmæônides. Quand Ephesos fut assiégée par Crésus, les habitants cherchèrent une protection pour leur ville en la dédiant à Artemis : ils menèrent une corde depuis les murs de la ville jusqu'à l'autel de la déesse, qui était situé en dehors des murs (Hérod. I, 26). Le despote samien Polykratês, quand il consacra à Apollon Dêlien l'île voisine de Rhêneia, la rattacha à l'île de Dêlos au moyen d'une chaîne (Thucyd. III, 104).

Ces analogies expliquent l'effet puissant d'une continuité visible ou matérielle sur l'imagination grecque.

(2) Hérodote, I, 61.

ayant par son sacrilége attiré sur ses concitoyens le châtiment des dieux (1).

Le bannissement des parties coupables ne se trouva pas suffisant pour rétablir la tranquillité. Non-seulement il régna des désordres pestilentiels, mais la sensibilité et les appréhensions religieuses de la communauté athénienne restèrent aussi excitées d'une façon déplorable. Les citoyens étaient accablés de chagrin et de désespoir, ils voyaient des fantômes et entendaient des menaces surnaturelles, et ils sentaient la malédiction des dieux peser sur eux sans diminution (2). Il paraît que ce fut particulièrement l'esprit des femmes (dont les mouvements religieux, aux yeux des anciens législateurs, demandaient un contrôle vigilant) qui fut ainsi troublé et porté à la frénésie. Les sacrifices offerts à Athènes ne réussirent pas à dissiper l'épidémie; et les prophètes, bien qu'ils reconnussent que des purifications spéciales étaient nécessaires, ne purent pas non plus découvrir chez eux quelles étaient les nouvelles cérémonies capables d'apaiser la colère divine. L'oracle Delphien les engagea à faire venir du dehors une influence spirituelle plus élevée, et ce conseil procura à Athènes la mémorable visite du prophète krètois, le sage Epimenidès.

Le siècle qui s'écoule entre 620 et 500 avant J.-C. semble avoir été remarquable par la première diffusion et l'influence puissante de confréries religieuses distinctes, de rites mystiques et de cérémonies expiatoires, qu'on ne trouve pas reconnus dans l'épopée homérique (ainsi que je l'ai fait remarquer dans un précédent chapitre). A cette époque appartiennent Thalètas, Aristeas, Abaris, Pythagoras, Onomacritos et la plus ancienne influence de la secte orphique que l'on puisse trouver (3). Dans la classe d'hommes mentionnée ici, Epimenidès, natif de Phæstos ou de Knôssos en Krète, était

---

(1) V. Thucydide, V, 16, et son langage relativement à Pleistoanax de Sparte.

(2) Plutarque, Solôn, c. 12. Καὶ φόβοι τινὲς ἐκ δεισιδαιμονίας ἅμα καὶ φάσματα κατεῖχε τὴν πόλιν, etc.

(3) Lobeck, Aglaophamus, II, p. 313; Hoeckh, Krêta, III, p. 252.

un des plus célèbres (1), et l'antique connexion légendaire existant entre Athènes et la Krête, qui se montre dans les contes de Thêseus et de Minôs, est encore manifestée ici dans le recours que les Athéniens eurent à cette île en lui demandant l'appui spirituel dont ils avaient besoin. Epimenidês semble avoir été rattaché au culte de Zeus Krêtois, dans la faveur duquel il était placé si haut qu'il reçut la dénomination du nouveau Kurête (2) (les Kurêtes ayant été les premiers les ministres et les organisateurs de ce culte). Il était, disait-on, le fils de la nymphe Baltê; les nymphes lui fournissaient constamment de la nourriture, puisqu'on ne le voyait jamais manger; dans sa jeunesse, il s'était endormi dans une caverne, et était resté dans cet état sans interruption pendant cinquante-sept ans; cependant quelques-uns assuraient qu'il avait erré tout ce temps sur les montagnes, recueillant et étudiant les plantes médicinales avec la vocation d'un iatromantis, ou médecin et prophète combinés. Ces récits montrent l'idée que l'antiquité se faisait d'Epimenidês le purificateur (3), qui alors fut appelé pour guérir à la fois l'épidémie et la maladie morale régnant dans le peuple athénien, de la même manière que son compatriote et son contemporain Thalêtas avait été, quelques années auparavant, engagé à venir à Sparte pour apaiser une peste par l'influence de sa musique et de ses hymnes religieux (4). La faveur dont

---

(1) Les renseignements relatifs à Epimenidês sont réunis et discutés dans le traité de Heinrich, Epimenides aus Kreta, Leipzig, 1801.
(2) Diog. Laërt. I, 114, 115.
(3) Plutarque, Solôn, c. 12; Diogen. Laërt. I, 109-115; Pline, H. N. VII, 52. Θεοφιλὴς καὶ σοφὸς περὶ τὰ θεῖα τὴν ἐνθουσιαστικὴν καὶ τελεστικὴν σοφίαν, etc. Maxime de Tyr, XXXVIII, 3. Δεινὸς τὰ θεῖα, οὐ μαθὼν ἀλλ' ὕπνον αὐτῷ διηγεῖτο μακρὸν καὶ ὄνειρον διδάσκαλον.
Ἰατρόμαντις, Æschyl. Supplic. 277; Καθαρτὴς, Jamblique, Vita Pythagor. c. 28.

Plutarque (Sept. Sapient. Conviv. p. 157) regarde Epimenidês simplement comme ayant vécu conformément aux préceptes de la vie orphique, ou régime végétal : c'est à cette circonstance, je suppose, qu'il faut croire que Platon (Leg. III, p. 677) s'en réfère, bien que ce ne soit pas très-clair. V. le fragment de la pièce perdue d'Euripide, Krêtes, p. 98, éd. Dindorf.
Karmanor de Tarrha en Krête avait purifié Apollon lui-même pour le meurtre de Python (Pausan. II, 30, 3).
(4) Plutarque, De Musicâ, p. 1134-1146; Pausanias, I, 14, 3.

Epimenidès jouissait auprès des dieux, la connaissance qu'il avait de cérémonies propitiatoires, et sa puissance d'action sur le sentiment religieux, eurent un plein succès en rendant à Athènes et la santé et la tranquillité morale. Il mena, dit-on, quelques brebis blanches et noires sur l'Aréopage, ordonnant à ceux qui l'accompagnaient de les suivre et de les surveiller, et d'élever de nouveaux autels aux divinités locales appropriées sur les lieux où ces animaux se coucheraient (1). Il fonda de nouvelles chapelles et établit diverses cérémonies lustrales; et il s'appliqua plus spécialement à régler le culte rendu par les femmes, de manière à calmer les mouvements violents qui les avaient agitées auparavant. Nous savons à peine quelque chose quant aux détails de sa manière d'opérer; mais le fait général de sa visite et les effets salutaires qu'elle produisit en dissipant le désespoir religieux qui accablait les Athéniens sont bien attestés. Des assurances consolantes et de nouveaux préceptes concernant les rites, tombant des lèvres d'un personnage qu'on supposait haut placé dans la faveur de Zeus, étaient le remède que demandait ce déplorable désordre. De plus, Epimenidès eut la prudence de s'associer Solôn, et tandis qu'il obtint sans doute ainsi plus d'un précieux avis, il l'aida indirectement en exaltant la réputation de Solôn lui-même, dont la carrière de réforme constitutionnelle approchait alors rapidement.

---

(1) Cicéron (Leg. II, 11) assure qu'Epimenidês ordonna qu'un temple fût élevé à Athènes à Ὕβρις et à Ἀναιδεία (Violence et Impudence) : Clément disait qu'il avait élevé des *autels* aux deux mêmes déesses (Protrepticon, p. 22) : Théophraste avançait qu'il existait des *autels* à Athènes (sans mentionner Epimenidês) en l'honneur de ces mêmes divinités (ap. Zenobium, Proverb. Cent. IV, 36). Ister parle d'un ἱερὸν Ἀναιδείας à Athènes (Istri Fragm. éd. Siebelis, p. 62). Je doute que cette histoire ait d'autre fondement que le fait avancé par Pausanias, à savoir que les pierres qui furent placées devant le tribunal de l'Aréopage, et où devaient se placer l'accusateur et l'accusé, étaient appelées ainsi — Ὕβρεως, celle de l'accusé; Ἀναιδείας, celle de l'accusateur (I, 28, 5). La confusion entre pierres et autels n'est pas difficile à comprendre. L'autre récit donné par Neanthês de Kyzikos relativement à Epimenidês, qui, selon lui, avait offert en sacrifice deux jeunes gens comme victimes humaines, était nettement déclarée fausse par Polémon, et il se lit complétement comme un roman (Athénée, XIII, p. 602).

Il resta assez longtemps à Athènes pour rétablir complétement un ton plus doux de sentiment religieux, et ensuite il partit, emportant avec lui la reconnaissance et l'admiration universelles, mais refusant toute autre récompense, excepté une branche de l'olivier sacré de l'acropolis (1). Sa vie se prolongea, dit-on, jusqu'au terme inaccoutumé de cent cinquante-quatre ans, suivant une assertion qui avait cours à l'époque de son contemporain plus jeune Xenophanês de Kolophon (2). Les Krêtois même osèrent affirmer qu'il vécut trois cents ans. Ils le vantaient non-seulement comme un sage et un purificateur spirituel, mais encore comme un poëte, en lui attribuant de très-longues compositions sur des sujets religieux et mythiques; selon quelques récits, ils l'adoraient même comme un dieu. Platon et Cicéron considéraient Epimenidês sous le même jour sous lequel le voyaient ses contemporains, comme un prophète inspiré par les dieux, et prédisant l'avenir dans ses accès d'extase temporaire. Mais, suivant Aristote, Epimenidês lui-même déclarait n'avoir point reçu des dieux de don plus élevé que celui de deviner les phénomènes inconnus du passé (3).

La mission religieuse d'Epimenidês à Athènes, et son influence efficace aussi bien que curative sur l'esprit public, méritent d'être signalées comme signe caractéristique de l'époque où elles agirent (4). Si nous nous transportons deux siècles en avant jusqu'à la guerre du Péloponèse, temps où des influences raisonnables et des habitudes positives de pensée avaient acquis un empire durable sur les esprits supérieurs, et où des discussions pratiques sur des sujets politi-

---

(1) Plutarque, Præcept. Reipublic. Gerend. c. 27, p. 820.

(2) Diogen. Laërt. l. c.

(3) Platon, Leg. I, p. 642; Cicéron, De Divinat. I, 18; Aristote, Rhet. III, 17.
Platon place Epimenidês dix ans avant l'invasion de la Grèce par les Perses, tandis que sa date réelle est environ 600 avant J.-C., exemple remarquable de négligence quant à la chronologie.

(4) Relativement au caractère de cette époque, voir le second chapitre du traité de Heinrich, auquel il est fait allusion plus haut, Kreta und Griechenland in Hinsicht auf Wunderglauben.

ques et judiciaires étaient familières à tout citoyen athénien, une telle souffrance religieuse et insurmontable n'aurait pas facilement dominé le public entier; tandis que, si cela s'était présenté, aucun homme vivant ne se serait attiré la vénération universelle au point de pouvoir effectuer une cure. Platon (1), admettant l'influence curative réelle des rites et des cérémonies, croyait entièrement à Epimenidês comme à un prophète inspiré dans le passé; mais à l'égard de ceux qui avaient des prétentions à un pouvoir surnaturel de son propre temps, il n'avait pas une foi si facile. Lui, aussi bien qu'Euripide et Théophraste, traitait avec indifférence, et même avec mépris, les Orpheotelestæ des temps plus récents, qui s'annonçaient comme possédant la même connaissance reconnue des rites des cérémonies, et les mêmes moyens de guider la volonté des dieux, dont Epimenidês avait fait usage avant eux. Ces Orpheotelestæ comptaient incontestablement un nombre considérable de personnes qui croyaient en eux, et ils spéculaient avec un grand succès, aussi bien qu'avec profit pour eux-mêmes, sur les consciences timorées des riches (2). Mais ils ne jouissaient d'aucun crédit auprès du public en général, ni auprès de ceux sur l'autorité desquels le public avait habituellement les yeux. Toutefois, quelque dégénérés qu'ils fussent, ils étaient les représentants légitimes du prophète et du purificateur de Knôssos, dont la présence avait été si utile aux Athéniens deux siècles auparavant; et le changement de leur position était dû moins à quelque cause intérieure de décadence qu'à un progrès dans la masse sur laquelle ils cherchaient à agir. Si Epimenidês lui-même était venu à Athènes à cette époque, ses visites auraient probablement été aussi peu efficaces sur tous les desseins publics que l'aurait été une répétition du stratagème de Phyê, vêtue et équipée comme la déesse Athênê, qui avait si complétement réussi du temps de Pisistrate; stratagème qu'Hérodote

---

(1) Platon, Cratyle, p. 405. Phædr. p. 244.

(2) Eurip. Hippolyt. 957; Platon, Republ. II, p. 364; Théophraste, Caract. c. 16.

même traite d'absurdité incroyable, bien qu'un siècle avant lui, et la cité d'Athènes et les dêmes de l'Attique eussent obéi, comme à un mandat divin, à l'ordre que leur donnait cette magnifique et majestueuse femme de rétablir Pisistrate (1).

---

(1) Hérodote, I, 60.

CHAPITRE IV

LOIS ET CONSTITUTION DE SOLÔN

Vie, caractère et poëmes de Solôn. — Guerre entre Athènes et Megara au sujet de Salamis. — Acquisition de Salamis par Athènes. — Les arbitres spartiates décident le débat en faveur d'Athènes. — État d'Athènes immédiatement avant la législation de Solôn.—Dissensions intestines ;—misère de la population pauvre. —Les débiteurs réduits à l'esclavage.—Loi concernant le débiteur et le créancier. Injustice et rapacité des riches. — Révolte générale et nécessité d'une réforme considérable. — Solôn nommé archonte et investi de pleins pouvoirs pour faire des lois. — Il refuse de se faire despote. — Sa Seisachthea, ou loi allégeant le sort des débiteurs pauvres. — Altération du titre de l'argent. — Popularité générale de la mesure après un mécontentement partiel. — Différentes assertions postérieures quant à la nature et à l'étendue de la Seisachtheia. — Nécessité de la mesure. — Contrats funestes auxquels la loi antérieure avait donné naissance. — La loi de Solôn résolut définitivement la question ; — aucune plainte postérieure quant aux dettes privées ; — respect pour les contrats conservé entier sous la démocratie. — Distinction faite dans une ancienne société entre le principal et l'intérêt d'un prêt ; — intérêt désapprouvé *in toto*. —Cette opinion fut conservée par les philosophes, quand elle avait cessé de prévaloir dans la communauté en général. — La Seisachtheia solonienne ne fut jamais imitée à Athènes. — Titre de l'argent honnêtement maintenu dans la suite. — Solôn est autorisé à modifier la constitution politique. — Son cens. — Quatre échelles de biens. — Les trois classes les plus riches sujettes par degrés à une taxe sur le revenu ; — comparaison des trois classes. — Mesure de droits et de priviléges politiques suivant cette échelle ; — une timocratie. — La quatrième classe ou la plus pauvre n'exerçait de pouvoirs qu'en assemblée, — choisissait les magistrats et leur demandait des comptes. — Sénat des Quatre Cents, corps probouleutique ou délibérant d'avance. — Sénat de l'Aréopage. — Ses pouvoirs agrandis. — On voit souvent une confusion faite entre les institutions de Solôn et celles qui lui sont postérieures. — Langage vague des orateurs athéniens sur ce point. — Solôn n'eut jamais en vue le changement futur ou la révision de ses propres lois. — Solôn posa le fondement de la démocratie athénienne, mais ses institutions ne sont pas démocratiques. —La réelle démocratie athénienne commence avec Kleisthenês. — Gouvernement athénien après Solôn, encore oligarchique, mais mitigé. — Les archontes continuèrent encore à être juges jusqu'à l'époque postérieure à Kleisthenês. — Changements ultérieurs dans la constitution athénienne non remarqués par les orateurs, mais compris par Aristote, et vivement sentis à Athènes pendant l'époque de Periklês. — Gentes et phratries sous la constitution de Solôn ; — état des personnes qui n'y étaient pas comprises. — Lois de Solôn. — Les lois drakoniennes sur l'homicide maintenues ; le reste abrogé. — Caractère varié des lois de Solôn : aucune apparence de classification. — Il interdit l'exportation des produits du sol hors de l'Attique, excepté celle de l'huile. — La prohibition est de peu d'effet ou n'en a aucun. — Encouragements donnés aux artisans et à l'industrie. — Pouvoir de faire des legs testamentaires — sanctionné pour la première fois par Solôn. — Lois relatives aux femmes. — Règlements relatifs aux funérailles, — à la médisance et au langage injurieux. — Récompenses décrétées aux vainqueurs des jeux sacrés. — Vol. — Censure prononcée par Solôn sur les citoyens restés neutres dans une sédition. — Nécessité, sous les gouvernements municipaux grecs, de quelque sentiment positif de la part des citoyens. — Contraste sous ce rapport entre l'époque de Solôn et la démocratie qui s'établit après lui. — La même idée suivie jusqu'au bout dans l'Ostracisme établi postérieurement. — Sentiment de Solôn à l'égard des poëmes homériques et du drame. — Difficultés que rencontre Solôn après la promulgation de ses lois. — Il se retire de l'Attique. — Il visite l'Égypte et Cypre. — Entrevue et conversation prétendues de Solôn avec Crésus à Sardes. — Leçon morale résultant du récit. — État de l'Attique après la législation solonienne. — Retour de Solôn à Athènes. — Élévation de Pisistrate. — Son mémorable stratagème pour obtenir du peuple une garde. — Pisistrate s'empare de l'acropolis, — courageuse résistance de Solôn. — Mort de Solôn, — son caractère.

Nous arrivons maintenant à une nouvelle ère dans l'histoire grecque, je veux dire le premier exemple connu d'une réforme constitutionnelle véritable et désintéressée, la première pierre de ce grand édifice qui, dans la suite, devint le type de la démocratie en Grèce. L'archontat de l'eupatride Solôn date de 594 avant J.-C., trente ans après la conspiration de Kylôn (en admettant que ce dernier événement soit placé exactement en 612 av. J.-C.).

La vie de Solôn par Plutarque et par Diogène (particulièrement la première) est la principale source de renseignements que nous ayons relativement à cet homme remarquable ; et tout en les remerciant de ce qu'ils nous ont dit, il est impossible de ne pas exprimer du désappointement de ce qu'ils ne nous en aient pas dit davantage. Car Plutarque avait certainement sous les yeux et les poëmes originaux et les lois originales de Solôn, et le peu qu'il copie des uns et des autres et qu'il nous donne forme le charme principal de sa biographie. Mais il aurait dû tirer parti de ces matériaux précieux pour arriver à un résultat plus instructif que celui qu'il a présenté. Il n'y a presque rien qui soit plus à déplorer, parmi les trésors perdus de l'esprit grec, que les poëmes de Solôn ; nous voyons en effet, par les fragments qui en restent, qu'ils contenaient des mentions des phénomènes publics et sociaux qu'il avait sous les yeux et qu'il était obligé d'étudier attentivement, mêlées à l'expression touchante de ses propres sentiments personnels dans le poste à la fois honorable et difficile auquel l'avait élevé la confiance de ses concitoyens.

Solôn, fils d'Exekestidès, était un eupatride de fortune médiocre (1), mais du sang héroïque le plus pur, appartenant à la gens ou famille des Kodrides et des Néleides, et faisant remonter son origine au dieu Poseidôn. Son père, dit-on, avait diminué son bien par sa prodigalité, ce qui força Solôn, dans sa jeunesse, à avoir recours au commerce, et dans cette occupation il visita une foule de lieux en Grèce et en Asie. Il fut ainsi mis à même d'élargir la sphère de ses observations et de se pourvoir de matériaux pour la pensée aussi bien que pour la composition. Ses talents poétiques se montrèrent de très-bonne heure, d'abord sur des sujets légers, puis sur des sujets sérieux. On se rappellera qu'il n'y avait pas à cette époque de prose grecque, et que les acquisitions, aussi bien que les effusions d'un homme intelligent, même sous la forme la plus simple, s'ajustaient non pas aux limites de la période et du point et virgule, mais à celles de l'hexamètre et du pentamètre. En réalité, les vers de Solôn n'aspirent pas à produire un effet plus élevé que celui que nous sommes accoutumés à associer à une composition en prose sérieuse, touchante, et dont le but est de donner des conseils. Les avis et les appels qu'il adressait fréquemment à ses compatriotes (2) étaient donnés dans ce mètre aisé, sans doute bien moins difficile que la prose travaillée des écrivains ou des orateurs postérieurs, tels que Thucydide, Isokrate ou Démosthène. Sa poésie et sa réputation finirent par être connues dans un grand nombre des parties de la

---

(1) Plutarque, Solôn, I ; Diogen. Laërt. III, 1 ; Aristot. Polit. IV, 9, 10.

(2) Plutarque, Solôn, V.

Grèce, de sorte qu'il fut classé avec Thalès de Milètos, Bias de Priènè, Pittakos de Mitylènè, Périandre de Corinthe, Kleobulos de Lindos, Cheilôn de Lacédæmone, formant tous ensemble la pléiade si connue dans la suite sous le nom des Sept Sages.

Le premier événement particulier qui nous montre Solôn comme politique actif est la possession de l'île de Salamis, que se disputaient alors Megara et Athènes. Megara était à cette époque en état de contester à Athènes, et elle le fit pendant quelque temps avec succès, l'occupation de cette île importante ; fait remarquable qu'il est peut-être possible d'expliquer en supposant que les habitants d'Athènes et de son voisinage soutinrent la lutte seulement avec l'aide partielle du reste de l'Attique. Quoi qu'il en soit, il paraît que les Mégariens s'étaient établis réellement à Salamis, au moment où Solôn commença sa carrière politique, et que les Athéniens avaient éprouvé tant de pertes dans la lutte, qu'ils avaient formellement défendu qu'aucun citoyen soumît jamais une proposition tendant à la reconquérir. Blessé de cette honteuse interdiction, Solôn contrefit un état d'excitation extatique, s'élança dans l'agora, et là sur la pierre habituellement occupée par le héraut officiel, il prononça à la multitude qui l'environnait un pöëme élégiaque court (1) qu'il avait composé auparavant sur le sujet de Salamis. En leur démontrant la honte qu'il y aurait à abandonner l'île, il agit si puissamment sur leurs sentiments qu'ils annulèrent la loi prohibitive : « J'aimerais mieux (s'écria-t-il) renoncer à ma ville natale et devenir citoyen de Pholegandros, que d'être encore nommé Athénien, flétri de la honte d'avoir rendu Salamis ! » Les Athéniens recommencèrent la guerre et lui en donnèrent le commandement en partie, comme on

---

(1) Plutarque, Solôn, VIII. C'était un pöëme de 100 vers, χαριέντως πάνυ πεποιημένων.

Diogène nous dit que Solôn lut les vers au peuple par l'intermédiaire du héraut, assertion qui ne manque pas moins de goût que d'exactitude, et qui détruit tout l'effet du vigoureux exorde : Αὐτὸς κῆρυξ ἦλθον ἀφ' ἱμερτῆς Σαλαμῖνος, etc.

nous le dit, à l'instigation de Pisistrate, bien que ce dernier doive avoir été, à cette époque (600-594 av. J.-C.), un tout jeune homme, ou plutôt un enfant (1).

Les récits que fait Plutarque de la manière dont on recouvra Salamis sont contradictoires aussi bien qu'apocryphes, attribuant à Solôn divers stratagèmes pour tromper les Mégariens qui l'occupaient. Par malheur, aucun d'eux n'est appuyé par une autorité. Suivant ce qui semble le plus plausible, l'oracle de Delphes lui ordonna de se rendre propices les héros locaux de l'île ; et, en conséquence, il traversa la mer pour s'y rendre de nuit, dans le dessein de sacrifier aux héros Periphêmos et Kychreus sur le rivage salaminien. Alors on leva cinq cents volontaires athéniens pour l'attaque de l'île, à la condition que, s'ils étaient vainqueurs, ils la garderaient comme propriété et avec le droit de cité (2). Ils abordèrent sans accident sur un promontoire avancé, tandis que Solôn, ayant été assez heureux pour s'emparer d'un vaisseau que les Mégariens avaient envoyé avec ordre de surveiller les opérations, y fit monter des Athéniens et fit voile tout droit vers la cité de Salamis, où les cinq cents Athéniens, qui avaient abordé, dirigèrent aussi leur marche. Les Mégariens sortirent de la ville pour repousser ces derniers, et pendant la chaleur de l'engagement, Solôn, avec son vaisseau mégarien et son équipage athénien, fit voile

---

(1) Plutarque, *l. c.;* Diogen. Laërt. I, 47. Hérodote (I, 59) et quelques auteurs lus par Plutarque attribuaient à Pisistrate une part active dans la guerre contre les Mégariens, et même dans la prise de Nisæa, le port de Megara. Or la première usurpation de Pisistrate fut en 560 avant J.-C., et il nous est difficile de croire qu'il ait pu être remarquable et renommé dans une guerre qui n'eut pas lieu moins de quarante ans auparavant.

On verra ci-après (voir la note sur l'entrevue entre Solôn et Crésus vers la fin de ce chapitre) qu'Hérodote, et peut-être d'autres auteurs aussi, croyaient que la législation de Solôn était d'une date plus récente qu'elle ne l'est réellement ; au lieu de 594 avant J.-C., ils la rapprochaient de l'usurpation de Pisistrate.

(2) Plutarque, Solôn, κυρίους εἶναι τοῦ πολιτεύματος. Le sens rigoureux de ces mots se rapporte seulement au *gouvernement* de l'île ; mais il semble impliqué d'une manière presque certaine qu'ils seraient établis comme κληροῦχοι ou propriétaires fonciers, sans que cela veuille dire nécessairement que *tous* les propriétaires préexistants seraient expulsés.

directement vers la cité. Les Mégariens, prenant ce mouvement pour le retour de leur propre équipage, laissèrent approcher le vaisseau sans résistance, et les Athéniens prirent ainsi la ville par surprise. La permission de quitter l'île ayant été donnée aux Mégariens, Solôn en prit possession au nom des Athéniens et éleva un temple à Enyalios, le dieu de la guerre, sur le cap Skiradion, près de la cité de Salamis (1).

Cependant les citoyens de Megara firent divers efforts pour recouvrer une possession si importante, de sorte qu'il s'ensuivit une guerre longue aussi bien que désastreuse pour les deux parties. Enfin, ils convinrent de remettre la dispute à l'arbitrage de Sparte, et on désigna pour la décider cinq Spartiates : Kritolaidas, Amompharetos, Hypsèchidas, Anaxilas et Kleomenês. Le verdict en faveur d'Athènes fut fondé sur une preuve qu'il est assez curieux de reproduire. Les deux parties essayèrent de démontrer que les cadavres ensevelis dans l'île l'étaient conformément à leur propre mode particulier d'enterrement, et les deux parties, dit-on, citèrent des vers du Catalogue de l'Iliade (2), s'accusant mutuellement d'erreur ou d'interpolation. Mais les Athéniens eurent l'avantage sur deux points : d'abord, il y avait des oracles de Delphes, où Salamis était mentionnée avec l'épithète d'Ionienne ; en second lieu, Philæos et Eurysakès, fils du Télamonien Ajax, le grand héros de l'île, avaient accepté le droit de cité d'Athènes, cédé Salamis aux Athéniens et transporté leur propre résidence à Braurôn et à Melitè en Attique, où le dême ou gens Philaidæ adorait encore Philæos comme son premier père éponyme. Un tel

---

(1) Plutarque, Solôn, 8, 9, 10. Daïmachos de Platée, cependant, prétendait que Solôn n'avait eu aucune part personnelle dans la guerre de Salamis (Plutarque comp. Solôn et Public. c. 4).

Polyen (I, 20) attribue à Solôn un stratagème différent; cf. Elien, V. H. VII, 19. Il est à peine nécessaire de dire que les Mégariens racontaient d'une façon totalement différente la manière dont ils avaient perdu l'île; ils l'imputaient à la trahison de quelques exilés (Pausan. I, 40, 4); cf. Justin, II, 7.

(2) Aristote, Rhet. I, 16, 3.

titre fut tenu pour suffisant, et Salamis fut adjugée par les cinq Spartiates à l'Attique (1), à laquelle elle resta toujours incorporée dans la suite jusqu'au temps de la suprématie macédonienne. Deux siècles et demi plus tard, quand l'orateur Æschine discuta le droit d'Athènes sur Amphipolis contre Philippe de Macédoine, les éléments légendaires du titre furent à la vérité produits, mais plutôt en manière de préface ou d'introduction aux motifs politiques réels (2). Mais, dans l'année 600 avant J.-C., l'autorité de la légende était établie plus profondément et avait plus d'efficacité, et elle suffit par elle-même à déterminer un verdict favorable.

Outre la conquête de Salamis, Solôn accrut sa réputation en épousant la cause du temple Delphien contre les actes d'extorsion des habitants de Kirrha, dont il sera parlé plus longuement dans un prochain chapitre; et la faveur de l'oracle servit probablement dans une certaine mesure à lui procurer cette encourageante prophétie par laquelle s'ouvrit sa carrière législative.

C'est à l'occasion de la législation de Solôn que nous obtenons une première lueur, et par malheur ce n'est qu'une lueur, qui nous fait voir l'état réel de l'Attique et de ses habitants. C'est un tableau triste et rebutant, qui nous présente réunies des discordes politiques et des souffrances particulières.

De violentes dissensions régnaient parmi les habitants de l'Attique, qui étaient séparés en trois factions, les Pedieis, ou hommes de la plaine, comprenant Athènes, Eleusis et le territoire voisin, et dans lesquels était compris le plus grand

---

(1) Plutarque, Solôn, 10; cf. Aristote, Rhet. I, 16. Alkibiadês fait remonter son γένος à Eurysakês (Plutarque, Alkibiadês, c. 1); Miltiadês prétendait descendre de Philæos (Hérod. VI, 35).

Suivant l'assertion d'Hêreas le Mégarien, ses compatriotes et les Athéniens avaient le même mode d'enterrement : les deux peuples enterraient les morts la face tournée vers l'ouest. Cette assertion ne prouve donc nullement quelque particularité dans la coutume athénienne d'ensevelir les morts.

L'Eurysakeion, ou territoire consacré au héros Eurysakês, était dans le dême de Melitê (Harpokrat. ad voc.), qui formait une partie de la cité d'Athènes.

(2) Æschine, Fals. Legat. p. 250, c. 14.

nombre des familles riches; les montagnards à l'est et au nord de l'Attique, appelés Diakrii, qui étaient en général la partie la plus pauvre ; et les Paralii dans la portion méridionale de l'Attique de la mer à la mer, dont les ressources et la position sociale étaient intermédiaires entre les deux (1). Sur quels points spéciaux roulaient ces disputes intestines, c'est ce dont nous ne sommes pas instruits distinctement. Toutefois elles ne furent pas particulières à la période qui précéda immédiatement l'archontat de Solôn. Elles avaient régné auparavant, et elles reparaissent dans la suite avant le despotisme de Pisistrate ; ce dernier se présentant comme le chef des Diakrii, et comme le champion, réel ou prétendu, de la population pauvre.

Mais du temps de Solôn ces querelles intestines furent aggravées par quelque chose qu'il était beaucoup plus difficile de combattre, une révolte générale de la population pauvre contre les riches, résultant de la misère combinée avec l'oppression. Les Thêtes, dont nous avons déjà étudié la condition dans les poëmes d'Homère et d'Hésiode, nous sont maintenant présentés comme formant le gros de la population de l'Attique, les tenanciers cultivateurs, les métayers et les petits propriétaires de la campagne. On les montre comme écrasés par les dettes et la dépendance, et jetés en nombre considérable d'un état de liberté dans l'esclavage, la grande masse d'entre eux étant (nous dit-on) endettés vis-à-vis des riches qui étaient propriétaires de la plus grande partie du sol (2). Ou bien ils avaient emprunté

---

(1) Plutarque, Solôn, c. 13. Le langage de Plutarque, quand il parle des Pediéis comme représentant la tendance oligarchique, et des Diakrii comme représentant la tendance démocratique, n'est pas tout à fait exact appliqué à l'époque de Solôn. On ne peut guère dire qu'il y eût alors des prétentions démocratiques, comme telles.

(2) Plutarque, Solôn, 13. Ἅπας μὲν γὰρ ὁ δῆμος ἦν ὑπόχρεως τῶν πλουσίων· ἢ γὰρ ἐγεώργουν ἐκείνοις ἕκτα τῶν γινομένων τελοῦντες, ἑκτημόριοι προσαγορευόμενοι καὶ θῆτες· ἢ χρέα λαμβάνοντες ἐπὶ τοῖς σώμασιν, ἀγώγιμοι τοῖς δανείζουσιν ἦσαν· οἱ μὲν αὐτοῦ δουλεύοντες, οἱ δὲ ἐπὶ τῇ ξένῃ πιπρασκόμενοι. Πολλοὶ δὲ καὶ παῖδας ἰδίους ἠναγκάζοντο πωλεῖν, καὶ τὴν πόλιν φεύγειν διὰ τὴν χαλεπότητα τῶν δανειστῶν. Οἱ δὲ πλεῖστοι καὶ ῥωμαλεώτατοι συνίσταντο καὶ παρε-

de l'argent pour leurs propres besoins, ou ils labouraient les terres des riches comme tenanciers dépendants, payant une portion stipulée du produit, et en cette qualité ils étaient grandement en retard pour leurs payements,

On vit ici les effets désastreux de l'ancienne et rigide loi concernant le débiteur et le créancier, régnant jadis en Grèce, en Italie, en Asie et dans une partie considérable du monde, combinée avec la reconnaissance de l'esclavage comme état légitime, et avec celle du droit qu'avait un homme de se vendre aussi bien que de celui qu'avait un autre homme de l'acheter. Tout débiteur hors d'état de remplir son engagement était exposé à être adjugé comme esclave à son créancier, jusqu'à ce qu'il pût trouver le moyen ou de payer sa dette ou de l'éteindre par le travail ; et ce n'était pas seulement sa propre personne, mais encore ses fils mineurs, et ses filles et ses sœurs non mariées, que la loi lui donnait le droit de vendre (1). L'homme pauvre empruntait ainsi sur la garantie de son corps (pour traduire littéralement la phrase grecque) et sur celle des personnes de sa famille. Ces contrats oppressifs avaient été exécutés d'une façon si sévère, que maint débiteur avait été obligé de passer de la liberté dans l'esclavage en Attique même ; beaucoup d'autres avaient

---

καλουν ἀλλήλους μὴ περιορᾶν, etc.

Relativement à ces Hektêmores, « tenanciers payant un sixième, » nous ne trouvons que peu ou point de renseignements : il en est un peu question dans Hesychius (v. Ἑκτήμοροι, Ἐπίμορτος) et dans Pollux, VII, 151 ; c'est d'eux que nous apprenons que ἐπίμορτος γῆ était une expression qui se rencontrait dans une des lois de Solôn. Payaient-ils un sixième au propriétaire, ou ne gardaient-ils pour eux qu'un sixième, c'est ce dont on a douté (V. Photius, v. Πελάται).

Denys d'Halic. (A. R. II, 9) compare les Thêtes en Attique aux clients romains. Il est certain qu'ils se ressemblaient sous le rapport de la dépendance de leur personne et de la propriété ; mais nous ne pouvons guère pousser la comparaison plus loin, et il n'y a non plus aucune preuve en Attique de cette sainteté d'obligation qui, dit-on, liait le patron romain à son client.

(1) C'est ainsi que les Frisons, quand ils ne pouvaient payer le tribut imposé par l'empire romain, « primo boves ipsos, mox agros, postremo corpora conjugum et liberorum, servitio tradebant » (Tacit. Annal. IV, 72). Au sujet de la vente d'enfants par des parents pour payer les taxes, dans les temps les plus avancés de l'empire romain, V. Zosime, II, 38 ; Libanius, t. II, p. 427, éd. Paris, 1627.

été vendus pour l'exportation, et quelques-uns n'avaient jusque-là conservé leur propre liberté qu'en vendant leurs enfants. En outre, un grand nombre de petites propriétés en Attique étaient hypothéquées, ce qu'indiquait (suivant la formalité usitée dans la loi attique, et continuée dans tout le cours des temps historiques) une colonne de pierre élevée sur la terre, portant inscrits le nom du prêteur et le montant du prêt. Les propriétaires de ces terres hypothéquées, si les choses prenaient une tournure défavorable, n'avaient pas d'autre perspective que celle d'un esclavage sans remède pour eux-mêmes et pour leurs familles, soit dans leur propre pays natal, où ils étaient privés de toutes ses jouissances, soit dans quelque région barbare, où l'accent attique ne venait jamais charmer leurs oreilles. Quelques-uns avaient fui le pays pour échapper à l'adjudication légale de leurs personnes, et gagnaient une misérable subsistance dans des lieux étrangers par de dégradantes occupations. Ce sort déplorable était échu aussi à plusieurs par suite de condamnations injustes et de la corruption de juges; la conduite des riches, par rapport à l'argent sacré et profane, quant aux affaires publiques aussi bien que privées, étant complétement rapace et éhontée.

Les souffrances multipliées et prolongées longtemps que subissaient les pauvres sous ce système, plongés qu'ils étaient dans un état d'abaissement qui n'était pas plus tolérable que celui de la plebs gauloise (1), et les injustices des riches investis de toute la puissance politique, sont des faits bien attestés par les poëmes de Solôn lui-même, même dans les courts fragments qui nous ont été conservés (2). Il paraît

---

(1) César, Bell. Gall. VI, 13.
(2) V. le fragment περὶ τῆς Ἀθηναίων πολιτείας, n° 2, Schneidewin :

Δήμου θ' ἡγεμόνων ἄδικος νόος, οἷσιν
[ἕτοιμος
Ὕβριος ἐκ μεγάλης ἄλγεα
[πολλὰ παθεῖν.
.... Οὔθ' ἱερῶν κτεάνων οὔτε τι
[δημοσίων

Φειδόμενοι, κλέπτουσιν ἐφ' ἁρπαγῇ
[ἄλλοθεν ἄλλος,
Οὐδὲ φυλάσσονται σεμνὰ δίκης
[θέμεθλα.
.... Ταῦτα μὲν ἐν δήμῳ στρέφεται
[κακά · τῶν δὲ πενιχρῶν
Ἰκνεῦνται πολλοὶ γαῖαν ἐς ἀλλοδαπὴν
Πραθέντες, δεσμοῖσί τ' ἀεικελίοισι
[δεθέντες.

qu'immédiatement avant le temps de son archontat, les maux s'étaient développés à un tel point, et la détermination de la masse des victimes, d'arracher pour elles-mêmes quelque moyen de soulagement, était devenue si prononcée, que l'on ne pouvait plus imposer les lois existantes. Suivant la profonde remarque d'Aristote, que les séditions sont engendrées par de grandes causes, mais sont produites par de petits incidents (1), nous pouvons imaginer que quelques événements récents s'étaient présentés comme stimulants immédiats à l'explosion des débiteurs, semblables à ceux qui prêtent un intérêt si saisissant aux premières annales romaines, comme les étincelles allumant de violents mouvements populaires pour lesquels la traînée avait été mise longtemps auparavant. Des condamnations prononcées par les archontes contre des débiteurs insolvables peuvent avoir été plus nombreuses qu'à l'ordinaire, ou les mauvais traitements dont était victime dans la condition d'esclave quelque débiteur particulier, jadis libre et respecté, peuvent avoir été mis en œuvre pour agir vivement sur les sympathies publiques, comme dans le cas du vieux centurion plébéien à Rome (2) (d'abord appauvri par les dévastations de l'ennemi, ensuite réduit à emprunter, et enfin adjugé à son créancier comme insolvable), qui réclamait la protection du peuple dans le forum, excitant les sentiments de la foule au plus haut point par les marques du fouet de l'esclavage visibles sur sa personne. Il est probable qu'il était arrivé quelques incidents pareils,

---

(1) Aristote, Polit. Γίγνονται δὲ αἱ στάσεις οὐ περὶ μικρῶν, ἀλλ' ἐκ μικρῶν.

(2) Tite-Live, II, 23 ; Dionys. Hal. A. R. VI, 26 ; cf. Tite-Live, VI, 34-36. « An placeret, fœnore circumventam plebem, potius quam sorte creditum solvat, corpus in nervum ac supplicia dare? et gregatim quotidie de foro addictos duci, et repleri vinctis nobiles domos? et ubicunque patricius habitet, ibi carcerem privatum esse? »

L'exposition de Niebuhr relative à l'ancienne loi romaine sur le débiteur et le créancier (Roem. Gesch. I, p. 602 seq.; Arnold's Roman Hist. c. 8, vol. I, p. 135) et l'explication qu'il y donne des Nexi en tant que distingués des Addicti sont inexactes, comme le démontre M. von Savigny, dans une excellente dissertation Ueber das Altroemische Schuldrecht (Abhandlungen, Berlin Academ. 1833, p. 70-73), dont on trouvera un extrait dans un appendice à la fin de ce chapitre.

bien que nous n'ayons pas d'historiens qui les racontent. De plus, on peut imaginer, non sans raison, que cette maladie morale publique que le purificateur Epimenidês avait été prié de calmer, si elle était née en partie d'une peste, avait aussi en partie sa cause dans des années de stérilité, qui devaient naturellement avoir aggravé la détresse des petits cultivateurs. Quoi qu'il en soit, l'état de choses fut rendu tel en 594 avant J.-C., par la révolte des hommes libres pauvres et des thêtes, et par la gêne des citoyens de la classe moyenne, que l'oligarchie régnante, hors d'état ou d'exiger ses dettes privées ou de maintenir son pouvoir politique, fut obligée d'invoquer la sagesse et l'intégrité bien connue de Solôn. Bien que sa vigoureuse protestation (qui sans doute le rendait agréable à la masse du peuple) contre l'iniquité du système existant eût déjà été proclamée dans ses poëmes, elle espérait encore qu'il lui servirait d'auxiliaire pour l'aider à sortir d'embarras. En conséquence, elle le choisit comme archonte de nom en même temps que Philombrotos, mais avec un pouvoir réellement dictatorial.

Il était arrivé dans plusieurs États grecs que les oligarchies régnantes, soit par suite de querelles entre leurs propres membres, soit par suite de la mauvaise condition générale du peuple sous leur gouvernement, fussent privées de cet empire sur l'esprit public qui était essentiel à leur pouvoir. Quelquefois (comme dans le cas de Pittakos de Mitylênê antérieur à l'archontat de Solôn, et souvent dans les factions des républiques italiennes au moyen âge) la collision de forces contraires avait rendu la société intolérable et poussé tous les partis à s'accorder dans le choix de quelque dictateur appelé à faire des réformes. Toutefois, ordinairement, dans les anciennes oligarchies grecques, cette crise suprême était prévenue par quelque individu ambitieux, qui profitait du mécontentement public pour renverser l'oligarchie et usurper les pouvoirs d'un despote. Et il en eût été probablement ainsi à Athènes, si l'insuccès récent de Kylôn, avec toutes ses tristes conséquences, n'avait pas agi comme motif propre à arrêter l'ambition. Il est curieux de lire dans les paroles de Solôn lui-même l'esprit avec lequel sa nomination fut expliquée par une portion considérable de la communauté, mais tout particulièrement par ses propres amis : si l'on songe qu'à cette époque reculée, aussi loin que vont nos connaissances, le gouvernement démocratique était une chose inconnue en Grèce, on verra que tous les gouvernements grecs étaient ou oligarchiques ou despotiques, la masse des hommes libres n'ayant pas encore goûté du privilége d'une constitution. Les amis de Solôn et ses adhérents furent les premiers à le presser, pendant qu'il apaisait les mécontentements régnant alors, à multiplier le nombre de ses partisans personnels, et à s'emparer du pouvoir suprême. Ils allaient même jusqu'à « le gronder, l'appelant fou, pour refuser de tirer le filet quand les poissons étaient déjà pris (1). » La masse du peuple, désespérée de son sort, l'aurait volontiers secondé dans une telle tentative ; tandis que même un grand nombre de membres de l'oligarchie auraient acquiescé à son gouvernement personnel, dans la seule crainte de quelque chose de pire s'ils lui faisaient résistance. Il est peu douteux que Solôn eût pu facilement se faire despote. Et bien que la position d'un despote grec fût toujours périlleuse, il aurait eu une plus grande facilité pour s'y maintenir que Pisistrate n'en eut après lui ; de sorte que rien autre chose que la combinaison de la prudence et de la vertu, qui marque son caractère élevé, ne le renferma dans le mandat qui lui avait été spécialement confié. A la surprise de tout le monde, au déplaisir de ses propres amis, au milieu des plaintes aussi (comme on le dit) de divers partis extrêmes et opposés de sentiment, qui lui demandaient d'adopter des mesures fatales à la paix de la société (2), il se mit honnêtement à résoudre

---

(1) V. Plutarque, Solôn, 14 ; et surtout les tetramètres trochaïques de Solôn lui-même, adressés à Phokos, Fragm. 24-26, Schneidewin : —

Οὐκ ἔφυ Σόλων βαθύφρων, οὐδὲ βου-
    [λήεις ἀνήρ,
Ἐσθλὰ γὰρ θεοῦ διδόντος, αὐτὸς οὐκ
    [ἐδέξατο.
Περιλαβὼν δ' ἄγραν, ἀγασθεὶς οὐκ
    [ἀνέσπασεν μέγα

Δίκτυον, θυμοῦ θ' ἁμαρτῇ καὶ φρενῶν
    [ἀποσφαλείς.

(2) Aristide, Περὶ τοῦ Παραθέγματος, II, p. 397 ; et Fragm. 29, Schn. des Iambes de Solôn :

.... Εἴ γὰρ ἤθελον
Ἃ τοῖς ἐναντίοισιν ἥνδανεν τότε,
Αὖθις δ' ἃ τοῖσιν ἀτέροις δρᾶσαι...
Πολλῶν ἂν ἀνδρῶν ἥδ' ἐχηρώθη πόλις.

le problème très-difficile et très-critique qui lui était soumis.

De tous les maux celui qu'il était le plus urgent de guérir était la condition de la classe pauvre des débiteurs. Ce fut à leur allégement que fut destinée la première mesure de Solôn, la mémorable Seisachtheia, ou abolition des charges. L'allégement qui en résulta fut complet et immédiat. Elle annula d'un coup tous ces contrats dans lesquels le débiteur avait emprunté sur la garantie soit de sa personne, soit de sa terre ; elle interdit tous les emprunts ou contrats futurs dans lesquels la personne du débiteur était engagée comme garantie ; elle enlevait à l'avenir au créancier tout pouvoir d'emprisonner son débiteur, ou d'en faire un esclave, ou de lui extorquer du travail, et le restreignit à un jugement légal effectif autorisant la saisie de la propriété du dernier. Elle fit disparaître des propriétés foncières en Attique toutes les nombreuses colonnes où étaient gravées les hypothèques, laissant la terre libre de toutes les créances passées. Elle délivra tous les débiteurs réellement en esclavage en vertu d'une adjudication légale antérieure, et leur rendit leurs pleins droits ; et même elle fournit le moyen (nous ignorons comment) de racheter dans des pays étrangers, et de rendre à une nouvelle vie de liberté en Attique un grand nombre d'hommes insolvables qui avaient été vendus pour l'exportation (1). Et tandis que Solôn interdisait à

---

(1) V. le précieux fragment de ses Iambes conservé par Plutarque et par Aristide, ont l'expression est rendue plus énergique par l'appel à la *Terre personnifiée*, comme ayant passé par ses mesures de l'esclavage à la liberté (cf. Platon, Leg. V, p. 740-741) :

Συμμαρτυροίη ταῦτ' ἂν ἐν δίκῃ Κρόνου
Μήτηρ, μεγίστη δαιμόνων Ὀλυμπίων,
Ἄριστα, Γῆ μέλαινα, τῆς ἐγώ ποτε
Ὅρους ἀνεῖλον πολλαχῇ πεπηγότας,
Πρόσθεν δὲ δουλεύουσα, νῦν ἐλευ-
[θέρα.

Πολλοὺς δ' Ἀθήνας, πατρίδ' εἰς θεόκ-
[τιτον,
Ἀνήγαγον πραθέντας, ἄλλον ἐκδίκως,
Ἄλλον δικαίως · τοὺς δ' ἀναγκαίης
[ὕπο
Χρησμὸν λέγοντας, γλῶσσαν οὐκέτ'
[Ἀττικὴν
Ἱέντας, ὡς ἂν πολλαχῇ πλανωμέ-
[νους ·
Τοὺς δ' ἐνθάδ' αὐτοῦ δουλίην ἀεικέα
Ἔχοντας, ἤδη δεσπότας τρομευμέ-
[νους
Ἐλευθέρους ἔθηκα.

Et Plutarque, Solôn, c. 15.

tout Athénien d'engager ou de vendre sa propre personne comme esclave, il fit un pas de plus dans la même direction en défendant d'engager ou de vendre son fils, sa fille, ou une sœur non mariée sous sa tutelle, excepté seulement dans le cas où l'une ou l'autre de ces dernières serait surprise en état d'impudicité (1). Cette dernière ordonnance était-elle contemporaine de la Seisachtheia, ou l'a-t-elle suivie comme l'une de ses réformes postérieures, c'est là un point qui semble douteux.

Par cette vaste mesure les débiteurs pauvres, les Thètes, les petits tenanciers et les propriétaires, ainsi que leurs familles, furent délivrés de la peine et du péril. Mais ils n'étaient pas les seuls débiteurs dans l'État : les créanciers et les propriétaires des Thètes exonérés étaient sans doute à leur tour débiteurs vis-à-vis d'autres, et étaient moins en état de satisfaire à leurs obligations par suite de la perte que leur faisait subir la Seisachtheia. Ce fut pour venir en aide à ces débiteurs plus fortunés, dont les personnes n'étaient pas en danger, sans toutefois les exonérer entièrement, que Solôn eut recours à un autre expédient, celui de l'abaissement du titre de l'argent. Il abaissa le titre de la drachme dans la proportion d'un peu plus de 25 pour 100, de sorte

---

(1) Plutarque, Solôn, c. 23 . cf. c. 43. L'assertion de Sextus Empiricus (Pyrrhon. Hypot. III, 24, 211), à savoir que Solôn rendit une loi permettant aux pères de tuer (φονεύειν) leurs enfants, ne peut être vraie, et doit être copiée sur quelque autorité indigne de foi ; cf. Dionys. Hal. A. R. II, 26, où Denys met en opposition la prodigieuse étendue de la *patria potestas* chez les anciens Romains avec les restrictions que tous les législateurs grecs sans distinction, Solôn, Pittakos, Charondas, ou trouvèrent ou introduisirent : il dit cependant que le père athénien était autorisé à déshériter ses enfants mâles légitimes, ce qui ne semble pas exact. Meier (Der Attische Prozess, III, 2, p. 427) rejette l'assertion de Sextus Empiricus mentionnée plus haut, et de plus prétend que l'exposition d'enfants nouveau-nés était non-seulement rare, mais réprouvée aussi bien par la loi que par l'opinion ; les preuves du contraire que présentent les comédies latines, il les considère comme des manifestations de coutumes romaines, et non athéniennes. Pour cette dernière opinion je ne pense pas qu'il soit justifié, et j'adopte ce qu'avance Schoemann (Ant. J. P. Græc. sect. 82), à savoir que l'usage et le sentiment d'Athènes, aussi bien que de la Grèce en général, laissaient à la discrétion du père la faculté de consentir à élever un enfant nouveau-né ou de s'y refuser.

que 100 drachmes au nouveau titre ne contenaient pas plus d'argent que 73 drachmes à l'ancien, ou que 100 à l'ancien étaient équivalentes à 138 au nouveau. Par ce changement, les créanciers de ces débiteurs plus aisés furent obligés de se soumettre à une perte, tandis que les débiteurs acquéraient une immunité dans la mesure d'environ 27 pour 100 (1).

Enfin Solôn décréta que tous ceux qui avaient été condamnés par les archontes à l'atimia (perte des droits civils) seraient rétablis dans leurs priviléges complets de citoyens, exceptant toutefois de cette faveur ceux qui avaient été condamnés par les Ephetæ, ou par l'Aréopage, ou par les Phylo-Basileis (les quatre rois des tribus), après un jugement dans le Prytaneion, sur des accusations soit de meurtre, soit de trahison (2). Une mesure d'amnistie si générale donne de fortes raisons pour croire que les jugements antérieurs des archontes avaient été d'une rigueur intolérable ; et l'on doit se rappeler que les ordonnances drakoniennes étaient alors en vigueur.

Telles furent les mesures d'allégement avec lesquelles Solôn fit face au mécontentement dangereux qui régnait alors. Que les hommes riches et les chefs du peuple, dont il avait lui-même sévèrement dénoncé l'insolence et l'iniquité dans ses poëmes, et dont il avait grandement dérangé les vues qu'ils avaient eues en le nommant (3), aient détesté des propositions qui leur enlevaient sans compensation plus d'un droit légal, c'est ce qu'il est aisé d'imaginer. Mais ce qui semble complétement incroyable, c'est ce qu'avance Plu-

---

(1) Plutarque, Solôn, c. 15. V. l'exposé complet de cette altération de l'argent donné dans la Métrologie de Boeckh, c. 9, p. 115.

M. Boeckh pense (c. 15, s. 2) que Solôn altéra non-seulement l'argent, mais encore les poids et les mesures. Je ne partage pas son opinion sur ce dernier point, et en rendant compte dans le Classical Museum, n° 1, de son important traité, j'ai exposé les motifs qui m'engagent à penser autrement.

(2) Plutarque, Solôn, c. 19. Dans le rétablissement général des exilés dans toutes les cités grecques, proclamé par ordre d'Alexandre le Grand, ensuite par Polysperchon, on excepte les hommes exilés pour sacrilége ou homicide (Diodore, XVII, 109 ; XVIII, 8-46).

(3) Plutarque, Solôn, c. 15. Οὐδὲ μαλακῶς, οὐδ' ὑπείκων τοῖς δυναμένοις, οὐδὲ πρὸς ἡδονὴν τῶν ἑλομένων, ἔθετο τοὺς νόμους, etc.

tarque, à savoir que les débiteurs pauvres affranchis furent aussi mécontents, parce qu'ils s'étaient attendus à ce que Solôn non-seulement leur remettrait leurs dettes, mais encore ferait un nouveau partage du sol de l'Attique ; cette assertion n'est confirmée non plus par aucun des passages restant actuellement des poëmes de Solôn (1). Plutarque s'imagine que les débiteurs pauvres avaient dans l'esprit la comparaison avec Lykurgue et l'égalité des biens à Sparte, ce qui est une fiction (ainsi que j'ai tâché de le démontrer) (2); et même cette égalité eût-elle été vraie comme fait historique passé depuis longtemps et regardé comme très-ancien, elle n'eût pas été de nature à agir sur l'esprit de la multitude de l'Attique aussi fort que le suppose le biographe. La Seisachtheia doit avoir exaspéré les sentiments et diminué la fortune de maintes personnes ; mais elle donnait au corps considérable des Thètes et des petits propriétaires tout ce qu'il leur avait été possible d'espérer. On nous dit qu'après un court intervalle elle devint éminemment agréable à l'esprit public en général, et qu'elle procura à Solôn un grand accroissement de popularité, tous les rangs s'accordant dans un « sacrifice commun » de reconnaissance et d'harmonie (3). Il y eut un seul incident qui fit pousser un grand cri d'indignation. Trois riches amis de Solôn, tous hommes de grande famille dans l'État, et ayant des noms qui reparaîtront ci-après dans cette histoire portés par leurs descendants, Konôn, Kleinias et Hipponichos, après avoir obtenu antérieurement de Solôn quelque connaissance de ses desseins, en profitèrent, d'abord pour emprunter de l'argent, et en second lieu pour acheter des terres ; et cet égoïste abus de confiance aurait déshonoré Solôn lui-même, s'il ne s'était trouvé qu'il subissait personnellement une grande perte, ayant prêté de l'argent dans la mesure de cinq talents (4).

---

(1) Plutarque, Solôn, c. 16.
(2) V. T. III, c. 6 de cette histoire.
(3) Plutarque, l. c.: Ἔθυσάν τε κοινῇ, Σεισάχθειαν τὴν θυσίαν ὀνομάζοντες, etc.

(4) Plutarque mentionne l'anecdote, mais sans spécifier le nom des amis, Reipub. Gerend. Præcep. p. 807.

Quant à la mesure de la Seisachtheia dans son ensemble, il est vrai, bien que les poëmes de Solôn fussent accessibles à tout le monde, des auteurs anciens ont avancé des opinions différentes et sur sa nature et sur son étendue. La plupart d'entre eux l'expliquaient en disant qu'elle avait annulé indistinctement tous les contrats d'argent, tandis qu'Androtion et autres pensaient qu'elle n'avait rien fait de plus que d'abaisser le taux de l'intérêt et de déprécier le cours dans la mesure de 27 pour 100, en laissant intacte la lettre des contrats. Comment Androtion parvint-il à soutenir une telle opinion, c'est ce qu'il ne nous est pas facile de comprendre : car les fragments de Solôn qui restent aujourd'hui semblent le réfuter distinctement, bien que, d'autre part, ils n'aillent pas jusqu'à prouver dans toute son étendue l'idée contraire soutenue par plus d'un écrivain, à savoir que tous les contrats d'argent furent indistinctement annulés (1) : cette idée a contre elle encore une autre raison, c'est que, s'il en avait été ainsi, Solôn n'aurait pas eu de motif pour abaisser le

---

(1) Plutarque, Solôn, c. 15. L'assertion de Denys d'Halic., quant à la portée de la Seisachtheia, est en général exacte — χρεῶν ἄφεσιν ψηφισαμένην τοῖς ἀπόροις (V. 65) — pour les débiteurs dont les personnes et les terres garantissaient les dettes, et qui étaient surtout pauvres, et non pour *tous* les débiteurs.

Heraklide de Pont (Πολιτ. c. 1) et Dion Chrysostome (Or. XXXI, p. 331) s'expriment vaguement.

Wachsmuth (Hell. Alterth. v. I, p. 259) et K. F. Hermann (Gr. Staatsalter. s. 106) citent tous deux le serment des Héliastes et sa protestation énergique contre la répudiation, comme preuve de la portée de la Seisachtheia Solonienne. Mais ce serment ne peut se rapporter qu'à une période postérieure : on ne peut le présenter comme preuve à l'appui d'aucun fait applicable à l'époque de Solôn : la mention seule du sénat des Cinq Cents qui s'y trouve, montre qu'il appartient à des temps qui suivent la révolution de Kleisthenês. Le passage de Platon (Leg. III, p. 684) ne s'applique pas non plus au cas en question.

Wachsmuth et Hermann me paraissent tous deux trop resserrer l'étendue de la mesure de Solôn par rapport à la libération des débiteurs. Mais, d'un autre côté, ils étendent l'effet de ses mesures d'une autre manière, sans aucune preuve suffisante ; ils pensent qu'il éleva les « *vilains tenanciers* » au rang de « *francs propriétaires.* » Je n'en vois aucune preuve, et cela me semble improbable. Une proportion considérable des petits débiteurs que Solôn exonéra étaient probablement des propriétaires libres auparavant : l'existence sur leur terre des ὅροι ou colonnes à hypothèques le prouve.

titre de l'argent. Cet abaissement suppose qu'il a dû y avoir *quelques* débiteurs au moins dont les contrats restaient valides, et que néanmoins il désirait aider en partie. Ses poëmes mentionnent distinctement trois choses : 1º l'enlèvement des colonnes d'hypothèques ; 2º l'affranchissement de la terre ; 3º la protection, la libération et le rétablissement des personnes de débiteurs en danger ou réduits à l'esclavage. Toutes ces expressions indiquent distinctement les Thêtes et les petits propriétaires, dont les périls et les maux étaient les plus urgents, et dont la situation réclamait un remède immédiat aussi bien que complet. Nous trouvons que son abolition des dettes fut poussée assez loin pour les exonérer, mais rien de plus.

Il semble que c'est le respect conçu pour le caractère de Solôn qui occasionna en partie ces diverses opinions erronées relativement aux ordonnances qu'il rendit en vue du soulagement des débiteurs. Androtion dans l'antiquité et quelques éminents critiques, dans les temps modernes sont jaloux de prouver qu'il procura du soulagement sans faire à personne de tort ni d'injustice. Mais cette opinion semble inadmissible. La perte qu'éprouvèrent les créanciers par l'abrogation en gros de nombreux contrats préexistants, et par la dépréciation partielle de l'argent, est un fait que l'on ne doit pas déguiser. On doit défendre la Seisachtheia de Solôn, injuste en ce qu'elle annulait des engagements antérieurs, mais hautement salutaire dans ses conséquences, en montrant qu'il n'y avait pas d'autre manière de maintenir ensemble les liens du gouvernement, ni d'alléger la misère de la multitude. Nous devons considérer d'abord la grande cruauté personnelle de ces contrats préexistants qui condamnaient à l'esclavage la personne du débiteur libre et sa famille ; en second lieu, la haine profonde créée par un pareil système dans la masse considérable des pauvres, dirigée à la fois contre les juges et les créanciers qui l'avaient imposé, haine qui rendait leurs esprits intraitables, aussitôt qu'ils se réunissaient dans le sentiment d'un commun danger et avec la détermination de s'assurer les uns aux autres une protection mutuelle. De plus, la loi qui donne à un créancier pouvoir sur la personne de son débiteur, dont il peut faire un esclave, est de nature à créer une classe de prêt qui n'inspire que de l'horreur — argent prêté avec la certitude que l'emprunteur ne sera pas en état de le rendre, mais aussi dans la conviction que la valeur de sa personne comme esclave compensera la perte ; le réduisant ainsi à un état de misère extrême, dans le dessein quelquefois d'agrandir, quelquefois d'enrichir le prêteur. Or la base sur laquelle repose le respect pour les contrats, avec une bonne loi concernant les débiteurs et les créanciers, est tout le contraire de cela. Il repose sur la ferme conviction que de tels contrats sont avantageux aux deux parties comme classe, et que détruire la confiance essentielle à leur existence produirait un vaste mal dans toute la société. L'homme qui a maintenant le respect le plus profond pour l'obligation d'un contrat aurait nourri un sentiment bien différent, s'il avait été témoin des relations entre le prêteur et l'emprunteur sous l'ancienne loi avant Solôn. L'oligarchie avait tout fait pour imposer cette loi concernant le débiteur et le créancier avec sa désastreuse série de contrats ; et la seule raison qui lui fit consentir à invoquer l'aide de Solôn, c'est qu'elle avait perdu le pouvoir de l'imposer plus longtemps par suite du courage nouvellement réveillé dans le peuple et de sa coalition. Ce que les oligarques ne pouvaient faire pour eux-mêmes, Solôn n'aurait pu le faire pour eux, même s'il l'eût voulu. Il n'avait pas non plus le moyen dans sa position soit d'exempter des taxes, soit de dédommager ces créanciers, qui, pris séparément, ne méritaient aucun reproche ; en effet, en examinant sa manière d'agir, nous voyons clairement qu'il cherchait une compensation légitime, non pour les créanciers, mais pour les maux passés des débiteurs réduits à l'esclavage, puisqu'il racheta plusieurs d'entre eux de la captivité à l'étranger et les rendit à leurs foyers. Il est certain qu'aucune mesure, simplement et exclusivement de prévoyance, n'aurait suffi pour la circonstance. Il y avait une absolue nécessité de rejeter toute cette classe de droits préexistants qui avaient produit une fièvre sociale si violente. Si donc, dans cette mesure, nous ne pouvons absoudre la Seisachtheia d'injustice, nous pouvons affirmer avec confiance que l'injustice infligée était un prix indispensable payé pour le maintien de la paix dans la communauté et pour l'abrogation définitive d'un système désastreux en ce qui concernait les insolvables (1). Et le sentiment aussi bien que la législation universelle dans le monde européen moderne, en interdisant à l'avance tout contrat ayant pour but de vendre la personne d'un homme ou celle de ses enfants pour en faire des esclaves, va jusqu'à sanctionner en pratique la mesure de Solôn.

Il est une chose qu'on ne doit jamais oublier au sujet de cette mesure, combinée avec les amendements concourants introduits par Solôn dans la loi; c'est qu'elle résolut définitivement la question à laquelle elle s'appliquait. Jamais depuis nous n'entendons dire que la loi concernant le débiteur et le créancier ait troublé la tranquillité d'Athènes. Le sentiment général qui grandit à Athènes, sous la loi de Solôn concernant l'argent et sous le gouvernement démocratique, fut un sentiment de haut respect pour la sainteté des contrats. Non-seulement on ne demanda jamais dans la démocratie athénienne une nouvelle table ou une dépréciation du titre de l'argent, mais on inséra une renonciation formelle à de pareils projets dans le serment solennel prêté annuellement par les nombreux Dikastes, qui formaient le corps judiciaire populaire appelé Hêliæa ou les jurés Hêliastiques; — le même serment qui les obligeait à soutenir la constitution démocratique les obligeait aussi à repousser

---

(1) Ce que fit Solôn pour le peuple athénien par rapport aux dettes est moins que ce qui fut *promis* à la plebs romaine (à l'époque de sa retraite sur le mont Sacré en 491 avant J.-C.) par Menenius Agrippa, l'envoyé du sénat, pour l'apaiser, bien qu'il ne semble pas que la promesse ait jamais été *réalisée*. (Dionys. Hal. VI, 83.) Il promettait une abolition de toutes les dettes pour les débiteurs hors d'état de payer sans exception — s'il faut ajouter foi au langage de Denys, ce que probablement l'on ne peut faire.

Le Dr Thirlwall fait observer avec justesse relativement à Solôn : « Il doit être considéré comme un arbitre auquel toutes les parties intéressées soumettaient leurs droits, avec l'intention avouée qu'il décidât, non sur le pied du droit légal, mais selon ses propres vues quant à l'intérêt public. Ce fut sous ce jour qu'il regarda lui-même sa charge, et il paraît qu'il s'en acquitta avec fidélité et discrétion. » (History of Greece, c. 11, vol. II, p. 42.)

toute proposition faite en vue soit d'une abolition des dettes, soit d'un nouveau partage des terres (1). On ne peut guère douter que sous la loi de Solôn, qui autorisait le créancier à saisir la propriété de son débiteur, sans lui donner aucun pouvoir sur sa personne, le système des prêts d'argent n'ait pris un caractère avantageux. Les contrats anciens et funestes, véritables pièges tendus à la liberté d'un homme libre pauvre et à celle de ses enfants, disparurent et furent remplacés par des prêts d'argent, reposant sur la propriété et le gain futur du débiteur, prêts qui furent en général utiles aux deux parties, et conservèrent en conséquence leur place dans le sentiment moral du public. Et bien que Solôn se soit trouvé forcé d'annuler toutes les hypothèques foncières existant de son temps, nous voyons l'argent librement prêté sur la même garantie durant tous les temps historiques d'Athènes, et les colonnes avec leurs inscriptions

---

(1) Démosth. cont. Timocrat. p. 746. Οὐδὲ τῶν χρεῶν τῶν ἰδίων ἀποκοπὰς, οὐδὲ γῆς ἀναδασμὸν τῆς Ἀθηναίων, οὐδ' οἰκιῶν (ψηφιοῦμαι); cf. Dion Chrysostome, Orat. XXXI, p. 332, qui insiste aussi sur l'ardent désir qu'avaient diverses cités grecques d'attacher une malédiction à toute proposition tendant à χρεῶν ἀποκοπή et γῆς ἀναδασμός. Ce qui n'est pas moins remarquable, c'est que Dion ne semble connaître aucun cas bien prouvé dans l'histoire grecque où un nouveau partage de terre ait été jamais effectué réellement — ὃ μηδ' ὅλως ἴσμεν εἰ ποτε συνέβη, (l. c.).

Pour la loi concernant le débiteur et le créancier telle qu'elle était à l'époque des Orateurs à Athènes, V. Heraldus, Animadv. ad Salmasium, p. 174-286 : Meier und Schoemann, Der Attische Prozess, b. III, c. 2, p. 497 seq. (bien que je doute de la distinction qu'ils y font entre χρέος et δάνειον); Platner, Prozess und Klagen, b. II, absch. 11, p. 349, 361.

Il y avait un seul cas exceptionnel, dans lequel l'ancienne loi attique conservait toujours au créancier ce pouvoir sur la personne de son débiteur insolvable qu'avaient possédé tous les créanciers dans l'origine; c'était quand le créancier avait prêté de l'argent dans le dessein exprès de racheter le débiteur de la captivité (Demosth. cont. Nikostr. p. 1249) — analogue à l'Actio Depensi dans l'ancienne loi romaine.

Tout citoyen qui devait de l'argent au trésor public, et dont la dette était en retard, était privé de tous droits civils jusqu'à ce qu'il se fût complètement acquitté.

Diodore (I, 79) nous donne une loi supposée du roi égyptien Bocchoris dégageant la personne des débiteurs et rendant leurs propriétés seules responsables, ce qui, assure-t-on, avait servi d'exemple à Solôn. Si nous pouvons ajouter foi à cet historien, des législateurs dans d'autres parties de la Grèce maintenaient encore l'ancienne loi sévère qui réduisait en esclavage la personne du débiteur : cf. un passage dans Isokrate (Orat. XIV, Plataicus, p. 305; p. 414 Bek.).

hypothécaires rester toujours après sans être dérangées.

Dans le sentiment d'une ancienne société, comme dans la vieille loi romaine, une distinction est faite communément entre le principal et l'intérêt d'un prêt, bien que les créanciers aient cherché à les confondre d'une manière indissoluble. Si l'emprunteur ne peut remplir la promesse qu'il a faite de rendre le principal, le public le jugera coupable d'un tort qu'il doit payer de sa personne. Mais il n'y a pas la même unanimité quant à sa promesse de servir l'intérêt : au contraire, bien des gens considéreront l'acte même d'exiger l'intérêt sous le même jour sous lequel la loi anglaise regarde l'intérêt usuraire, comme souillant toute la transaction. Mais dans l'esprit moderne le principal et l'intérêt à un taux limité se sont tellement confondus, que nous avons peine à croire comment on a jamais pu déclarer indigne d'un honorable citoyen de prêter de l'argent à intérêt. Cependant telle est l'opinion d'Aristote et d'autres hommes supérieurs de l'antiquité; tandis qu'à Rome, Caton le Censeur alla jusqu'à dénoncer l'usage comme un crime odieux (1). Ils le rangeaient parmi les plus mauvais tours du commerce, et ils prétendaient que tout commerce ou que tout profit résultant d'un échange était contre nature comme étant fait par un homme aux dépens d'un autre : on ne pouvait donc applaudir à de telles occupations, bien qu'on pût les tolérer dans une certaine mesure comme chose nécessaire, mais elles appartenaient essentiellement à un ordre inférieur de citoyens (2). Ce qui est remarquable en Grèce, c'est que l'an-

---

(1) Aristote, Polit. I, 4, 23; Caton ap. Cicero. de Offic. II, 25. Platon, dans son traité de Leg. (V. p. 742) interdit tout prêt à intérêt : dans le fait, il défend à tout citoyen, simple particulier, de posséder soit de l'or, soit de l'argent.

Pour faire comprendre la différence marquée faite dans l'ancienne loi romaine, entre le droit au principal et le droit à l'intérêt, j'insère en appendice à la fin de ce chapitre l'explication donnée par M. von Savigny, du traitement des Nexi et des Addicti, rattaché comme il l'est par analogie à la Seisachtheia solonienne.

(2) Aristote, Polit. I, 4, 23. Τῆς δὲ μεταβλητικῆς ψεγομένης δικαίως (οὐ γὰρ κατὰ φύσιν, ἀλλ' ἀπ' ἀλλήλων ἔστιν), εὐλογώτατα μισεῖται ἡ ὀβολοστατική, etc. Cf. Ethic. Nikom. IV, 1.

Plutarque emprunte d'Aristote le jeu

tipathie qu'avait un très-ancien état de société contre les commerçants et les prêteurs d'argent dura plus longtemps parmi les philosophes que dans la masse du peuple ; elle s'accordait plus avec « l'idéal » social des premiers qu'avec les instincts pratiques du second.

Dans un état grossier tel que celui des anciens Germains dépeint par Tacite, les prêts à intérêt sont inconnus. Habituellement peu soucieux de l'avenir, les Germains se plaisaient et à donner et à recevoir des présents, mais sans nulle idée d'imposer ou de contracter par là une obligation (1). Pour un peuple dans cet état de sentiment, un prêt à intérêt présente l'idée répugnante de profiter de la détresse de l'emprunteur. De plus, il est à remarquer que les premiers emprunteurs doivent avoir été dans le plus grand nombre des cas des hommes poussés à cette nécessité par le poids du besoin, et contractant une dette comme une ressource désespérée, sans aucune perspective probable de pouvoir s'acquitter ; dette et famine marchent ensemble dans l'esprit du poëte Hésiode (2). Dans cette situation malheu-

---

de mots qui dérive du terme τόκος (l'expression grecque pour dire intérêt) qui a donné naissance au mot bien connu d'Aristote, que l'argent étant naturellement *stérile*, en tirer *des petits* doit être nécessairement *contraire à la nature* (V. Plutarque, De Vit. Ær. Al. p. 829).

(1) Tacite, Germ. 26. « Fœnus agitare et in usuras extendere, ignotum; ideoque magis servatur quam si vetitum esset, » (c. 21) « Gaudent muneribus : sed nec data imputant, nec acceptis obligantur. »

(2) Hésiode, Opp. Di. 647, 404. Βούληαι χρέα τε προφυγεῖν, καὶ λιμὸν ἀτερπῆ. On peut trouver quelques bonnes observations sur ce sujet dans l'excellent traité de M. Turgot, écrit en 1763, « Mémoire sur les prêts d'argent » :

« Les causes qui avaient autrefois rendu odieux le prêt à intérêt ont cessé d'agir avec tant de force... De toutes ces circonstances réunies, il est résulté que les emprunts faits par le pauvre pour subsister ne sont plus qu'un objet à peine sensible dans la somme totale d'emprunts : que la plus grande partie des prêts se font à l'homme riche, ou du moins à l'homme industrieux, qui espère se procurer de grands profits par l'emploi de l'argent qu'il emprunte... Les prêteurs sur gage à gros intérêt, les seuls qui prêtent véritablement au pauvre pour ses besoins journaliers et non pour le mettre en état de gagner, ne font point le même mal que les anciens usuriers qui conduisaient par degrés à la misère et à l'esclavage les pauvres citoyens auxquels ils avaient procuré des secours funestes... Le créancier qui pouvait réduire son débiteur en esclavage y trouvait un profit : c'était un esclave qu'il acquérait : mais

reuse, l'emprunteur est plutôt un homme dans la détresse implorant aide, qu'un homme solvable en état de faire et d'exécuter un contrat. S'il ne peut, avec le premier caractère, trouver un ami qui lui fasse un libre don, il n'obtiendra, avec le second, de prêt d'un étranger qu'avec la promesse d'un intérêt exorbitant (1), et le droit éventuel le

---

aujourd'hui le créancier sait qu'en privant son débiteur de la liberté, il n'y gagnera autre chose que d'être obligé de le nourrir en prison : aussi ne s'avise-t-on pas de faire contracter à un homme qui n'a rien, et qui est réduit à emprunter pour vivre, des engagements qui emportent la contrainte par corps. La seule sûreté vraiment solide contre le pauvre est le gage; et l'homme pauvre s'estime heureux de trouver un secours pour le moment, sans autre danger que de perdre ce gage. Aussi le peuple a-t-il plutôt de la reconnaissance pour ces petits usuriers qui le secourent dans son besoin, quoiqu'ils lui vendent assez cher ce secours. » (Mémoire sur les prêts d'argent, dans la collection des Œuvres de Turgot, par Dupont de Nemours, vol. V, sect. 30, 31, p. 326, 327, 329.)

(1) « Dans le Bengale (fait observer Adam Smith, Wealth of Nations, b. I, c. 9, p. 143, ed. 1812) l'argent est souvent prêté aux fermiers à 40, 50 et 60 pour 100, et la récolte suivante est hypothéquée pour le payement. »
Relativement à ce commerce à Florence, dans le moyen âge, M. Depping fait les remarques suivantes : « Il semblait que l'esprit commercial fût inné chez les Florentins : déjà au douzième et au treizième siècles, on les voit tenir des banques et prêter de l'argent aux princes. Ils ouvrirent partout des maisons de prêt, marchèrent de pair avec les Lombards, et, il faut le dire, ils furent souvent maudits, comme ceux-ci, par leurs débiteurs, à cause de leur rapacité. 20 pour 100 par an était le taux ordinaire des prêteurs florentins, et il n'était pas rare qu'ils en prissent 30 et 40. » Depping, Histoire du Commerce entre le Levant et l'Europe, vol. I, p. 235.

Boeckh (Public Economy of Athens, b. I, c. 22) donne de 12 à 18 pour 100 par an comme le taux commun de l'intérêt à Athènes du temps des orateurs.

La précieuse inscription de Boeckh (n° 1845 dans son Corpus Inscr. pars VIII, p. 23, sect. 3) prouve qu'à Korkyra un taux de 2 pour 100 par mois, ou 24 pour 100 par an, pouvait être obtenu d'emprunteurs parfaitement solvables et responsables. En effet, c'est un décret du gouvernement korkyræen, prescrivant ce qui sera fait avec une somme d'argent donnée à l'État pour les Dionysiaques, confiant cet argent aux soins de certains hommes distingués par leur caractère et leur fortune, et leur ordonnant de le prêter exactement à 2 pour 100 par mois, *ni plus ni moins*, jusqu'à ce qu'une somme donnée fût accumulée. Cette inscription date environ du troisième ou du deuxième siècle avant J.-C., selon la conjecture de Boeckh.

L'inscription orchoménienne, n° 1569, à laquelle s'en réfère Boeckh dans le passage mentionné plus haut, est malheureusement défectueuse dans les mots qui déterminent le taux de l'intérêt payable à Eubulus; mais il y en a une autre, l'inscription théræenne (n° 2446), contenant le testament d'Epiktêta, où la somme annuelle, payable à la place d'une somme principale léguée, est calculée à 7 pour 100 par an;

plus complet sur sa personne qu'il soit en position d'accorder. Avec le temps il s'élève une nouvelle classe d'emprunteurs, qui demandent de l'argent pour une convenance ou un profit temporaire, mais avec l'entier espoir du remboursement, relation entre prêteur et emprunteur tout à fait différente de celle des temps anciens, où elle se présentait sous la forme rebutante de la misère d'un côté, opposée à la perspective d'un profit très-considérable de l'autre. Si les Germains du temps de Tacite considéraient la condition des débiteurs pauvres en Gaule, réduits à la servitude sous un riche créancier, et grossissant par centaine la foule de ses serviteurs, ils ne devaient pas être disposés à regretter leur propre ignorance de l'usage de prêter de l'argent (1). L'an-

---

taux que Boeckh regarde avec raison comme modéré, considéré par rapport à l'ancienne Grèce.

(1) César, B. G. I, 4, relativement aux chefs et au peuple gaulois : « Die constitutâ causæ dictionis, Orgetorix ad judicium omnem suam familiam, ad hominum millia decem, undique coegit : et omnes clientes, obæratosque suos, quorum magnum numerum habebat, eodem conduxit ; per eos, ne causam diceret, se eripuit. » Ibid. VI, 13 : « Plerique, cum aut ære alieno, aut magnitudine tributorum, aut injuriâ potentiorum, premuntur, sese in servitutem dicant nobilibus. In hos eadem omnia sunt jura, quæ dominis in servos. » Les riches Romains, du temps de Columelle, cultivaient leurs vastes domaines en partie par les mains de débiteurs qui leur avaient été adjugés (Colum. I, 3, 14) : « More præpotentium, qui possident fines gentium, quos..... aut occupatos nexu civium, aut ergastulis tenent. »

Suivant les codes teutoniques aussi, rédigés plusieurs siècles après Tacite, il semble que le débiteur insolvable tombe au pouvoir de son créancier et est sujet, en personne, à des fers et à un châtiment (Grimm, Deutsche Rechtsalterthümer, p. 612-615) : lui et von Savigny assimilent tous deux cet état au terrible procédé d'exécution et d'adjudication dans l'ancienne loi de Rome contre le débiteur insolvable d'un prêt. Le roi Alfred exhorte le créancier à la douceur (Laws of king Alfred, Thorpe, Ancient Laws of England, vol. I, p. 53, Law 35).

Une preuve frappante du changement survenu dans le caractère et la situation des débiteurs, entre l'époque de Solôn et celle de Plutarque, est fournie par le traité de ce dernier, « De vitando Ære alieno, » où il expose de la manière la plus véhémente les conséquences misérables de dettes contractées. « Les pauvres, dit-il, ne font pas de dettes, car personne ne veut leur prêter d'argent (τοῖς γὰρ ἀπόροις οὐ δανείζουσιν, ἀλλὰ βουλομένοις εὐπορίαν τινὰ ἑαυτοῖς κτᾶσθαι καὶ μάρτυρα δίδωσι καὶ βεβαιότητα ἄξιον, ὅτι ἔχει πιστεύεσθαι); les emprunteurs sont des hommes qui ont encore quelque bien et quelque garantie à offrir, mais qui désirent se maintenir sur un pied de dépenses auxquelles ils ne peuvent suffire, et qui finissent par se ruiner complétement en contractant des dettes. » (Plut. p. 827, 830.) Ceci montre combien la

cienne loi juive prouve d'une manière bien significative combien l'intérêt de l'argent était alors regardé comme un profit illégitime extorqué à la détresse ; les Juifs étant autorisés à prendre un intérêt à des étrangers (que le législateur ne se croyait pas obligé de protéger), mais non à ses propres compatriotes (1). Le Koran suit ce point de vue d'une

---

multiplication des débiteurs pauvres était intimement liée à la possibilité que leurs personnes fussent réduites en esclavage. Cf. Plutarque, De Cupidine Divitiarum, c. 2, p. 523.

(1) Levitic. XXV, 35-36 ; Deuteron. XXIII, 20. Cette ordonnance semble suffisamment intelligible :. cependant M. Salvador (Hist. des Institutions de Moïse, liv. III, c. 6) se tourmente beaucoup pour lui assigner quelque but commercial à longue portée. « A ton frère tu ne prêteras pas avec *usure*, mais à un étranger tu peux prêter avec *usure*. » Il est plus important de faire remarquer que le mot *usure* traduit ici veut dire réellement *intérêt* d'argent, grand ou petit. V. l'opinion du Sanhedrin de soixante-dix docteurs juifs, réunis à Paris en 1807, cité dans l'ouvrage de M. Salvador, *l. c.*

Ainsi la loi mosaïque (en tant que de juif à juif, ou même que de juif à μέτοικος ou *étranger résidant*, distingué de l'*étranger* non domicilié) allait aussi loin que le Koran, en défendant complètement de prendre d'intérêt. Ces ordonnances ne furent pas bien observées ; nous en avons une preuve au moins dans la mesure de Nehemiah lors de la construction du second temple, mesure qui présente un pendant si curieux à la Seisachtheia solonienne, que j'en copie l'exposé sur Prideaux, Connection of Sacred and Profane History, part. I, b. 6, p. 290 :

« Le fardeau dont fut chargé le peuple pour l'exécution de ce travail et le travail incessant qu'il fut forcé de supporter pour l'achever promptement, étant très-grands… on prit soin de le soulager d'un fardeau beaucoup plus grand, l'oppression des usuriers, qui l'accablait alors d'une grande misère, et dont il avait à se plaindre avec beaucoup plus de raison. Car les riches, profitant des nécessités du sort misérable des pauvres, avaient pratiqué sur eux une lourde usure, en leur faisant payer le centième pour tout l'argent qu'ils leur prêtaient, c'est-à-dire 1 pour 100 par mois, ce qui montait à 12 pour 100 pour l'année entière ; de sorte qu'ils furent forcés d'hypothéquer leurs terres et de vendre leurs enfants comme esclaves, pour avoir de quoi acheter le pain nécessaire à leur nourriture et à celle de leurs familles, ce qui était une violation manifeste de la loi de Dieu, que leur avait donnée Moïse (loi qui défend à tous les membres de la race d'Israël d'exercer l'usure vis-à-vis d'aucun de leurs frères). Nehemiah, l'apprenant, résolut sur-le-champ de faire disparaître une si grande iniquité : dans ce but, il convoqua une assemblée générale de tout le peuple, et là, après leur avoir représenté la nature de l'offense, combien grande était la violation de la loi divine, combien lourde l'oppression qui pesait sur leurs frères, et comme elle provoquerait la colère de Dieu contre eux, il fit décréter par le suffrage général de toute cette assemblée que, en raison de cela, tous rendraient à leurs frères tout ce qui leur avait été enlevé par l'usure, et ainsi *abandonneraient toutes les terres, les vignes, les champs d'oliviers et les maisons* qui leur

manière logique, et défend complétement de prendre d'intérêts. Dans la plupart des autres nations, des lois avaient été faites pour limiter le taux de l'intérêt, et à Rome spécialement le taux légal fut successivement abaissé, bien qu'il semble, comme on pouvait s'y attendre, que les ordonnances restrictives fussent constamment éludées. Toutes ces restrictions ont eu pour but de protéger les débiteurs ; effet qu'elles ne produisent jamais, ainsi que le prouve une vaste expérience, à moins qu'on n'appelle protection le fait de rendre impraticable aux emprunteurs les plus pauvres d'obtenir un prêt d'argent. Mais il y avait un autre effet qu'elles *tendaient* à produire : elles affaiblissaient l'antipathie primitive qu'on portait à l'usage en général, et limitaient le nom odieux d'usure à des prêts faits au-dessus du taux légal fixé.

C'est de cette manière seule qu'elles purent avoir une action salutaire, et leur tendance à détruire le sentiment antérieur ne fut pas sans importance à cette époque, en coïncidant comme elles le firent avec d'autres tendances nées du progrès industriel de la société, qui montrèrent insensiblement les rapports de prêteur à emprunteur sous un jour réciproquement plus utile et moins repoussant pour les sympathies du public (1).

A Athènes le point de vue plus favorable prévalut pendant tous les temps historiques. Les progrès de l'industrie et du commerce, sous la loi mitigée qui domina postérieurement à Solôn, avaient été suffisants pour l'établir à une époque

---

avaient été pris sur *hypothèques*. »

La mesure de Nehemiah paraît ainsi avoir été non-seulement une Seisachtheia telle que celle de Solôn, mais encore une παλιντοκία ou restitution de l'intérêt payé par le débiteur dans le passé — analogue à la manière d'agir des Mégariens quand ils s'affranchirent de leur oligarchie, comme nous l'avons raconté plus haut, c. 2.

(1) Dans toute loi destinée à limiter le taux de l'intérêt, il est impliqué naturellement que la loi non-seulement doit fixer, mais *peut fixer* le maximum du taux auquel on doit prêter l'argent. Les tribuns à Rome suivirent ce principe avec une logique parfaite : ils firent passer des lois successives pour la réduction du taux de l'intérêt, jusqu'à ce qu'enfin ils déclarassent illégal de prendre même l'intérêt le plus faible : « Genucium, tribunum plebis, tulisse ad populum, ne fœnerari liceret » (Tite-Live, VII, 42). L'histoire montre que la loi, bien qu'elle eût passé, ne fut pas mise à exécution.

très-ancienne et pour supprimer toute antipathie publique contre les prêteurs à intérêt (1). Nous pouvons faire remarquer aussi que ce ton plus équitable d'opinion se forma spontanément, sans aucune restriction légale apportée au taux de l'intérêt, une restriction pareille n'ayant jamais été imposée, et le taux étant expressément déclaré libre par une loi attribuée à Solôn lui-même (2). On peut dire probablement la même chose des communautés de la Grèce en général ; du moins il n'y a pas de renseignement qui nous fasse supposer le contraire. Mais le sentiment opposé au prêt d'argent à intérêt resta dans le cœur des philosophes longtemps après qu'il eut cessé de former une partie de la moralité pratique des citoyens, et qu'il ne fut plus justifié par les apparences du fait, comme il l'avait été réellement d'abord. Platon, Aristote, Cicéron (3) et Plutarque considèrent cet usage comme une branche de cet esprit commercial et enclin au gain qu'ils sont jaloux de décourager; et une conséquence de cette disposition d'esprit fut qu'ils furent moins disposés à soutenir avec ardeur l'inviolabilité des contrats d'argent existants. Le sentiment conservateur sur ce point fut plus fort dans la masse que parmi les philosophes. Platon même s'en plaint comme prédominant d'une manière incommode (4),

---

(1) Boeckh (Public Econ. of Athens, b. I, c. 22, p. 128) pense différemment, à mon avis, contrairement à l'évidence; les passages auxquels il s'en réfère (spécialement celui de Théophraste) ne suffisent pas pour appuyer son opinion, et il y a d'autres passages qui vont jusqu'à la contredire.
(2) Lysias cont. Theomnêst. A. c. 5, p. 360.
(3) Cicéron, De Officiis, I, 42.
(4) Platon, Leg. III, p. 684. Ὡς ἐπιχειροῦντι δὴ νομοθέτῃ κινεῖν τῶν τοιούτων τι πᾶς ἀπαντᾷ, λέγων, μὴ κινεῖν τὰ ἀκίνητα, καὶ ἐπαρᾶται γῆς τε ἀναδασμοὺς εἰσηγούμενον καὶ χρεῶν ἀποκοπὰς, ὥστ' εἰς ἀπορίαν καθίστασθαι πάντα ἄνδρα, etc.; cf. aussi V, p. 736-737, où de semblables sentiments sont exprimés à demi-mot d'une manière non moins expresse.

Cicéron pose de très-bons principes sur le danger de détruire la foi dans les contrats ; mais ses exhortations dans ce but semblent être accompagnées d'une condition impraticable ; le législateur doit veiller à ce qu'il ne soit pas contracté de dettes dans une mesure préjudiciable à l'Etat. — « Quamobrem ne sit æs alienum, quod reipublicæ noceat, providendum est (quod *multis rationibus* caveri potest); non, si fuerit, ut locupletes suum perdant, debitores lucrentur alienum, etc. » Quelles étaient les *multæ rationes* que Cicéron avait dans l'esprit, c'est ce que j'ignore. Cf. son opinion sur les *fœneratores*, Offic. I, 42; II, 25.

et comme arrêtant le législateur dans tout projet compréhensif de réformes. Dans le plus grand nombre des cas, à la vérité, des plans d'abolition de dettes et de nouveau partage des terres ne furent jamais imaginés que par des hommes d'une ambition désespérée et égoïste, qui firent de ces mesures un marche-pied pour s'élever à un pouvoir despotique. Ces hommes étaient dénoncés également par le sentiment pratique de la communauté et par les penseurs spéculatifs ; mais quand nous passons au cas du roi spartiate Agis III, qui proposa une abolition complète des dettes, et un nouveau partage égal de la propriété foncière de l'État, sans aucune vue égoïste ni personnelle, mais par de pures idées de patriotisme, bien ou mal comprises, et dans le dessein de renouveler l'ascendant perdu de Sparte, nous trouvons Plutarque (1) exprimant l'admiration la plus entière pour ce jeune roi et ses projets, et regardant l'opposition qu'on lui fit comme n'ayant pas son origine dans des sentiments meilleurs que la bassesse et la cupidité. Les penseurs philosophiques en politique comprirent (et avec raison dans une grande mesure, comme je le démontrerai ci-après) que les conditions de sécurité, dans l'ancien monde, imposaient aux citoyens en général l'absolue nécessité de conserver un esprit militaire et la disposition à braver en tout temps des fatigues et des désagréments personnels ; aussi regardèrent-ils avec plus ou moins de défaveur cet accroissement de la richesse, à cause des habitudes d'indulgence pour soi-même qu'elle introduit communément. Si d'après leur jugement une communauté grecque quelconque était devenue corrompue, ils étaient désireux de sanctionner de graves atteintes portées à des droits préexistants, afin de la ramener plus près de leur type idéal. Et la garantie réelle pour le maintien de ces droits se trouvait dans les sentiments conservateurs des

---

(1) V. Vie d'Agis de Plutarque, spécialement c. 13, au sujet du feu de joie dans lequel les κλάρια ou actes hypothécaires des créanciers furent tous brûlés, dans l'agora de Sparte. Cf. aussi la comparaison d'Agis avec Gracchus, c. 2.

citoyens en général, beaucoup plus que dans les opinions des philosophes dont s'imprégnaient les esprits supérieurs.

Ces sentiments conservateurs eurent particulièrement des racines profondes dans la démocratie athénienne établie postérieurement. La masse du peuple athénien identifiait d'une manière inséparable le maintien de la propriété sous toutes ses diverses formes avec celui de ses lois et de sa constitution. Et c'est un fait remarquable que, bien que l'admiration qu'on avait pour Solôn à Athènes fût universelle, le principe de la Seisachtheia et de l'abaissement du titre de l'argent qu'il proposa non-seulement ne fut jamais imité, mais trouva la réprobation tacite la plus forte; tandis qu'à Rome, aussi bien que dans la plupart des royaumes de l'Europe moderne, nous savons que les mesures de l'altération des monnaies se succédaient. La tentation d'éluder ainsi partiellement le malheur d'embarras financiers devint, après une seule tentative heureuse, trop forte pour qu'on y résistât, et amena l'argent par des dépréciations successives de la livre complète de douze onces au type d'une demi-once. Il y a quelque importance à mentionner ce fait, si nous songeons à quel point « la foi grecque » a été rabaissée par les écrivains romains dans un proverbe sur la duplicité en affaires d'argent (1). La démocratie à Athènes, et, à vrai dire, les

---

(1) « Græcâ fide mercari. » Polybe met les Grecs beaucoup au-dessous des Romains pour la véracité et la bonne foi (VI, 56) ; dans un autre passage il ne parle pas avec autant de confiance (XVIII, 17). Les créanciers romains mêmes témoignent parfois en faveur de la bonne foi attique, et non contre elle, — « ut semper et in omni re, quidquid sinceri fide gereretur, id Romani, Atticâ fieri, prædicarent » (Velleius Paterc. II, 23).
Le langage de Heffter (Athenaeische Gerichtsverfassung, p. 466), particulièrement, rabaisse très-injustement l'état de la bonne foi et du crédit à Athènes.

Tout le ton et l'argumentation entière du discours de Démosthène contre Leptine est une preuve remarquable du respect du tribunal athénien pour des intérêts déterminés, même sous des formes moins évidentes que celle d'une possession pécuniaire. Nous pouvons ajouter un passage frappant de Démosthène cont. Timokrat., où il dénonce la violation de transactions passées (τὰ πεπραγμένα λῦσαι, en opposition avec une législation future) comme une injustice particulière à l'oligarchie et qui répugne aux sentiments d'une démocratie (Cont. Timokrat. c. 20, p. 724 ; c. 36, 747).

cités de la Grèce en général, tant oligarchies que démocraties, sont bien au-dessus du sénat de Rome, et bien au-dessus des royaumes modernes de France et d'Angleterre jusqu'à des temps relativement modernes, sous le rapport de l'honnêteté dans la manière de traiter les monnaies (1). En outre, tandis qu'il s'opéra à Rome plusieurs changements qui amenèrent de nouvelles tables (2) ou au moins une dépréciation partielle des contrats, aucun phénomène du même genre ne se présenta jamais à Athènes, pendant les trois siècles qui s'écoulèrent entre Solôn et la fin de l'action libre de la démocratie. Sans doute il y eut à Athènes des débiteurs frauduleux ; tandis que l'exécution d'une loi privée, bien que ne connivant pas à leurs actes, était beaucoup trop imparfaite

---

(1) On peut réclamer pour la république de Florence le même honneur, quant à la probité monétaire. Voici ce que dit M. Sismondi : « Au milieu des révolutions monétaires de tous les pays voisins et tandis que la mauvaise foi des gouvernements attirait le numéraire d'une extrémité à l'autre de l'Europe, le florin ou sequin de Florence est toujours resté le même : il est du même poids, du même titre ; il porte la même empreinte que celui qui fut battu en 1252 » (Républiques italiennes, vol. III, c. 18, p. 176).

M. Boeckh (Public. Econ. of Athens, I, 6 ; IV, 19), tout en affirmant d'une manière juste et décidée que la république athénienne attacha toujours un grand prix à maintenir l'intégrité de sa monnaie d'argent, croit cependant que les pièces d'or qui furent frappées dans l'Olymp. 93, 2 (408 av. J.-C.), sous l'archontat d'Antigenès (fabriquées avec les ornements d'or de l'acropolis et à un moment d'embarras publics) étaient altérées et qu'on leur donna un cours forcé au-dessus de leur valeur. La seule preuve à l'appui de cette opinion semble être le passage d'Aristophane (Ran. 719-737) avec les scholies ; mais ce même passage me semble plutôt prouver le contraire.

« Le peuple athénien (dit Aristophane) en use avec ses serviteurs publics comme avec ses monnaies : il préfère les nouvelles et mauvaises aux bonnes et anciennes. » Si le peuple désirait d'une manière si excessive et même si extravagante obtenir les nouvelles monnaies, c'est une forte preuve qu'elles n'étaient pas dépréciées, et qu'on ne subissait pas de pertes en donnant les anciennes monnaies en échange. Il pouvait se faire qu'elles eussent été exécutées avec négligence.

(2) « Sane vetus Urbi fœnebre malum (dit Tacite, Ann. VI, 16) et seditionum discordiarumque creberrima causa, etc. ; » cf. Appien, Bell. Civil. Præfat. ; et Montesquieu, Esprit des Lois, L. XXII, c. 22.

Les espérances et les intrigues constantes des débiteurs à Rome, pour être délivrés de leurs dettes par quelque mouvement politique, ne sont exposées nulle part avec plus de force que dans la seconde Catilinaire de Cicéron, c. 8-9 ; lire aussi la harangue frappante de Catilina à ses complices (Salluste, Catilina, c. 20-21).

pour les réprimer aussi efficacement qu'on l'eût désiré. Mais le sentiment public sur ce point était juste et décidé. On peut assurer avec confiance qu'un prêt d'argent à Athènes était tout aussi sûr qu'il le fut jamais dans aucun temps ou dans aucun lieu de l'ancien monde, malgré la grande et importante supériorité de Rome par rapport à l'accumulation d'un corps de décisions légales pleines d'autorité, source de ce qui finit par former la jurisprudence romaine. Parmi les diverses causes de sédition ou de malheurs dans les communautés grecques (1), nous entendons peu parler du poids des dettes privées.

Par les mesures d'allégement décrites plus haut (2), Solôn avait obtenu des résultats dépassant ses plus hautes espérances. Il avait remédié aux mécontentements dominant alors ; et la confiance et la gratitude qu'il avait inspirées étaient telles qu'il fut prié à ce moment de rédiger une constitution et des lois pour faciliter l'action du gouvernement dans l'avenir. Ses changements constitutionnels furent grands et remarquables ; quant à ses lois, ce que nous en apprenons est plutôt curieux qu'important.

Nous avons déjà dit que, jusqu'au temps de Solôn, la classification admise en Attique était celle des quatre tribus ioniennes, comprenant en une échelle les phratries et les gentes, et en une autre échelle les trois trittyes et les quarante-huit naukraries, — tandis que les eupatridæ, qui étaient vraisemblablement un petit nombre de gentes respectées spécialement, et peut-être un petit nombre de familles distinguées dans toutes les gentes, avaient entre leurs

---

(1) Le débiteur insolvable, dans quelques-unes des cités bœôtiennes, était condamné à s'asseoir publiquement dans l'agora avec un panier sur la tête, et ensuite privé de ses priviléges (Nicolas de Damas, Fragm. p. 152, éd. Orelli).

Selon Diodore, l'ancienne et sévère loi publiée contre la personne du débiteur, longtemps après avoir été abrogée par Solôn à Athènes, continua encore à être appliquée dans d'autres parties de la Grèce (I, 79).

(2) Solôn, Fragm. 27, éd. Schneidewin :

Ἃ μὲν ἄελπτα σὺν θεοῖσιν ἤνυσ', ἄλλα
 [δ' οὐ μάτην
Ἔρδον.

mains tous les pouvoirs du gouvernement. Solôn introduisit un nouveau principe de classification appelé en grec le principe timocratique. Il distribua tous les citoyens des tribus, sans tenir compte de leurs gentes ou de leurs phratries, en quatre classes, suivant le montant de leurs biens, qu'il fit imposer et inscrire dans un rôle public. Ceux dont le revenu annuel était égal à 500 médimnes de blé (environ 700 boisseaux impériaux, — 254 hect., 43 l.) et au-dessus, — un médimne étant considéré comme équivalant à une drachme d'argent, — il les plaça dans la plus haute classe ; ceux qui recevaient entre 300 et 500 médimnes ou drachmes formèrent la seconde classe ; et ceux qui recevaient entre 200 et 300, la troisième (1). La quatrième classe et la plus nombreuse comprenait tous ceux qui ne possédaient pas une terre fournissant un produit égal à 200 médimnes. Les membres de la première classe, appelés pentakosiomedimni, étaient seuls éligibles à l'archontat et à tous les commandements ; ceux de la seconde étaient nommés les chevaliers ou cavaliers de l'Etat, comme possédant assez pour pouvoir entretenir un cheval et accomplir le service militaire en cette qualité : ceux de la troisième classe, appelés les zeugitæ, formaient l'infanterie pesamment armée, et étaient obligés de servir chacun avec son armure complète. Chacune de ces trois classes était inscrite dans le rôle public comme possédant un capital imposable, calculé dans un certain rapport avec son revenu annuel, mais dans une proportion descendante suivant l'échelle de ce revenu, et un homme payait à l'État des impôts suivant la somme pour laquelle il se trouvait taxé sur

---

(1) Plutarque, Solôn, 18-23 ; Pollux, VIII, 130 ; Aristote, Polit. II, 9, 4 ; Aristote, Fragm. περὶ πολιτείων, Fragm. 51, éd. Neumann ; Harpokration et Photius, v. Ἱππάς ; Etymolog. Mag. Ζευγίσιον, Θητικόν ; l'Etym. Mag. Ζευγίσιον, et le Schol. Aristoph. Equit. 627, reconnaissent seulement trois classes.

Il assigna à une drachme la valeur d'un médimne (de froment ou d'orge?) de même que celle d'un mouton (ib. c. 23).

Le médimne semble égal à environ 1 2/5 (1,4) boisseau impérial anglais : conséquemment 500 médimnes égalent 700 boisseaux impériaux anglais, ou 87 quarters 1/2.

le rôle ; de sorte que cette taxation directe produisait en réalité le même effet qu'une taxe graduée sur le revenu. La propriété imposable du citoyen appartenant à la classe la plus riche (le pentakosiomedimnos) était calculée et inscrite sur le rôle de l'Etat comme un capital égal à douze fois son revenu annuel : celle de l'hippeus, cavalier ou chevalier, comme une somme égale à dix fois son revenu annuel; celle du zeugitês, comme une somme égale à cinq fois son revenu annuel. Ainsi un pentakosiomedimnos, dont le revenu était exactement de 500 drachmes (le minimum de ce qui était exigé pour sa classe), était taxé sur le rôle pour une propriété imposable de 6,000 drachmes ou un talent, faisant douze fois son revenu; si son revenu annuel était de 1,000 drachmes, il était taxé pour 12,000 drachmes ou deux talents, ce qui était la même proportion entre son revenu et le capital imposable. Mais quand nous passons à la seconde classe, les cavaliers ou chevaliers, la proportion des deux est changée. Le cavalier possédant un revenu de juste 300 drachmes (ou 300 medimni) était taxé pour 3,000 drachmes, ou dix fois son revenu réel, et ainsi dans la même proportion pour tout revenu au-dessus de 300 et au-dessous de 500. Et encore, dans la troisième classe ou au-dessous de 300, la proportion est changée une seconde fois ; le zeugitês possédant exactement 200 drachmes de revenu était taxé sur une base encore moins élevée, à 1,000 drachmes ou à une somme égale à cinq fois son revenu ; et tous les revenus de cette classe (entre 200 et 300 drachmes) étaient également multipliés par cinq pour obtenir le montant du capital imposable. C'est sur ces sommes respectives du capital inscrit sur le rôle qu'était imposée toute taxe directe. Si l'État demandait 1 pour 100 de taxe directe, le plus pauvre pentakosiomedimnos payait (sur 6,000 drachmes) 60 drachmes ; le plus pauvre hippeus payait (sur 3,000 drachmes) 30 drachmes; le plus pauvre zeugitês payait (sur 1,000 drachmes) 10 drachmes. Et ainsi ce mode d'imposition opérait comme une taxe *graduée* sur le revenu, en le considérant par rapport aux trois différentes classes, — mais comme une taxe *égale* sur le revenu, en le considérant par rapport aux différents individus compris dans une seule et même classe (1).

Toutes les personnes dans l'État dont le revenu annuel était au-dessous de 200 medimni ou drachmes, furent placées dans la quatrième classe, et elles doivent avoir composé la majeure partie de la communauté. Elles n'étaient sujettes

---

(1) L'excellente explication du rôle de propriété et des conditions graduées d'imposition (τίμημα) établis par Solôn, qu'a donnée pour la première fois Boeckh dans son Staatshaushaltung der Athener (b. III, c. 3), a éclairci un sujet qui n'était, avant lui, que ténèbres et mystère. L'exposé de Pollux (VIII, 130), fait dans un langage très-vague, a été, avant Boeckh, compris d'une manière erronée : ἀνήλισκον εἰς τὸ δημόσιον ne signifie pas les sommes que le Pentakosiomedimnos, ou l'Hippeus, ou le Zeugitês, *payait réellement* à l'Etat, mais les sommes pour lesquelles chacun était taxé, ou ce que chacun était *sujet* à payer si on le demandait; naturellement l'Etat ne demande pas *le tout* de la propriété taxée d'un homme, mais il en exige de chacun une proportion égale.

Sur un seul point je ne puis être d'accord avec Boeckh. Il fixe la condition pécuniaire de la troisième classe ou Zeugitês, à 150 drachmes, non à 200. Tous les témoignages positifs (comme il le concède lui-même p. 31) s'accordent à fixer 200, et non 150; et la conséquence tirée de l'ancienne loi, citée dans Démosthène (cont. Makart. p. 1067), est trop incertaine pour l'emporter sur ce concours d'autorités.

De plus, tout le rôle solonien devient plus clair et plus symétrique si nous adhérons au chiffre donné de 200 drachmes, et non à celui de 150, comme à l'échelle la plus basse du revenu du Zeugitês; car le capital inscrit est alors, dans les trois échelles, un multiple défini et exact du revenu officiellement établi : — dans la classe la plus riche, c'est douze fois; — dans la classe moyenne, dix fois; — dans la plus pauvre, cinq fois le revenu. Mais cette correspondance cesse, si nous adoptons la supposition de Boeckh, que le revenu le plus bas des Zeugitæ était de 150 drachmes; car la somme de 1,000 drachmes (à laquelle le plus humble Zeugitês était taxé dans le rôle) n'est pas un multiple exact de 150 drachmes. Pour échapper à cette difficulté, Boeckh prend une voie à la fois détournée et renfermant des fractions calculées avec exactitude : il pense que le revenu de chacun était converti en capital en multipliant par douze, et que dans le cas de la classe la plus riche, ou Pentakosiomedimni, *toute* la somme ainsi obtenue était inscrite dans le rôle; — dans le cas de la seconde classe, ou Hippeis, 5/6 de la somme; et dans le cas de la troisième classe, ou Zeugitæ, 5/9 de la somme. Or, ce procédé me semble passablement compliqué, et l'emploi d'une fraction telle que 5/9 (à la fois difficile et ne dépassant pas beaucoup la simple fraction d'une demie) très-improbable; de plus, la propre table de Boeckh (p. 41) donne des sommes fractionnaires dans la troisième classe, quand on n'en voit aucune dans la première ni dans la seconde.

Naturellement de telles objections ne seraient pas admissibles, s'il y avait quelque preuve positive à l'appui du point en question. Mais dans ce cas elles s'accordent avec toutes les preuves positives, et sont largement suffisantes (à mon avis) pour contrebalancer la présomption née de l'ancienne loi sur laquelle Boeckh s'appuie.

à aucune taxation directe, et peut-être ne furent-elles même pas d'abord inscrites sur le rôle des impositions, d'autant plus que nous ne savons pas si des taxes furent réellement imposées d'après ce rôle pendant les temps de Solôn. On dit qu'elles étaient toutes appelées thêtes, mais cette dénomination n'est pas bien appuyée, et ne peut être admise. Le quatrième compartiment dans l'échelle descendante était, il est vrai, appelé le cens thêtique, puisqu'il contenait tous les thêtes, et parce que la plupart de ses membres étaient de cette humble qualité ; mais on ne peut concevoir qu'un propriétaire dont la terre lui fournissait annuellement un revenu clair de 100, de 120, de 140 ou de 180 drachmes pût jamais avoir été désigné par ce nom (1).

Telles furent les divisions de l'échelle politique établie par Solôn, et qu'Aristote appelle une timocratie, dans laquelle les droits, les honneurs, les fonctions et les obligations des citoyens furent mesurés d'après la propriété imposée de chacun. Les plus hauts honneurs de l'État, c'est-à-dire les places des neuf archontes choisis annuellement, aussi bien que les places dans le sénat de l'Aréopage, où les anciens archontes entraient toujours, — peut-être aussi les postes de prytanes des naukrares, — furent réservés pour la première classe ; les eupatrides pauvres devinrent non éligibles, tandis que des hommes riches non eupatrides furent admis. D'autres postes de distinction inférieure étaient remplis par la seconde et la troisième classe, qui étaient en outre astreintes au service militaire, l'une à cheval, l'autre comme fantassins pesamment armés. De plus, les liturgies de l'État, comme on les

---

(1) V. Boeckh, Staatshaushaltung der Athener, *ut suprà*. Pollux donne une inscription indiquant Anthemion, fils de Diphilos, — Θητικοῦ ἀντὶ τέλους ἱππάδ' ἀμειψάμενος. Le mot τελεῖν ne signifie pas nécessairement un payement *réel*, mais « être compris dans une classe avec un certain agrégat de devoirs et d'obligations, » — équivalant à *censeri* (Boeckh, page 36).

Platon dans son traité De Legibus admet un cens quadripartite de citoyens, selon le plus ou le moins de biens (Leg. V, p. 744 ; VI, p. 756). Cf. Tittmann, Griechische Staatsverfassungen, p. 648, 653 ; K. F. Hermann, Lehrbuch der Gr. Staatsalt. § 108.

appelait, — fonctions non-rétribuées, telles que la triérarchie, la chorêgie, la gymnasiarchie, etc., qui imposaient des dépenses et des embarras à leurs titulaires, étaient réparties d'une manière ou d'une autre entre les membres des trois classes, bien que nous ne sachions pas comment était faite la répartition dans ces temps reculés. D'autre part, les membres de la quatrième classe, c'est-à-dire de la plus basse, n'avaient point qualité pour être chargés d'aucune fonction individuelle conférant une dignité. Ils ne remplissaient pas de liturgies, servaient en cas de guerre seulement comme troupes légères ou avec une armure fournie par l'État, et ne payaient rien à la taxe foncière directe ou eisphora. Il serait inexact de dire qu'ils *ne* payaient *pas* de taxes; car ils étaient soumis en commun avec les autres à des taxes indirectes, telles que droits sur les importations; et nous devons nous rappeler que ces dernières, pendant une longue période de l'histoire athénienne, furent constamment en vigueur, tandis que les taxes directes ne furent levées que dans de rares occasions.

Mais bien que cette quatrième classe, comprenant la grande majorité numérique du peuple libre, fût exclue des offices individuellement, son importance collective était grandement augmentée d'une autre manière. Elle était revêtue du droit de choisir les archontes annuels dans la classe des pentakosiomedimni; et ce qui était d'une plus grande importance encore, les archontes et les magistrats en général, après leur année de charge, au lieu d'être responsables vis-à-vis du sénat de l'Aréopage, étaient formellement soumis à rendre des comptes à l'assemblée publique siégeant pour juger leur conduite passée. Ils pouvaient être mis en accusation et invités à se défendre, punis en cas de mauvaise conduite, et privés de l'honneur ordinaire d'un siége dans le sénat de l'Aréopage.

Si l'assemblée publique avait été appelée à agir seule sans guide ni direction, cette responsabilité serait devenue seulement nominale. Mais Solôn en fit une réalité par une autre institution nouvelle, qui fut, comme on le verra ci-après, d'une grande importance dans l'achèvement de la démocratie athénienne. Il créa le sénat probouleutique ou délibérant d'avance, avec un rapport intime et spécial vis-à-vis de l'assemblée publique, chargé de préparer les objets qu'elle devait discuter, de convoquer et de surveiller ses réunions et d'assurer l'exécution de ses décrets. Le sénat, tel qu'il fut constitué d'abord par Solôn, comprenait quatre cents membres, pris à proportions égales dans les quatre tribus, non choisis par le sort (comme ils le furent, ainsi qu'on le verra, dans la phase plus avancée de la démocratie), mais élus par le peuple, de la même manière que les archontes l'étaient alors, c'est-à-dire par les personnes de la quatrième classe ou de la plus pauvre du rôle, qui, bien que concourant à l'élection, n'étaient pas elles-mêmes éligibles.

Mais Solôn, tout en créant ainsi le nouveau sénat probouleutique, identifié à l'assemblée populaire et lui servant d'appui, ne manifesta aucune jalousie à l'égard du sénat de l'Aréopage préexistant. Au contraire, il agrandit ses pouvoirs, lui donna une large surveillance sur l'exécution des lois en général, et lui imposa le devoir censorial d'inspecter la vie et les occupations des citoyens, aussi bien que de punir les hommes de mœurs oisives et dissolues. Il fut lui-même, comme ancien archonte, membre de cet antique sénat, et il eut en vue, dit-on, au moyen des deux sénats, de mettre la république en état de résister à tous les coups et à toutes les tempêtes, comme si elle était retenue par deux ancres (1).

Telles sont les seules nouvelles institutions politiques (à part les lois dont il sera fait mention tout à l'heure) qu'il y a des motifs d'attribuer à Solôn, quand nous prenons le soin exact de distinguer ce qui appartient réellement à Solôn et à son époque de la constitution athénienne telle qu'elle fut refondue dans la suite. Un grand nombre d'habiles critiques qui ont exposé les affaires grecques ont eu une habitude commune, adoptée en partie même par le doc-

---

(1) Plutarque, Solôn, 18, 19, 23; Philochore, Fragm. 60, éd. Didot. Athénée, IV, p. 168; Valer. Maxim. II, 6.

teur Thirlwall (1); ç'a été de rattacher le nom de Solôn à tout l'état politique et judiciaire d'Athènes, tel qu'il fut entre l'époque de Periklês et celle de Démosthène, — les règlements du sénat des Cinq-Cents; les nombreux dikastes ou jurés publics pris au sort dans le peuple, aussi bien que le corps choisi annuellement pour reviser les lois et appelé Nomothètes, et la poursuite (nommée la Graphê Paronomôn) qu'on pouvait diriger contre quiconque proposerait une mesure illégale, inconstitutionnelle ou dangereuse. Il y a, en effet, quelque chose qui justifie cette confusion faite entre l'Athènes de Solôn et cette ville après Solôn, dans le procédé suivi par les orateurs eux-mêmes. Car Démosthène et Æschine emploient le nom de Solôn d'une manière très-vague, et le regardent comme l'auteur d'institutions appartenant évidemment à une époque plus récente; par exemple, le serment frappant et caractéristique des jurés héliastiques, que Démosthène (2) attribue à Solôn, atteste lui-même de bien

---

(1) Meursius, Solôn, *passim;* Sigonius, De Republ. Athen. I, p. 39 (bien que dans quelques passages il fasse une distinction marquée entre le temps qui précéda et celui qui suivit Kleisthenês, p. 28). V. Wachsmuth, Hellenische Alterthumskunde, vol. I, sect. 46, 47 ; Tittmann, Griechische Staatsverfassungen, p. 146; Platner, Der Attische Prozess, b. II, c. 5, p. 28-38; Dr Thirlwall, History of Greece, vol. II, c. 11, p. 46-57.

Niebuhr, dans les courtes allusions qu'il fait à la législation de Solôn, a soin de ne pas perdre de vue la différence essentielle qui existait entre Athènes telle qu'elle fut constituée par Solôn, et Athènes telle qu'elle devint après Kleisthenês ; mais il suppose, entre les patriciens romains et les Eupatridæ athéniens, une analogie plus étroite que nous ne sommes autorisés à l'admettre.

(2) Démosth. cont. Timokrat. p. 746. Æschine attribue ce serment à ὁ νομοθέτης (c. Ktesiphon. p. 389).

Le Dr Thirlwall mentionne le serment comme prescrit par Solôn (History of Greece, vol. II, c. 11, p. 47).

Et encore Démosthène et Æschine, dans les discours contre Leptine (c. 21, p. 486) et contre Timokrate, p. 706, 707 — cf. Æschine, c. Ktesiph. p. 429 — en expliquant les formalités prescrites pour rappeler une loi existante, et en porter une nouvelle, tout en attribuant le tout à Solôn, disent, entre autres choses, que Solôn ordonna à l'auteur de la proposition « d'afficher son projet de loi devant les Eponymes » (ἐκθεῖναι πρόσθεν τῶν Ἐπωνύμων). Or, les Eponymes étaient (les statues des) héros de qui les dix tribus kleisthénéennes tiraient leurs noms, et la loi faisant mention de ces statues, atteste elle-même qu'elle est d'une date postérieure à Kleisthenês. Même la loi déterminant le traitement du meurtrier condamné qui revenait d'exil, loi que Démosthène et Doxopater (ap. Walz. Collect. Rhetor. vol. II, p. 223) appellent une loi de Drakôn, est en réalité

des manières qu'il appartient à l'époque qui suit Kleisthenês, particulièrement par la mention du sénat de cinq cents membres et non de quatre cents. Parmi les citoyens qui servaient de jurés ou dikastes, Solôn était généralement vénéré comme auteur des lois athéniennes. Un orateur pouvait donc bien employer son nom dans le but de donner de la force à son discours, sans provoquer aucune recherche critique faite pour savoir si l'institution particulière, qu'il s'appliquait alors à faire pénétrer dans l'esprit de son auditoire, appartenait réellement à Solôn lui-même ou aux époques suivantes. Une foule de ces institutions, que le docteur Thirlwall mentionne

---

postérieure à Solôn, comme on peut le voir par la mention qu'elle fait de l'ἄξων (Démosth. cont. Aristok. p. 629).

Andocide n'est pas moins prodigue dans l'emploi qu'il fait du nom de Sôlon (V. Orat. I, De Mysteriis, p. 13), où il cite comme une loi de Solôn une ordonnance qui contient la mention de la tribu Æantis et du sénat des Cinq Cents (évidemment donc postérieure à la révolution de Kleisthenês), outre d'autres points qui prouvent qu'elle avait été rendue postérieurement à la révolution oligarchique des Quatre Cents, vers la fin de la guerre du Péloponèse. Les Prytanes, les Proëdres et la division de l'année en dix portions de temps, appelées chacune du nom d'*une prytanie* — si mêlés à tous les actes publics d'Athènes, n'appartiennent pas à l'Athènes de Solôn, mais à Athènes telle qu'elle était après les dix tribus de Kleisthenês.

Schoemann soutient expressément que les Nomothetæ jurés, tels qu'ils étaient du temps de Démosthène, furent institués par Solôn : mais il admet en même temps que toutes les allusions faites par les orateurs à cette institution renferment à la fois des mots et des faits essentiellement postérieurs à Solôn, de sorte que des modifications ont dû être introduites après ce législateur. Cette concession me semble détruire la force de la preuve : V. Schoemann, De Comitiis, c. 7, p. 266-268 ; et le même auteur, Antiq. J. P. Att. sect. 32. Son opinion est partagée par K. F. Hermann, Lehrbuch der Griech. Staatsalterth. sect. 131 ; et Platner, Attischer Prozess, vol. II, p. 38.

Meier, De Bonis Damnatorum, p. 2, fait la remarque suivante sur le défaut d'exactitude des orateurs quand ils emploient le nom de Solôn : « Oratores Solonis nomine sæpe utuntur, ubi omnino legislatorem quemquam significare volunt, etiamsi à Solone ipso lex lata non est. » Hermann Schelling, dans sa Dissertation De Solonis Legibus ap. Orat. Attic. (Berlin, 1842), a recueilli et discuté les allusions faites à Solôn et à ses lois dans les orateurs. Il combat l'opinion de Meier que nous venons de citer, mais avec des arguments qui ne me semblent nullement satisfaisants (p. 6-8) ; d'autant plus qu'il admet lui-même que le dialecte dans lequel les lois de Solôn paraissent dans la citation des orateurs, ne peut jamais avoir été le dialecte original de Solôn lui-même (p. 3-5), et qu'il fait ainsi en substance la même concession que Schoemann, par rapport à la présence de faits postérieurs à Solôn dans les lois supposées de ce législateur (p. 23-27).

en les rattachant au nom de Solôn, sont au nombre des derniers raffinements et des dernières élaborations de l'esprit démocratique d'Athènes, préparés graduellement sans doute pendant l'intervalle qui sépare Kleisthenês de Periklês, mais non pas mis complétement en œuvre avant l'époque de ce dernier (460-429 av. J.-C.); car il n'est guère possible de concevoir ces nombreux tribunaux, ces nombreuses assemblées fonctionnant d'une manière régulière, souvent et pendant longtemps, sans un payement assuré pour les dikastes qui les composaient. Or, ce payement commença pour la première fois à être en usage vers le temps de Periklês, s'il ne le fut pas sur sa proposition même (1); et Démosthène prétendait à bon droit que, s'il était suspendu, le système judiciaire aussi bien que le système administratif d'Athènes tomberait aussitôt en pièces (2). Ce serait une merveille telle, que rien moins qu'une forte preuve directe nous justifierait de l'accepter, qu'à une époque où l'on n'essayait pas encore une démocratie même partielle, Solôn eût conçu l'idée de pareilles institutions ; ce serait une merveille encore plus grande que les thètes à demi émancipés et les petits propriétaires, en faveur desquels il faisait des lois, tremblant encore sous la baguette des archontes eupatrides et entièrement inexpérimentés dans les affaires collectives, eussent été tout à coup trouvés propres à remplir ces fonctions supérieures que les citoyens d'Athènes conquérante du temps de Periklès, pleins d'un sentiment de force et s'identifiant activement avec la dignité de leur communauté, devinrent graduellement propres, et rien de plus, à exercer effectivement. En supposant que Solôn eût en vue la révision périodique de ses lois et y pourvût en établissant un jury ou tribunal de nomothètes, tel que nous le trouvons fonctionnant à l'époque de Démosthène, on s'éloignerait (à mon avis) de toute appréciation raisonnable, soit de l'homme, soit

---

(1) V. Boeckh, Public Economy of Athens, b. II, c. 15.
(2) Démosth. cont. Timokrat. c. 26, p. 731; cf. Aristophane, Ekklesiazus. 302.

de l'époque. Hérodote dit que Solôn, après avoir exigé des Athéniens un serment solennel qu'ils n'abrogeraient aucune de ses lois pendant dix années, quitta Athènes pour ce temps, afin de ne pas être obligé de les abroger lui-même ; Plutarque nous apprend qu'il assura à ses lois un empire d'un siècle entier (1). Solôn lui-même et Drakôn avant lui avaient été des législateurs appelés et autorisés par les circonstances spéciales des temps ; l'idée d'une révision fréquente des lois, au moyen d'un corps de dikastes choisis par le sort, appartient à une époque beaucoup plus avancée, et se serait difficilement présentée à l'esprit de l'un ou de l'autre. Les rouleaux de bois de Solôn, comme les tables des décemvirs romains (2), étaient sans doute destinés à servir pour toujours de « *fons omnis publici privatique juris.* »

Si nous voulons examiner les faits du cas qui nous occupe, nous verrons qu'on ne peut raisonnablement attribuer à Solôn rien de plus que la seule fondation de la démocratie d'Athènes telle qu'elle fut du temps de Periklês. « Je donnai au peuple (dit Solôn dans un des courts fragments qui nous restent de lui) (3) ce qu'il lui fallait de force pour ses besoins, sans agrandir ni diminuer sa dignité ; quant à ceux aussi qui avaient du pouvoir et étaient signalés pour leurs richesses,

---

(1) Hérodote, I, 29 ; Plutarque, Solôn, c. 25. Aulu-Gelle affirme que les Athéniens jurèrent sous de sévères peines religieuses de les observer toujours (II, 12).

(2) Tite-Live, III, 34.

(3) Solôn, Frag. II, 3, éd. Schneidewin :

Δήμῳ μὲν γὰρ ἔδωκα τόσον κράτος,
 [ὅσσον ἐπαρκεῖ,
Τιμῆς οὔτ' ἀφελὼν, οὔτ' ἐπορεξά-
 [μενος·
Οἳ δ' εἶχον δύναμιν καὶ χρήμασιν
 [ἦσαν ἀγητοί,
Καὶ τοῖς ἐφρασάμην μηδὲν ἀεικὲς
 [ἔχειν.
Ἔστην δ' ἀμφιβαλὼν κρατερὸν σάκος
 [ἀμφοτέροισι,

Νικᾶν δ' οὐκ εἴασ' οὐδετέρους ἀδί-
 [κως.

La leçon ἐπαρκεῖ dans le premier vers n'est pas universellement approuvée : Brunck adopte ἐπαρκεῖν, ce qu'approuve Niebuhr. Ce dernier l'explique avec le sens — « Je ne donnai au peuple que le pouvoir qui ne pouvait lui être refusé. » (Roem. Geschichte, t. II, p. 346, 2ᵉ éd.) A prendre les deux premiers vers ensemble, je crois que le sens de Niebuhr est exact en substance, bien que je donne moi-même une traduction plus littérale. Solôn semble se justifier du reproche d'avoir été trop démocratique, reproche qui, sans doute, lui était adressé sur tous les tons.

je veillai à ce qu'ils ne fussent exposés à aucun traitement indigne. J'ai tenu le fort bouclier au-dessus des deux partis, de manière à ne permettre un triomphe injuste ni à l'un ni à l'autre. » De plus, Aristote nous dit que Solôn accorda au peuple autant de pouvoir qu'il était indispensable, mais pas plus (1) : le pouvoir d'élire des magistrats et d'exiger d'eux des comptes ; si le peuple avait eu moins que cela, on n'aurait pas pu espérer qu'il restât tranquille, — il aurait toujours été esclave et hostile à la constitution. Hérodote s'exprime tout aussi distinctement, quand il décrit la révolution opérée postérieurement par Kleisthenês ; — ce dernier (nous dit-il) trouva « le peuple athénien exclu de toute chose (2). » Ces passages semblent positivement contredire la supposition, assez improbable en elle-même, que Solôn est l'auteur des institutions démocratiques particulières d'Athènes, telles que les dikastes nombreux et permanents pour des procès judiciaires et la révision des lois. Le mouvement démocratique pur et avancé d'Athènes ne commence qu'avec Kleisthenês, du moment où cet Alkmæônide distingué, soit spontanément, soit qu'il se trouvât avoir le dessous dans sa lutte de parti avec Isagoras, acheta par de larges concessions populaires une coopération sincère de la multitude dans des circonstances très-dangereuses. Tandis que Solôn, comme il le dit lui-même, ainsi qu'Aristote, ne donnait de pouvoir au

---

(1) Aristote, Polit. II, 9, 4. Ἐπεὶ Σόλων γ' ἔοικε τὴν ἀναγκαιοτάτην ἀποδιδόναι τῷ δήμῳ δύναμιν, τὸ τὰς ἀρχὰς αἱρεῖσθαι καὶ εὐθύνειν · μηδὲ γὰρ τούτου κύριος ὢν ὁ δῆμος, δοῦλος ἂν εἴη καὶ πολέμιος.

Dans ce passage relatif à Solôn (contenant les sections 2, 3, 4 de l'édition de M. Barthélemy Saint-Hilaire), Aristote donne d'abord l'opinion de certains critiques qui louaient Solôn, avec les raisons sur lesquelles elle est fondée ; en second lieu l'opinion de certains critiques qui le blâmaient, avec *leurs* raisons ; en troisième lieu son propre jugement. La première de ces trois opinions est contenue dans la sect. 2 (depuis Σόλωνα δ' ἔνιοι, jusqu'à τὰ δικαστήρια ποιήσας ἐκ πάντων). La seconde, dans la plus grande partie de la sect. 3 (depuis Διὸ καὶ μέμφονταί τινες αὐτῷ, jusqu'à τὴν νῦν δημοκρατίαν). Le reste est son propre jugement. Je mentionne ceci, parce que l'on ne doit pas prendre les sections 2 et 3 comme l'opinion d'Aristote lui-même, mais comme le jugement de ceux qu'il commentait, et qui considéraient Solôn comme l'auteur des tribunaux choisis par le sort.

(2) Hérodote, V, 69. Τὸν Ἀθηναίων δῆμον, πρότερον, ἀπωσμένον πάντων, etc.

peuple que ce qui était strictement nécessaire, mais pas plus, — Kleisthenès (pour nous servir de la phrase significative d'Hérodote), « étant vaincu dans la lutte de parti avec son rival, *s'associa le peuple* (1). » Ce fut ainsi aux intérêts du parti plus faible, dans un conflit de nobles en lutte, que le peuple athénien dut d'être admis, pour la première fois, à exercer une influence politique, — ce fut, en partie du moins, à cette cause, bien que les actes de Kleisthenès indiquent un sentiment populaire sincère et spontané. Mais cette entrée du peuple dans la vie constitutionnelle n'aurait pas été d'une manière aussi étonnante féconde en résultats positifs, si le cours des événements publics, pendant le demi-siècle qui suivit Kleisthenès, n'eût été tel qu'il stimulât le plus puissamment son énergie, sa confiance en lui-même, les sympathies mutuelles des citoyens et leur ambition. Je raconterai dans un futur chapitre ces causes historiques, qui, en agissant sur le caractère athénien, donnèrent une telle efficacité et une telle expansion au grand mouvement démocratique communiqué par Kleisthenès ; pour le moment, il suffit de faire remarquer que ce mouvement commence proprement avec Kleisthenès et non avec Solôn.

Mais la constitution solonienne, bien qu'elle ne fût que le fondement, était cependant la base indispensable de la démocratie qui vint après. Et si les mécontentements de la malheureuse population athénienne, au lieu de faire l'expérience de sa direction désintéressée et salutaire, fussent tombés entre les mains d'égoïstes avides de pouvoir tels que Kylôn ou Pisistrate, la mémorable expansion de l'esprit athénien pendant le siècle suivant ne se serait jamais produite, et toute l'histoire subséquente de la Grèce aurait probablement

---

(1) Hérodote, V, 66-69. Οὗτοι οἱ ἄνδρες (Kleisthenès et Isagoras) ἐστασίασαν περὶ δυνάμεως · ἑσσούμενος δὲ ὁ Κλεισθένης τὸν δῆμον προσεταιρίζεται...
... Ὡς γὰρ δὴ τὸν Ἀθηναίων δῆμον, πρότερον ἀπωσμένον πάντων, τότε πρὸς τὴν ἑωυτοῦ μοίρην προσεθήκατο (Kleisthenès), τὰς φυλὰς μετωνόμασε... ἦν δὲ, τὸν δῆμον προσθέμενος, πολλῷ κατύπερθε τῶν ἀντιστασιωτέων.

Quant à la tendance démocratique marquée des actes de Kleisthenès, V. Aristote, Polit. VI, 2, 11; III, 1, 10.

pris un cours différent. Solôn laissa encore entre les mains de l'oligarchie les pouvoirs essentiels de l'État. Les luttes de parti (qui seront racontées ci-après) entre Pisistrate, Lykurgue et Megaklês, trente ans après sa législation, qui finirent par le despotisme de Pisistrate, paraîtront avoir le même caractère purement oligarchique qu'elles avaient avant que Solôn fût nommé archonte. Mais l'oligarchie qu'il établit fut très-différente de l'oligarchie non mitigée qu'il trouva, si féconde en oppression et si dénuée de justice, comme l'attestent ses propres poëmes.

Ce fut lui qui le premier donna à la fois aux citoyens de moyenne fortune et à la masse générale un *locus standi* contre les eupatrides. Il mit le peuple en état de se protéger par l'exercice pacifique d'un droit constitutionnel. La force nouvelle par laquelle cette protection fut mise à effet était l'assemblée publique appelée Heliæa (1), régularisée et armée de prérogatives agrandies, et, de plus, fortifiée par son indispensable allié, le sénat probouleutique ou délibérant

---

(1) Lysias cont. Theomnest. A. c. 5, p. 357, qui donne ἐὰν μὴ προστιμήσῃ ἡ Ἡλίαια comme une phrase de Solôn; bien que nous soyons autorisés à douter si jamais Solôn ait pu l'employer, quand nous trouvons Pollux (VII, 5, 22) disant distinctement que Solôn employait le mot ἐπαίτια pour signifier ce que les orateurs appelaient προστιμήματα.

Le sens propre et originel du mot Ἡλίαια est l'assemblée publique (V. Tittmann, Griech. Staatsverfass. p. 215-216); dans les temps suivants nous le trouvons qui signifie à Athènes : — 1. L'agrégat de six mille dikastes choisis annuellement par le sort et jurés, ou le peuple assemblé considéré comme exerçant des fonctions judiciaires. 2. Chacune des fractions séparées dans lesquelles se subdivisait en pratique ce corps agrégé pour affaire judiciaire réelle. Ἐκκλησία devint le terme employé pour signifier l'assemblée délibérante publique proprement appelée ainsi, qui ne pouvait jamais être tenue le même jour que siégeaient les dikastéries (Démosth. cont. Timokrat. c. 21, p. 726) : on s'adresse toujours en effet à chaque dikastérie, comme si c'était le peuple assemblé et occupé à remplir un devoir particulier

J'imagine qu'on s'est servi du terme Ἡλίαια à l'époque de Solôn dans son sens primitif, — l'assemblée publique, peut-être en impliquant son emploi dans la procédure judiciaire. Le nombre fixé de six mille n'est pas d'une date antérieure au temps de Kleisthenês, parce qu'il est essentiellement rattaché aux dix tribus; tandis que la subdivision de ce corps de six mille membres en divers corps de jurés pour des cours et des buts différents, ne commença probablement qu'après les premières réformes de Kleisthenês. Je reviendrai sur ce point quand je m'occuperai de ce dernier et de son époque.

d'avance. Sous la constitution de Solôn cette force fut simplement secondaire et défensive ; mais, après la rénovation de Kleisthenês, elle devint dominante et souveraine. Elle se ramifia graduellement en ces nombreux tribunaux populaires qui modifièrent si puissamment et la vie publique et la vie privée athénienne ; elle obtint le respect et la soumission sans partage du peuple, et par degrés rendit les magistratures individuelles des fonctions essentiellement subordonnées. L'assemblée populaire, telle qu'elle fut constituée par Solôn, ne jouissant que d'une influence modifiée et exercée à l'office d'examiner et de juger la conduite générale d'un ancien magistrat, forme le degré intermédiaire entre l'agora homérique passive et ces assemblées et ces tribunaux omnipotents qui écoutaient Periklês et Démosthène. Comparée avec ces derniers, elle n'a en elle qu'une faible teinte de démocratie, et c'est ainsi naturellement qu'elle parut à Aristote, qui écrivait avec une expérience pratique d'Athènes à l'époque des orateurs ; mais comparée avec la première, ou avec la constitution de l'Attique avant Solôn, elle doit avoir paru sans doute une concession éminemment démocratique. Imposer à l'archonte eupatride la nécessité d'être élu par la *tourbe* d'hommes libres (telle était la phrase dans la société eupatride), ou se soumettre à lui rendre des comptes, c'était une humiliation amère pour ceux parmi lesquels ce fut introduit pour la première fois ; car nous devons nous rappeler que c'était le plan le plus étendu de réforme constitutionnelle qui fût encore proposé en Grèce, et que les despotes et les oligarchies se partageaient à cette époque tout le monde grec. Comme il paraît que Solôn, tout en constituant l'assemblée populaire avec son sénat probouleutique, ne prit pas d'ombrage du sénat de l'Aréopage, et que même, dans le fait, il augmenta ses pouvoirs, nous pouvons en conclure que son grand objet fut, non d'affaiblir l'oligarchie en général, mais d'améliorer l'administration et de réprimer les écarts et les irrégularités des archontes individuellement ; et cela aussi, non en diminuant leurs pouvoirs, mais en faisant d'un certain degré de popularité la condition tant de leur entrée en charge que de leur sûreté et de leur honneur après l'accomplissement de leur office.

C'est, à mon avis, une erreur de supposer que Solôn transféra le pouvoir judiciaire des archontes à un tribunal populaire. Ces magistrats continuèrent encore d'être des juges agissant d'eux-mêmes, décidant et condamnant sans appel, et non pas seulement les présidents d'un jury assemblé, comme ils finirent par l'être plus tard pendant le siècle suivant (1). Pour l'exercice général d'un tel pouvoir, ils étaient responsables après leur année de charge. Une telle responsabilité était la garantie contre l'abus, — garantie bien insuffisante, et cependant non pas complétement inefficace. On verra cependant bientôt que ces archontes, bien que forts pour réprimer, et peut-être pour opprimer, des hommes humbles et pauvres, n'avaient pas le moyen de contenir des nobles rebelles de leur propre rang, tels que Pisistrate, Lykurgue et Megaklès, chacun avec sa suite armée. Quand nous comparerons les épées nues de ces compétiteurs ambitieux, tentative qui se termine par le despotisme de l'un d'eux, avec la lutte parlementaire pleine de véhémence

---

(1) L'assertion de Plutarque, qui dit que Solôn permit un appel de la décision de l'archonte au jugement du tribunal populaire (Plutarque, Solôn, 18) est vue avec peu de confiance par la plupart des commentateurs, bien que le Dr Thirlwall semble l'admettre, en la justifiant par l'analogie des ephetæ ou juges d'appel constitués par Drakôn (Hist. of Greece, vol. II, c. 11, p. 46).

Pour moi, il me semble que les ephetæ drakoniens n'étaient pas en réalité des juges d'appel; mais, quoi qu'il en soit, la supposition d'un appel du jugement d'un archonte ne s'accorde pas avec le cours bien connu de la procédure attique, et est née apparemment, dans l'esprit de Plutarque, d'une confusion avec la *provocatio* romaine, qui était en réalité un appel du jugement du consul à celui du peuple. La comparaison que fait Plutarque, de Solôn avec Publicola, conduit à ce soupçon. — Καὶ τοῖς φεύγουσι δίκην, ἐπικαλεῖσθαι τὸν δῆμον, ὥσπερ ὁ Σόλων τοὺς δικαστὰς, ἔδωκε (Publicola). L'archonte athénien fut d'abord un juge — sans appel; et plus tard, en cessant d'être juge, il devint président d'un tribunal, prenant seulement les mesures préparatoires qui amenaient la question au point où elle pouvait être décidée : mais il ne semble pas avoir jamais été un juge soumis à un appel.

Il n'est guère juste, pour Plutarque, de lui imputer cette remarque absurde, à savoir que Solôn rendit ses lois obscures avec intention, afin que les dikastes eussent plus à faire et un plus grand pouvoir. Il ne la répète, lui-même, qu'avec cette réserve, λέγεται « on dit »; et nous pouvons bien douter qu'elle ait jamais été faite sérieusement par son auteur, quel qu'il ait été.

qui exista entre Thémistocle et Aristide, décidée pacifiquement par le vote du peuple souverain et ne troublant jamais la tranquillité publique, nous verrons que la démocratie du siècle suivant remplissait les conditions d'ordre, aussi bien que de progrès, mieux que la constitution de Solôn.

Il est essentiel de distinguer cette constitution solonienne de la démocratie qui la suivit, pour bien comprendre le progrès de l'esprit grec, et particulièrement des affaires athéniennes. Cette démocratie s'acheva par degrés successifs, ce que nous exposerons ci-après. Démosthène et Æschine vivaient sous son règne comme sous un système complet et en pleine activité, lorsque les phases de son développement antérieur n'étaient plus l'objet d'un exact souvenir; et les dikastes alors réunis pour juger se plaisaient à entendre leur constitution associée aux noms soit de Solôn, soit de Thèseus. Leur contemporain Aristote, à l'esprit investigateur, ne se laissa pas égarer ainsi; mais même les Athéniens ordinaires du siècle précédent auraient échappé à la même illusion. Car pendant tout le cours du mouvement démocratique, depuis l'invasion des Perses jusqu'à la guerre du Péloponèse, et particulièrement pendant les changements proposés par Periklês et par Ephialtês, il y eut toujours un parti vigoureux de résistance qui ne laissait pas oublier au peuple qu'il avait déjà abandonné et qu'il était sur le point d'abandonner plus encore l'orbite marquée par Solôn. L'illustre Periklês eut à souffrir d'innombrables attaques, tant de la part des orateurs dans l'assemblée que des écrivains comiques au théâtre. Et parmi ces sarcasmes sur les tendances politiques du jour, nous devons probablement compter la plainte que fait entendre le poëte Kratinus en voyant combien Solôn et Drakôn étaient tombés en désuétude. « Je jure (disait-il dans un fragment de ses comédies) par Solôn et Drakôn, dont le peuple emploie aujourd'hui les tables de bois (tables des lois) à torréfier son orge (1). » Les

---

(1) Kratinus ap. Plutarque, Solôn, 25. Πρὸς τοῦ Σόλωνος καὶ Δράκοντος, οἷσι [νῦν

lois de Solôn relatives aux délits encourant une peine, à l'héritage et à l'adoption, aux relations privées en général, etc., restèrent pour la plus grande partie en vigueur ; son cens quadripartite dura aussi, du moins pour des desseins financiers, jusqu'à l'archontat de Nausinikos en 377 avant J.-C., de sorte que Cicéron et autres pouvaient être autorisés à affirmer que ses lois prévalaient encore à Athènes : mais ses dispositions politiques et judiciaires avaient subi une révolution (1) non moins complète et non moins mémorable que le caractère et l'esprit du peuple athénien en général. Le choix, par voie du sort, d'archontes et d'autres magistrats, et la distribution par le sort du corps général des dikastes ou jurés en listes pour les affaires judiciaires peut être décidément considéré comme n'appartenant pas à Solôn, mais comme adopté après la révolution de Kleisthenês (2) ; probablement aussi le choix des sénateurs par le sort. Le sort était un symptôme d'esprit démocratique prononcé que nous ne devons pas chercher dans les institutions de Solôn.

Il n'est pas facile d'établir distinctement quelle était la situation politique des anciennes gentes ou phratries, telles que Solôn les laissa. Les quatre tribus consistaient entièrement en gentes et en phratries, en tant qu'on ne pouvait être compris dans une des tribus si l'on n'était aussi membre de quelque gens ou de quelque phratrie. Or, le nouveau

---

Φρύγουσιν ἤδη τὰς κάχρυς ταῖς κυρ-
[βεσιν..
Isocrate vante la démocratie modérée de l'ancienne Athènes, en tant que comparée à celle sous laquelle il vivait ; mais dans le discours VII (Areopagitic.) il associe la première aux noms de Solôn et de Kleisthenês, tandis que dans le discours XII (Panathenaic.) il reconnaît qu'elle a duré depuis le temps de Thêseus jusqu'à celui de Solôn et de Pisistrate. Dans ce dernier discours il expose assez exactement le pouvoir que possédait le peuple sous la constitution solonienne : — Τοῦ τὰς ἀρχὰς καταστῆσαι καὶ λαβεῖν δίκην παρὰ τῶν ἐξαμαρτανόντων, ce qui coïncide avec la phrase d'Aristote : — τὰς ἀρχὰς αἱρεῖσθαι καὶ εὐθύνειν, — en supposant qu'il faille comprendre ἀρχόντων comme le substantif d'ἐξαμαρτανόντων.
Cf. Isocrate, Or. VII, p. 143 (p. 192 Bek.) et p. 150 (202 Bek.), et Orat. XII, p. 260-264 (351-356 Bek.).

(1) Cicéron, Orat. pro Sexto Roscio, c. 25 ; Elion, V. H. VIII, 10.

(2) Ceci semble être l'opinion du Dr Thirlwall, contrairement à celle de Wachsmuth, bien qu'il parle avec doute (History of Greece, vol. II, c. 11, p. 48, 2e édit.).

sénat probouleutique ou délibérant d'avance consistait en quatre cents membres, cent de chacune des tribus : les personnes non comprises dans une gens ou dans une phratrie ne pouvaient donc y avoir accès. Les conditions d'éligibilité étaient les mêmes, suivant l'ancienne coutume, pour les neuf archontes; naturellement aussi pour le sénat de l'Aréopage. Il ne resta ainsi que l'assemblée publique dont pût faire partie un Athénien qui n'était pas membre de ces tribus : cependant il était citoyen, puisqu'il pouvait donner son vote pour élire les archontes et les sénateurs, et prendre part au jugement de leur responsabilité, ayant en outre le droit de réclamer en propre personne des archontes la réparation d'un tort, tandis que l'étranger ne pouvait le faire que par l'intermédiaire d'un citoyen, son patron ou prostatês. Il semble donc que toutes les personnes non comprises dans les quatre tribus, quel que fût leur degré de fortune, étaient, sous le rapport des droits politiques, sur le même niveau que la quatrième classe ou la plus pauvre du cens de Solôn. Nous avons déjà fait remarquer que, même avant le temps de Solôn, le nombre des Athéniens non compris dans les gentes ou les phratries était probablement considérable ; il tendait à devenir de plus en plus grand, puisque ces corps étaient fermés et sans expansion, tandis que la politique du nouveau législateur tendait à appeler à Athènes, d'autres parties de la Grèce, des colons industrieux. Cette grande et croissante inégalité de droits politiques aide à expliquer la faiblesse du gouvernement quand il fallut repousser les agressions de Pisistrate, et montre l'importance de la révolution opérée plus tard par Kleisthenès, quand il abolit (pour toutes les vues politiques) les quatre anciennes tribus, et qu'il créa à leur place dix nouvelles tribus compréhensives.

Quant aux règlements du sénat et de l'assemblée du peuple, tels que Solôn les établit, nous sommes absolument sans document; il n'est pas non plus sans danger de transporter à la constitution solonienne les renseignements, relativement abondants, que nous possédons au sujet de ces corps sous la démocratie plus récente.

Les lois de Solôn étaient inscrites sur des rouleaux de

bois et des tablettes triangulaires, avec l'espèce d'écriture appelée boustrophèdon (lignes alternant d'abord de gauche à droite et ensuite de droite à gauche, semblables à la marche du laboureur), et conservées d'abord dans l'acropolis, puis dans le Prytancion. Sur les tablettes, appelées Kyrbeis, étaient surtout rappelées les lois relatives aux rites sacrés et aux sacrifices (1); sur les colonnes ou rouleaux, qui étaient au nombre d'au moins seize, furent placés les règlements relatifs aux questions profanes. Les fragments qui nous sont parvenus sont si chétifs, et les orateurs ont attribué à Solôn tant de choses qui appartiennent réellement aux temps postérieurs, qu'il n'est guère possible de former un jugement critique quelconque sur la législation comme ensemble, ni de découvrir par quels principes, par quels desseins généraux il fut guidé.

Il laissa sans les changer toutes les lois et tous les usages antérieurs relatifs au crime d'homicide, rattachés comme ils l'étaient aux sentiments religieux du peuple. En conséquence les lois de Drakôn sur ce sujet furent maintenues; mais celles qui s'appliquaient à d'autres sujets furent, selon Plutarque, entièrement abrogées (2); cependant il y a lieu de supposer que le rappel ne peut pas avoir été si radical que le représente ce biographe.

---

(1) Plut. Solôn, 23-25. Il mentionne particulièrement le seizième ἄξων; nous apprenons aussi que le treizième ἄξων contenait la huitième loi (c. 19); il est fait allusion à la vingt et unième loi dans Harpokration, v. Ὅτι οἱ ποιηταί.

Il existait quelques restes de ces rouleaux de bois à l'époque de Plutarque dans le Prytaneion athénien. V. Harpokration et Photius, v. Κύρβεις; Aristot. περὶ πολιτειῶν, Fragm. 35, éd. Neumann; Euphorion ap. Harpokrat. Ὁ κάτωθεν νόμος. Bekker, Anecdota, p. 413.

Ce que nous lisons relativement aux ἄξονες et aux κύρβεις n'en donne pas une idée claire. Outre Aristote, Seleukus et Didyme sont tous deux nommés comme ayant écrit des commentaires expressément sur ce sujet (Plutarque, Solôn, 1; Suidas, v. Ὀργεῶνες; Cf. aussi Meursius, Solôn, c. 24. Vit. Aristotel. ap. Westerm. Vitarum Script. Græc. p. 404), et la collection dans Stephan. Thesaur. p. 1095.

(2) Plutarque, Solôn, c. 17; Cyrill. cont. Julian, V, p. 169, éd. Spanheim. L'énumération des différentes justifications admises pour homicide, que nous trouvons dans Démosth. cont. Aristokrat. p. 637, semble un peu trop abondante et trop systématique pour l'époque de Drakôn; elle peut avoir été amendée par Solôn, ou peut-être dans un temps postérieur à Solôn.

Les lois soloniennes semblent avoir porté plus ou moins sur toutes les grandes branches de l'intérêt et du devoir humains. Nous trouvons des règlements politiques et religieux, publics et privés, civils et criminels, commerciaux, agricoles, somptuaires et disciplinaires. Solôn pourvoit au châtiment des crimes, restreint la profession et l'état du citoyen, prescrit des règles détaillées pour le mariage aussi bien que pour l'enterrement, pour l'usage commun des sources et des puits, et pour l'intérêt mutuel des fermiers voisins dans l'opération de planter leurs propriétés ou de les entourer de haies. Autant que nous en pouvons juger par l'état imparfait dans lequel nous avons ses lois, il ne semble pas qu'il y ait eu aucune tentative faite en vue d'un ordre ou d'une classification systématique. Quelques-unes d'entre elles ne sont que des instructions générales et vagues, tandis que d'autres, au contraire, ont le caractère le plus prononcé de spécialité.

Ce qu'il y eut de plus important de beaucoup, ce fut l'amendement de la loi concernant le débiteur et le créancier, que nous avons déjà signalée, et l'abolition du pouvoir qu'avaient les pères et les frères de vendre comme esclaves leurs filles et leurs sœurs. La prohibition de tout contrat quant à la sécurité de la personne suffisait seule pour produire une amélioration considérable dans le caractère et la condition de la population plus pauvre, résultat qui semble avoir été obtenu d'une manière si sensible de la législation de Solôn, que Boeckh et quelques autres critiques éminents supposent qu'il abolit le villenage et conféra aux fermiers pauvres un droit de propriété sur les terres qu'ils cultivaient, annulant les droits seigneuriaux du propriétaire. Mais cette opinion ne s'appuie sur aucune preuve positive ; et nous ne sommes pas autorisés à lui attribuer une nature plus radicale relativement à la terre que l'annulation des hypothèques antérieures (1).

---

(1) V. Boeckh, Public. Economy of the Athenians, b. III, sect. 5. Tittmann Griechisch. Staatsverfass. p. 651) et autres ont supposé (d'après Aristote,

La première colonne de ses lois contenait un règlement relatif aux produits propres à être exportés. Il interdit l'exportation de tous les produits du sol attique, excepté de l'huile d'olive seule. Et la sanction employée pour imposer l'observation de cette loi mérite d'être signalée, comme servant à faire comprendre les idées du temps, — l'archonte était obligé de prononcer une malédiction solennelle contre tout contrevenant, sous peine de payer une amende de cent drachmes (1). Nous devons probablement rattacher cette prohibition à d'autres objets auxquels Solôn songea, dit-on, spécialement aux encouragements qu'il donna aux artisans et aux manufacturiers à Athènes. Remarquant (nous dit-on) qu'une foule de nouveaux immigrants affluaient précisément alors en Attique pour chercher un établissement, par suite de la sécurité plus grande qui y régnait, il fut désireux de les tourner plutôt vers l'industrie manufacturière que vers la culture d'un sol naturellement pauvre (2). Il défendit d'accorder le droit de cité à aucun immigrant, excepté à ceux qui avaient quitté irrévocablement leurs premières demeures et étaient venus à Athènes dans le but d'exercer leur industrie ; et, afin de prévenir la paresse, il ordonna au sénat de l'Aréopage de veiller sur la vie des citoyens en général, et de punir quiconque n'aurait pas un genre de travail régulier pour vivre. Si un père n'avait pas appris à son fils quelque art ou quelque profession, Solôn dégageait le fils de toute obligation de nourrir son père pendant sa vieillesse. Et ce

---

Polit. II, 4, 4) que Solôn rendit une loi pour limiter la quantité de terre qu'un citoyen pouvait acquérir individuellement. Mais le passage ne me semble pas justifier une telle opinion.

(1) Plutarque, Solôn, 24. La *première loi*, cependant, avait pour but, dit-on, d'assurer des moyens d'existence à des veuves et à des orphelins (Harpokration, v. Σῖτος).

En vertu d'une loi d'Athènes (qui indique elle-même qu'elle appartenait au siècle qui suivit Solôn, par l'abondance de ses dispositions et par le nombre des mesures à prendre et de personnes officielles qui y sont nommées) il était défendu de déraciner un olivier en Attique, sous une pénalité de 200 drachmes pour chaque arbre détruit ainsi, excepté dans des desseins sacrés, ou dans la mesure de deux arbres par an, à la convenance du propriétaire (Démosth. cont. Makart. c. 16, p. 1074.

(2) Plutarque, Solôn, 22. Ταῖς τέχναις ἀξίωμα περιέθηκε.

fut pour encourager la multiplication de ces artisans, qu'il assura ou qu'il chercha à assurer à ceux qui résidaient en Attique le droit exclusif d'acheter et de consommer tous ses produits fonciers, excepté l'huile d'olive, qui était produite avec une abondance plus que suffisante pour leurs besoins. Il désira que le commerce avec les étrangers se fît en exportant les produits du travail des artisans à la place des produits du sol (1).

La prohibition commerciale est fondée sur des principes semblables en substance à ceux qui furent suivis dans les premiers temps de l'histoire d'Angleterre, par rapport tant au blé qu'à la laine, et aussi dans d'autres contrées européennes. En tant qu'elle produisit un effet quelconque, elle tendit à diminuer la quantité totale des produits récoltés sur le sol de l'Attique et à empêcher ainsi leur valeur de hausser, — but moins blâmable (si nous admettons que le législateur ait le droit d'intervenir d'une façon quelconque) que celui de nos dernières lois sur les céréales, qui étaient destinées à prévenir la baisse du prix des grains. Mais la loi de Solôn doit avoir été complétement inefficace, par rapport aux grands articles de subsistance pour l'homme; car l'Attique importait constamment et abondamment du blé et des comestibles salés, — probablement aussi de la laine et du lin destinés à être filés et tissés par les femmes, et certainement du bois de construction. On peut bien douter que cette loi ait jamais été imposée quant aux figues et au miel; du moins ces productions de l'Attique furent dans les temps postérieurs généralement consommées et célèbres dans

---

(1) Plutarque, Solôn, 22-24. Selon Hérodote, Solôn avait prescrit que les autorités punissent de mort tout homme qui ne présenterait pas un genre régulier de vie laborieuse (Hérod. II, 177; Diodore, I, 77).

Une punition si sévère n'est pas croyable; il n'est pas non plus vraisemblable que Solôn empruntât son idée de l'Egypte.

Selon Pollux (VIII, 6), la paresse était punie par l'atimie (privation des droits de citoyen) sous Drakôn; sous Solôn, cette punition ne fut appliquée que contre la personne qui en avait été convaincue dans trois occasions successives. V. Meursius, Solôn, c. 17; et l'« Areopagus » du même auteur, c. 8 et 9; et Taylor, Lect. Lysiac. c. 10.

toute la Grèce. Probablement aussi du temps de Solôn les mines d'argent de Laureion avaient à peine commencé à être exploitées : dans la suite elles devinrent extrêmement productives, et fournirent à Athènes un moyen de faire les payements étrangers non moins commode que lucratif (1).

Il n'est pas sans intérêt de mentionner le grand désir qu'avaient et Solôn et Drakôn d'imposer à leurs concitoyens des habitudes industrieuses et l'usage de subvenir à leurs propres besoins (2) ; et nous trouverons le même sentiment hautement exprimé par Periklês, à l'époque où le pouvoir d'Athènes était à son apogée. Nous ne devons pas non plus omettre cette première manifestation en Attique d'une opinion équitable et tolérante à l'égard de l'industrie sédentaire, qui dans la plupart des autres parties de la Grèce était regardée comme comparativement déshonorante. Le ton général du sentiment grec ne reconnaissait d'occupations tout à fait dignes d'un citoyen libre que les armes, l'agriculture et les exercices athlétiques et musicaux ; et la conduite des Spartiates, qui s'abstenaient même de l'agriculture et la laissaient à leurs Ilotes, était admirée, bien qu'elle ne pût être copiée, dans la plus grande partie du monde hellénique. Même des esprits tels que Platon, Aristote et Xénophon partagèrent dans une large mesure ce sentiment, qu'ils justifiaient par cette raison que la vie sédentaire de l'artisan et son travail incessant au logis étaient incompatibles avec l'aptitude militaire. On désigne ordinairement les occupations des habitants des villes par un mot qui entraîne avec lui des idées de mépris, et, bien que reconnues indispensables à l'existence de la cité, on les regarde comme faites seulement pour un ordre inférieur et à demi privilégié de citoyens. Cette manière de voir, sentiment admis chez les Grecs aussi bien que chez les étrangers, trouva une forte et

---

(1) Xénophon, De Vectigalibus, III, 2.

(2) Thucydide, II, 40 (l'oraison funè-bre prononcée par Periklês) : Καὶ τὸ πένεσθαι οὐχ ὁμολογεῖν τινι αἰσχρόν, ἀλλ' οὐ διαφεύγειν ἔργῳ αἴσχιον.

croissante opposition à Athènes, comme je l'ai déjà dit, — corroborée aussi par un sentiment semblable à Corinthe (1). Le commerce de Corinthe, aussi bien que de Chalkis, en Eubœa, était étendu, à une époque où celui d'Athènes existait à peine. Mais tandis que le despotisme de Périandre ne peut guère avoir manqué de décourager l'industrie à Corinthe, la législation contemporaine de Solôn fournit aux commerçants et aux artisans une nouvelle patrie à Athènes, en donnant les premiers encouragements à cette nombreuse population urbaine tant dans la cité que dans le Peirœeus (Pirée), que nous trouvons y résider réellement dans le siècle suivant. La multiplication de tels habitants dans la ville, tant citoyens que metœki (c'est-à-dire personnes qui résident sans avoir le titre de citoyens, mais jouissant d'une position assurée et de droits civils) fut un fait capital dans la marche progressive d'Athènes, puisqu'elle détermina non-seulement l'extension de son commerce, mais encore la prééminence de sa puissance navale, et qu'ainsi, comme conséquence ultérieure, elle prêta une force extraordinaire à son gouvernement démocratique. Elle semble de plus avoir été une déviation du caractère primitif de l'atticisme, qui tendait tant à la résidence cantonale qu'aux occupations rurales. Nous avons donc le plus grand intérêt à en signaler la première mention comme conséquence de la législation solonienne.

C'est à Solôn le premier qu'est due l'introduction à Athènes de la faculté de faire des legs par testament, dans tous les cas où un homme n'avait pas d'enfants légitimes. Suivant la coutume préexistante, nous pouvons plutôt supposer que, si une personne en mourant ne laissait ni enfants ni parents de son sang, son bien revenait (comme à Rome) à sa gens

---

(1) Hérodote, II, 167-177; cf. Xénophon, Œconomic. IV, 3.
Cependant les railleries sans bornes qu'Aristophane accumule sur Kleôn comme tanneur et sur Hyperbolos comme lampiste prouvent que, si quelque fabricant s'engageait dans la politique, les membres du parti contraire trouvaient assez de l'ancien sentiment subsistant pour s'en faire une bonne arme contre lui.

et à sa phratrie (1). Dans tous les états les plus grossiers de société le pouvoir de tester est inconnu, comme chez les anciens Germains, chez les Romains avant les douze tables, dans les anciennes lois des Hindous, etc. (2). La société borne à sa vie l'intérêt d'un homme ou la faculté de jouir, et elle juge que ses parents ont des droits de réversion sur son bien, droits qui s'appliquent après sa mort dans certaines proportions déterminées. Une telle idée devait avec d'autant plus de probabilité prévaloir à Athènes, que la perpétuité des rites sacrés de famille, auxquels les enfants et les proches parents prenaient part de droit, était considérée par les Athéniens comme un objet d'intérêt public aussi bien que d'intérêt privé. Solôn permit à tout homme mourant sans enfants de léguer son bien par testament comme il le jugerait bon; et le testament était respecté, à moins qu'il ne fût prouvé qu'on l'avait obtenu par quelque contrainte ou par quelque séduction illicite. Généralement parlant, cette autorisation continua d'avoir force de loi pendant tous les temps historiques d'Athènes. Les fils, là où il y avait des fils, succédaient aux biens de leurs pères à parts égales, sous l'obligation de marier leurs sœurs avec une certaine dot. S'il n'y avait pas de fils, alors les filles héritaient, bien que le père pût, par testament, dans certaines limites, déterminer la personne à laquelle elles devaient être mariées, avec les droits de succession inhérents à chacune d'elles; ou qu'il pût, avec le consentement de ses filles, faire par testament certains autres arrangements relativement à son bien. Une personne qui n'avait ni enfants ni descendants en ligne directe pouvait léguer son bien comme elle le voulait: si elle mourait sans laisser de testament, d'abord son père, puis son frère ou les enfants de son frère, ensuite sa sœur ou les enfants de sa sœur héritaient; s'il n'en existait

---

(1) Ceci semble le sens exact des mots ἐν τῷ γένει τοῦ τεθνηκότος ἔδει τὰ χρήματα καὶ τὸν οἶκον καταμένειν, dans ce temps ancien (Plut. Solôn, 21); cf. Meier, De Gentilitate Atticâ, p. 33.

(2) Tacite, German. c. 20; Halhed, Preface to Gentoo Code, p. I, III; Mill's History of British India, b. II, c. 4, p. 214.

pas, alors venaient les cousins du côté paternel, puis les cousins du côté maternel ; la ligne descendante masculine ayant la préférence sur la ligne féminine. Tel était le principe des lois de succession de Solôn, bien que les détails en soient dans plus d'un point obscurs et douteux (1). Solôn, à ce qu'il semble, fut le premier qui donna la faculté d'invalider par testament les droits qu'avaient les agnats ou les membres de la gens d'hériter, mesure qui s'accorde avec la pensée d'encourager à la fois les occupations industrielles et la multiplication des acquisitions individuelles, qui en étaient la conséquence (2).

Nous avons déjà dit que Solôn interdit aux pères et aux frères de vendre leurs filles ou leurs sœurs comme esclaves ; prohibition qui montre combien les femmes avaient été auparavant regardées comme des articles de propriété. Et il semblerait qu'avant son époque le viol d'une femme libre ait dû être puni au gré des magistrats ; car on nous dit qu'il fut le premier qui établit une pénalité de cent drachmes contre le coupable, et vingt drachmes contre le séducteur d'une femme libre (3). En outre, on dit qu'il défendit à une femme qui se mariait d'apporter avec elle ni ornements ni effets personnels, si ce n'est dans la mesure de trois robes et de certains objets de toilette de peu de prix (4). Solôn imposa de plus aux femmes plusieurs restrictions relatives à la conduite à tenir aux obsèques de parents décédés. Il interdit

---

(1) V. la Dissertation de Bunsen, De Jure Hereditario Atheniensium, p. 28, 29 ; et Hermann Schelling, De Solonis Legibus ap. Orat. Atticos, c. 17.
Il n'était pas permis au fils adoptif de léguer par testament le bien dont l'adoption l'avait rendu possesseur ; s'il ne laissait pas d'enfants légitimes, les héritiers légaux de celui qui avait fait l'adoption réclamaient ce bien comme de droit (Démosth. cont. Leochar. p. 1100 ; cont. Stephan. B. p. 1133 ; Bunsen, ut sup. p. 55-58.

(2) Plutarque, Solôn, 21. Τὰ χρήματα, κτήματα τῶν ἐχόντων ἐποίησεν.

(3) Selon Æschine (cont. Timarch. p. 16-78), la punition établie par Solôn contre le προαγωγός ou pourvoyeur, dans ces cas de séduction, était la mort.

(4) Plutarque, Solôn, 20. Ces φερναὶ étaient indépendantes de la dot de l'épouse, pour laquelle le mari, quand il la recevait, donnait communément une garantie, et qu'il rendait dans le cas de la mort de sa femme. V. Bunsen, De Jure Hered. Ath. p. 43.

les démonstrations excessives de douleur, les chants funèbres préparés à l'avance, et les contributions et les sacrifices coûteux. Il détermina strictement la quantité de viande et de boisson admissible au banquet funèbre, et défendit la sortie nocturne, si ce n'est dans un chariot et avec un flambeau. Il paraît que, tant en Grèce qu'à Rome, les sentiments de devoir et d'affection de la part des parents survivants les portaient à des dépenses ruineuses en funérailles, aussi bien qu'à des effusions sans mesure non-seulement de douleur mais encore de joie inspirée par le festin funèbre ; et la nécessité généralement reconnue d'une restriction légale est attestée par la remarque de Plutarque, qui dit que des prohibitions semblables à celles qu'avaient décrétées Solôn étaient également en vigueur dans sa ville natale de Chœroneia (1).

---

(1) Plutarque, *l. c.* Les restrictions soloniennes au sujet des funérailles furent en grande partie copiées dans les douze tables à Rome. V. Cicéron, De Leg. II, 23, 24. Il regarde comme une chose juste de mettre les pauvres et les riches sur le même niveau quant aux cérémonies funèbres. Platon suit une idée opposée, et détermine la dépense des funérailles sur une échelle proportionnelle au cens du mort (Leg. XII, p. 959).

Démosthène (cont. Makart. p. 1071) donne ce qu'il appelle la loi solonienne sur les funérailles, différant de Plutarque en plusieurs points.

On mentionne parfois dans des villes grecques des excès extravagants de douleur de la part du sexe féminin ; V. le μανικὸν πένθος chez les femmes milésiennes (Polyen, VIII, 63) ; les femmes milésiennes, cependant, avaient une teinte de sentiment karien.

Cf. une inscription instructive rappelant une loi de la cité grecque de Gambreion dans l'Asie Mineure æolienne, où le costume, la manière d'agir et le temps de deuil permis, pour les hommes, les femmes et les enfants qui ont perdu leurs parents sont rigoureusement proscrits sous des pénalités sévères (Franz, Fünf Inschriften und fünf Staedte in Klein-Asien, Berlin, 1840), p. 17. Quelques-unes des anciennes lois scandinaves défendent les cérémonies dispendieuses dans la célébration du mariage (Wilda, Das Gildenwesen im Mittelalter, p. 18).

Et nous pouvons comprendre les motifs de restrictions somptuaires apportées à ces cérémonies, que nous en approuvions ou non la sagesse, quand nous lisons le récit donné par le colonel Sleemann des dépenses ruineuses faites en ce jour chez les Hindous, lors de la célébration du mariage (Rambles and Recollections of an Indian official, vol. I, c. VI, p. 51-53).

« Je ne crois pas qu'il y ait de pays au monde où une partie plus considérable du bien de la communauté soit dépensée dans les cérémonies du mariage... Un des maux qui pèsent le plus sur la société indienne, c'est la nécessité qu'a établie un long usage de gaspiller de grosses sommes d'argent dans ces céré-

Nous avons encore à mentionner d'autres lois pénales de Solôn. Il interdit absolument la médisance à l'égard des morts. Il la défendit aussi à l'égard des vivants, soit dans un temple, soit devant des juges ou des archontes, soit à une fête publique quelconque, sous peine de payer trois drachmes à la personne lésée, et deux en plus au trésor public. La douceur du caractère de ses punitions en général peut se reconnaître à cette loi contre le langage injurieux, non moins qu'à la loi mentionnée plus haut contre le rapt. L'une et l'autre de ces offenses furent beaucoup plus sévèrement traitées sous la loi postérieure d'Athènes démocratique. L'édit péremptoire contre la médisance à l'égard d'une personne décédée, bien que naissant sans doute à un haut degré d'une répugnance désintéressée, doit aussi être rapportée en partie à cette crainte de la colère des trépassés qui occupait fortement l'ancien esprit grec.

Il semble généralement que Solôn détermina par une loi la dépense pour les sacrifices publics, bien que nous ignorions quelles furent ses instructions particulières. On nous dit qu'il compta un mouton et un médimne (de froment ou d'orge?) comme équivalant l'un ou l'autre à une drachme, et qu'il prescrivit aussi les prix à payer pour des bœufs de première qualité réservés aux occasions solennelles. Mais ce qui nous étonne, c'est de voir la récompense considérable à prendre

---

monies. Au lieu de donner à leurs enfants ce qu'ils peuvent pour les établir et les mettre en état de pourvoir aux besoins de leurs familles, les parents partout se croient obligés de dissiper tout ce qu'ils ont et tout ce qu'ils peuvent emprunter dans les fêtes du mariage... Tout homme se considère comme tenu de dépenser tous ses fonds et ses capitaux et d'épuiser tout son crédit, pour nourrir des paresseux pendant les cérémonies qui accompagnent le mariage de ses enfants, parce que ses ancêtres gaspillaient des sommes pareilles, et qu'il baisserait dans l'estime de la société s'il pouvait souffrir que ses enfants fussent mariés à moins de frais. Il n'y a rien qu'un mari et une femme se rappellent pendant leur vie avec autant d'orgueil et de plaisir que la dépense faite pour leur mariage, s'il se trouve qu'elle soit considérable pour leur condition sociale; c'est leur amoku, leur titre de noblesse. Rien n'est plus commun aujourd'hui que de voir un individu du rang le plus humble dépenser tout ce qu'il a ou tout ce qu'il peut emprunter pour le mariage de l'une de ses nombreuses filles, et se fier à la Providence pour les moyens de marier les autres. »

sur le trésor public qu'il décréta en faveur d'un vainqueur aux jeux Olympiques ou Isthmiques : le premier avait cinq cents drachmes, somme égale au revenu d'une année de la plus élevée des quatre classes d'après le cens ; le second cent drachmes. La grandeur de ces récompenses nous frappe d'autant plus, quand nous les comparons aux amendes sur le rapt et la médisance. Nous ne pouvons nous étonner que le philosophe Xénophane mentionnât, avec une certaine sévérité, l'appréciation extravagante de ce genre de supériorité, répandue dans les cités grecques (1). En même temps nous devons nous rappeler à la fois que ces jeux sacrés Panhelléniques présentaient la principale preuve visible de paix et de sympathie dans les nombreuses communautés de la Grèce, et que du temps de Solôn une récompense factice était encore nécessaire pour les encourager. Par rapport à la terre et à l'agriculture, Solôn proclama une récompense publique de cinq drachmes pour chaque loup apporté et une drachme pour chaque louveteau : l'étendue des terres incultes a de tout temps été considérable en Attique. Il fit aussi des règlements relatifs à l'usage des puits mitoyens et à la plantation dans les champs d'oliviers contigus. On ne peut affirmer sûrement qu'aucun de ces règlements ait continué à être en vigueur dans la période mieux connue de l'histoire athénienne (2).

Par rapport au vol, nous trouvons ce fait énoncé, que Solôn rappela la peine de mort que Drakôn avait attachée à ce crime, et qu'il décréta comme pénalité une compensation double en valeur de l'objet dérobé. La simplicité de cette loi peut donner lieu de supposer qu'elle appartient réellement à Solôn. Mais la loi qui domina pendant le temps des orateurs relativement au vol (3) doit avoir été introduite à

---

(1) Plutarque, Solôn, 23. Xénophane, Fragm. 2, éd. Schneidewin. S'il faut en croire Diogène, les récompenses étaient même plus considérables avant Solôn ; il les réduisit (Diogène, volume I, 55).

(2) Plutarque, Solôn, c. 23. V. Suidas, v. Φεισόμεθα.

(3) V. les lois dans Démosth. cont. Timokrat. p. 733-736. Nonobstant l'opinion et d'Heraldus (Animadversion. in Salmas. IV, 8) et de Meier (Attischer Prozess, p. 356), je ne puis croire qu'il y ait dans ces lois autre chose que leur base qu'il faille attribuer à Solôn ; —

quelque époque postérieure, puisqu'elle entre dans des distinctions et qu'elle mentionne tant des lieux que des formes de procédure que nous ne pouvons pas raisonnablement rapporter à la quarante-sixième Olympiade. Les dîners publics du Prytaneion, auxquels les archontes et un petit nombre de citoyens choisis prenaient part en commun, furent aussi soit établis pour la première fois, soit peut-être seulement régularisés plus strictement par Solôn. Il ordonna des gâteaux d'orge pour leurs repas ordinaires et des pains de froment pour les jours de fête, prescrivant le nombre de fois que chaque personne dînerait à la table (1). L'honneur du dîner à la table du Prytaneion fut conservé en entier comme une récompense précieuse à la disposition du gouvernement.

Parmi les diverses lois de Solôn, il en est peu qui aient plus attiré l'attention que celle qui déclare que l'homme qui dans une sédition s'est tenu à l'écart sans se ranger d'un côté ni de l'autre, mérite d'être déshonoré et privé de ses droits (2). Rigoureusement parlant, cette mesure semble plutôt être de la nature d'une dénonciation morale expresse ou d'une malédiction religieuse qu'une sanction légale susceptible d'être appliquée formellement dans un cas indivi-

---

elles indiquent un état de la procédure attique trop compliqué pour cette époque (Lysias, cont. Theomn. p. 356). Le mot ποδοκάκκη appartient à Solôn, et probablement la pénalité, d'être retenu cinq jours aux ceps, pour le voleur qui n'avait pas restitué ce qu'il avait dérobé.

Aulu-Gelle (XI, 18) mentionne la simple *pœna dupli*; dans les auteurs qu'il copie, il est évident qu'il était dit que Solôn avait rendu cette loi en général pour *tous* les vols; nous ne pouvons dire quels auteurs il copiait; mais, dans une autre partie de son ouvrage, il copie une loi de Solôn des ἄξονες de bois sur l'autorité d'Aristote (II, 12).

Platon, dans ses Lois, prescrit la *pœna dupli* dans tous les cas de vol sans distinction de circonstances (Leg. IX, p. 857 ; XII, p. 941) ; c'était aussi la loi primitive de Rome : « Posuerunt furem duplo condemnari, fœneratorem quadruplo » (Caton, De Re Rusticâ, Proœmium), — c'est-à-dire, dans des cas de *furtum nec manifestum* (Walter, Geschichte des Roemisch. Rechts. sect. 757).

(1) Plutarque, Solôn, 24; Athenæ. IV, p. 137 ; Diogen. Laërt. I, 58 : Καὶ πρῶτος τὴν συναγωγὴν τῶν ἐννέα ἀρχόντων ἐποίησεν, εἰς τὸ συνειπεῖν.

(2) Plutarque, Solôn, 20, et De Serâ Numinis Vindictâ, p. 550 ; Aulu-Gelle, II, 12.

duel et après un procès judiciaire, bien que la sentence d'atimie, dans la procédure attique plus compliquée, fût à la fois déterminée dans ses conséquences pénales et rendue aussi juridiquement. Nous pouvons cependant suivre le cours d'idées qui amena Solôn à écrire cette sentence sur ses tables, et nous pouvons reconnaître l'influence de pareilles idées dans les institutions attiques plus récentes. Il est évident que sa dénonciation se borne au cas spécial où une sédition a déjà éclaté : nous devons supposer que Kylôn a saisi l'akropolis, ou que Pisistrate, Megaklês et Lykurgue sont en armes à la tête de leurs partisans. En admettant que ces chefs fussent des hommes riches et puissants, ce qui, selon toute probabilité, était ordinairement le cas, l'autorité constituée, telle que Solôn la vit avant lui en Attique, même après ses propres réformes organiques, n'était pas assez forte pour maintenir la paix ; elle devenait dans le fait elle-même un des partis rivaux. De telles circonstances étant données, dès que tous les citoyens annonçaient publiquement leur adhésion à l'un d'eux, aussitôt cette suspension de l'autorité légale devait vraisemblablement cesser. Rien n'était si funeste que l'indifférence de la masse, ou sa disposition à laisser les combattants achever la lutte entre eux, et alors à se soumettre au vainqueur (1). Rien n'était plus propre à encourager l'agression de la part d'un mécontent ambitieux que la conviction que, s'il pouvait une fois accabler la petite somme de forces matérielles qui entourait les archontes, et se montrer possesseur armé du prytaneion ou de l'akropolis, il pouvait immédiatement compter sur une soumission passive de la part de tous les hommes libres du dehors. Dans l'état de sentiment que Solôn inculque, le chef rebelle avait à calculer que tout homme qui n'était pas activement pour lui serait activement contre lui, et que cette circonstance rendrait son entreprise beaucoup plus dangereuse. En effet, il ne pouvait jamais alors espérer réussir, excepté dans la

---

(1) V. un cas d'une indifférence semblable manifestée par le peuple d'Argos dans la vie d'Aratus de Plutarque, c. 27.

double supposition d'une popularité extraordinaire attachée à sa propre personne et d'une aversion largement répandue à l'égard du gouvernement existant. Il était donc ainsi sous l'influence de puissants motifs propres à l'arrêter ; aussi était-il moins vraisemblable que l'ambition seule l'entraînât dans une démarche qui ne promettait rien autre chose que la ruine, à moins qu'il ne trouvât dans l'opinion publique préexistante des encouragements tels que sa réussite devînt un résultat désirable pour la communauté. Dans les petites sociétés politiques grecques, spécialement à l'époque de Solôn, où le nombre des despotes dans d'autres parties de la Grèce semble avoir été à son maximum, tout gouvernement, quelle que fût sa forme, était assez faible pour qu'il fût relativement facile de le renverser. Si ce n'est dans la supposition d'une bande de mercenaires étrangers, ce qui faisait du gouvernement un système de pure violence, et auquel naturellement le législateur athénien ne songeait jamais, il n'y avait pas d'autre point d'appui pour lui qu'un sentiment positif et prononcé d'attachement de la part de la masse des citoyens. L'indifférence de leur part en faisait une proie pour tout homme riche et entreprenant qui avait la fantaisie de devenir conspirateur. Il était essentiel au maintien de tout bon gouvernement grec qu'ils fussent prêts à accourir, non-seulement avec des cris, mais avec des armes, et qu'on sût à l'avance qu'il en serait ainsi. Cette disposition d'esprit était salutaire, en prévenant de simples tentatives personnelles de révolution ; et pacifique dans sa tendance, même là où la révolution avait éclaté réellement, parce que dans le plus grand nombre de cas la proportion des partisans était probablement très-inégale, et que le parti le plus faible était forcé de renoncer à ses espérances.

On remarquera que dans cette loi de Solôn le gouvernement existant est mis seulement au nombre des partis rivaux. Il est prescrit au citoyen vertueux, non de se mettre en avant pour l'appuyer, mais de le faire à tout événement, soit pour lui, soit contre lui. Une intervention positive et prompte est tout ce qui lui est prescrit comme devoir. A l'époque de Solôn, il n'y avait pas d'idée ou de système politique encore en circulation qui pût être pris comme donnée incontestable — point de règle évidente à laquelle les citoyens fussent engagés en toute circonstance à s'attacher. On avait à choisir seulement entre la possession d'une oligarchie mitigée et la possibilité d'un despote; lutte dans laquelle on pouvait rarement compter sur les affections du peuple en faveur du gouvernement établi. Mais cette neutralité touchant la constitution cessa après la révolution de Kleisthenês, lorsque l'idée du peuple souverain et les institutions démocratiques devinrent à la fois familières et précieuses à tout citoyen individuellement. Nous verrons ci-après les Athéniens s'engager par les serments les plus sincères et les plus solennels à soutenir leur démocratie contre toute tentative faite en vue de la renverser; nous découvrirons en eux un sentiment non moins positif et inflexible dans sa direction qu'énergique dans ses inspirations. Mais, tout en signalant ce changement très-important dans leur caractère, nous remarquerons en même temps que la sage mesure de précaution recommandée par Solôn d'obvier à une sédition par la prompte déclaration d'un public impartial entre deux chefs rivaux ne fut pas perdue pour eux. Tel fut, en réalité, le but de cette institution salutaire et protectrice appelée l'ostracisme. Quand, dans les premières phases de la démocratie athénienne, deux chefs de parti, puissants chacun par ses adhérents et son influence, s'étaient engagés avec ardeur dans une lutte mutuelle acharnée et prolongée, une telle opposition était de nature à conduire l'un ou l'autre à des mesures violentes. Outre les espérances de triomphe pour son parti, chacun pouvait bien craindre, en continuant à rester lui-même dans les limites de la légalité, de tomber victime de procédés agressifs de la part de ses antagonistes. Pour détourner ce formidable danger, on demandait un vote public pour décider lequel des deux irait en exil temporairement, en conservant ses biens et sans subir aucun déshonneur. Un nombre de citoyens non inférieur à six mille, votant secrètement et par cela même d'une manière indépendante, étaient invités à y prendre part et à prononcer, contre l'un ou l'autre de ces éminents rivaux, une sentence d'exil pour dix ans. Celui qui restait devenait naturellement plus puissant ; il était cependant moins en état d'être poussé dans une voie anticonstitutionnelle qu'il ne l'était auparavant. Je reparlerai dans un autre chapitre de cette sage précaution, et je la justifierai contre quelques interprétations erronées auxquelles elle a donné lieu. Actuellement je me contente de mentionner son analogie avec la loi solonienne antérieure et sa tendance à remplir le même but, qui était de mettre fin à une violente lutte de partis, en employant par artifice les votes de la masse des citoyens impartiaux contre l'un ou l'autre des chefs, — avec cette importante différence, que, tandis que Solôn admettait que les partis hostiles en fussent venus à prendre les armes, l'ostracisme détournait cette grave calamité publique en appliquant son remède aux symptômes annonçant d'avance le mal.

J'ai déjà examiné, dans un chapitre précédent, les instructions données par Solôn pour la récitation plus méthodique des poëmes homériques ; et il est curieux de comparer son respect pour l'ancienne épopée avec la complète répugnance qu'il manifeste à l'égard de Thespis et du drame, qui naissait à ce moment même et n'annonçait guère sa supériorité future. La tragédie et la comédie commençaient alors à être greffées sur le chant lyrique et chorique. D'abord un seul acteur fut appelé à soulager le chœur ; ensuite on introduisit deux acteurs pour remplir des rôles fictifs et soutenir un dialogue, de manière que les chants du chœur et le dialogue des acteurs formaient une pièce continue. Solôn, après avoir entendu Thespis jouer (comme le faisaient tous les anciens acteurs, tant tragiques que comiques) dans sa propre comédie, lui demanda ensuite s'il ne rougissait pas de débiter tant de mensonges devant un auditoire si considérable. Et comme Thespis répondait qu'il n'y avait point de mal à dire et à faire de telles choses simplement pour amuser, Solôn indigné s'écria, en frappant le sol de son bâton (1) : « Si une fois nous venons à louer et à estimer un amusement tel que

---

(1) Plutarque, Solôn, 29; Diog. Laërt. I, 59.

celui-ci, nous en retrouverons bientôt les effets dans nos transactions journalières. » Il serait téméraire de garantir l'authenticité de cette anecdote ; mais nous pouvons du moins la considérer comme la protestation de quelque ancien philosophe contre les illusions que fait naître le drame ; et elle est intéressante en ce qu'elle marque les premiers efforts de cette littérature dans laquelle les Athéniens atteignirent dans la suite une supériorité si incomparable.

Il paraîtrait que toutes les lois de Solôn furent promulguées, inscrites et acceptées sans discussion ni résistance. Il les avait représentées, dit-on, non comme les meilleures lois qu'il aurait pu imaginer lui-même, mais comme les meilleures qu'il aurait pu engager le peuple à accepter. Il leur donna de la validité pour l'espace de dix ans, période (1) pendant laquelle, tant le sénat collectivement que les autorités individuellement, jurèrent de les observer fidèlement, sous peine, en cas de violation, d'élever à Delphes une statue d'or aussi grande que nature. Mais, bien que l'acceptation des lois se fût accomplie sans difficulté, il fut moins facile, soit pour le peuple de les comprendre et d'y obéir, soit pour l'auteur de les expliquer. Chaque jour des personnes venaient trouver Solôn, soit pour lui adresser des éloges ou des critiques, soit pour lui suggérer diverses améliorations, soit pour le questionner sur l'explication de règlements particuliers, jusqu'à ce qu'enfin il finît par se fatiguer de cette suite interminable de réponses et de justifications qui étaient rarement assez heureuses pour dissiper l'obscurité ou satisfaire les mécontents. Prévoyant que, s'il restait, il serait obligé de faire des changements, il obtint de ses concitoyens la permission de s'absenter pour dix ans, espérant qu'avant l'expiration de ce terme ils se seraient accoutumés à ses lois. Il quitta sa ville natale, pleinement convaincu que ses lois resteraient sans être rappelées jusqu'à son retour ; car (dit Hérodote) « les Athéniens *ne pouvaient pas* les rappeler, puisqu'ils étaient engagés par un serment solennel

---

(1) Plutarque, Solôn, 15.

à les observer pendant dix ans. » La manière absolue dont l'historien parle ici d'un serment, comme s'il créait une sorte d'obligation matérielle et excluait toute possibilité d'un résultat contraire, mérite d'être signalée comme jetant du jour sur le sentiment grec (1).

Après avoir quitté Athènes, Solôn visita d'abord l'Égypte, où il eut de fréquentes communications avec Psenôphis d'Héliopolis et Sonchis de Saïs, prêtres égyptiens qui avaient beaucoup à conter touchant leur ancienne histoire, et de qui il apprit des faits réels ou prétendus, dépassant de beaucoup en antiquité alléguée les plus vieilles généalogies grecques, particulièrement l'histoire de la grande île submergée de l'Atlantis, et la guerre que les ancêtres des Athéniens lui avaient faite avec succès 9,000 ans auparavant. Solôn commença, dit-on, un poëme épique sur ce sujet ; mais il ne vécut pas assez longtemps pour le finir, et il n'en reste rien aujourd'hui. D'Égypte il alla à Cypre, où il visita la petite ville d'Æpeia, qui, disait-on, avait été fondée dans l'origine par Demophôn, fils de Thêseus, et qui à cette époque était gouvernée par le prince Philokypros, — chaque ville dans l'île de Cypre ayant son petit prince particulier. Elle était située près de la rivière Klarios dans une position escarpée et sûre, mais incommode et mal approvisionnée. Solôn persuada à Philokypros d'abandonner l'ancienne position et d'établir une nouvelle ville dans la plaine fertile s'étendant en bas. Il y resta lui-même et devint œkiste du nouvel établissement, faisant tous les règlements nécessaires à sa marche assurée et prospère, qui en effet se manifesta d'une manière si prononcée, qu'une foule de nouveaux émigrants affluèrent dans la nouvelle colonie, appelée par Philokypros *Soli*, en l'honneur de Solôn. A notre grand regret, il ne nous

---

(1) Hérodote, I, 29. Σόλων, ἀνὴρ Ἀθηναῖος, ὃς Ἀθηναίοισι νόμους κελεύσασι ποιήσας, ἀπεδήμησε ἔτεα δέκα, ἵνα δὴ μή τινα τῶν νόμων ἀναγκάσθη λῦσαι τῶν ἔθετο · αὐτοὶ γὰρ οὐκ οἷοί τε ἦσαν αὐτὸ ποιῆσαι Ἀθηναῖοι, ὁρκίοισι γὰρ μεγάλοισι κατείχοντο, δέκα ἔτεα χρήσεσθαι νόμοισι τοὺς ἄν σφι Σόλων θῆται.

Cent ans est le terme que donne Plutarque (Solôn, 25).

est pas permis de savoir quels étaient ces règlements ; mais le fait général est attesté par les poëmes de Solôn lui-même, et nous possédons encore les vers dans lesquels il disait adieu à Philokypros en quittant l'île. Quant aux dispositions de ce prince, son poëme en faisait un éloge complet (1).

Outre sa visite en Égypte et à Cypre, il y avait encore une histoire courante rapportant qu'il avait eu des rapports avec le roi lydien Crésus à Sardes. Les relations qui, dit-on, existèrent entre eux, ont été mises en une sorte de conte moral qui forme un des plus beaux épisodes de toute son histoire. Bien que ce conte ait été dit et redit comme si c'était de l'histoire véritable, toutefois tel qu'il est actuellement il est inconciliable avec la chronologie, et cependant il est très-possible que Solôn ait visité Sardes à un moment ou à un autre, et vu Crésus comme prince héréditaire (2).

---

(1) Plutarque, Solôn, 26 ; Hérodote, V, 113. Diogène n'est point digne de foi quand il avance que Solôn fonda Soli en Kilikia et qu'il mourut à Cypre (Diog. Laërt, I, 51-62).

(2) Plutarque nous dit que plusieurs auteurs rejetaient la réalité de cette entrevue comme étant impossible sous le rapport chronologique. Il faut se rappeler que la question roule tout entière sur l'entrevue *telle qu'elle est décrite par Hérodote* et sur ses suites prétendues ; car il est possible, bien que ce ne soit pas démontré, qu'il ait pu y avoir une entrevue entre Solôn et Crésus à Sardes, à quelque moment entre 594 et 560 avant J.-C.

Il est évident que Solôn n'a pas fait mention dans ses poëmes d'une entrevue avec Crésus : autrement le débat aurait été décidé tout de suite. Or cette lacune, dans un homme tel que Solôn, devient une preuve négative de quelque valeur ; car il mentionnait dans ses poëmes et l'Egypte et le prince Philokypros à Cypre, et s'il y avait eu une conversation aussi frappante que celle que rapporte Hérodote, entre lui et Crésus, il n'aurait guère pu manquer de la signaler.

Wesseling, Larcher, Volney et M. Clinton essayent tous d'obvier aux difficultés chronologiques, et de sauver le caractère historique de cette entrevue, mais sans succès, à mon avis. V. F. H. de M. Clinton, ad ann. 546 avant J.-C., et Appendix, c. 17, p. 298. Les données chronologiques sont celles-ci : — Crésus était né en 595 avant J.-C., un an avant la législation de Solôn ; il succéda à son père à l'âge de trente-cinq ans, en 560 avant J.-C. ; il fut renversé et Sardes prise, en 546 avant J.-C., par Cyrus.

M. Clinton, d'après Wesseling et les autres auteurs, suppose que Crésus fut roi conjointement avec son père Halyattès, pendant le temps que vécut ce dernier, et que Solôn visita la Lydia et eut des rapports avec Crésus pendant ce règne commun en 570 avant J.-C. « Nous pouvons supposer que Solôn quitta Athènes en 575 avant J.-C., environ vingt ans avant son archontat, et qu'il y retourna en 565 avant J.-C., environ cinq ans avant l'usurpation de

Mais même s'il n'existait pas d'objections chronologiques, le dessein moral du conte est si saillant, et y domine d'une

Pisistrate » (p. 300). Au sujet de cette hypothèse, nous pouvons faire remarquer :

1. Les arguments à l'aide desquels Wesseling et M. Clinton s'efforcent de montrer que Crésus était roi conjointement avec son père n'appuient pas la conclusion. Le passage de Nicolas de Damas, que l'on produit pour prouver que ce fut Halyattês (et non Crésus) qui conquit la Karia, atteste seulement qu'Halyattês *marcha* avec une troupe armée contre la Karia (ἐπὶ Καρίαν στρατεύων); ce même auteur dit que Crésus fut délégué par Halyattês pour gouverner *Adramyttium et la plaine de Thêbê* (ἄρχειν ἀποδεδειγμένος); mais M. Clinton donne à ce témoignage une étendue inadmissible quand il le fait équivaloir à une conquête de l'Æolis par Halyattês (*de sorte que l'Æolis est déjà conquise*). Il n'est absolument rien dit au sujet de l'Æolis ni des villes des Grecs æoliens dans ce passage de Nicolas, qui représente Crésus comme gouvernant une sorte de satrapie sous son père Halyattês, précisément comme Cyrus le Jeune le fit à une époque postérieure sous Artaxerxês. Et l'expression d'Hérodote, ἐπεί τε, δόντος τοῦ πατρὸς, ἐκράτησε τῆς ἀρχῆς ὁ Κροῖσος, me semble, si on la prend avec le contexte, indiquer un legs ou la nomination d'un successeur, et non une donation faite pendant la vie.

2. En conséquence, l'hypothèse que Crésus était roi en 570 avant J.-C., du vivant de son père, est purement gratuite, si l'on y a recours par rapport aux difficultés chronologiques se rattachant au récit d'Hérodote. Mais elle est tout à fait insuffisante pour un tel but. Elle ne nous évite pas la nécessité de contredire Hérodote dans la plupart de ses détails; il a pu y avoir *une entrevue* entre Solôn et Crésus en 570 avant J.-C.;

mais ce ne peut être l'*entrevue* décrite par Hérodote. Cette entrevue survient dans l'intervalle des dix années qui suivent la promulgation des lois de Solôn, — lorsque la puissance de Crésus était à son apogée et qu'il avait fait lui-même de nombreuses conquêtes comme roi, — à une époque où Crésus avait un fils assez âgé pour être marié et pour commander des armées (Hérod. I, 35), — à une époque en outre précédant immédiatement le passage de la fortune de la prospérité à l'adversité, d'abord par la mort de son fils, suivie de deux années de deuil, auxquelles mit un terme (πένθεος ἀπέπαυσε, Hérod. I, 47) le stimulant d'une guerre avec les Perses. Cette guerre, si nous en lisons les événements tels qu'ils sont décrits par Hérodote, ne peut avoir duré plus de trois ou quatre ans, de sorte que l'entrevue entre Solôn et Crésus, *comme Hérodote la concevait*, peut assez bien être placée dans l'intervalle des sept années qui ont précédé la prise de Sardes.

Si nous réunissons toutes ces conditions, nous verrons que l'entrevue racontée par Hérodote est une impossibilité chronologique; et Niebuhr (Roem. Gesch. vol. I, p. 579) a raison de dire que l'historien s'est trompé de dix Olympiades ou de quarante ans : son récit s'accorderait avec la chronologie, si nous supposions que la législation solonienne pût être rapportée à 554 avant J.-C., et non à 594.

A mon avis, c'est un conte instructif, dans lequel certains caractères réels, — Crésus et Solôn, — et certains faits réels, — le grand pouvoir, et ensuite la ruine du premier par le bras victorieux de Cyrus, avec certains faits sans doute entièrement fictifs, tels que les deux fils de Crésus, le Phrygien Adrastos et son histoire, la chasse du

manière tellement systématique depuis le commencement jusqu'à la fin, que ces raisons intrinsèques sont à elles seules assez fortes pour en détruire la crédibilité en tant que fait réel, à moins qu'il ne se fasse qu'un bon témoignage contemporain ne l'emporte sur de tels doutes, qui dans ce cas n'existent pas. Le récit de Solôn et de Crésus ne peut être pris pour autre chose que pour une fiction explicative, empruntée par Hérodote de quelque philosophe, et revêtue de sa beauté propre et particulière d'expression, qui dans cette occasion a une couleur poétique plus prononcée qu'on ne le voit habituellement dans cet auteur. Je ne puis la transcrire, et je n'ose guère l'abréger. Le superbe Crésus, à l'apogée de ses conquêtes et de sa fortune, s'efforce d'obtenir que Solôn, qui est venu le visiter, lui déclare qu'il le juge le plus heureux des hommes. Ce dernier, après lui avoir préféré deux fois des citoyens grecs modestes et méritants, finit par lui rappeler que ses grandes richesses et sa puissance étendue sont des biens trop précaires pour servir comme preuve du bonheur, — que les dieux sont jaloux et disposés à se mêler de tout, et que souvent ils font de l'étalage du bonheur un simple prélude d'une extrême infortune, — et qu'on ne peut pas appeler heureuse la vie d'aucun homme avant qu'il ait joué

---

sanglier sauvage et nuisible sur le mont Olympos, Crésus qui finit par être sauvé, etc., sont réunis de manière à faire une leçon morale frappante. Toute l'aventure d'Adrastos et du fils de Crésus est décrite dans un langage éminemment beau et poétique.

Plutarque considère le caractère frappant et approprié de ce récit comme la meilleure preuve de sa vérité historique, et il écarte les tables chronologiques comme indignes de foi. A propos de ce raisonnement, M. Clinton fait les très-justes remarques qui suivent : « Plutarque doit avoir eu une idée très-imparfaite de l'évidence historique, s'il pouvait croire que la conformité d'un récit avec le caractère de Solôn fût un meilleur argument pour prouver son authenticité que le nombre des témoins qui l'attestent. Ceux qui ont inventé la scène (en admettant que ce soit une fiction) auraient eu sûrement le talent d'adapter le discours au caractère des acteurs. » (p. 300).

Pour compléter entièrement cette remarque, il serait nécessaire d'ajouter les mots « *le droit à la confiance et les moyens d'information* » au « *nombre* » des témoins qui attestent. Et c'est une remarque d'autant plus digne d'attention, que M. Clinton signale ici l'existence d'une *fiction plausible*, comme étant entièrement distincte d'un fait attesté, — distinction dont il n'a pas tenu compte dans sa défense de la crédibilité historique des anciennes légendes grecques.

complétement son rôle, de sorte qu'il soit bien évident qu'il est en dehors des atteintes du malheur. Crésus traite cette opinion d'absurde, mais « un grand châtiment de Dieu tomba sur lui, après le départ de Solôn, — probablement (fait observer Hérodote) parce qu'il se croyait le plus heureux de tous les hommes. » D'abord il perdit Atys, son fils favori, jeune homme brave et intelligent (le seul autre fils qu'il eût étant muet). Car les Mysiens d'Olympos, étant ruinés par un sanglier destructeur et formidable qu'ils ne pouvaient réduire, demandèrent l'aide de Crésus, qui envoya sur les lieux une troupe de chasseurs d'élite et permit, — bien qu'avec une grande répugnance, par suite d'un rêve alarmant, — que son fils favori les accompagnât. Le jeune prince fut tué accidentellement par l'exilé phrygien Adrastos, que Crésus avait reçu et protégé (1). A peine ce dernier s'était-il remis de la douleur causée par cette catastrophe, que le développement rapide de Cyrus et de la puissance des Perses l'engagea à leur faire la guerre, contre l'avis de ses conseillers les plus sages. Après une lutte de près de trois années il fut complétement défait, sa capitale Sardes prise d'assaut, et lui-même fait prisonnier. Cyrus fit préparer un vaste bûcher, et y plaça Crésus chargé de fers, avec quatorze jeunes Lydiens, dans l'intention de les faire brûler vifs, soit comme offrande religieuse, soit pour accomplir un vœu, « ou peut-être (dit Hérodote) pour voir si quelque dieu n'interviendrait pas pour délivrer un homme d'une piété si prééminente que le roi de Lydia (2). Dans cette triste extrémité, Crésus se rappela l'avertissement qu'il avait naguère méprisé, et prononça trois

---

(1) Hérodote, I, 32. Ὦ Κροῖσε, ἐπιστάμενόν με τὸ θεῖον, πᾶν ἐὸν φθονερόν τε καὶ ταραχῶδες, ἐπειρωτᾷς με ἀνθρωπηΐων πρηγμάτων πέρι. I, 34. Μετὰ δὲ Σόλωνα οἰχόμενον, ἔλαβεν ἐκ θεοῦ νέμεσις μεγάλη Κροῖσον, ὡς εἰκάσαι ὅτι ἐνόμισε ἑωυτὸν εἶναι ἀνθρώπων ἁπάντων ὀλβιώτατον.

La partie de chasse et le terrible sanglier sauvage avec lequel les Mysiens ne peuvent lutter semblent être empruntés de la légende de Kalydôn.

Toute la scène d'Adrastos, revenant après l'accident, plein de remords et de désespoir, demandant la mort les mains tendues vers le roi, épargné par Crésus, et ensuite se tuant lui-même sur la tombe du jeune prince, est profondément tragique (Hérodote, I, 44-45).

(2) Hérodote, I, 85.

fois, avec un profond soupir, le nom de Solôn. Cyrus chargea les interprètes de lui demander qui il invoquait, et apprit en réponse l'anecdote du législateur athénien, avec l'avertissement solennel qu'il avait donné à Crésus dans des jours plus prospères, attestant la fragilité de toute grandeur humaine. La remarque entra profondément dans l'esprit du monarque des Perses, comme un signe de ce qui pourrait lui arriver à lui-même : il se repentit de son dessein, et ordonna que le bûcher, qui avait déjà été allumé, fût immédiatement éteint. Mais les ordres vinrent trop tard. Malgré les efforts les plus empressés des assistants, la flamme ne put être éteinte, et Crésus aurait néanmoins été dévoré par elle, s'il n'avait imploré avec larmes et prières le secours d'Apollon, dont il avait orné les temples à Delphes et à Thèbes de si magnifiques présents. Ses prières furent exaucées, le beau ciel se couvrit immédiatement, et il tomba une pluie abondante qui suffit pour éteindre les flammes (1). La vie de Crésus fut sauvée ainsi, et il devint ensuite l'ami intime et le conseiller de son vainqueur.

Telle est la brève esquisse d'un récit qu'Hérodote a donné avec un développement complet et qui est d'un effet frappant. Il aurait servi comme leçon morale à la jeunesse d'Athènes non moins admirablement que la fable bien connue du choix d'Hèraklès que le philosophe Prodikos (2), contemporain d'Hérodote, et plus jeune que lui, débita avec tant de popularité. Il jette une vive lumière sur les idées religieuses et morales de l'antiquité ; sur le profond sentiment de jalousie des dieux, qui ne voulaient endurer l'orgueil chez personne que chez eux-mêmes (3) ; sur l'impossibilité, pour qui que ce soit, de réaliser pour lui-même plus qu'une part très-modérée de bonheur ; sur le danger d'une Nemesis prête

---

(1) Hérodote, I, 86, 87 ; cf. Plutarque, Solôn, 27-28. Voir un récit semblable sur Gygès, roi de Lydia (Valerius Maxim. VII, 1, 2).

(2) Xénophon, Memorab. II, 1, 21. Πρόδικος ὁ σοφὸς ἐν τῷ συγγράμματι τῷ περὶ Ἡρακλέους, ὅπερ δὴ καὶ πλείστοις ἐπιδείκνυται, etc.

(3) Hérodote, VII, 10, Φιλέει γὰρ ὁ θεὸς τὰ ὑπερέχοντα πάντα κολούειν..... οὐ γὰρ ἐᾷ φρονέειν μέγα ὁ θεὸς ἄλλον ἢ ἑωυτόν.

à réagir, si à un moment quelconque il a dépassé une telle limite, et sur la nécessité de calculs embrassant l'ensemble de la vie, comme base d'une comparaison rationnelle de différents individus. Et il résume, comme conséquence pratique de ces sentiments, la protestation souvent répétée des moralistes contre les mouvements véhéments et les aspirations désordonnées. Plus ce récit paraît avoir de prix, avec son caractère explicatif, moins nous osons le considérer comme de l'histoire.

Il est très-regrettable que nous n'ayons pas de renseignements relatifs aux événements qui se sont passés en Attique immédiatement après les lois et la constitution de Solôn, qui furent promulguées en 594 avant J.-C., de manière à mieux comprendre l'effet pratique de ces changements. Ce que nous apprenons ensuite concernant Solôn en Attique se rapporte à une époque qui précède immédiatement la première usurpation de Pisistrate en 560 avant J.-C., et après le retour de Solôn de sa longue absence. Nous assistons encore ici aux mêmes dissensions oligarchiques qui dominaient, comme on le rapporte, avant la législation solonienne : les Pedieis, ou propriétaires opulents de la plaine à l'entour d'Athènes, sous Lykurgue ; les Parali du sud de l'Attique, sous Megaklès ; et les Diakrii, ou montagnards des cantons orientaux, la plus pauvre des trois classes, sous Pisistrate, sont dans un état de violentes disputes intestines. Le récit de Plutarque représente Solôn retournant à Athènes au fort de cette sédition. Il fut traité avec respect par tous les partis ; mais on n'obéit plus à ses recommandations, et l'âge l'avait rendu impropre à agir avec effet en public. Il fit tous ses efforts pour apaiser les animosités de parti, et il s'appliqua particulièrement à refréner l'ambition de Pisistrate, dont il découvrit promptement les projets ultérieurs.

La grandeur future de Pisistrate fut, dit-on, présagée pour la première fois par un miracle qui arriva, même avant sa naissance, à son père Hippokratès aux jeux Olympiques. Il fut réalisé, en partie par la bravoure et la conduite qu'il avait montrées à la prise de Nisæa sur les Méganiens (1), — en partie par la popularité de son langage et de ses manières, par son rôle de champion des pauvres (2), et son

---

(1) Hérodote, I, 59. Je rappelle cette allusion à Nisæa et à la guerre mégarienne, parce que je la trouve distinctement exposée dans Hérodote, et parce qu'il *se peut* qu'elle ait trait à quelque autre guerre entre Athènes et Megara postérieure à celle qui est mentionnée dans la vie de Solôn par Plutarque comme ayant précédé la législation solonienne (c'est-à-dire 594 avant J.-C.), et conséquemment ayant été faite près de quarante ans avant cette tentative de Pisistrate pour acquérir le despotisme. Pisistrate doit donc avoir été si jeune que l'on ne pourrait dire avec quelque justesse qu'il avait « pris Nisæa » (Νίσαιάν τε ἑλών) : le renom public, qui se trouva servir l'ambition de Pisistrate en 560 avant J.-C. doit avoir reposé sur quelque chose de plus récent que sa bravoure déployée vers 597 avant J.-C., — précisément comme la célébrité qui permit à Napoléon de jouer le jeu d'une ambition heureuse au 18 brumaire (nov. 1799) fut obtenue par des victoires gagnées dans les cinq années précédentes et n'aurait pu être représentée par un historien comme reposant sur des victoires remportées dans la guerre de Sept ans, entre 1756 et 1763.

En même temps je pense que les mots d'Hérodote relatifs à Pisistrate se rapportent réellement à la guerre mégarienne mentionnée dans la vie de Solôn par Plutarque, et qu'Hérodote supposait que cette guerre mégarienne avait été beaucoup plus rapprochée du despotisme de Pisistrate qu'elle ne le fut en réalité. Dans la conception d'Hérodote, et par ce que (d'après Niebuhr) je me permets d'appeler une erreur dans sa chronologie, l'intervalle entre 600 et 560 avant J.-C. se réduit de quarante ans à peu ou à rien. Une telle erreur se montre non-seulement dans l'occasion présente, mais encore dans deux autres : d'abord au sujet du dialogue supposé entre Solôn et Crésus, décrit et commenté quelques pages plus haut ; en second lieu, par rapport au poëte Alcée et à sa honteuse retraite devant les troupes athéniennes à Sigeion et à Achilleion, où il perdit son bouclier, lorsque les Mitylénæens furent défaits. La réalité de cet incident est incontestable, puisqu'il fut mentionné par Alcée lui-même dans l'un de ses chants ; mais Hérodote le représente comme étant arrivé dans une expédition athénienne *dirigée par Pisistrate*. Or, la guerre dans laquelle Alcée éprouva ce malheur, et qui fut terminée par la médiation de Périandre de Corinthe, doit avoir été faite antérieurement à 584 avant J.-C., et probablement le fut avant la législation de Solôn, longtemps avant l'époque où Pisistrate eut la direction des affaires athéniennes, — bien que ce dernier puisse avoir fait, et probablement ait fait *une autre guerre plus récente* contre les Mitylénæens dans ces contrées ; guerre qui l'amena à introduire son fils illégitime Hegesistratos comme despote de Sigeion (Hérodote, V, 94, 95).

Si nous suivons l'exposition que fait Hérodote de ces trois différentes suites d'événements, nous verrons que la même erreur chronologique domine dans toutes, — il franchit environ dix Olympiades, ou quarante années. Alcée est le contemporain de Pittakos et de Solôn.

J'ai déjà fait remarquer dans le chapitre précédent relatif aux despotes de Sikyôn (c. 2) un autre exemple de chronologie confuse dans Hérodote, touchant les événements de cette époque, — touchant Crésus, Megaklès, Alkmæon et Kleisthenês de Sikyôn.

(2) Aristote, Polit. V, 4, 5 ; Plutarque, Solôn, 29.

désaveu fastueux de toute prétention égoïste, — en partie par un mélange habile de stratagème et de force. Solôn, après avoir fait entendre des remontrances inutiles à Pisistrate lui-même, dénonça publiquement ses desseins dans des vers adressés au peuple. La fraude au moyen de laquelle Pisistrate finit par accomplir son dessein est mémorable dans la tradition grecque (1). Il parut un jour sur l'agora d'Athènes dans son chariot traîné par une paire de mulets : il avait de dessein prémédité blessé et sa personne et les mulets, et, dans cet état, il s'en remit à la pitié et à la défense du peuple, prétendant que ses ennemis politiques l'avaient attaqué par la violence. Il supplia le peuple de lui accorder une garde, et au moment où les sympathies populaires étaient fraîchement éveillées tant en sa faveur que contre ses assassins supposés, Ariston proposa formellement à l'Ekklesia (le sénat probouleutique, étant composé d'amis de Pisistrate, avait d'avance autorisé la proposition) (2) qu'une compagnie de cinquante hommes armés de massues fût assignée comme garde du corps permanente pour la défense de Pisistrate. Solôn opposa à cette motion une vigoureuse résistance (3) ; mais il se trouva lui-même accablé et même traité comme s'il avait perdu le sens. Les pauvres la soutinrent avec chaleur, tandis que les riches eurent peur d'exprimer leur dissentiment ; et il ne put se consoler après le vote fatal qu'en s'écriant qu'il était plus sage que les premiers et plus hardi que les seconds. Tel fut l'un des premiers exemples connus, exemple dans lequel ce mémorable tour d'adresse fut joué contre la liberté d'une communauté grecque.

La faveur populaire illimitée à laquelle cette concession avait dû de passer se manifeste plus encore par l'absence de toute précaution pour empêcher que les bornes de la concession ne fussent dépassées. Le nombre des gardes du corps

---

(1) Platon, Rep. VIII, p. 565. Τὸ τυραννικὸν αἴτημα τὸ πολυθρύλλητον... αἰτεῖν τὸν δῆμον φύλακάς τινας τοῦ σώματος, ἵνα σῶς αὐτοῖς ᾖ ὁ τοῦ δήμου βοηθός.

(2) Diog. Laërt. I, 49. Ἡ Βουλὴ, Πεισιστρατίδαι ὄντες, etc.

(3) Plutarque, Solôn, 29, 30 ; Diog. Laërt. I, 50, 51.

ne resta pas longtemps au chiffre de cinquante, et probablement leurs massues furent bientôt échangées pour des armes plus tranchantes. Pisistrate se trouva ainsi assez fort pour jeter le masque et pour s'emparer de l'akropolis. Ses principaux adversaires, Megaklès et les Alkmæônides s'enfuirent immédiatement de la cité, et on laissa à l'âge vénérable et au patriotisme intrépide de Solôn le soin de s'avancer presque seul pour tenter, mais en vain, de résister à l'usurpation. Il se présenta publiquement dans la place du Marché, employant les encouragements, les remontrances et les reproches, afin de réveiller l'esprit du peuple. Il eût été aisé (leur disait-il) de prévenir l'arrivée de ce despotisme : s'en délivrer maintenant était plus difficile, toutefois en même temps plus glorieux (1). Mais il parla en vain ; car tous ceux qui n'étaient point réellement favorables à Pisistrate n'écoutèrent que leurs frayeurs et restèrent passifs ; personne ne se joignit non plus à Solôn, lorsque, comme dernier appel, il mit son armure et se plaça dans une posture militaire devant la porte de sa maison. « J'ai fait mon devoir (s'écria-t-il à la fin) ; j'ai défendu le mieux que j'ai pu ma patrie et les lois ; » et alors il renonça à toute espérance ultérieure d'opposition, — tout en résistant aux instances de ses amis qui l'engageaient à fuir, et donnant pour réponse, quand ils lui demandaient sur quoi il comptait pour le protéger : « Sur ma vieillesse. » Il ne pensa pas même non plus qu'il fût nécessaire de réprimer les inspirations de sa muse. Quelques vers restent encore, composés vraisemblablement à un moment où le bras puissant du nouveau despote avait commencé à se faire cruellement sentir, vers dans lesquels il dit à ses concitoyens : — « Si vous avez enduré de la peine par suite de la bassesse de vos âmes, n'en imputez pas la faute aux dieux. C'est vous-mêmes qui avez mis la force et la domination entre les mains de ces hommes, et qui avez ainsi attiré sur vous un misérable esclavage. »

---

(1) Plutarque, Solôn, 30; Diogen. Laërt. I, 49; Diodore, Excerpta, lib. VII-X, édit. Maii. Fr. XIX-XXIV.

Il est agréable d'apprendre que Pisistrate, dont la conduite pendant toute la durée de son despotisme fut relativement douce, ne fit aucun mal à Solôn. Combien de temps cet homme distingué survécut-il au renversement effectif de sa propre constitution, c'est ce que nous ne pouvons déterminer avec certitude ; mais, suivant l'assertion la plus probable, il mourut l'année suivante même, à l'âge avancé de quatre-vingts ans.

Nous avons seulement à regretter d'être privé des moyens de suivre plus en détail son caractère noble et exemplaire. Il représente les meilleures tendances de son temps, combinées avec beaucoup d'excellentes qualités personnelles : la sensibilité morale développée ; la soif de connaissances et d'observations étendues, non moins forte dans sa vieillesse que dans son jeune âge ; la conception d'institutions populaires régularisées, s'éloignant sensiblement des types et de l'esprit des gouvernements qui l'entouraient, et calculées pour donner au peuple athénien un nouveau caractère ; une véritable et sérieuse sympathie pour la masse des pauvres, désireuse non-seulement de les délivrer de l'oppression des riches, mais encore de créer en eux des habitudes d'une industrie qui ne compte que sur elle-même ; enfin, pendant qu'il posséda temporairement un pouvoir complétement arbitraire, non-seulement l'absence de toute ambition égoïste, mais un rare discernement pour savoir saisir le moyen terme entre des exigences contraires et en lutte. En lisant ses poëmes, nous devons toujours nous rappeler que ce qui nous paraît banal aujourd'hui était nouveau autrefois ; de sorte que, pour son époque relativement illettrée, les tableaux sociaux qu'il dessine étaient encore frais, et ses exhortations calculées pour vivre dans la mémoire. Les poëmes, composés sur des sujets moraux, inculquent en général un esprit de douceur à l'égard des autres et de modération dans des objets personnels. Ils représentent les dieux comme armés d'un pouvoir irrésistible, exerçant une justice distributive, favorisant les bons et punissant les méchants, bien que parfois très-tardivement. Mais ses compositions dans des occasions spéciales et actuelles sont ordinairement conçues dans un esprit plus vigoureux ; elles dénoncent l'oppression exercée par les riches dans un temps, et la soumission timide au despotisme de Pisistrate dans un autre ; et elles expriment dans un langage expressif le sentiment d'orgueil que l'auteur éprouve pour s'être posé comme champion de la masse du peuple. De ces anciens poëmes, c'est à peine s'il a été conservé quelque chose. Le peu de vers qui restent semblent manifester un caractère jovial, qui, comme nous pouvons facilement le concevoir, fut étouffé par les difficultés politiques qu'il eut à combattre, — difficultés naissant successivement de la guerre Mégarienne, du sacrilége de Kylôn, du désespoir public guéri par Epimenidès, et de la tâche d'arbitre entre une oligarchie rapace et un peuple opprimé. Dans une de ses élégies adressée à Mimnerme, il indiquait la soixantième année comme la plus longue période d'existence désirable, de préférence à la quatre-vingtième, à laquelle ce poëte avait exprimé le désir de parvenir (1). Mais sa propre vie, autant que nous en pouvons juger, semble avoir atteint la plus longue des deux périodes ; et ce n'est pas la partie la moins honorable de cette vie (la résistance à Pisistrate) qui se trouve immédiatement avant sa mort.

Il y eut un récit qui prévalut, racontant que ses cendres furent recueillies et dispersées autour de l'île de Salamis ; ce que Plutarque traite d'absurde, bien qu'il nous dise qu'Aristote et un grand nombre d'autres hommes considérables y ajoutaient foi. Il est du moins aussi ancien que le poëte Kratinus, qui y fit allusion dans une de ses comédies, et je ne me sens pas disposé à le rejeter (2). L'inscription que portait la statue de Solôn à Athènes le désignait comme Salaminien : il avait été le grand moyen par lequel sa patrie avait acquis l'île ; et il semble extrêmement probable que, parmi les nouveaux citoyens athéniens qui vinrent s'y établir, il ait reçu un lot de terre et ait été inscrit au nombre des citoyens sa-

---

(1) Solôn, Fragm. 22, éd. Bergk. Isokrate affirme que Solôn fut le premier auquel fut appliqué le nom de sophiste (entraînant plus tard avec lui tant de honte) (Isokrate, Or. XV, De Permutatione, p. 344 ; p. 496 Bek.).

(2) Plutarque, Solôn, 32 ; Kratinus ap. Diog. Laërt. I, 62.

laminiens. La dispersion de ses cendres le rattachant à l'île comme son Œkiste, peut être expliquée, sinon comme l'expression d'un vote public, au moins comme un acte d'affectueuse vanité de la part des amis qui lui survivaient (1).

Nous avons atteint maintenant l'époque de l'usurpation de Pisistrate (560 av. J.-C.), dont la dynastie gouverna Athènes (avec deux interruptions temporaires durant la vie de Pisistrate lui-même) pendant cinquante ans. L'histoire de ce despotisme, qui fut plus doux que le despotisme grec en général, et qui amena d'importantes conséquences à Athènes, sera réservée pour un des chapitres suivants.

APPENDICE

L'explication que donne M. von Savigny des Nexi et des Addicti sous l'ancienne loi romaine concernant le débiteur et le créancier (après avoir réfuté le commentaire de Niebuhr sur le même sujet), tout en éclairant d'une vive lumière les changements historiques survenus dans la législation romaine sur ce sujet important, expose en même temps la différence marquée faite dans la procédure, à Rome, entre la demande du créancier en remboursement du *capital*, et la demande en payement d'*intérêts*.

La loi romaine primitive distinguait une dette née d'un prêt d'argent (pecunia certa credita) de dettes provenant d'un contrat, d'un délit, d'une vente, etc., ou de toute autre source; le créancier, dans le premier cas, avait un procédé prompt et facile, par lequel il acquérait le pouvoir le plus complet sur la personne et le bien de son débiteur. Après que la dette par emprunt avait été ou avouée ou prouvée devant le magistrat, trente jours étaient accordés au débiteur pour le payement; si le payement n'était pas fait dans cet intervalle, le créancier mettait la main sur lui (manûs injectio) et le menait de nouveau devant le magistrat. Le

---

(1) Aristide, en mentionnant cette histoire de la dispersion des cendres de Solôn dans Salamis, le regarde comme Ἀρχηγέτης de l'île (Orat. 46. Ὑπὲρ τῶν τεττάρων, p. 172; p. 230 Dindorf). L'inscription gravée sur la statue, qui le dit né à Salamis, ne peut guère avoir été littéralement vraie; en effet, lorsqu'il naquit, Salamis n'était pas incorporée à l'Attique. Mais elle peut avoir été vraie par une sorte d'adoption (V. Diog. Laërt. I, 62). La statue semble avoir été élevée par les Salaminiens eux-mêmes, longtemps après Solôn: V. Menage ad Diogen. Laërt. *l. c.*

débiteur était alors mis une seconde fois en demeure ou de payer ou de trouver une caution *(vindex)* ; s'il ne satisfaisait à ni l'une ni l'autre de ces obligations, le créancier s'emparait de lui et le menait dans sa maison, où il le tenait dans les fers pendant deux mois ; durant cet intervalle il le conduisait devant le préteur publiquement à trois nundinæ successives. Si la dette n'était pas payée dans ces deux mois, la sentence d'adjudication était prononcée, et le créancier acquérait le pouvoir ou de mettre son débiteur à mort, ou de le vendre comme esclave (p. 81), ou de le garder pour un travail forcé, sans aucune restriction quant au degré de mauvais traitements qui pourraient lui être infligés. Le jugement du magistrat l'autorisait, en outre, à saisir le bien de son débiteur partout où il en pourrait trouver, dans les limites suffisantes pour le payement : ceci était un des points que Niebuhr avait contestés.

Telle fut l'ancienne loi à Rome, par rapport aux conséquences d'une action pour argent reçu, pendant plus d'un siècle après les Douze Tables. Mais la loi n'appliqua pas cette rigoureuse exécution personnelle à d'autre dette qu'à celle qui résultait d'un emprunt, — et même dans cette dette au principal, non à l'intérêt qui devait être réclamé par un procédé à la fois plus doux et moins efficace, s'appliquant au bien seulement et non à la personne du débiteur. En conséquence c'était un avantage pour le créancier d'imaginer quelque moyen de soumettre sa réclamation d'intérêt à la même mesure rigoureuse que son droit au principal ; il était aussi avantageux pour lui, si son droit avait pour origine, non de l'argent prêté, mais une vente, une réparation d'injure, ou toute autre cause, de lui donner la *forme* d'une action pour argent prêté. Or le Nexum ou Nexi obligatio était un artifice — un prêt fictif — qui remplissait ce but. Le procédé rigoureux qui n'appartenait légalement qu'au recouvrement du principal fut étendu par le Nexum au point de comprendre l'intérêt, et au point de comprendre aussi les réclamations d'argent provenant de toute autre source (aussi bien que d'un prêt), pour lesquelles la loi ne donnait pas de recours direct, si ce n'est contre le bien d'un débiteur. Le débiteur Nexus était exposé par cet artifice légal à passer dans la condition d'un Addictus, soit sans avoir emprunté d'argent du tout, soit pour l'intérêt aussi bien que pour le principal de celui qu'il avait emprunté.

La loi Pœtilia, rendue vers 365 avant J.-C. libéra tous les Nexi qui avaient alors quelque engagement pécuniaire à remplir, et défendit la Nexi obligatio pour toujours dans la suite (Cicéron, de Republ, II, 34 ; Tite-Live, VIII, 28). Ici, comme dans la Seisachtheia de Solôn, les contrats existants furent annulés, en même temps que toute la classe de contrats de ce genre fut interdite pour l'avenir.

Mais, bien que la Nexi obligatio fût ainsi abolie, l'ancien et rigoureux recours continua encore d'être applicable au débiteur par emprunt, *autant qu'à la somme principale empruntée*, séparément de l'intérêt. On introduisit quelques adoucissements : par la lex Julia, on ajouta la disposition encore plus importante que le débiteur au moyen d'une Cessio Bonorum pourrait éviter d'être saisi personnellement. Mais cette Cessio Bonorum était accompagnée de conditions qui ne pouvaient pas toujours être remplies, et le débiteur n'était pas non plus admis à en profiter, s'il avait été coupable de négligence ou de malhonnêteté. En conséquence l'ancienne et rigoureuse procédure, ainsi que l'adjudication à laquelle elle aboutissait, bien que devenant moins fréquente, continua encore pendant toute la durée de la Rome impériale, et même jusqu'au temps de Justinien. La prison particulière, avec des débiteurs adjugés y travaillant, était encore une dépendance de la maison d'un prêteur romain, même au troisième et au quatrième siècle de l'ère chrétienne, bien que l'usage semble être devenu de plus en plus rare. Le statut de l'*Addictus Debitor*, avec ses obligations et ses droits particuliers, est discuté par Quintilien (VIII, 3); et Aulu-Gelle (160 ap. J.-C.) fait observer : — « Addici namque *nunc* et vinciri multos *videmus*, quia vinculorum pœnam deterrimi homines contemnunt » (XX, 1).

Si l'*Addictus Debitor* était adjugé à plusieurs créanciers, la loi des Douze Tables les autorisait à se partager son corps. On ne connaissait pas d'exemple qu'on eût jamais usé de cette faculté, mais il était entendu que la loi la donnait clairement.

Il est utile d'avoir sous les yeux l'ancienne loi romaine concernant le débiteur et le créancier, en partie comme terme de comparaison avec l'usage antérieur à Solôn en Attique, en partie pour expliquer la différence faite dans un ancien état de société entre le droit de réclamer le principal et celui de demander les intérêts.

V. la Dissertation de von Savigny dans les Mémoires de l'Académie de Berlin de 1833, p. 70-103; le sujet est aussi traité par le même admirable interprète dans son System des heutigen Roemischen Rechts, vol. V, sect. 219, et dans l'Appendice XIV, 10, 11 de ce volume.

La même mesure rigoureuse et particulière, qui était applicable dans le cas d'une action pour *pecunia certa credita*, fut aussi spécialement étendue au répondant, qui avait donné de l'argent comptant pour liquider la dette d'un autre homme : le débiteur, s'il était insolvable, devenait son *Addictus* — c'était l'*Actio Depensi*. J'ai déjà fait remarquer dans une note précédente que, dans la loi Attique, un cas analogue à celui-ci était le seul dans lequel le recours primitif contre la personne du débiteur fût toujours conservé. Quand un homme avait donné de l'argent pour racheter un citoyen de captivité, ce dernier, s'il ne remboursait pas, devenait l'esclave de la personne qui avait avancé l'argent.

Walter (Geschichte des Roemischen Rechts, sect. 583-715, 2ᵉ éd.) met en question l'explication de von Savigny, rapportée plus haut d'après des motifs qui ne me paraissent pas suffisants.

Combien de temps continua-t-on à considérer comme immoral et irréligieux de recevoir un intérêt pour de l'argent prêté, c'est ce qu'on peut voir par la note suivante, relative à l'état de la loi en France, même jusqu'en 1789 : —

« Avant la Révolution française (de 1789), le prêt à intérêt n'était pas également admis dans les diverses parties du royaume. Dans les pays de droit écrit, il était permis de stipuler l'intérêt des deniers prêtés ; mais la jurisprudence des parlements résistait souvent à cet usage. Suivant le droit commun des pays coutumiers, on ne pouvait stipuler aucun intérêt pour le prêt appelé en droit *mutuum*. On tenait pour maxime que l'argent ne produisant rien par lui-même, un tel prêt devait être gratuit ; que la perception d'intérêts était une usure ; à cet égard, on admettait assez généralement les principes du droit canonique. Du reste, la législation et la jurisprudence variaient suivant les localités et suivant la nature des contrats et des obligations. » (Carette, Lois annotées, ou Lois, Décrets, Ordonnances. Paris, 1843 ; Note sur le Décret de l'Assemblée nationale concernant le prêt et l'intérêt, août 11, 1789).

L'Assemblée nationale déclara la légalité de tout prêt à intérêt, « suivant le taux déterminé par la loi, » mais elle ne fixa pas alors de taux spécial. Le décret du 11 avril 1793 défendit la vente et l'achat du numéraire. » La loi du 6 floréal an III déclara que l'or et l'argent sont marchandises ; mais elle fut rapportée par le décret du 2 prairial suivant. Les articles 1905 et 1907 du Code civil permettent le prêt à intérêt, mais au taux fixé et autorisé par la loi. La loi du 3 septembre 1807 a fixé le taux d'intérêt à 5 p. 100 en matière civile et à 6 p. 100 en matière commerciale.

L'article sur les maisons de prêt, dans l'History of Inventions de Beckmann (vol. III, p. 9-50) est extrêmement intéressant et instructif sur le même sujet. Il expose comment l'ancienne antipathie contre l'intérêt de l'argent fut mise en doute, comment elle s'affaiblit et disparut graduellement ; antipathie longtemps sanctionnée par les ecclésiastiques aussi bien que par les jurisconsultes. Des Maisons de prêt, ou Monts-de-Piété, furent établies pour la première fois en Italie vers le milieu du quinzième siècle, par quelques moines franciscains, dans le dessein de délivrer des emprunteurs pauvres des exactions exorbitantes des juifs ; le pape Pie II (Æneas Silvius, l'un des papes les plus capables, vers 1458-1464) fut le premier qui approuva l'une de ces maisons à Pérouse ; mais même la sanction papale fut longtemps combattue par une grande partie des ecclésiastiques. D'abord elle devait être purement charitable, non-seulement en ne servant pas d'intérêt à ceux qui fournissaient de l'argent, et en n'en prenant pas des emprunteurs, — mais même en ne donnant pas de traitement fixe aux administrateurs ; on prenait un intérêt tacitement, mais les papes furent longtemps avant de vouloir approuver formellement cet usage. « A Vienne, pour éviter le reproche d'usure, on employa l'artifice de ne demander aucun intérêt, mais d'avertir les emprunteurs qu'ils donneraient une rémunération suivant leur piété et leurs moyens » (p. 31). Les Dominicains, partisans de l'ancienne doctrine, appelaient ces établissements Montes Impietatis. Un moine Franciscain, Bernardinus, un des plus actifs promoteurs des Monts-de-Piété, n'osa pas défendre, mais seulement excuser comme un mal inévitable, le payement d'honoraires aux commis et aux administrateurs : « Speciosius et religiosius fatetabur Bernardinus fore, si absque ullo penitus obolo et pretio mutuum daretur et commodaretur libere pecunia, sed pium opus et pauperum subsidium exiguo sic duraturum tempore. Non enim (inquit) tantus est ardor hominum, ut gubernatores et officiales, montium ministerio necessarii, velint laborem hunc omnem gratis subire ; quod si remunerandi sint ex sorte principali, vel ipso deposito, seu exili montium ærario, brevi exhaurietur, et commodum opportunumque istud pauperum refugium ubique peribit » (p. 33).

Le concile de Trente, pendant le siècle suivant, se prononça en faveur de la légalité et de l'utilité de ces maisons de prêt ; et depuis on a toujours considéré cette décision comme le sentiment de l'Église catholique en général.

Suivre ce changement graduel du sentiment moral est extrêmement instructif, d'autant plus que cette base générale de sentiment, dont l'antipathie contre l'argent prêté à intérêt n'est qu'un cas particulier, prévaut encore largement dans la société et dirige le courant d'approbation et de désapprobation morales. Dans quelques nations, comme chez les anciens Perses avant Cyrus, le sentiment a été poussé jusqu'à répudier et mépriser tout achat et toute vente (Hérodote, I, 153). Aux yeux de beaucoup de personnes, le principe de réciprocité dans les affaires humaines semble, quand il est conçu théoriquement, odieux et méprisable, et reçoit quelque mauvais nom, tels qu'égoïsme, intérêt personnel, calcul, économie politique, etc.; le seul sentiment qu'ils admettront en théorie, c'est que l'homme qui a doit être prêt à donner en tout temps à celui qui n'a pas, tandis que ce dernier est encouragé à attendre et à demander ce don gratuit.

CHAPITRE V

EUBŒA. — CYCLADES

Les îles appelées Cyclades. — L'Eubœa. — Ses six ou sept villes — Chalkis, Eretria, etc. — Comment elle était peuplée. — Ancienne puissance de Chalkis, d'Eretria, de Naxos, etc. — Antique fête ionienne à Dêlos, fréquentée et opulente. — Son déclin vers 560 avant J.-C. — ses causes. — Hymne homérique à Apollon Dêlien — preuve quant à la vie ionienne primitive. — Guerre entre Chalkis et Eretria à une époque reculée; — alliances étendues de chacune d'elles. — Commerce et colonies de Chalkis et d'Eretria; — échelle euboïque de poids et de monnaies. — Trois différentes échelles grecques : — æginæenne, euboïque et attique. — Leur rapport mutuel.

Dans la partie ionienne de la Hellas on doit compter (outre Athènes) l'Eubœa et le nombreux groupe d'îles renfermées entre le promontoire Eubœen, le plus au sud, la côte orientale du Péloponèse et la côte nord-ouest de la Krête. Parmi ces îles, quelques-unes doivent être considérées comme des prolongements avancés, dans une direction sud-est, du système des montagnes de l'Attique; d'autres de celui de l'Eubœa; tandis qu'un certain nombre d'entre elles se trouvent séparées de l'un et de l'autre système, et semblent avoir une origine volcanique (1). A la première classe appartiennent Keôs, Kythnos, Seriphos, Pholegandros, Sikinos, Gyaros, Syra, Paros et Antiparos; à la seconde classe, Andros, Tênos, Mykonos, Dêlos, Naxos, Amorgos; à la troisième classe, Kimôlos, Mêlos, Thêra. Ces îles portaient chez les

---

(1) V. Fiedler, Reisen durch Griechenland, vol. II, p. 87.

anciens les noms généraux de Cyclades et de Sporades ; la première dénomination, comme on l'entendait communément, comprenant celles qui entouraient immédiatement l'île sacrée de Dêlos, la seconde étant donnée à celles qui se trouvaient plus dispersées et séparées. Mais les noms ne sont pas appliqués d'une manière uniforme ou constante même dans les temps anciens : aujourd'hui tout le groupe est habituellement connu sous le nom de Cyclades.

La population de ces îles était appelée ionienne, à l'exception de celle de Styra et de Karistos, dans la partie méridionale de l'Eubœa et de l'île de Kythnos, qui étaient peuplées par des Dryopes (1), même tribu que celles qui ont déjà été remarquées dans la péninsule Argolique, et à l'exception aussi de Mèlos et de Thêra, qui étaient des colonies de Sparte.

L'île d'Eubœa, longue et étroite comme la Krête, et présentant une épine continue de hautes montagnes courant du nord-ouest au sud-est, est séparée de la Bœôtia à un seul point par un détroit si resserré (célèbre dans l'antiquité sous le nom de l'Euripos) que les deux pays furent rattachés, pendant une grande partie de la période historique de la Grèce, par un pont construit pendant les derniers temps de la guerre du Péloponèse par les habitants de Chalkis (2). Le manque général de largeur laisse peu de place pour des plaines. La surface de l'île consiste principalement en montagnes, en rochers, en vallons et en ravins, propres en beaucoup d'endroits aux pâturages, mais rarement convenables à la culture des grains ou à l'établissement des habitations de ville. Il y avait cependant quelques plaines d'une grande fertilité, spécialement celle de Lelanton (3), touchant à la mer près de Chalkis, et allant de cette cité dans une direc-

---

(1) Hérodote, VIII, 46 ; Thucydide, VII, 57.

(2) Diodore, XIII, 47.

(3) Callimaque, Hymn. ad Delum, 289, avec une note de Spanheim ; Théognis, v. 888. Théophraste, Hist. Plant. 8, 5. V. Leake, Travels in Northern Greece, vol. II, c. 14, p. 254, seq. Le passage de Théognis amène à croire que Kêrinthos formait une partie du territoire de Chalkis.

tion méridionale vers Eretria. Chalkis et Eretria, situées toutes les deux sur la côte occidentale, et toutes les deux occupant des parties de cette plaine fertile, étaient les deux principaux endroits de l'île ; le domaine de chacune semble s'être étendu dans la largeur de l'île d'une mer à l'autre (1). Vers l'extrémité septententrionale de l'île était située Histiæa, appelée plus tard Oreus, — aussi bien que Kêrinthos et Dion : Athênæ Diades, Ædêpsos, Ægæ et Orobiæ sont également mentionnées comme étant situées sur la côte nord-ouest, en face de la Lokris. On nous apprend que Dystos, Styra et Karystos étaient dans la partie de l'île au sud d'Eretria — les deux dernières situées vis-à-vis des dêmes attiques Halæ Araphênides et Prasiæ (2). La vaste étendue de l'île d'Eubœa était ainsi répartie entre six ou sept villes, la partie centrale plus considérable appartenant à Chalkis et à Eretria. Mais les vastes terres montagneuses, propres seulement aux pâturages pendant l'été — terres publiques en grande partie, louées pour le pâturage à des propriétaires qui avaient le moyen de se procurer ailleurs la nourriture d'hiver pour leur bétail ; — ces terres, disons-nous, n'étaient jamais visitées par personne que par les bergers. Elles n'étaient guère mieux connues des bourgeois résidant à Chalkis et à Eretria que si elles avaient été situées de l'autre côté de la mer Ægée (3).

---

(1) Skylax (c. 59) regarde l'île de Skyros comme placée en face d'Eretria, dont le territoire doit conséquemment avoir renfermé une portion de la côte orientale de l'Eubœa, aussi bien que la côte occidentale. Il ne reconnaît que quatre villes dans l'île — Karystos, Eretria, Chalkis et Hestiæa.

(2) Mannert, Geograph. Gr. Roem. part. VIII, liv. I, c. 16, p. 248; Strabon, X, p. 445-449.

(3) Le septième Discours de Dion Chrysostome, qui décrit son naufrage près du cap Kaphareus, dans l'île d'Eubœa, et l'abri ainsi que la bienveillance qu'il trouva auprès d'un chasseur pauvre des montagnes, offre un des tableaux les plus intéressants qui nous restent de cette portion purement rustique de la population grecque (Or. VII, p. 221 seq.) — hommes n'entrant jamais dans la ville, et étrangers aux habitudes, aux mœurs et au costume qui y dominaient, — hommes qui buvaient du lait et se couvraient de peaux (γαλακτοπότας ἀνήρ, οὐρεϊβάτας, Eurip. Elektr. 169), possédant néanmoins encore (à ce qu'il semble) le droit de cité (p. 238), qu'ils n'exerçaient jamais. L'industrie des pauvres

Les villes d'Eubœa mentionnées plus haut ; excepté Athenæ Diades, trouvent toutes une place dans l'Iliade. Nous ne connaissons aucune particularité de leur histoire que bien longtemps après 776 avant J.-C. Elles nous sont présentées pour la première fois comme ioniennes, bien que dans Homère les habitants en soient nommés Abantes. Les auteurs grecs ne sont jamais en peine pour nous donner l'étymologie d'un nom. Tandis qu'Aristote nous dit que les Abantes étaient des Thraces qui avaient passé dans l'île en partant d'Abæ en Phokis, Hésiode fait dériver le nom d'Eubœa de la vache Iô (1). Hellopia, district près d'Histiæa, avait été fondée, disait-on, par Hellops, fils d'Ion ; selon d'autres, Æklos et Kothos, deux Athéniens (2), étaient les fondateurs, le premier d'Eretria, le second de Chalkis et de Kèrinthos : et l'on nous dit que, parmi les dêmes de l'Attique, il y en avait deux nommés Histiæa et Eretria, d'où étaient tirées, selon quelques-uns, les dénominations des deux villes eubœennes. Bien qu'Hérodote représente la population de Styra comme dryopienne, il y en avait d'autres qui prétendaient que la ville avait dans l'origine reçu ses habitants de Marathôn et de la Tetrapolis de l'Attique, et en partie du dême appelé Steireïs. Les principaux écrivains que consultait Strabon semblent faire remonter la population de l'Eubœa, par un moyen ou par un autre, à une origine attique ; bien qu'il y eût des particularités dans le dialecte éré-

---

gens visités par Dion avait mis en culture un petit jardin et un petit champ dans un lieu désert près de Kapharæus.

Deux tiers du territoire de cette cité eubœenne consistaient en montagnes stériles (p. 232) ; ce doit probablement avoir été Karystos.

Les hautes terres de l'Eubœa étaient à la fois inhabitées et d'un accès difficile, même du temps de la bataille de Marathôn, lorsque Chalkis et Eretria n'étaient pas encore beaucoup déchues du maximum de leur puissance : les habitants d'Eretria regardaient τὰ ἄκρα τῆς Εὐβοίης comme un refuge contre l'armée des Perses commandée par Datis (Hérod. VII, 100).

(1) Strabon, X, p. 445.

(2) Plutarque, Quæst. Græc. p. 296 : Strab. X, p. 466 (dont les assertions sont très-embarrassées) ; Velleius Paterc. I, 4.

Selon Skymnus de Chios (v. 572), Chalkis fut fondée par Pandôros, fils d'Erechtheus, et Kèrinthos par Kothôn, d'Athènes.

trien qui donnaient lieu de supposer qu'à elle s'étaient joints des colons venus d'Elis ou de Makistos en Triphylia.

Les indices historiques les plus anciens que nous ayons représentent Chalkis et Eretria comme les cités ioniennes les plus riches, les plus puissantes et les plus entreprenantes de la Grèce européenne, — surpassant apparemment Athènes et n'étant inférieures ni à Samos ni à Milêtos. Outre la fertilité de la plaine Lelanton, Chalkis possédait l'avantage de minerai de cuivre et de fer, que l'on obtenait dans le voisisinage immédiat et de la cité et de la mer, et que ses citoyens fondaient et convertissaient en armes et autres engins, avec un résultat très-profitable. L'épée de Chalkis acquit un renom distinctif (1). Plusieurs des autres îles participaient à cette source de richesses minérales. Le minerai de fer se trouve à Keôs, à Kythnos et à Seriphos, et il y a encore dans cette dernière île des traces évidentes de fonte considérable anciennement en activité (2). De plus, à Siphnos, il y avait dans les temps reculés des veines d'or et d'argent qui procurèrent aux habitants de grandes richesses ; cependant leurs immenses acquisitions, attestées par la grandeur de la dîme (3), qu'ils offrirent au temple de Delphes, n'eurent qu'une durée temporaire, et appartiennent principalement au septième et au sixième siècle avant l'ère chrétienne. L'île de Naxos aussi était à une époque reculée riche et populeuse. Andros, Tenôs, Keôs et plusieurs autres îles furent

---

(1) Strabon, X, p. 446 — Πὰρ δὲ Χαλκιδικαὶ σπάθαι (Alcée, Fragm. 7, Schneidewin) — Χαλκιδικὸν ποτήριον (Aristoph. Equit. 237) — appartient certainement à Chalkis Eubœenne, non à Chalkidikê de Thrace. Boeckh, Staatshaushalt. der Athener, vol. II, p. 284. App. XI, cite Χαλκιδικὰ ποτήρια dans une inscription : cf. Steph. Byz. Χαλκίς. — Ναυσικλειτῆς Εὐβοίης, Homère, Hymn. Apoll. 219.

(2) V. l'exposé minéralogique des îles dans Fiedler (Reisen, vol. II, p. 88, 118, 562).

Le minerai de cuivre et de fer près de Chalkis avait cessé d'être exploité même du temps de Strabon : Fiedler indique la situation probable (vol. I, p. 443).

(3) Hérodote, III, 57. Siphnos, cependant, avait encore de grandes richesses et beaucoup d'importance vers 380 avant J.-C. — V. Isocrate, Or. XIX (Egin.) s. 9-47. Les Siphniens, dans un moment malheureux, eurent le tort de ne pas offrir leur dîme : bientôt la mer se jeta dans les mines et les mit pour toujours hors d'état d'être exploitées (Pausan. X, 11, 2).

à une certaine époque dans la dépendance d'Eretria (1); d'autres îles semblent avoir été également dépendantes de Naxos, qui, à l'époque précédant immédiatement la révolte de l'Iônia, possédait des forces maritimes importantes et pouvait réunir huit mille citoyens pesamment armés (2), troupe très-considérable pour une cité grecque seule. Les forces militaires d'Eretria n'étaient pas inférieures de beaucoup; car dans le temple d'Artemis Amarynthienne, près d'un mille (un kilomètre et demi) de la cité, auquel les Erétriens avaient l'habitude de se rendre en procession solennelle pour célébrer la fête de la déesse, il y avait une ancienne colonne dont l'inscription portait que la procession n'avait pas compté moins de trois mille hoplites, de six cents cavaliers et de soixante chariots (3). On ne peut connaître la date de cette inscription; mais elle ne peut guère être antérieure à la quarante-cinquième Olympiade, ou 600 avant J.-C., — à peu près vers le temps de la législation Solonienne. Chalkis était encore plus puissante qu'Eretria; toutes deux furent dans les temps anciens gouvernées par une oligarchie, qui chez les Chalkidiens s'appelait les Hippobotæ, ou Éleveurs de chevaux, — probablement propriétaires de la plus grande partie de la plaine appelée Lelanton, et se servant des montagnes adjacentes comme pâturages d'été pour leurs troupeaux. L'étendue de leurs propriétés est attestée par le nombre considérable de quatre mille κληροῦχοι, ou hommes libres étrangers, qu'Athènes établit sur leurs terres après la victoire gagnée sur eux, quand ils aidèrent Hippias expulsé, dans ses efforts pour regagner le sceptre athénien (4).

---

(1) Strabon, X, p. 448.
(2) Hérodote, V, 31. Cf. les descriptions de ces diverses îles dans les récents voyages du professeur Ross, Reisen auf den Griechischen Inseln, vol. I, lettre 2; vol. II, lettre 15.
La population de Naxos est aujourd'hui d'environ 11,000 âmes; celle d'Andros de 15,000 (Ross, vol. I, p. 28; vol. II, p. 22).

Mais l'étendue et la fertilité de la plaine de Naxos suffisent parfaitement à cette population réunie de 100,000 âmes, que semble impliquer le récit d'Hérodote.
(3) Strabon, l. c.
(4) Hérodote, V, 77; Aristote, Fragm. Περὶ Πολιτειῶν, éd. Neumann, p. 111-112 : cf. Aristote, Polit. IV, 3, 2.

Bornant notre attention, comme nous le faisons maintenant, aux deux premiers siècles de l'histoire grecque, c'est-à-dire à l'intervalle qui sépare 776 avant J.-C. de 560 avant J.-C., il n'y a guère de faits que nous puissions produire pour déterminer la condition de ces îles Ioniennes. On peut cependant mentionner deux ou trois circonstances qui contribuent à confirmer l'idée que nous avons de leurs richesses et de leur importance d'autrefois.

1. L'hymne Homérique à Apollon nous présente l'île de Dêlos comme le centre de la grande fête périodique en l'honneur d'Apollon, célébrée par toutes les cités, insulaires et continentales, du nom Ionien. Quelle est la date de cet hymne? C'est ce que nous n'avons pas le moyen de déterminer. Thucydide le cite sans hésitation comme l'œuvre d'Homère; et sans doute il était de son temps universellement admis comme tel, — bien que des critiques modernes s'accordent à regarder cet hymne et les autres comme postérieurs de beaucoup à l'Iliade et à l'Odyssée. Toutefois il ne peut probablement pas être plus récent que l'an 600 avant J.-C. La description des visiteurs ioniens qui nous est présentée dans cet hymne est magnifique et imposante. Le nombre de leurs navires, l'étalage de leur toilette, la beauté de leurs femmes, les représentations athlétiques aussi bien que les luttes de chant et de danse, — tous ces détails, nous dit-on, faisaient une impression ineffaçable sur le spectateur (1): « Les Ioniens assemblés semblent être à l'abri des atteintes de la vieillesse ou de la mort. » Telle était la magnificence dont Dèlos était périodiquement le théâtre, inspirant les chants et le génie poétique non-seulement de bardes ambulants, mais encore des vierges Dèliennes dans

---

(1) Hom. Hymn. Apoll. Del. 146-176; Thucyd. III, 104:
Φαίη κ' ἀθανάτους καὶ ἀγήρως ἔμμε-
[ναι αἰεί,
Ὅς τότ' ἐπαντιάσει' ὅτ' Ἰάονες ἀθρόοι
[εἶεν·

Πάντων γάρ κεν ἴδοιτο χάριν, τέρψαι-
[το δὲ θυμόν,
Ἄνδρας τ' εἰσορόων, καλλιζώνους τε
[γυναῖκας,
Νῆάς τ' ὠκείας, ἠδ' αὐτῶν χρήματα
[πολλά.

le temple d'Apollon, pendant le siècle qui précède 560 avant
J.-C. A cette époque, c'était la grande fête centrale des
Ioniens en Asie et en Europe; elle était fréquentée par les
douze cités ioniennes de l'Asie Mineure et de son voisinage,
aussi bien que par Athènes et Chalkis en Europe. Elle
n'avait pas encore été supplantée par les Ephesia comme
fêtes exclusives de ces villes asiatiques, et les Panathenæa
d'Athènes n'avaient pas non plus atteint l'importance qui,
dans la suite, finit par leur appartenir quand la puissance
athénienne fut à son apogée.

Nous trouvons et Polykratès de Samos, et Pisistrate
d'Athènes prenant un vif intérêt à la sainteté de Dêlos et à
la célébrité de sa fête (1). Mais ce fut en partie l'élévation
de ces deux grands despotes ioniens, en partie les conquêtes
des Perses en Asie Mineure, qui détruisirent l'indépendance
des nombreuses petites cités ioniennes pendant la dernière
moitié du sixième siècle avant l'ère chrétienne; c'est pour
cela que la grande fête de Dêlos perdit insensiblement de
son importance. Bien qu'elle ne fût jamais complétement
suspendue, elle fut dépouillée de beaucoup de ses ornements
antérieurs, et spécialement de ce qui formait le premier de
tous, — la foule de joyeux visiteurs. Et lorsque Thucydide
mentionne la tentative faite par les Athéniens pendant la
guerre du Péloponèse, à l'apogée de leur suprématie navale,
pour faire revivre la fête Dêlienne, il cite l'hymne Homérique à Apollon comme une preuve certaine de sa splendeur
passée et oubliée depuis longtemps. Nous remarquons que
même *lui* ne pouvait trouver de meilleure preuve que cet
hymne pour les affaires grecques antérieurement à Pisistrate, et nous pouvons reconnaître par là combien l'histoire
de cette époque était imparfaitement connue des hommes
qui prirent part à la guerre du Péloponèse. L'hymne est
excessivement précieux comme document historique, en ce
qu'il nous atteste une gloire transitoire et une vaste asso-

---

(1) Thucydide, III, 104.

ciation des Grecs ioniens des deux côtés de la mer Ægée ; union que détruisirent les conquêtes des Lydiens d'abord, et plus tard celles des Perses ; — temps où les cheveux de l'Athénien opulent étaient décorés d'ornements d'or, et sa tunique faite de lin (1), comme celle des Milésiens et des Ephésiens, au lieu du costume plus sévère et des vêtements de laine qu'il copia dans la suite sur Sparte et le Péloponèse ; — temps aussi où le nom Ionien n'avait pas encore contracté cette tache de mollesse et de lâcheté qui y était imprimée à l'époque d'Hérodote et de Thucydide, et qui provint en partie de la conquête des Ioniens asiatiques par la Perse, en partie de l'antipathie des Dôriens du Péloponèse pour Athènes. L'auteur de l'hymne Homérique, en décrivant les superbes Ioniens qui accouraient de son temps à la fête Dêlienne, n'aurait guère pu prévoir un temps à venir où le nom d'*Ionien* deviendrait un reproche tel, que les Grecs européens, auxquels il appartenait réellement, désiraient le désavouer (2).

2. Il est un autre fait explicatif se rapportant à la fois aux Ioniens en général, et à Chalkis et à Eretria en particulier, dans le siècle antérieur à Pisistrate : c'est la guerre que se firent ces deux villes au sujet de la fertile plaine de Lelanton, qui s'étendait entre elles deux. En général, à ce qu'il semble, ces deux cités importantes entretenaient des relations de bonne intelligence. Mais il y eut quelques occasions de dispute, et une en particulier qui fut suivie d'une guerre formidable, plusieurs alliés se joignant à chacune d'elles. Il est à remarquer que ce fut la seule guerre connue de Thucydide (avant la conquête des Perses), qui eût eu plus d'importance qu'une simple querelle entre voisins, et dans

---

(1) Thucydide, I, 143. Διὰ τὸ ἁβροδίαιτον, etc.

(2) Hérodote, I, 143. Οἱ μέν νυν ἄλλοι Ἴωνες καὶ οἱ Ἀθηναῖοι ἔφυγον τὸ οὔνομα, οὐ βουλόμενοι Ἴωνες κεκλῆσθαι — assertion incontestable par rapport aux temps qui précèdent immédiatement Hérodote, mais non pas également admissible par rapport à des temps plus anciens. Cf. Thucyd. I, 124 (avec la Scholie), et encore V, 9 ; VIII, 25.

laquelle tant d'États différents eussent manifesté une disposition à intervenir, au point de lui donner un caractère semi-hellénique (1). Quant aux alliés de chaque parti dans cette occasion, nous savons seulement que les Milésiens prêtèrent assistance à Eretria, et les Samiens, aussi bien que les Thessaliens et les colonies chalkidiques en Thrace, à Chalkis. Une colonne, encore visible du temps de Strabon dans le temple d'Artemis Amarynthienne, près d'Eretria, rappelait la convention, faite mutuellement par les deux parties belligérantes, de s'abstenir d'armes de trait, mais de n'employer que des armes d'hast. Les Erétriens étaient, dit-on, supérieurs en cavalerie, mais ils furent vaincus dans la bataille : la tombe de Kleomachos de Pharsalos, guerrier distingué qui avait péri dans la cause des Chalkidiens, fut élevée dans l'agora de Chalkis. Nous ignorons la date, la durée ou les particularités de cette guerre (2) ; mais il paraît que les Erétriens furent battus, bien que leur cité conservât toujours son rang comme le second État de l'île. Chalkis fut décidément la première et continua d'être florissante, populeuse et commerçante, longtemps après avoir perdu son importance politique, durant toute la période de l'histoire indépendante de la Grèce (3).

3. Nous recueillons d'autres preuves de l'importance de

---

(1) Thucydide, I, 15. Thucydide ne peut pas avoir cru que la seconde guerre messénienne ait engagé de chaque côté autant d'alliés que le représente Pausanias.
(2) Strabon, VIII, p. 448 ; Hérodote, V, 99 ; Plut. Amator., p. 760, — important en ce qu'il cite Aristote.
Hésiode passa d'Askra à Chalkis (à l'occasion des jeux funèbres célébrés par les fils d'Amphidamas en l'honneur de leur père, décédé) et gagna un trépied pour prix des vers qu'il chanta ou récita (Opp. Di. 656). Suivant les Scholies, Amphidamas était un roi de Chalkis, qui périt dans la guerre contre Eretria relativement à Lelanton. Mais il paraît que Plutarque rejetait les vers comme apocryphes, bien qu'il reconnaisse Amphidamas comme un vigoureux défenseur de Chalkis dans cette guerre. V. Septem Sapient. Conviv. c. 10, p. 153.
Cette visite d'Hésiode à Chalkis était représentée comme la scène de sa lutte poétique avec Homère et de sa victoire sur ce poëte (V. le Certamen Hom. et Hes. p. 315, éd. Goettl.).
(3) V. la frappante description de Chalkis, donnée par Dicéarque dans le Βίος Ἑλλάδος (Fragm. p. 146, éd. Fuhr).

Chalkis et d'Eretria, pendant le septième siècle et une partie du huitième avant l'ère chrétienne, — en partie dans les nombreuses colonies qu'elles fondèrent (et dont je m'occuperai dans un des chapitres suivants), — en partie dans l'empire que prit l'échelle euboïque de poids et de monnaies dans une portion considérable de la Grèce. M. Boeckh a montré pour la première fois dans sa « Métrologie » quelles étaient les quantités et les proportions de cette échelle. Elle était d'origine orientale, et l'or recueilli par Darius en tribut dans toute l'étendue du vaste empire des Perses devait être payé en talents euboïques. Ses divisions — le talent égal à 60 mines, la mine égale à 100 drachmes, la drachme égale à 6 oboles — étaient les mêmes que celles de l'échelle appelée æginæenne, introduites par Pheidôn d'Argos. Mais les 6 oboles de la drachme euboenne contenaient un poids d'argent égal seulement à 5 oboles d'Ægina; de sorte que les dénominations euboïques — drachme, mine et talent — n'égalaient que les cinq sixièmes des mêmes dénominations dans l'échelle æginæenne. C'était l'échelle euboïque qui prévalut à Athènes avant l'altération des monnaies introduite par Solôn; altération (montant à environ 27 pour 100, comme nous l'avons signalé dans un chapitre précédent) qui créa une troisième échelle appelée l'échelle attique, distincte et de l'æginæenne et de l'euboïque — et étant vis-à-vis de la première dans le rapport de 3 : 5, et vis-à-vis de la seconde dans le rapport de 18 : 25. Il paraît évident que l'échelle euboïque fut adoptée par les Ioniens, grâce à leurs relations avec les Lydiens (1) et autres Asiatiques, et qu'elle finit par être naturalisée dans leurs cités sous le nom d'Euboïque, parce que Chalkis et Eretria étaient les États qui exerçaient le commerce le plus actif dans la mer Ægée, — exactement comme le commerce supérieur d'Ægina, dans les États dôriens, avait donné à l'échelle introduite par Pheidôn d'Argos le nom d'Æginæenne. Le fait de cette dénomination indique un temps où ces deux cités

---

(1) Hérodote, I, 94.

eubœennes surpassaient Athènes en puissance maritime et en relations commerciales étendues, et où elles étaient au premier rang des cités ioniennes dans toute la Grèce. L'échelle euboïque, après avoir été altérée par Solôn quant au monnayage et à l'argent, resta encore en usage à Athènes pour les marchandises. La mine de commerce attique garda son poids euboïque primitif (1).

---

(1) V. la Métrologie de Boeckh, c. 8 et 9.

CHAPITRE VI

IONIENS ASIATIQUES

Douze cités ioniennes en Asie. — Événement légendaire appelé migration ionienne. — Émigrants se rendant dans ces cités — divers Grecs. — Grandes différences de dialectes dans les douze cités. — Cités ioniennes réellement fondées par diverses migrations. — Conséquences du mélange d'habitants dans ces colonies — plus d'activité, plus d'instabilité. — Mobilité attribuée à la race ionienne en tant que comparée à la race dôrienne — provient de cette cause.— Cités ioniennes en Asie — mêlées avec les habitants indigènes. — Culte d'Apollon et d'Artemis — existait sur la côte asiatique avant l'immigration grecque — adopté par les immigrants. — Fête et amphiktyonie Pan-ioniennes sur le promontoire de Mykale. — Situation de Milêtos — des autres cités ioniennes.— Territoires parsemés de villages asiatiques. — Magnêsia sur le Mæandros. — Magnêsia sur le mont Sipylos. — Ephesos — Androklos l'œkiste — premier établissement et première distribution. — Accroissement et acquisition d'Ephesos. — Kolophôn, son origine et son histoire. — Temple d'Apollon à Klaros, près de Kolophôn. — Ses légendes. — Lebedos, Teôs, Clazomenæ, etc. — Distribution intérieure des habitants de Teôs. — Erythræ et Chios. — Klazomenæ Phôkæa. — Smyrna. — Grecs æoliens en Asie.

Il existait au commencement de la Grèce historique, en 776 avant J.-C., outre les Ioniens de l'Attique et des Cyclades, douze cités ioniennes marquantes sur la côte de l'Asie Mineure ou auprès, outre un petit nombre d'autres villes moins importantes. Énumérées du sud au nord, ce sont Milêtos, Myous (Myonte), Priênê, Samos, Ephesos, Kolophôn, Lebedos, Teôs, Erythræ, Chios, Klazomenæ, Phôkæa.

Que ces cités, la grande gloire du nom ionien, aient été fondées par des émigrants venus de la Grèce européenne, il n'y a pas lieu d'en douter. Comment et quand furent-elles fondées, nous n'avons pas d'histoire qui nous le dise : la légende, que nous avons déjà exposée dans un chapitre précédent nous parle d'un grand événement appelé la migration ionienne, rapportée par les chronologistes à une seule année spéciale, 140 ans après la guerre de Troie. Cette façon de grouper en masse appartient au caractère de la légende. Les émigrations æolienne et ionienne, aussi bien que la conquête dôrienne du Péloponèse, sont chacune revêtues d'unité et gravées dans l'imagination comme étant les résultats d'un seul grand mouvement. Mais tel n'est pas le caractère des colonies historiques : quand nous en viendrons à raconter les émigrations italiennes ou siciliennes, on verra que chaque colonie a son origine et ses causes d'existence propres et séparées. Dans le cas de l'émigration ionienne, cette vaste échelle de conception légendaire est plus apparente que d'ordinaire, puisqu'on attribue à cet événement la fondation ou le repeuplement et des Cyclades et des cités ioniennes d'Asie.

Euripide considère Ion (1), fils de Kreüsê et d'Apollon, comme le fondateur de ces dernières villes. Mais la forme la plus courante de la légende attribue cet honneur aux fils de Kodros, dont deux sont nommés spécialement, et correspondent aux deux plus grandes des dix cités ioniennes continentales, Androklos comme fondateur d'Ephesos, Neileus de Milêtos. Ces deux villes sont toutes les deux désignées comme fondées directement par Athènes. Les autres semblent plutôt être des établissements séparés, n'étant pas composés d'Athéniens et n'émanant pas d'Athènes, mais adoptant la fête ionienne caractéristique des Apaturia et contenant (en partie du moins) des tribus ioniennes et recevant des princes des familles kodrides à Ephesos ou à Milêtos,

---

(1) Euripide, Ion, 1546. Κτίστορ' Ἀσιάδος χθονός.

comme condition de leur admission à la fête confédérée Pan-Ionienne. Le poëte Mimnerme attribuait la fondation de sa ville natale Kolophôn à des émigrants venus de Pylos dans le Péloponèse, sous Andræmôn; Teôs fut colonisée par des Minyæ d'Orchomenos, sous Athamas : Klazomenæ par des colons de Kleônæ et de Phlious (Phlionte), Phôkæa par des Phokiens, Priênê en grande partie par des Kadmiens venus de Thêbes. Et quant aux îles puissantes de Chios et de Samos, il ne paraît pas que leurs auteurs indigènes, Ion, le poëte de Chios, ou Asius, le poëte de Samos, leur attribuassent une population venant d'Athènes. Pausanias ne pouvait pas non plus comprendre par les poëmes d'Ion comment il se faisait que Chios eût fini par faire partie de la confédération ionienne (1). Hérodote spécialement insiste sur le nombre des tribus et des races grecques qui contribuèrent à fournir la population des douze cités ioniennes — Minyæ d'Orchomenos, Kadmeiens, Dryopiens, Phokiens, Molosses, Pélasges Arkadiens, Dôriens d'Epidauros, et « plusieurs autres sections » de Grecs. De plus il signale particulièrement les Milésiens, comme prétendant être du sang ionien le plus pur, et comme étant partis du Prytaneion d'Athènes; donnant ainsi évidemment à entendre qu'il croit que la majorité au moins des autres colons n'était pas venue du même foyer (2).

---

(1) Pausanias, VII, 4, 6. Τοσαῦτα εἰρηκότα ἐς Χίους Ἴωνα εὑρίσκω · οὐ μέντοι ἐκεῖνός γε εἴρηκε, καθ᾽ ἥντινα αἰτίαν Χῖοι τελοῦσιν ἐς Ἴωνας.
Relativement à Samos et à ses habitants kariens primitifs, déplacés par Patroklês et Tembriôn à la tête d'émigrants grecs, v. Etymol. Mag. v. Ἀστυπάλαια.
(2) Hérodote, I, 146. Ἐπεὶ, ὥς γε ἔτι μᾶλλον οὗτοι (i. e. les habitants de la Dodekapolis Pan-ionienne) Ἴωνές εἰσι τῶν ἄλλων Ἰώνων, ἢ κάλλιόν τι γεγόνασι, μωρίη πολλὴ λέγειν · τῶν Ἀβάντες ἐξ Εὐβοίης εἰσὶν οὐκ ἐλαχίστη μοῖρα, τοῖσι Ἰωνίης μέτα οὐδὲ τοῦ ὀνόματος οὐδέν · Μίνυαι δὲ Ὀρχομένιοι ἀναμεμίχαται, καὶ Καδμεῖοι, καὶ Δρύοπες, καὶ Φωκέες ἀποδάσμιοι, καὶ Μολοσσοί, καὶ Ἀρκάδες Πελασγοί, καὶ Δωριέες Ἐπιδαύριοι, ἄλλα τε ἔθνεα πολλὰ ἀναμεμίχαται. Οἱ δὲ αὐτέων, ἀπὸ τοῦ Πρυτανηίου τοῦ Ἀθηναίων ὁρμηθέντες, καὶ νομίζοντες γενναιότατοι εἶναι Ἰώνων, οὗτοι δὲ οὐ γυναῖκας ἤγαγον ἐς ἀποικίην, ἀλλὰ Καείρας ἔσχον, τῶν ἐφόνευσαν τοὺς γονέας... Ταῦτα δὲ ἦν γινόμενα ἐν Μιλήτῳ.
Le ton polémique que prend Hérodote pour faire cette remarque est

Mais le renseignement le plus frappant que nous donne Hérodote, c'est la différence de langage ou dialecte qui distinguait ces douze cités. Milêtos, Myous et Priênê, toutes situées sur le sol des Kariens, avaient un seul dialecte : Ephesos, Kolophôn, Lebedos, Teôs, Klazomenæ et Phôkæa avaient un dialecte commun à toutes, mais distinct de celui des trois villes précédentes ; Chios et Erythræ présentaient un troisième dialecte, et Samos à elle seule un quatrième. L'historien ne se contente pas de signaler simplement cette quadruple variété de langage ; il emploie des termes très-forts pour exprimer le degré de dissemblance (1). Le témoignage d'Hérodote, quant à ces dialectes, est naturellement incontestable.

Ainsi, au lieu d'une seule grande émigration ionienne, les assertions citées plus haut nous amènent plutôt à supposer un grand nombre d'établissements séparés et successifs, formés par des Grecs de sections différentes, se mêlant avec des Lydiens et des Kariens préexistants et modifiés par eux, et s'alliant dans la suite avec Milêtos et Ephesos pour former ce qu'on appelle l'Amphiktyonie ionienne. Comme condition de cette union, ils sont amenés à admettre au nombre de leurs chefs des princes de la gens ou famille des Kodrides, qui sont appelés fils de Kodros, mais que l'on ne doit pas pour cette raison supposer nécessairement contemporains d'Androklos ou de Neileus.

Les chefs choisis par quelques-unes des cités étaient, dit-

---

expliqué par Dahlmann, par la supposition qu'elle était destinée à réfuter certaines prétentions pleines de jactance du Milésien Hékatée (V. Baehr, ad loc. et Klausen ad Hekatæi Frag. 225).

La preuve de l'*Ionisme*, suivant l'assertion d'Hérodote, est qu'une cité tire son origine d'Athènes et qu'elle célèbre la solennité des Apaturia (I, 147). Mais nous ne devons pas prendre ces deux preuves à la rigueur. Ephesos et Kolophôn étaient ioniennes, bien que ni l'une ni l'autre ne célébrassent les Apaturia. Et la colonie pouvait être formée sous les auspices d'Athènes, quoique les colons ne fussent ni natifs de l'Attique, ni même alliés par la race aux indigènes de ce pays.

(1) Hérodote, I, 142. Ephesos, Kolophôn, Lebedos, Teôs, Klazomenæ, Phôkæa — αὗται αἱ πόλεις τῇσι πρότερον λεχθείσῃσι ὁμολογέουσι κατὰ γλῶσσαν οὐδέν, σφί δὲ ὁμοφωνέουσι.

on, Lykiens (1), de la famille héroïque de Glaukos et de Bellerophôn : il y avait d'autres villes où les Kodrides et les Glaukides étaient chefs conjointement. Relativement aux dates de ces établissements séparés, nous ne pouvons donner aucun renseignement, car ils se trouvent au delà du commencement de l'histoire authentique. Nous voyons quelque raison pour croire que la plupart d'entre eux existaient quelque temps avant 776 avant J.-C.; mais à quelle date commença la solennité fédérative unissant les douze cités, c'est ce que nous ignorons.

Le récit d'Hérodote nous montre que ces colonies étaient composées d'un mélange de sections de Grecs, circonstance importante dans l'appréciation de leur caractère. Tel fut ordinairement le cas plus ou moins quant à toutes les émigrations. C'est pourquoi les établissements ainsi fondés contractèrent-ils tout de suite, généralement parlant, à la fois plus d'activité et plus d'instabilité que l'on n'en voyait chez ceux des Grecs qui restaient dans leurs foyers, et chez qui la vieille routine habituelle n'avait été détruite par aucun changement marquant soit de place, soit de relations sociales. Car dans une colonie récemment fondée il devenait nécessaire de changer la classification des citoyens, de les ranger ensemble dans d'autres divisions militaires et civiles, et d'adopter de nouveaux sacrifices caractéristiques et de nouvelles cérémonies religieuses comme liens d'union entre tous les citoyens réunis. De plus, au premier début d'une colonie, il y avait à surmonter des difficultés inévitables qui imposaient à ses chefs la nécessité d'avoir de l'énergie et de la prévoyance, — plus particulièrement par rapport aux affaires maritimes, d'où dépendaient non-seulement leurs rapports avec les concitoyens qu'ils avaient laissés derrière eux, mais encore leurs moyens d'établir des relations avantageuses avec la population de l'intérieur. En même temps, les nouveaux arrangements indispensables parmi les colons étaient

---

(1) Hérodote, I, 146.

loin de se faire toujours avec harmonie : la dissension et des divisions partielles se présentaient assez fréquemment. Et ce qui a été appelé la mobilité de la race ionienne, en tant que comparée avec la race dôrienne, doit être attribué dans une grande mesure à ce mélange de races et à ce stimulant extérieur provenant de l'expatriation. Car il n'y en a pas de traces en Attique antérieurement à Solôn ; tandis que, de l'autre côté, les colonies dôriennes de Korkyra et de Syracuse présentent une population non moins excitable que les villes ioniennes en général (1), et qui l'était beaucoup plus que la colonie ionienne de Massalia. Le remarquable esprit commercial qui, comme nous le verrons, caractérise Milêtos, Samos et Phôkæa, n'appartient qu'à un faible degré à tout ce qui se rattache au caractère ionien.

On représente toutes les villes ioniennes, excepté Klazomenæ et Phôkæa comme ayant été fondées sur quelques établissements préexistants de Kariens, de Lélèges, de Krêtois, de Lydiens, ou de Pélasges (2). Dans quelques cas ces premiers habitants étaient soumis, tués ou chassés : dans d'autres ils étaient acceptés comme compagnons de résidence, de sorte que les cités grecques, ainsi établies, prenaient une teinte considérable de coutumes et de sentiments asiatiques. Ce qu'Hérodote rapporte au sujet du premier établissement de Neileus et de ses émigrants à Milêtos est remarquable à ce point de vue. Ils ne prirent pas avec eux de femmes d'Athènes (dit l'historien), mais ils trouvèrent des épouses dans les femmes kariennes de l'endroit, dont ils avaient vaincu et mis à mort les maris et les pères ; et les femmes, saisies ainsi par force, manifestèrent leur répugnance en s'engageant entre elles par un serment solennel à ne jamais manger avec leurs nouveaux maris, et à ne pas non plus les appeler par leurs noms personnels. Elles imposèrent à leurs filles la même condition : mais nous ne savons pas combien de temps

---

(1) Thucydide, VI, 17, au sujet des Grecs Siciliens : —

Ὄχλοις τε γὰρ ξυμμικτοῖς πολυανδροῦσιν αἱ πόλεις, καὶ ῥᾳδίας ἔχουσι τῶν πολιτειῶν τὰς μεταβολὰς καὶ ἐπιδοχάς.

(2) V. Raoul Rochette, Histoire des Colonies grecques; l. IV, c. 10, p. 93.

dura cet usage. Nous pouvons soupçonner, d'après le langage de l'historien, qu'il y en avait encore des traces visibles de son temps dans les coutumes de famille des Milésiens. La population de cette ville, la plus grande des cités ioniennes, doit ainsi avoir été composée à moitié d'hommes de race karienne. Il est à présumer que ce qui est vrai de Neileus et de ses compagnons se trouverait également vrai de la plupart des colonies maritimes de la Grèce, et que les vaisseaux qui les emportèrent étaient peu fournis de femmes. Mais sur ce point nous nous trouvons par malheur sans renseignements.

Le culte d'Apollon Didymæos, aux Branchidæ près de Milètos, — celui d'Artemis, près d'Ephesos, — et celui de l'Apollon Klarios, près de Kolophôn, semblent avoir existé chez la population asiatique indigène avant l'établissement de l'une ou de l'autre de ces trois cités. Maintenir ces droits locaux préexistants n'était pas moins conforme aux sentiments que profitable aux intérêts des Grecs. Les trois établissements acquirent tous une plus grande célébrité sous l'administration ionienne, en contribuant à leur tour à la prospérité des villes auxquelles ils étaient attachés. Milètos, Myous et Priênê étaient situées dans la plaine productive du fleuve Mæandros ou auprès d'elle; tandis qu'Ephesos était de la même manière établie près de l'embouchure du Kaïstros, communiquant ainsi immédiatement avec la fertile bande de terre qui sépare le mont Tmôlos au nord d'avec le mont Messôgis au sud, et à travers laquelle coule ce fleuve : Kolophôn n'est qu'à un très-petit nombre de milles au nord du même fleuve. Possédant les meilleurs moyens de communication avec l'intérieur, ces trois villes semblent avoir grandi plus rapidement que le reste ; et, avec l'île voisine de Samos, elles constituèrent à une époque reculée la force de l'Amphiktyonie Pan-Ionienne. La situation du territoire sacré de Poseidôn (où cette fête était célébrée) sur le côté septentrional du promontoire de Mykale, près de Priênê, et entre Ephesos et Milètos, semble prouver que ces villes formaient le centre primitif autour duquel finirent par se grouper graduellement les autres établissements ioniens. Car ce n'était nullement une situation centrale par rapport à toutes les douze ; de sorte que Thalès de Milêtos, qui à une époque suivante recommandait une union politique plus intime entre les douze villes ioniennes, et l'établissement d'un gouvernement commun pour administrer leurs affaires collectives, indiquait Teôs (1) et non Priênê, comme le lieu convenable dans ce but. En outre, il semble que la fête Pan-Ionienne (2), bien que continuée encore dans les formes, avait perdu son importance avant l'époque de Thucydide, et avait fini en pratique par être supplantée par la fête des Ephesia, près d'Ephesos, où les cités de l'Iônia trouvaient un lieu plus attrayant pour leur réunion.

Une île attenante à la côte, ou une langue de terre avancée rattachée au continent par un isthme étroit et présentant quelque colline suffisante pour y élever une akropolis, semble avoir été considérée chacune comme la situation la plus favorable pour un établissement colonial grec. La plupart des cités ioniennes se conforment à l'un ou à l'autre de ces genres de lieux (3). La cité de Milêtos, à l'apogée de sa puissance, avait quatre ports séparés, formés probablement avec l'aide de l'île de Ladê et d'un ou de deux îlots qui se trouvaient tout près et vis-à-vis d'elle. L'établissement karien ou krêtois que les colons ioniens trouvèrent à leur arrivée et conquirent, était situé sur une éminence commandant la mer, et devint plus tard connu par

---

(1) Hérodote, I, 170.

(2) Diodore (XV, 49) et Denys d'Halikarnasse (A. R. IV, 25) parlent tous les deux comme si la convocation ou la fête avait été formellement transférée à Ephesos, par suite du manque de sécurité des réunions près de Mykale ; Strabon, au contraire, parle de la fête des Pan-Ionia comme si elle était encore de son temps célébrée dans l'endroit primitif (XIV, p. 636-638) par les soins des Priênéens. Il n'est pas probable qu'elle ait été formellement transférée : Thucydide (III, 104) prouve que de son temps la fête des Ephesia était en pratique le rendez-vous pan-ionien, bien qu'Hérodote ne semble pas l'avoir conçue comme telle. V. Guhl, Ephesiaca, part. III, p. 117 ; et K. F. Hermann, Gottesdienstliche Alterthümer der Griechen, c. 66, p. 343.

(3) La situation de Milêtos est indiquée le mieux par Arrien, I, 19-20 ; V. celle de Phôkæa, d'Erythræ, de Myônnêsos, de Klazomenæ, de Kolophôn, de Teôs (Strabon, XIV, p. 644-645 ; Pausan. VII, 3, 2 ; Tite-Live, XXXVII, 27-31 ; Thucyd. VIII, 31).

le nom de la vieille Milêtos, à une époque où la nouvelle ville ionienne avait été étendue jusqu'au bord de l'eau et rendue maritime (1). Le territoire de cette cité importante semble avoir compris à la fois le promontoire méridional appelé Poseidion et la plus grande partie du promontoire septentrional de Mykale (2), s'étendant des deux côtés du fleuve Mæandros. La ville peu considérable de Myous (3) sur la rive méridionale du Mæandros, rejeton vraisemblablement formé par la séparation de quelques mécontents Milésiens sous un membre de la gens Nêlide nommé Kydrêlos, conserva longtemps son autonomie, mais fut à la fin absorbée dans l'unité plus considérable de Milêtos, son territoire marécageux ayant été rendu inhabitable par une plaie de moucherons. Priênê acquit plus d'importance qu'il ne lui en appartenait naturellement, par son voisinage immédiat avec le saint temple Pan-Ionien et par sa fonction d'administratrice des rites sacrés (4), dignité dont elle n'était probablement autorisée à jouir que par suite des jalousies de ses voisines plus considérables, Milêtos, Ephesos et Samos (5). Les territoires de ces cités grecques semblent avoir été parsemés de villages kariens, probablement à l'état de sujets.

Il est rare de trouver une pure colonie grecque établie à quelque distance de la mer; mais les deux villes asiatiques appelées Magnèsia sont des exceptions à ce principe : — l'une située sur le côté méridional du Mæandros, ou plutôt sur la rivière Lethæos, qui se jette dans le Mæandros; l'autre plus au nord, attenant aux Grecs Æoliens, sur le versant septentrional du mont Sipylos, et près de la plaine de la rivière Hermos. La fondation de ces deux villes est antérieure à la période historique. Le récit (6) que nous lisons affirme qu'elles étaient des établissements des Magnètes de

---

(1) Strabon, XIV, p. 635.
(2) Strabon, XIV, p. 633. Hérodote, IX, 97-99. Τὸ Ποσείδιον τῶν Μιλησίων. Strabon, XIV, p. 651.
(3) Strabon, XIV, p. 636; Vitruve, IV, 1, Polyen, VIII, 35.

(4) Strabon, XIV, p. 636-638.
(5) Thucydide, I, 116.
(6) Conon, Narrat. 29; Strabon, XIV, p. 636-647.
Le récit de Parthenius au sujet de Leukippos, chef τῶν δεκατευθέντων ἐκ

Thessalia, formés par des émigrants qui avaient passé d'abord en Krète, sur les ordres de l'oracle de Delphes, et ensuite en Asie, où, dit-on, ils tirèrent les colons ioniens et æoliens, récemment arrivés alors, d'une position pénible et dangereuse. A côté de cette histoire, que l'on ne peut ni vérifier ni contredire, il est à propos de mentionner l'opinion de Niebuhr, qui pense que ces deux villes de Magnêsia étaient des restes d'une population primitive de Pélasges, parents des Magnètes de Thessalia, mais non émigrants de ce pays ; — Pélasges qui, d'après sa supposition, occupèrent et la vallée de l'Hermos et celle du Kaïstros, avant les migrations æoliennes et ioniennes. Pour appuyer cette opinion, on peut dire qu'il y avait des villes portant le nom pélasgique de Larissa, et près de l'Hermos et près du Mæandros ; Menekratês d'Elæa croyait que les Pélasges avaient occupé jadis la plus grande partie de la côte ; et O. Müller pense même que les Tyrrhéniens furent des Pélasges de Tyrrha, ville de l'intérieur de la Lydia au sud du Tmôlos. Ce point est un de ceux sur lesquels nous n'avons pas de preuves suffisantes pour aller au delà d'une conjecture (1).

Φέρης ὑπ' Ἀδμήτου, qui vint dans le territoire éphésien et devint maître de la place appelée Kretinæon, par la perfidie de Leukophryê, fille de Mandrolytos, que ce soit la vérité ou une fiction, est une des indications d'une immigration thessalienne dans ces parages (Parthen. Narr. 6).

(1) Strabon, XIII, p. 621. V. Niebuhr, Kleine Historische Schriften, p. 371 ; O. Müller, Etrusker, Einleitung, II, 5, p. 80. La preuve sur laquelle est fondée la conjecture de Müller semble cependant extraordinairement faible, et l'identité de Tyrrhênos et de Torrhêbos, ou la confusion supposée de l'une avec l'autre, n'est nullement établie. On parle de Pélasges dans Trallês et Aphrodisias aussi bien que dans Ninoê (Steph. Byz. v. Νινόη), mais ce nom me semble destiné à n'offrir que des problèmes et des déceptions.

Relativement à Magnêsia sur le Mæandros, consulter Aristote ap. Athen. IV, p. 173, qui appelle la ville une colonie de Delphes. Mais l'établissement intermédiaire de ces colons en Krète, ou même la réalité d'une ville quelconque appelée Magnêsia, en Krète, semble très-contestable : l'assertion de Platon (Leg. IV, 702 ; XI, 919) ne peut guère être prise comme une preuve. Cf. O. Müller, History of the Dorians, b. II, c. 3 ; Hoeckh, Kreta, b. III, vol. II, p. 413. Müller présente trop ces « Sagen » comme des faits réels : le culte d'Apollon à Magnêsia sur le Mæandros (Paus. X, 32, 4) ne peut être considéré comme une grande preuve,

Des villes ioniennes, avec lesquelles commence la connaissance réelle que nous ayons de l'Asie Mineure, Milêtos(1) était la plus puissante. Elle tirait sa célébrité non-seulement de ses richesses particulières et de sa propre population, mais encore du nombre extraordinaire de ses colonies, établies principalement dans la Propontis et le Pont-Euxin, et n'étant pas, comme nous le disent quelques auteurs, au-dessous de soixante-quinze à quatre-vingts. Je parlerai bientôt de ces colonies, en traitant de l'expansion générale des colonies grecques pendant le huitième et le septième siècle avant J.-C. ; actuellement il suffit d'indiquer que les îles d'Ikaros et de Lêros (2), non loin de Samos et de la côte ionienne en général, étaient au nombre des endroits fondés par des colons milésiens.

La colonisation d'Ephesos par Androklos semble se rattacher à l'occupation ionienne de Samos, autant que nous pouvons le reconnaître par les renseignements confus que nous trouvons. Androklos erra, dit-on, longtemps dans cette île, jusqu'à ce que l'oracle daignât lui indiquer quel lieu particulier il devait occuper sur le continent. A la fin, l'indication étant donnée, il établit ses colons à la fontaine d'Hypelæon et sur une portion de la colline de Korêssos, à une petite distance du temple et du sanctuaire d'Artemis, dont il respecta et reçut comme frères les habitants mêmes, tandis qu'il chassait pour la plus grande partie les Lélèges et les Lydiens résidant à l'entour. La population de la nouvelle ville d'Ephesos fut divisée en trois tribus : — les habitants préexistants, ou Ephésiens propres, les Benniens et les Euônymeis, ainsi nommés (nous dit-on) du dème Euonymos

---

en considérant combien il s'étendait le long de la côte asiatique, depuis la Lykia jusqu'à la Troade.

La grande antiquité de cet établissement grec était reconnue du temps des empereurs romains; V. Inscript. n° 2910 dans Boeckh, Corp. Ins.

(1) Ἰωνίης πρόσχημα (Hérodote, V, 28).

(2) Strabon, XIV, p. 635. Ikaros ou Ikaria, cependant, paraît, dans des temps plus récents, comme appartenant à Samos et servant seulement au pâturage (Strabon, p. 639 ; X, p. 488).

en Attique (1). La puissance d'Androklos fit de tels progrès, qu'il fut en état de conquérir Samos, et d'en chasser le prince Leôgoros. Des Samiens qui se retirèrent, une partie alla, dit-on, à Samothrace et s'y établit; tandis qu'une autre partie devint maîtresse de Marathèsion près d'Ephesos, sur le continent voisin de l'Asie Mineure, d'où, après peu de temps, elle recouvra son île en forçant Androklos à retourner à Ephesos. Il paraît cependant que, dans le compromis et le traité qui s'ensuivirent, ils cédèrent la possession de Marathèsion à Androklos (2), et se bornèrent à Anæa, district plus méridional, plus éloigné de l'établissement éphésien, et situé immédiatement vis-à-vis l'île de Samos. Androklos périt, dit-on, dans une bataille livrée pour la défense de Priènê, ville qu'il était venu secourir contre une attaque des Kariens. Son cadavre fut emporté du champ de bataille et enseveli près des portes d'Ephesos, où l'on montrait encore sa tombe à l'époque de Pausanias. Mais une sédition éclata contre ses fils après sa mort, et les mécontents fortifièrent leur parti en appelant des renforts de Teôs et de Karina. La lutte qui s'ensuivit se termina par la déchéance de la race royale et par l'établissement d'un gouvernement républicain, — les descendants d'Androklos étant autorisés à conserver à la fois des priviléges honorifiques considérables et la prêtrise héréditaire de Dêmêtêr Eleusinienne. Les habitants nouvellement reçus furent enrôlés dans deux nouvelles tribus, faisant en tout cinq tribus, qui paraissent avoir existé pendant toute la durée des temps historiques à Ephesos (3). Il paraît aussi qu'un certain nombre de propriétaires fugitifs de Samos furent admis chez les Ephésiens et reçurent

---

(1) Kreophylos ap. Athenæ. VIII, p. 361; Ephor. Fragm. 32, éd. Marx; Stephan. Byz. v. Βέννα : V. Guhl, Ephesiaca, p. 29.

(2) Pausan. VII, 4, 3.

(3) L'exposé d'Ephore ap. Steph. Byz. v. Βέννα, atteste au moins la présence des cinq tribus à Ephesos, que ses données relatives à leur origine et à leur histoire primitive soient bien fondées ou non. V. aussi Strabon, XIV, p. 633; Steph. Byz. v. Εὐωνυμία. Karênê ou Karinê est en Æolis, près de Pitana et de Gryneion (Hérod. VII, 42; Steph. Byz. Καρήνη).

le droit de cité ; et la partie de la ville dans laquelle ils résidèrent acquit le nom de Samorna ou Smyrna, nom sous lequel elle était encore connue du temps du poëte satirique Hippônax, vers 530 avant J.-C. (1).

Tels sont les récits que nous trouvons relativement à l'enfance de l'ancienne Ephesos. Le fait de son accroissement et de ses considérables acquisitions de territoire, aux dépens des Lydiens voisins (2), est du moins incontestable. Elle ne paraît jamais avoir été ni très-puissante ni très-entreprenante sur mer. Un petit nombre de colonies maritimes devaient leur origine à ses concitoyens. Mais sa situation près de l'embouchure et de la plaine fertile du Kaïstros était favorable tant à la multiplication de ses dépendances dans les terres qu'à son commerce avec l'intérieur. Un despote nommé Pythagoras renversa, dit-on, par stratagème le gouvernement antérieur de la ville, à une époque quelconque avant Cyrus, et exerça le pouvoir pendant un certain temps avec une grande cruauté (3). Il est digne de remarque que nous ne trouvons aucune trace de l'existence des quatre tribus ioniennes à Ephesos ; et cette circonstance rapprochée du fait que ni Ephesos ni Kolophôn ne célébraient la fête ionienne particulière des Apaturia, est une indication entre autres que la population éphésienne n'avait qu'une faible communauté de race avec Athènes, bien que l'œkiste puisse avoir été de famille héroïque athénienne. Guhl s'efforce de démontrer, sur des raisons erronées, que les colons grecs à

---

(1) Steph. Byz. v. Σάμορνα ; Hesych. Σαμονία ; Athénée, VI, p. 277 ; Hippônax, Fragm. 32, Schneid.; Strabon, XIV, p. 633. Quelques-uns cependant disaient que le *vicus* d'Ephesos, appelé Smyrna, tirait son nom d'une Amazone.

(2) Strabon, XIV, p. 620.

(3) Bato ap. Suidas, v. Πυθαγόρας. Dans cet article de Suidas, cependant, il est dit que « l'Ephésien Pythagoras renversa, au moyen d'un artificieux complot, le gouvernement de ceux qu'on nommait les *Basilidæ*. » Or, Aristote parle (Polit. V, 5, 4) de l'oligarchie des Basilidæ à Erythræ. Il n'est guère vraisemblable qu'il y ait eu une oligarchie appelée du même nom et à Erythræ et à Ephesos : il y a ici quelque confusion entre Erythræ et Ephesos qu'il ne nous est pas possible d'éclaircir. Bato de Sinopê écrivit un livre περὶ τῶν ἐν Ἐφέσῳ τυράννων (Athénée, VII, p. 289).

Ephesos étaient pour la plupart d'origine arkadienne (1).

Kolophôn, à environ quinze milles (24 kilom.) au nord d'Ephesos, et séparée du territoire de cette dernière ville par la chaîne escarpée de montagnes appelée Gallèsion, bien que membre de l'Amphiktyonie Pan-Ionienne, semble n'avoir pas été d'origine ionienne. Elle ne reconnaissait ni un œkiste athénien ni habitants athéniens. Le poëte kolophonien Mimnerme nous dit que l'œkiste de la ville fut le Pylien Andræmôn, et que les colons furent des Pyliens venus du Péloponèse. « Nous quittâmes (dit-il) Pylos, la cité de Neileus, et nous passâmes sur nos vaisseaux dans cette Asie si désirée. Là, avec l'insolence d'une force supérieure, et en employant dès le commencement une cruelle violence, nous nous établîmes dans la charmante Kolophôn (2). » Cette description des premiers colons kolophoniens, présentée avec une simplicité homérique, jette une vive lumière sur le récit fait par Hérodote de la conduite de Neileus à Milètos. L'établissement d'Andræmôn doit avoir été effectué à l'aide de la force et par la dépossession des anciens habitants, laissant probablement leurs femmes et leurs filles en proie aux vainqueurs. La cité de Kolophôn paraît avoir été située à environ deux milles (3 kilom.) à l'intérieur; elle avait un port fortifié appelé Notion, non pas réuni à elle par de longs murs comme le Peiræeus l'était à Athènes, mais complétement séparé. Il y avait des moments où ce port servait aux

---

(1) Guhl, Ephesiaca, cap. II, s. 2, p. 28. Le passage d'Aristide (Or. 42, p. 523) qu'il cite se rapporte non à Ephesos, mais à Pergamos, et au mythe d'Augê et de Telephos ; cf. ibid. p.251.

(2) Mimnerm. Fragm. 9, Schneid. ap. Strab. XIV, p. 634 :

Ἡμεῖς δ' αἰπὺ Πύλον Νηλήιον ἄστυ
[λιπόντες
Ἱμερτὴν Ἀσίην νηυσὶν ἀφικόμεθα·
Ἐς δ' ἐρατὴν Κολοφῶνα, βίην ὑπέ-
[ροπλον ἔχοντες,
Ἑζόμεθ' ἀργαλέης ὕβριος ἡγεμόνες.

Mimnerme, dans son poëme appelé Nanno, nommait Andræmôn comme fondateur (Strabon, p. 633). Cf. cette conduite avec le récit d'Odysseus dans Homère (Odyss. IX, 40) :

Ἰλιόθεν με φέρων ἄνεμος Κικόνεσσι
[πέλασσεν
Ἰσμάρῳ· ἔνθα δ' ἐγὼ πόλιν ἔπραθον,
[ὤλεσα δ' αὐτούς·
Ἐκ πόλιος δ' ἀλόχους καὶ κτήματα
[πολλὰ λαβόντες
Δασσάμεθ', etc.

Mimnerme est, par rapport au temps, un peu antérieur à Solôn, 620-600 avant J.-C.

Kolophoniens de refuge, lorsque la haute ville était attaquée par les Perses venus de l'intérieur. Mais les habitants de Notion manifestèrent parfois des intentions d'agir comme communauté séparée, et des dissensions s'élevèrent ainsi entre eux et le peuple de Kolophôn (1); — tant il était difficile pour l'esprit grec d'entretenir un sentiment permanent d'amalgamation politique en dehors du cercle des murs d'une ville.

Il est fort à regretter qu'il ne nous soit parvenu qu'un petit nombre de vers de Mimnerme, et absolument rien du long poëme de Xénophane (composé vraisemblablement près d'un siècle après Mimnerme), sur la fondation de Kolophôn. Dans les brefs renseignements de Pausanias, il n'est fait nulle mention de cette violence que le poëte natif de Kolophôn signale d'une manière si énergique dans ses ancêtres. Ils sont tirés plutôt des légendes du temple contigu d'Apollon Klarien, et de morceaux de poësie épique se rapportant à ce saint lieu, qui se rattachait au culte d'Apollon en Krète, à Delphes et à Thèbes. Le vieux poëme homérique appelé Thèbaïs rapportait que Mantô, fille du prophète thèbain Teiresias, avait été offerte à Apollon et à Delphes comme offrande votive par les Epigoni victorieux : le dieu lui ordonna de se rendre en Asie, et elle arriva ainsi à Klaros, où elle épousa le Krètois Rhakios. Le fruit de ce mariage fut le célèbre prophète Mopsos, qui, selon l'épopée hésiodique, l'avait emporté en habileté prophétique sur Kalchas, venu à Klaros après la guerre de Troie, en compagnie d'Amphilochos, fils d'Amphiaraos (2). Ces contes prouvent l'ancienne importance du temple et de l'oracle d'Apollon à Klaros, qui semble avoir été en quelque sorte une émanation du grand sanctuaire des Branchidæ, près de Milêtos; car on nous dit que le grand prêtre de Klaros était nommé

---

(1) Aristote, Polit. V, 2, 12; Thucydide, III, 34.
(2) Hésiode, ap. Strab. XIV, p. 643; Conon, Narrat. 6; Argument du poëme appelé Νόστοι (ap. Düntzer), Epic. Græc. Frag. p. 23; Pausan. IX, 33, 1.

par les Milésiens (1). Pausanias avance que Mopsos chassa les Kariens indigènes et fonda la cité de Kolophôn ; et que les colons ioniens sous Promêthos et Damasichthôn, fils de Kodros, furent admis amicalement comme habitants additionnels (2) : récit émanant probablement du temple et très-différent de celui des bourgeois kolophoniens du temps de Mimnerme. Il paraît évident que non-seulement le sanctuaire d'Apollon à Klaros, mais encore les établissements analogues au sud de l'Asie Mineure, à Phasèlis, à Mallos, etc., avaient leurs propres légendes touchant leur fondation (séparément de celles des diverses bandes de colons émigrants), dans lesquelles ils se rattachaient par le lien le meilleur qu'ils pouvaient imaginer aux gloires épiques de la Grèce (3).

En longeant la côte ionienne dans une direction nord-ouest de Kolophôn, nous arrivons d'abord à la petite mais indépendante colonie ionienne de Lebedos, — ensuite à Teôs, qui occupe le côté méridional d'un isthme étroit, Klazomenæ étant placée sur le côté septentrional. Cet isthme, vallée basse et étroite d'environ six milles (9 kilomètres 1/2) de largeur, forme la limite orientale d'une péninsule très-considérable, contenant les régions montagneuses et boisées appelées Mimas et Kôrykos. Teôs, dit-on, fut fondée d'abord par les Minyæ d'Orchomenos, ayant Athamas à leur tête, et reçut volontairement dans la suite divers essaims de colons, Orchoméniens et autres, sous les chefs kodrides Apœkos, Nauklos et Damasos (4). Les précieuses inscriptions de Teôs, publiées dans la vaste collection de Boeckh, tout en mentionnant certains noms et certains titres d'honneur qui se rattachent à cette origine orchoménienne, nous révèlent quelques particularités relatives à la distribution intérieure des citoyens de Teôs. Le

---

(1) Tacite, Annales, II, 54.
(2) Pausanias, VII, 3, 1.
(3) V. Welcker, Epischer Kyklus, p. 285.

(4) Steph. Byz. v. Τέως ; Pausan. VII, 3, 3 ; Strabon, XIV, p. 633. Anacréon appelait la ville Ἀθαμαντίδα Τέω (Strab. l. c.).

territoire de la ville était réparti entre un certain nombre de tours, à chacune desquelles correspondait une symmorie ou section de citoyens, ayant son autel et ses rites sacrés communs, et souvent son éponyme héroïque. Quel était le nombre des tribus de Teôs, c'est ce que nous ignorons. Le nom des Geleontes, une des quatre anciennes tribus ioniennes, est conservé dans une inscription ; mais les autres, tant pour les noms que pour le nombre, sont inconnues. Les symmories ou associations de tours de Teôs semblent être analogues aux phratries de l'ancienne Athènes, — formant chacune une parenté factice, reconnaissant un premier auteur mythique commun, et liées entre elles par une communion à la fois religieuse et politique. Le nom individuel attaché à chaque tour est dans quelques cas asiatique plutôt qu'hellénique, indiquant dans Teôs non-seulement le mélange d'habitants ioniens et æoliens, mais encore d'habitants kariens ou lydiens, dont parle Pausanias (1).

---

(1) Pausan. VII, 3, 3. V. l'Inscription n° 3064 dans le Corp. Ins. de Boeckh, qui énumère vingt-huit πύργοι séparés. C'est une liste d'archontes, avec le nom et la désignation civile de chacun : je ne remarque pas que le nom du même πύργος se rencontre jamais deux fois — Ἀρτέμων, τοῦ Φιλαίου πύργου, Φιλαΐδης, etc. : il y a deux πύργοι, dont les noms sont effacés sur l'inscription. Dans deux autres inscriptions (n°ˢ 3065, 3066) se trouve Ἐχίνου συμμορία — Ἐχινάδαι — comme le titre d'une division civile sans spécification d'un Ἐχίνου πύργος ; mais on peut supposer avec raison que le πύργος et la συμμορία sont des divisions coïncidentes. Le Φιλαίου πύργος se présente aussi dans une autre inscription, n° 3081. Philæos est le héros athénien, fils d'Ajax, et l'éponyme du dême ou gens Philaidæ en Attique, qui existait aussi à Teôs, comme nous le voyons ici. Dans l'Inscription n° 3082, un citoyen est complimenté comme νέον Ἀθάμαντα, après le nom de l'ancien héros minyen. Dans le n° 3078, la tribu ionienne des Γελέοντες est nommée comme existant à Teôs.

Parmi les titres des tours, nous trouvons les suivants — τοῦ Κίδυος πύργου, τοῦ Κιναβάλου πύργου, τοῦ Ἱέρυος πύργου, τοῦ Δάδδου πύργου, τοῦ Σίντυος πύργου : ces noms semblent être plutôt étrangers qu'helléniques. Κίδυς, Ἱέρυς, Σίντυς, Δάδδος, sont asiatiques, peut-être kariens ou lydiens ; touchant le nom Δάδδος, cf. Stephan. Byz. v. Τρέμισσος ou Δάδας paraît comme nom karien ; Boeckh (p. 651) exprime l'opinion que Δάδδος est karien ou lydien. Ensuite Κινάβαλος semble évidemment non hellénique, il est plutôt phénicien (Anni*bal*, Asdru*bal*, etc.), bien que Boeckh (dans son Introductory Comment to the Sarmatian Inscriptions, Part XI, p. 109) nous dise que βαλος est aussi thrace ou gète — « βαλος haud dubie Thracica aut Getica est radix finalis, quam tenes in

Gerrhæidæ ou Cherræidæ, le port situé sur le côté occidental de la ville de Teôs, avait pour héros éponyme Gerês le Bœôtien, qui, disait-on, avait accompagné les Kodrides dans leur établissement.

Le culte d'Athênê Polias à Erythræ peut probablement être rapporté à Athènes, et celui du Tyrien Hêraklês (dont Pausanias raconte une singulière légende) semblerait indiquer un mélange d'habitants phéniciens. Mais la grande proximité à laquelle Erythræ était de l'île de Chios, et l'analogie marquée de dialecte qu'Hérodote atteste (1) entre les deux endroits, montrent que les éléments de la population doivent avoir été à peu près les mêmes dans les deux. Ion, le poëte de Chios, mentionnait l'établissement d'Abantes venus d'Eubœa dans son île natale, sous Amphiklos, mêlés aux Kariens préexistants. Hektor, le quatrième descendant à partir d'Amphiklos, incorpora, dit-on, cette île dans l'Amphiktyonie Pan-Ionienne. C'est à Phérécyde que nous devons la mention du nom d'Egertios, comme ayant amené dans Chios une colonie mélangée ; et c'est par Egertios (bien qu'Ion, le poëte indigène, ne paraisse pas l'avoir signalé)

Dacico nomine Decebalus, et in nomine populi Triballorum. » Le nom τοῦ Χόθου πύργου, Χοθίδης, est ionien : Æklos et Kothos sont représentés comme œkistes ioniens en Eubœa. Un autre nom — Πάρμις, τοῦ Σθενέλου πύργου, Χαλκ·δεῖος — fournit un exemple dans lequel l'épithète locale ou de la gens n'est pas tirée de la tour ; car Χαλκιδεῖς ou Χαλκιδεύς était la dénomination d'un village situé dans le territoire de Teôs. Quant à ce qui concerne quelques personnes, l'épithète de la gens est tirée de la tour — τοῦ Φιλαίου πύργου, Φιλαΐδης — τοῦ Γαλαίσου πύργου, Γαλαισιάδης — τοῦ Δαδδου πύργου, Δαοδεῖος — τοῦ πύργου τοῦ Κιζώνος, Κίζων : et non, dans d'autres cas — τοῦ Ἑκαδίου πύργου, Σκηθίδης — τοῦ Μηράδους πύργου, Βρυσκίδης — τοῦ Ἰσθμίου πύργου, Λεωνίδης, etc. Dans les Inscriptions n° 3065, 3066, il y a un vote formel de la Ἐχίνου συμμορία ou Ἐχίναδαι (les deux noms se rencontrent). Il est aussi fait mention du βῶμος τῆς συμμορίας, et de la solennité annuelle appelée Leukathea, vraisemblablement une solennité de la gens des Echinadæ, qui se rattache à la famille mythique d'Athamas. Comme analogie avec ces tours de Teôs, nous pouvons comparer les πύργοι de la colonie grecque d'Olbia dans le Pont-Euxin (Boeckh, Insc. 2058), πύργος Πόστος, πύργος Ἐπιδαύρου ; — elles faisaient partie des fortifications. V. aussi Dion. Chrysostôme, Orat. XXXVI, p. 76-77. Une vaste tour, appartenant à un simple particulier nommé Aglomachos, est mentionnée à Kyrênê (Hérod. IV, 164).

(1) Hérod. I, 142 ; cf. Thucyd. VIII, 5.

que ce logographe prouvait la connexion qui existait entre les habitants de Chios et l'autre groupe des colonies kodrides (1). A Erythræ, on cite Knôpos ou Kleopos comme l'œkiste kodride, et comme s'étant procuré, en partie par la force, en partie de plein gré, la souveraineté de la colonie préexistante d'habitants mêlés. Hippias, l'historien érythræen, racontait comment Knôpos avait été perfidement tué à bord d'un vaisseau par Ortygès et quelques autres faux partisans, qui, obtenant quelques auxiliaires du roi de Chios, Amphiklos, se rendirent maîtres d'Erythræ et y établirent une oligarchie oppressive. Ils conservèrent le gouvernement quelque temps avec un mélange à la fois de licence et de cruauté, n'admettant qu'un petit nombre d'hommes choisis de la population dans les murs de la ville, jusqu'à ce qu'enfin Hippotès, frère de Knôpos, arrivant du dehors à la tête de quelques troupes, trouvât un appui suffisant de la part des mécontents parmi les Erythræens pour le mettre en état de renverser la tyrannie. Accablés au milieu d'une fête publique, Ortygès et ses compagnons furent mis à mort avec de cruelles tortures. Les mêmes tortures furent infligées à leurs épouses et à leurs enfants innocents (2), — degré de cruauté qui dans aucun temps n'aurait paru dans une communauté de Grecs européens; même dans les dissensions meurtrières de parti qui déchirèrent Korkyra pendant la guerre du Péloponèse, la mort ne fut pas aggravée par des tortures préliminaires. Aristote (3) mentionne l'oligarchie des Basilides comme ayant existé à Erythræ, et comme ayant été renversée par une révolution démocratique, bien qu'elle fût administrée avec prudence. A quelle période doit-on rapporter ce fait, c'est ce que nous ignorons.

---

(1) Strabon, XIV, p. 633.

(2) Hippias ap. Athen. VI, p. 259; Polyen, VIII, 44, donne un autre récit touchant Knôpos. Erythræ, appelée Κνωπούπολις (Steph. Byz. v).

L'histoire racontée par Polyen au sujet du mot de l'oracle et du stratagème qui le suivit, et par lequel Knôpos se rendit maître d'Erythræ, représente cette ville comme puissante avant l'occupation ionienne (Polyen, VIII, 43).

(3) Aristote, Polit. V, 5, 4.

Klazomenæ fut, dit-on, fondée par un parti errant, soit d'Ioniens, soit d'habitants de Kleonæ et de Phlious (Phlionte), sous Parphoros ou Paralos ; et Phôkæa par une bande de Phokiens sous Philogenês et Damon. Cette dernière ville fut construite à l'extrémité d'une péninsule qui formait une partie du territoire de l'æolienne Kymê ; les Kymæens furent amenés à la céder à l'amiable et à permettre la construction de la nouvelle ville. Les Phokiens demandèrent et obtinrent la permission de s'enrôler dans l'Amphiktyonie Pan-Ionienne ; mais la permission ne fut, dit-on, accordée qu'à la condition qu'ils adopteraient des membres de la famille kodride comme œkistes ; et en conséquence ils appelèrent d'Erythræ et de Teôs trois chefs appartenant à cette famille ou gens, — Deœtês, Periklos et Abartos (1).

Smyrna, dans l'origine colonie æolienne, établie par Kymê, tomba par la suite dans les mains des Ioniens de Kolophôn. Un parti d'exilés de cette dernière ville, chassés pendant une dispute intestine, furent admis par les Smyrnæens dans leur cité, — faveur qu'ils reconnurent en fermant les portes et en s'emparant de la place pour eux-mêmes, à un moment où les Smyrnæens étaient sortis en corps pour célébrer une fête religieuse. Les autres villes æoliennes envoyèrent des auxiliaires dans le but de rétablir leurs frères dépossédés ; mais ils furent forcés de se soumettre à un accommodement en vertu duquel les Ioniens conservaient la possession de la ville, en rendant aux premiers habitants tous leurs biens mobiliers. Ces derniers exilés furent répartis comme citoyens dans les autres cités æoliennes (2).

Smyrna, après cela, devint complétement ionienne ; et les habitants, à une époque plus récente, si nous en pouvons

---

(1) Pausan. VII, 3, 3. Dans Pausanias le nom est *Abartos* ; mais il devait probablement être *Abarnos*, l'éponyme du cap Abarnis dans le territoire Phôkœen. V. Stephan. Byz. v. Ἀβαρνίς. Raoul Rochette met Abarnus sans faire aucune remarque (Histoire des colonies grecques, liv. IV, c. 13, p. 95).

(2) Hérodote, I, 150 ; Mimnerme, Fragm. —
Θεῶν βουλῇ Σμύρνην εἵλομεν Αἰολίδα.

juger par Aristide le Rhéteur, paraissent avoir oublié l'origine æolienne de leur ville, bien que le fait soit attesté et par Hérodote et par Mimnerme (1). A quelle époque s'opéra le changement, nous l'ignorons ; mais Smyrna semble être devenue ionienne avant la célébration de la vingt-troisième Olympiade (688 ans av. J.-C.), où Onomastos le Smyrnæen gagna le prix (2). Nous n'avons pas non plus de renseignements quant à l'époque à laquelle la cité fut reçue comme membre dans l'Amphiktyonie Pan-Ionienne; car l'assertion de Vitruve est inadmissible, quand il dit qu'elle fut reçue à la demande d'Atta, le roi de Pergamos, à la place d'une ville qui en faisait partie auparavant, appelée Melitê, exclue par les autres pour mauvaise conduite (3). Nous ne pouvons pas croire davantage le renseignement de Strabon, qui annonce que la cité de Smyrna fut détruite par les rois lydiens, et que les habitants furent obligés de vivre dans des villages dispersés jusqu'à son rétablissement par Antigone. Un fragment de Pindare, qui parle de « l'élégante cité des Smyrnæens, » indique qu'elle a dû exister de son temps (4). La ville d'Eræ, près de Lebedos, quoique vraisemblablement autonome (5), n'était pas parmi les cités qui contribuaient au Pan-Ionion; Myonnêsos semble avoir été une dépendance de Teôs, comme Pygela et Marathêsion l'étaient d'Ephesos. La ville de Notion, après avoir été colonisée de nouveau par les Athéniens pendant la guerre du Péloponèse, semble être restée séparée et indépendante de Kolophôn ; du moins Skylax les mentionne comme deux villes distinctes (6).

---

(1) V. Raoul Rochette, Histoire des Colonies grecques, liv. IV, c. 5, p. 43 ; Aristide, Orat. 20-21, p. 260, 267.
(2) Pausan. V, 8, 3.
(3) Vitruve, IV, 1.
(4) Strabon, XIV, p. 646 ; Pindare, Fragm. 155, Dissen.
(5) Thucydide, VIII, 19.
(6) Skylax, c. 97 ; Thucydide, III, 34.

CHAPITRE VII

GRECS ÆOLIENS EN ASIE

Douze cités de Grecs æoliens. — Leur situation — onze voisines les unes des autres sur le golfe Elæitique. — Migration æolienne légendaire. — Kymê — la plus ancienne aussi bien que la plus puissante des douze. — Magnêsia ad Sipylum. — Lesbos. — Anciens habitants de Lesbos avant les Æoliens. — Établissements æoliens dans la région du mont Ida. — Colonies continentales de Lesbos et de Tenedos. — Habitants anté-helléniques dans la région du mont Ida. — Mysiens et Teukriens. — Teukriens de Gergis. — Mitylênê, — ses dissensions politiques, ses poëtes. — Pouvoir et mérite de Pittakos. — Alcée le poëte, — sa fuite dans le combat. — Opposition acharnée de Pittakos et d'Alcée dans la politique intérieure. — Pittakos est créé æsymnêtès, ou dictateur de Mitylênê.

Sur la côte de l'Asie Mineure, au nord des douze cités ioniennes confédérées, étaient situées les douze cités æoliennes, apparemment unies de la même manière. Outre Smyrna, dont nous avons déjà raconté les destinées, les onze autres étaient : Têmnos, Larissa, Neon-Teichos, Kymê, Ægæ, Myrina, Gryneion, Killa, Notion, Ægiroessa, Pitanê. Ces douze anciennes villes sont spécialement signalées par Hérodote comme étant les douze cités æoliennes continentales, et se distinguant, d'un côté, des Grecs æoliens insulaires de Lesbos, de Tenedos et des Hecatonnêsoi, et, de l'autre côté, des établissements æoliens sur le mont Ida et à l'entour, qui semblent avoir été formés dans la suite et tirés de Lesbos et de Kymê (1).

---

(1) Hérodote, I, 149. Hérodote ne nomme pas Elæa, à l'embouchure du Kaïkos ; d'un autre côté, aucun autre auteur ne mentionne Ægiroessa (V. Man-

De ces douze villes æoliennes, onze étaient situées très-près les unes des autres, groupées autour du golfe Elæitique ; leurs territoires, tous d'une étendue modérée, semblent avoir été limitrophes. Smyrna, la douzième, était située au sud du mont Sipylos et à une plus grande distance des autres, — une des raisons qui firent qu'elle fut sitôt perdue pour ses habitants primitifs. Ces villes occupaient surtout une bande de territoire étroite, mais fertile, située entre la base de la chaîne de montagnes boisée appelée Sardênê et la mer (1). Gryneion, comme Kolophôn et Milêtos, possédait un sanctuaire vénéré d'Apollon, de date plus ancienne que l'immigration æolienne. Larissa, Têmnos et Ægæ étaient peu éloignées de la mer ; la première, à une courte distance au nord de l'Hermos, qui baignait et parfois inondait son territoire au point de rendre des digues nécessaires (2) ; les deux dernières sur des monts rocheux, si inaccessibles à l'attaque, que les habitants furent en état, même lorsque la puissance des Perses était à son apogée, de conserver constamment une indépendance réelle (3). Elæa, située à l'embouchure du fleuve Kaïkos, devint, à une époque postérieure, le port de la forte et florissante cité de Pergamos ; tandis

---

nert, Geogr. der Gr. und Roemer, l. VIII, p. 396).

(1) Hérod. *ut sup.*; Pseudo-Hérodote, Vit. Homeri, c. 9.. Σαρδήνης πόδα νείατον ὑψικόμοιο.

(2) Strabon, XIII, p. 621.

(3) Xénophon, Hellen. IV, 8, 5. Le rhéteur Aristide (Orat. Sacr. XXVII, p. 347, p. 535 D.) décrit en détail son voyage de Smyrna à Pergamos, en franchissant l'Hermos et en passant par Larissa, Kymê, Myrina, Gryneion, Elæa. Il ne semble pas avoir passé par Têmnos, du moins il ne la nomme pas ; de plus nous savons par Pausanias (V, 13, 3) que Têmnos était sur la rive septentrionale de l'Hermos. Dans les meilleures cartes de ce district elle est placée, par erreur, et sur la rive méridionale, et comme si elle était sur la grande route de Smyrna à Kymê. Nous pouvons conclure d'un autre passage d'Aristide (Or. 48, p. 351, p. 468 D.) que Larissa était plus près de l'embouchure de l'Hermos que les cartes ne paraissent la placer. Selon Strabon (XIII, p. 622), il semblerait que Larissa était sur la rive méridionale de l'Hermos ; mais le témoignage meilleur d'Aristide prouve le contraire ; Skylax (c. 94) ne nomme pas Têmnos, ce qui semble indiquer que ce territoire était à quelque distance de la mer.

Les investigations des voyageurs modernes ont jusqu'ici jeté peu de lumière sur la situation de Têmnos ou des autres villes æoliennes. V. Arundel, Discoveries in Asia Minor, vol. II, p. 292-298.

que Pitanê, la plus septentrionale des douze, était placée entre l'embouchure du Kaïkos et le promontoire élevé de Kanê, qui clôt le golfe Elæitique au nord. Il existait, dit-on, jadis une petite ville du nom de Kanæ tout près de ce promontoire (1).

Nous avons déjà dit que la légende attribue l'origine de ces colonies à un certain événement spécial appelé l'émigration æolienne, dont les chronologistes déclarent connaître la date précise, nous disant combien d'années elle fut effectuée après la guerre de Troie, bien longtemps avant l'émigration ionienne (2). Il y a lieu de penser que les habitants de l'Asie, Æoliens aussi bien qu'Ioniens, étaient des émigrants venus de Grèce; mais quant à l'époque ou aux circonstances de leur émigration, nous ne pouvons prétendre à aucune connaissance certaine. Le nom de la ville de Larissa, et peut-être celui de Magnèsia sur le mont Sipylos (d'après ce que nous avons fait remarquer dans le chapitre précédent), ont fait supposer que les habitants antérieurs étaient des Pélasges, qui, ayant anciennement occupé les rives fertiles de l'Hermos aussi bien que celles du Kaïstros près d'Ephesos, employaient leur industrie au travail de l'endiguement (3). Kymê était la plus ancienne aussi bien que la plus puissante des douze cités æoliennes; la ville de Neon-Teichos ayant été établie dans l'origine par les Kymæens comme forteresse, dans le but de s'emparer de la pélasgique Larissa. Kymê et Larissa étaient toutes les deux désignées par l'épithète de Phrikônis. Quelques-uns rapportaient ce mot à la montagne Phrikion dans la Locris, d'où l'on disait que les émigrants æoliens étaient partis pour traverser la

---

(1) Pline, H. N. V. 30.
(2) Strabon, XIII, p. 582-621, comparé avec Pseudo-Hérodote, Vit. Homeri, c. 1-38, qui dit que Lesbos fut occupée par les Æoliens cent trente ans après la guerre de Troie; Kymê, vingt ans après Lesbos; Smyrna, dix-huit ans après Kymê.
Les renseignements chronologiques de différents écrivains sont réunis dans les Fast. Hellen. de M. Clinton, c. 5, p. 104-105.
(3) Strabon, XIII, p. 621.

mer Ægée ; d'autres semblent l'avoir rattaché à un héros éponyme du nom de Phrikôn (1).

Ce fut probablement en partant de Kymê et des cités ses sœurs, sur le golfe Elæitique, que des habitants helléniques pénétrètrent dans les villes plus petites situées dans la plaine du Kaïkos, à l'intérieur,—Pergamos, Halisarna, Gambreion, etc. (2). Dans la plaine plus méridionale de l'Hermos, sur le versant septentrional du mont Sipylos, était située la cité de Magnêsia, appelée Magnêsia *ad Sipylum,* pour la distinguer de Magnêsia sur le fleuve Mæandros. Ces deux villes nommées Magnêsia étaient à l'intérieur — l'une confinant aux Grecs ioniens, l'autre aux Grecs æoliens, mais n'étant vraisemblablement pas comprises dans une amphiktyonie avec les uns ou avec les autres. On rapporte chacune d'elles à une immigration séparée et ancienne, soit des Magnêtes de Thessalia, soit de ceux de Krête. Comme un grand nombre des autres villes anciennes, Magnêsia *ad Sipylum* paraît avoir été établie, dans l'origine, plus haut sur la montagne, — dans une situation plus voisine de Smyrna, dont elle était séparée par la chaîne du Sipylos, — et avoir été dans la suite rapprochée de la plaine, sur le côté septentrional, aussi bien que du fleuve Hermos. L'emplacement primitif, Palæ-Magnêsia (3) était encore occupé comme municipe dépendant, même à l'époque des rois attalides et seleukides. Un changement semblable de situation, d'une hauteur difficile d'accès à quelque position plus basse et plus commode, s'effectua pour d'autres villes dans cette région et

---

(1) Strabon, XIII, 621 ; Pseudo-Hérod. c. 14. Λαοὶ Φρίκωνος, comparé avec c. 38.

Φρίκων paraît à une époque plus récente comme un nom propre ætolien ; Φρίκος comme lokrien. V. Anecdota Delphica par E. Curtius, Inscript. 40, p. 75 (Berlin, 1843).

(2) Xénoph. Hellen. III, 1, 6 ; Anabas. VII, 8, 24.

(3) Il y a une précieuse inscription dans la collection de Boeckh, n° 3157, contenant la convention faite entre les habitants de Smyrna et ceux de Magnêsia. Palæ-Magnesia semble avoir été un poste fort et important.

« Magnêtes à Sipylo, » Tacit. Annal. II, 47 ; Pline, H. N. V. 29 ; Pausan. III, 24, 2. Πρὸς βόρραν τοῦ Σιπύλου.

Etienne de Byz. mentionne seulement Magnêsia ad Mæandrum, et non Magnêsia ad Sipylum.

près d'elle ; tel était le cas pour Gambreion et Skêpsis, qui avaient leur Palæ-Gambreion et leur Palæ-Skêpsis à une petite distance.

Des douze villes æoliennes, il paraît que toutes, excepté Kymê, étaient petites et sans importance. Thucydide, en récapitulant les alliés dépendant d'Athènes au commencement de la guerre du Péloponèse, ne les juge pas dignes d'être énumérées (1). Nous ne sommes pas non plus autorisés à conclure, parce qu'ils portaient le nom général d'Æoliens, que les habitants fussent tous alliés de race, bien qu'une partie considérable d'entre eux aient été, dit-on, des Bœôtiens, et que le sentiment de fraternité entre Bœôtiens et Lesbiens fût conservé pendant tous les temps historiques. Une seule étymologie du nom est en effet fondée sur la supposition qu'ils avaient une origine mêlée (2). En outre, nous n'entendons pas parler de poëtes considérables produits par les villes æoliennes continentales. Sous ce rapport, Lesbos était seule,—île qui, dit-on, était la plus ancienne de toutes les colonies æoliennes, antérieure même à Kymê. Il y eut, dans l'origine, six villes établies dans Lesbos : — Mitylênê, Mèthymna, Eresos, Pyrrha, Antissa et Arisbê ; cette dernière fut dans la suite asservie et détruite par les Methymnæens, de sorte qu'il ne resta en tout que cinq villes (3). Suivant la subdivision politique habituelle en Grèce, l'île eut ainsi d'abord six, puis cinq gouvernements indépendants ; de ces gouvernements, toutefois, celui de Mitylênê, situé dans la partie sud-est et faisant face au promontoire de Kanê, était de beaucoup le premier, tandis que celui de Mèthymna, au nord de l'île vis-à-vis le cap Lekton, était le second. Comme tant d'autres colonies grecques, la cité primitive de Mitylênê avait été fondée sur un îlot séparé de Lesbos par un détroit resserré ; elle fut étendue, dans la suite, jusqu'à Lesbos elle-

---

(1) Thucydide, II, 9.
(2) Strabon, IX, p. 402 ; Thucyd. VIII, 100 ; Pseudo-Hérodote. Vit. Homer. I. Ἐπεὶ γὰρ ἡ πάλαι Αἰολῶτις Κύμη ἐκτίζετο, συνῆλθον ἐν ταύτῳ παντοδαπὰ ἔθνεα Ἑλληνικὰ, καὶ δὴ καὶ ἐκ Μαγνησίας, etc. Etymolog. Magn. v. Αἰολεῖς.

(3) Hérodote, I, 151 ; Strabon, XIII, p. 590.

même, de sorte que le port présentait deux entrées distinctes (1).

Il paraît que les poëtes et les fabulistes indigènes, qui prétendaient donner l'archéologie de Lesbos, insistaient moins sur les colons æoliens que sur les différents héros et les diverses tribus qui, disait-on, avaient possédé l'île avant cet établissement, à partir du déluge de Deukalión, — précisément comme les poëtes de Chios et de Samos semblent avoir insisté principalement sur les antiquités anté-ioniennes de leurs îles respectives. Après le Pélasge Xanthos, fils de Triopas, vient Makar, fils de Krinakos, le grand héros indigène de l'île, que Plehn suppose être l'éponyme d'une race occupant le pays et nommée les Makares. L'hymne homérique à Apollon rattache Makar aux habitants æoliens en l'appelant fils d'Æolos; et Myrsilos, l'historien indigène, semble aussi l'avoir considéré comme æolien (2). S'étendre sur de tels récits convenait à la disposition des Grecs; mais quand nous en venons à rechercher l'histoire de Lesbos, nous nous trouvons dénués de matériaux authentiques, non-seulement pour l'époque antérieure à l'occupation æolienne, mais encore pour un long temps après; nous ne pouvons pas non plus prétendre déterminer à quelle date se fit cette occupation. Nous pouvons raisonnablement croire qu'elle s'effectua avant 776 avant J.-C., et elle devient ainsi une partie des plus anciennes manifestations de l'histoire grecque réelle. Kymê, avec les onze villes ses sœurs sur le continent, et les îles de Lesbos et de Tenedos, étaient alors æoliennes. J'ai déjà fait remarquer que l'émigration du père d'Hésiode le poëte, qui alla de l'æolienne Kymê à Askra en Bœôtia, est le plus ancien fait authentique que nous connaissions sur un témoi-

---

(1) Diodore, XIII, 79; Strabon, XIII, p. 617; Thucydide, III, 6.

(2) Hymne ad Apollin. v. 37. Λέσβος τ' ἠγαθέη, Μάκαρος ἕδος Αἰολίωνος. Myrsilos ap. Clem. Alexandr. Protreptic. p. 19; Diodore, V, 57-82; Dionys Halik. A. R. I, 18; Stephan. Byz. v. Μυτιλήνη. — Plehn (Lesbiaca, c. 2, p. 25-37) a réuni toutes les fables principales relatives à cette archéologie lesbienne; cf. aussi Raoul Rochette, Histoire des Colonies grecques, t. I, c. 5, p. 182, etc.).

gnage contemporain, — vraisemblablement entre 776 et 700 avant J.-C.

Mais, outre ces îles et la bande du continent s'étendant entre Kymê et Pitanê (qui constituait le territoire proprement appelé Æolis), il y avait beaucoup d'autres établissements æoliens dans la région voisine du mont Ida, de la Troade et de l'Hellespont, et même dans la Thrace européenne. Toutes ces colonies semblent être venues de Lesbos, de Kymê et de Tenedos ; et à quelle époque furent-elles fondées, c'est là un point sur lequel nous n'avons aucun renseignement. Trente villes différentes furent, dit-on, établies par ces cités (1), ce qui finit par rendre æolienne presque toute la région du mont Ida (en entendant par ce terme le territoire placé à l'ouest d'une ligne tirée depuis la ville d'Adramyttion, au nord, jusqu'à Priapos sur la Propontis). Une Æolis nouvelle (2) fut ainsi formée, tout à fait différente de l'Æolis voisine du golfe Elæitique, et séparée d'elle en partie par le territoire d'Atarneus, en partie par la portion de la Mysia et de la Lydia, entre Atarneus et Adramyttion, renfermant la fertile plaine de Thêbê. Une partie des terres de cette côte semble, en effet, avoir été occupée par Lesbos ; mais la portion de beaucoup la plus considérable de ce pays ne fut jamais æolienne. Ephore n'était pas non plus exact quand il disait que tout le territoire placé entre Kymê et Abydos était connu sous le nom d'Æolis (3).

Les habitants de Tenedos s'emparèrent de la bande de la Troade placée vis-à-vis de leur île, au nord du cap Lekton ;

---

(1) Strabon, XIII, p. 621, 622. Μέγιστον δέ ἐστι τῶν Αἰολικῶν καὶ ἀρίστη Κύμη, καὶ σχεδὸν μητρόπολις αὐτή τε καὶ ἡ Λέσβος τῶν ἄλλων πόλεων τριάκοντά που τὸν ἀριθμὸν, etc.

(2) Xénophon, Hellen. III, 1, 10. Μέχρι τῆς Φαρναβάζου Αἰολίδος — ἡ Αἰολὶς αὐτὴ ἦν μὲν Φαρναβάζου.

Xénophon comprend tout l'ensemble de la Troade sous la dénomination d'Æolis. Skylax distingue la Troade de l'Æolis : il désigne comme Troade les villes de la côte depuis Dardanos vraisemblablement jusqu'à Lekton ; sous le nom d'Æolis il comprend Kebrên, Skêpsis, Neandreia et Pityeia, bien qu'il ne soit pas facile de voir comment ces quatre villes ont pu être appelées ἐπὶ θαλάσσῃ (Skylax, 94, 95). Skylax ne mentionne non plus ni la Peræa de Tenedos, ni Assos et Gargara.

(3) Strabon, XIII, p. 583.

— ceux de Lesbos fondèrent Assos, Gargara, Lampônia, Antandros (1), etc., entre Lekton et l'extrémité nord-est du golfe Adramyttien ; — tandis que les Kymæens semblent s'être établis à Kebrên et dans d'autres endroits du district Idæen à l'intérieur des terres (2). Autant que nous pouvons le reconnaître, cette extrémité nord-ouest (à l'ouest d'une ligne tirée de Smyrna à l'extrémité orientale de la Propontis) semble avoir été occupée, avant les colonies helléniques, par des Mysiens et des Teukriens, — qui sont déjà mentionnés ensemble, de telle manière qu'il ne paraît pas qu'il y eût entre eux une grande différence ethnique (3). Le poëte élégiaque Kallinus, dans le milieu du septième siècle avant J.-C., fut le premier qui mentionna les Teukriens ; il les considérait comme des émigrants venus de Krête, bien que d'autres auteurs les représentassent comme indigènes ou comme étant partis de l'Attique. Quoi qu'il en soit de leur origine, nous pouvons conclure que du temps de Kallinus ils étaient encore les principaux possesseurs de la Troade (4). Insensiblement des colonies successives de Grecs æoliens, pour lesquels le fer et le bois de construction pour les vaisseaux fournis par le mont Ida étaient des acquisitions précieuses, occupèrent la côte méridionale et la côte occidentale aussi bien que l'intérieur de cette région. C'est ainsi que les petits municipes teukriens (car il n'y avait pas de cités considérables) devinrent æoliens ; tandis que sur la côte, au nord de l'Ida, le long de l'Hellespont et de la Propontis, des établissements ioniens furent formés par Milêtos et Phôkæa, et des colons milésiens furent reçus dans la ville de Skêpsis,

---

(1) Thucydide, IV, 52 ; VIII, 108. Strabon, XIII, p. 610 ; Stephan. Byz. Ἄσσος ; Pausan. VI, 4, 5.

(2) Pseudo-Hérodote, Vit. Homer. c. 20 : —

Ἴδης ἐν κορυφῇσι πολυπτύχου ἠνε-
[μοέσσης,
Ἔνθα σίδηρος Ἄρηος ἐπιχθονίοισι
[βρότοισι

Ἔσσεται, εὖτ' ἄν μιν Κεβρήνιοι ἄν-
[δρες ἔχωσι.
Τὰ δὲ Κεβρήνια τοῦτον τὸν χρόνον κτίζειν παρεσκευάζοντο οἱ Κυμαῖοι πρὸς τῇ Ἴδῃ, καὶ γίνεται αὐτόθι σίδηρος.

(3) Hérodote, VII, 20.

(4) Kallinus ap. Strab. XIII, p. 604 ; cf. p. 613, οὓς πρῶτος παρέδωκε Καλλῖνος, etc.

située dans l'intérieur des terres (1). Du temps de Kallinus, les Teukriens semblent avoir été en possession d'Hamaxitos et de Kolonæ, avec le culte d'Apollon Sminthien, dans la région sud-ouest de la Troade; un siècle et demi après, à l'époque de la révolte des Ioniens, Hérodote mentionne les habitants de Gergis (qui occupaient une portion de la région septentrionale de l'Ida, dans la ligne à l'est de Dardanos et d'Ophrynion) comme étant « le reste des anciens Teukriens (2). » Nous trouvons aussi les Mitylénæens et les Athéniens se disputant par les armes, vers 600-580 avant J.-C., la possession de Sigeion à l'entrée de l'Hellespont (3). Probablement les établissements lesbiens sur la côte méridionale de la Troade, placés, comme ils l'étaient, beaucoup plus près de l'île, aussi bien que les établissements ténédiens sur la côte occidentale vis-à-vis de Tenedos, avaient été formés à quelque période antérieure à cette époque. On nous apprend, en outre, que des habitans æoliens possédaient Sestos, sur le côté européen de l'Hellespont (4). Le nom de teukriens disparut insensiblement de l'usage actuel, et finit par n'appartenir qu'aux légendes du passé, conservé soit en connexion avec le culte de l'Apollon Sminthien, soit par Hellanicus et Kephalôn de Gergis, d'où il passa aux poëtes postérieurs et à l'épopée latine. Il paraît que le lieu de naissance de Kephalôn était une ville appelée Gergis ou Gergithes près de Kymè; il y avait aussi une autre place nommée Gergêtha sur le fleuve Kaïkos, près de ses sources, et conséquemment un peu plus haut en Mysia. Ce fut par Gergithes, près de Kymè (selon Strabon), que la ville appelée Gergis, sur le mont Ida, fut fondée (5) : probablement les habitants non helléniques, tant ceux près de Kymè que ceux dans la région de l'Ida, étaient parents de race; mais les

---

(1) Strabon, XIII, p. 607-635.
(2) Hérodote, V, 122. Εἷλε μὲν Αἰολέας πάντας, ὅσοι τὴν Ἰλιάδα νέμονται, εἷλε δὲ Γέργιθας, τοὺς ὑπολειφθέντας τῶν ἀρχαίων Τευκρῶν, etc.
Les Teukriens, dans l'idée d'Hérodote, étaient les Troyens désignés dans l'Iliade; — la Τευκρὶς γῆ semble la même que l' Ἰλιὰς γῆ (II, 118).
(3) Hérodote, V, 94.
(4) Hérod. IX, 115.
(5) Strabon, XIII, 589-616.

colons qui vinrent de Kymè à Gergis sur l'Ida étaient sans doute Grecs, et contribuèrent de cette manière à transformer cette ville, de teukrienne qu'elle était, en un établissement hellénique. Dans l'un de ces violents démembrements parmi les habitants, qui furent si fréquents dans la suite sous le règne des successeurs d'Alexandre en Asie Mineure, Attalos de Pergamos emmena, dit-on, la population teukrohellénique de l'idæenne Gergis pour peupler le village de Gergètha, près du fleuve Kaïkos.

Nous devons considérer les Grecs æoliens comme occupant non-seulement leurs douze cités sur le continent autour du golfe Elæitique et les îles voisines, dont les principales étaient Lesbos et Tenedos, mais encore comme pénétrant graduellement dans la région idæenne et la Troade et les hellénisant. Cette dernière transformation appartient probablement à une période postérieure à 776 avant J.-C.; mais, Kymè et Lesbos sans doute comptent comme æoliennes depuis une époque plus ancienne.

Quant à Mitylènê, la capitale de Lesbos, nous apprenons sur elle quelques faits entre la quarantième et la cinquantième Olympiade (620-580 av. J.-C.), qui par malheur ne nous arrivent qu'en un faible écho. Cette cité comptait alors comme lui appartenant les noms distingués de Pittakos, de Sappho et d'Alcée. Comme beaucoup d'autres communautés grecques de ce temps, elle souffrit beaucoup de commotions intestines, et subit plus d'une violente révolution. Les anciens oligarques appelés les Penthilides (vraisemblablement une gens avec une origine héroïque) se rendirent intolérablement odieux par une tyrannie du caractère le plus éhonté : l'emploi brutal qu'ils faisaient de l'assommoir en pleine rue fut vengé par Megaklês et ses amis, qui les tuèrent et renversèrent leur gouvernement (1). Vers la quarante-deuxième Olympiade (612 ans av. J.-C.), nous entendons parler de Melanchros, comme despote de Mitylènê, qui fut victime de la conspiration de Pittakos, de Kikis et d'Antimonidas, les

---

(1) Aristote, Polit. V, 8, 13.

deux derniers frères du poëte Alcée. D'autres despotes, Myrsilos, Megalagyros et les Kleanaktidæ, que nous ne connaissons que de nom, et qui semblent avoir été immortalisés surtout par les stances amères d'Alcée, acquirent dans la suite la souveraineté de Mitylênê. Parmi tous les citoyens de la ville cependant, le plus fortuné et le plus méritant fut Pittakos, fils d'Hyrrhados, — champion en qui se confiaient ses concitoyens aussi bien dans des guerres étrangères que dans des querelles intestines (1).

La guerre étrangère dans laquelle les Mitylenæens furent engagés et eurent Pittakos pour chef fut contre les Athéniens, sur la côte continentale vis-à-vis de Lesbos, dans la Troade, près de Sigeion. Les Mitylenæens avaient déjà établi le long de la Troade diverses colonies, dont la plus septentrionale était Achilleion. Ils prétendaient à la possession de toute la ligne de côte, et quand Athènes (vers la quarante-troisième Olympiade, comme on le dit (2), essaya de fonder un établissement à Sigeion, ils y résistèrent par la force. A la tête des troupes mitylénæennes, Pittakos engagea un combat singulier avec le commandant athénien Phrynôn, et eut la bonne fortune de le tuer. Le combat général fut livré cependant sans résultat très-décisif. Dans une occasion mémorable, les Mitylénæens s'enfuirent; et Alcée le poëte, servant comme

---

(1) Diogen. Laërt. 1, 74; Suidas, v. Κίκις, Πίττακος; Strabon, XIII, p. 617. On a conservé deux vers d'Alcée, où il se réjouit de la mort de Myrsilos (Alcée, Fragm. 12, éd. Schneidewin). Melanchros aussi est nommé (Fragm. 13), et Pittakos, dans un troisième fragment (73, éd. Schn.), est mis en rapport avec Myrsilos.

(2) Quant à la chronologie de cette guerre, voir une note presque à la fin de mon précédent chapitre sur la législation solonienne. J'ai déjà signalé ce que je regarde comme une erreur chronologique d'Hérodote par rapport à la période qui s'écoule entre 600 et 560 avant J.-C. Hérodote croit que cette guerre entre les Mitylénæens et les Athéniens, à laquelle prirent part Pittakos et Alcée, fut ordonnée par Pisistrate, dont le gouvernement ne commença pas avant 560 avant J.-C. (Hérod. V, 94, 95).

Je soupçonne qu'il y eut deux expéditions athéniennes dans ces contrées, — l'une (probablement coloniale) du temps d'Alcée et de Pittakos; une seconde, beaucoup plus tard, entreprise par ordre de Pisistrate, dont le fils illégitime Hegesistratos, devint, par suite de cette expédition, despote de Sigeion. Hérodote me semble avoir confondu les deux en une seule.

hoplite dans leurs rangs, rappela dans une de ses odes et sa fuite et la perte humiliante de son bouclier, que les Athéniens vainqueurs suspendirent comme trophée dans le temple d'Athênê à Sigeion. Son prédécesseur Archiloque, et son imitateur Horace ont tous les deux été assez francs pour avouer un semblable malheur, auquel Tyrtée n'aurait peut-être pas voulu survivre (1). Mitylênê et Athènes convinrent à la fin de remettre la décision de la querelle à Périandre de Corinthe. Tandis que les Mitylénæens prétendaient à toute la ligne de côtes, les Athéniens alléguaient que, comme un contingent d'Athènes avait servi dans l'armée d'Agamemnôn contre Troie, leurs descendants avaient un aussi bon droit que n'importe quels Grecs à partager le territoire conquis. Il paraît que Périandre se sentit peu disposé à décider cette délicate question de loi légendaire. Il ordonna que chaque partie conservât ce qu'elle possédait; verdict (2) que, même du temps d'Aristote, les habitants de Tenedos rappelèrent et invoquèrent contre ceux de Sigeion.

Bien que Pittakos et Alcée se fussent trouvés tous deux dans les mêmes rangs des hoplites contre les Athéniens à Sigeion, cependant, dans la politique intérieure de leur ville natale, leur conduite fut celle d'ennemis acharnés. Alcée et Antimenidas son frère furent vaincus dans cette lutte de partis et bannis ; mais même comme exilés ils furent assez forts pour alarmer et affliger sérieusement leurs concitoyens, tandis que leur parti à l'intérieur et la division générale dans l'enceinte des murs réduisirent Mitylênê au désespoir. Dans cette situation calamiteuse, les Mitylénæens eurent recours à Pittakos, qui, par son rang élevé dans l'État (son

---

(1) V. le difficile fragment d'Alcée (Fragm. 24, éd. Schneidewin) conservé dans Strabon, XIII, p. 600 ; Hérodote, V, 94, 95 ; Archiloque, Eleg. Fragm. 1, 5, éd. Schneidewin ; Horace, Carm. II, 7, 9 ; peut-être aussi Anacréon, mais non avec certitude (V. Fragm. 81, éd. Schneidewin), doit être considéré comme ayant jeté son bouclier.

(2) Aristote, Rhétor. I, 16, où ἔναγχος marque la date ; Aristote passa quelque temps dans ces contrées, à Atarneus, avec le despote Hermeias.

épouse appartenait à l'ancienne gens des Penthilides), son courage sur le champ de bataille et sa réputation de sagesse, inspirait une confiance plus grande qu'aucun autre citoyen de son temps. Il fut d'un consentement unanime nommé æsymnètès ou dictateur pour dix ans, avec des pouvoirs illimités (1) ; et cette nomination fut éminemment heureuse. Ce qui montre le mieux avec quel succès il repoussa les exilés et maintint la tranquillité à l'intérieur, ce sont les plaintes douloureuses d'Alcée, dont les chants (malheureureusement perdus) exhalèrent l'hostilité politique du temps de la même manière que les discours des orateurs athéniens deux siècles plus tard, et qui, dans ses vigoureuses invectives contre Pittakos, n'épargne pas même les sobriquets les plus grossiers, fondés sur de prétendues difformités personnelles (2). Quant aux actes de cet éminent dictateur, le contemporain et l'ami de Solôn suivant la tradition, nous savons seulement en général qu'il réussit à rétablir la sécurité et la paix, et qu'à la fin de son temps il déposa volontairement son pouvoir (3), donnant lieu de supposer en lui non-seulement une probité supérieure aux séductions de l'ambition, mais encore cette modération consciente pendant la période de sa dictature, qui le laissa dans la suite à l'abri de toute crainte comme simple citoyen. Il rendit pour Mitylênê diverses lois, dont l'une était assez curieuse pour faire qu'elle fût conservée et commentée; car elle prescrivait double peine pour des offenses commises par des hommes en état d'ivresse (4). Mais il n'introduisit pas (comme Solôn à Athè-

---

(1) Aristote, Polit. III, 9, 5, 6; Dionys. Halik. Ant. Rom. V, 73; Plehn, Lesbiaca, p. 46-50.
(2) Diogen. Laërt. I, 81.
(3) Strabon, XIII, p. 617; Diogen. Laërt. I, 75 ; Valer. Maxim. VI, 5, 1.
(4) Aristote, Polit. II, 9, 9; Rhetor. II, 27, 2.
Les femmes esclaves à Lesbos qui moulaient le grain chantaient, dit-on, une chanson lorsque le moulin allait lentement : Ἄλει, μύλα, ἄλει · καὶ γὰρ Πιττακὸς ἀλεῖ, Τᾶς μεγάλας Μιτυλάνας βασιλεύων.— « Mouds, moulin, mouds; car Pittakos aussi *moud*, Pittakos le maître de la grande Mytylênê. » Ceci a l'air d'une composition véritable du temps, mise en vogue par les ennemis de Pittakos, et lui imputant (par une métaphore très-intelligible) une conduite tyrannique; cependant Plutarque (Sept. Sap. Conv. c. 14, p. 157) et Dio-

nes) de changements constitutionnels, et il ne donna pas de nouvelles garanties formelles pour la liberté publique et un bon gouvernement (1) ; ce qui explique la remarque faite précédemment, à savoir que Solôn, en agissant ainsi, dépassait son époque et montrait de nouvelles voies à ses successeurs ; puisque, sous le rapport du désintéressement personnel, Pittakos et lui sont également inattaquables. Quelle fut la condition de Mitylênê dans la suite, il n'y a pas d'autorité qui nous le dise. Pittakos (si l'on peut ajouter foi aux calculateurs de chronologie d'une époque plus récente) mourut, dit-on, dans la cinquante-deuxième Olympiade (572-568 av. J.-C.). Lui et Solôn sont comptés tous les deux parmi les Sept Sages de la Grèce, dont il sera dit quelque chose dans un autre chapitre. Les diverses anecdotes courantes à son sujet ne sont guère plus que des exemples non prouvés d'un esprit de civisme constant et généreux. Mais ses chants et ses poëmes élégiaques étaient familiers aux Grecs lettrés à l'époque de Platon.

---

gène Laërte (I, 81) l'expliquent tous les deux littéralement, comme si Pittakos avait eu l'habitude de prendre un exercice corporel au moulin.

(1) Aristote, Polit. II, 9, 9. Ἐγένετο δὲ καὶ Πιττακὸς νόμων δημιουργὸς, ἀλλ᾽ οὐ πολιτείας.

CHAPITRE VIII

DORIENS ASIATIQUES

Dôriens asiatiques,—leur Hexapolis. — Autres Dôriens, non compris dans l'Hexapolis. — Exclusion d'Halikarnassos de l'Hexapolis.

Les îles de Rhodes, de Kôs, de Symê, de Nisiros, de Kasos et de Karpathos sont représentées dans le Catalogue homérique comme fournissant des troupes à l'armement grec devant Troie. Dans les temps historiques, Rhodes et Kôs sont occupées par des Dôriens, la première avec ses trois cités séparées, de Lindos, de Ialysos et de Kameiros. Deux autres cités dôriennes, toutes deux sur le continent adjacent, sont unies à ces quatre villes comme membres d'une amphiktyonie sur le promontoire Triopien, ou extrémité sud-ouest de l'Asie Mineure, — constituant ainsi une Hexapolis, qui comprenait Halikarnassos, Knidos, Kôs, Lindos, Ialysos et Kameiros. Knidos était située sur le promontoire Triopien lui-même; Halikarnassos plus au nord, sur la côte septentrionale du golfe Kéramique; ni l'une ni l'autre de ces deux villes ne sont nommées dans Homère.

Nous avons déjà donné le récit légendaire ou l'origine de ces Dôriens asiatiques, et nous sommes forcés d'admettre leur Hexapolis comme une partie de la plus ancienne histoire grecque, dont on ne peut rendre aucun compte antérieur. Cette circonstance, que Rhodes et Kôs sont comprises dans le Catalogue de l'Iliade, nous amène à supposer qu'elles étaient grecques à une époque plus ancienne que les colonies ioniennes ou æoliennes. On peut faire remarquer que les deux frères Antiphos et Pheidippos de Kôs, et Tlêpolemos de Rhodes, sont Hêraklides, — les seuls Hêraklides qui figurent dans l'Iliade ; et le combat mortel entre Tlêpolemos et Sarpêdôn peut bien être une copie héroïque faite sur des luttes réelles, qui sans doute se livraient souvent entre les Rhodiens et leurs voisins les Lykiens. Que Rhodes et Kôs fussent déjà dôriennes à l'époque du Catalogue homérique, je ne vois pas de raison pour en douter. Ils ne sont pas appelés Dôriens dans ce Catalogue, mais nous pouvons bien supposer que le nom de Dôrien n'en était pas venu, à cette période reculée, à être employé comme grand nom de classe distinctif, comme il le fut dans la suite en opposition avec Ionien et Æolien. En rapportant l'histoire de Pheidôn d'Argos, j'ai mentionné plusieurs motifs qui font conjecturer que le commerce des Dôriens sur la côte orientale du Péloponèse était considérable à une période reculée, et qu'il a bien pu y avoir des migrations dôriennes par mer vers la Krête et Rhodes, avant le temps de l'Iliade.

Hérodote nous dit que les six villes dôriennes qui avaient établi leur amphiktyonie sur le promontoire Triopien avaient soin de n'admettre aucun des Dôriens du voisinage à en faire partie. Parmi ces Dôriens voisins, nous reconnaissons les îles d'Astypalæa et de Kalymnæ (1), de Nisyros, de Karpathos, de Symê, de Têlos, de Kasos et de Chalkia ; également, sur la côte continentale, Myndos, située sur la même péninsule qu'Halikarnassos, et Phasêlis, sur la côte orientale de la Lykia, du côté de la Pamphylia. Le fort rocher de Iasos sur la côte, à mi-chemin entre Milêtos et Halikarnassos, avait été, dit-on, fondé dans l'origine par des Argiens ; mais il fut forcé, par suite de guerres destructives avec les Kariens, d'admettre de nouveaux colons et un œkiste nêlide de Milêtos (2). Bargylia et Karyanda semblent avoir été des

---

(1) V. les inscriptions 2483-2671 dans la collection de Boeckh ; la dernière est une inscription iasienne, rapportant un décret dôrien rendu par les habitants de Kalymnæ ; et Ahrens, De Dialecto Doricâ, p. 15, 553 ; V, 53, 54.

(2) Polybe, XVI, 5.

établissements kariens plus ou moins hellénisés. Il y avait probablement d'autres villes dôriennes, que nous ne connaissons pas spécialement, auxquelles s'appliquait cette exclusion des solennités triopiennes. Les six villes réunies en amphiktyonie furent, dans la suite des temps, réduites à cinq, par l'exclusion d'Halikarnassos ; le motif (nous dit-on) fut le suivant : Un citoyen d'Halikarnassos, qui avait gagné un trépied en prix, viola le règlement, qui exigeait que le trépied fût toujours consacré comme offrande dans le temple Triopien ; il l'emporta chez lui et en décora sa propre maison (1). L'amphiktyonie dôrienne ne fut plus ainsi qu'une pentapolis. A quelle époque survint cet incident, nous l'ignorons ; il n'est peut-être pas non plus déraisonnable de conjecturer que la prédominance croissante de l'élément karien à Halikarnassos eut quelque influence pour amener l'exclusion, aussi bien que la mauvaise conduite individuelle du vainqueur Agasiklês.

---

(1) Hérodote, I, 144.

CHAPITRE IX

INDIGÈNES DE L'ASIE MINEURE AUXQUELS LES GRECS S'ALLIÈRENT

Nations indigènes de l'Asie Mineure. — Géographie homérique. — Caractère du pays. — Noms et situations des différents peuples. — Non réunis dans l'origine en royaumes ou cités considérables. — Fleuve Halys — la limite ethnographique. Syro-Arabes à l'est de ce fleuve. — Race Thrace — au nord de l'Asie Mineure. — Affinités ethniques et migrations par races. — Identité partielle des légendes. — Phrygiens. — Leur influence sur les anciens colons grecs. — Gamme musicale grecque empruntée en partie des Phrygiens. — Musique et culte phrygiens chez les Grecs en Asie Mineure. — Caractère des Phrygiens, des Lydiens et des Mysiens. — Premier roi phrygien ou héros Gordios. — Midas.

Des colonies grecques établies sur la côte de l'Asie Mineure et dans les îles adjacentes, notre attention doit maintenant se tourner vers ces royaumes et ces peuples non helléniques avec lesquels ils finirent par y être en contact.

Les renseignements que nous avons relativement à toutes ces nations sont par malheur très-peu abondants. Et notre récit ne gagnera pas à prendre le Catalogue, présenté dans l'Iliade, des alliés de Troie, et à l'expliquer comme si c'était un chapitre de géographie. S'il y avait besoin d'une preuve pour démontrer les résultats stériles d'un pareil procédé, nous la trouverions dans la confusion qui obscurcit une si grande partie de l'ouvrage de Strabon ; ce géographe, en effet, se détourne perpétuellement de la condition réelle et susceptible d'être constatée des contrées qu'il décrit, pour faire des conjectures sur l'antiquité homérique, annoncées souvent comme faits incontestables. Là où la géographie homérique est confirmée par d'autres preuves, nous signalons le fait avec plaisir ; là où elle est sans appui, ou difficile à concilier avec d'autres renseignements, nous ne pouvons nous permettre de raisonner sur elle comme étant par elle-même un témoignage réel. Si l'auteur de l'Iliade a réuni un vaste corps des différentes sections de Grecs pour l'attaque de la colline sacrée d'Ilion, il a aussi appelé tous les divers habitants de l'Asie Mineure à coopérer à sa défense. Il a placé des parties des Kilikiens et des Lykiens, dont l'existence historique est sur la côte méridionale, dans le voisinage immédiat de la Troade. Ceux-là seuls s'en plaindront, qui se sont accoutumés à le regarder comme un historien ou un géographe. Si nous nous contentons de le lire seulement comme le premier des poëtes, nous ne lui chercherons pas plus querelle pour une erreur géographique qu'à son successeur Arktinus pour amener sur le champ de bataille d'Ilion les Amazones ou les Éthiopiens.

La géographie de l'Asie Mineure est même très-imparfaitement connue de nos jours (1), et les faits attestés relativement à ses anciennes divisions et à ses anciennes limites se rapportent presque entièrement aux périodes plus récentes de l'empire des Perses, ou aux temps qui suivirent la conquête macédonienne et même la conquête romaine. Les exposer comme elles étaient du temps de Crésus, roi de Lydia, avant l'arrivée du conquérant Cyrus, c'est une tâche dans laquelle nous trouvons peu de preuves pour nous servir de point d'appui. La grande chaîne de montagnes du Taurus, qui part du promontoire Chélidonien sur la côte méridionale de la Lykia, et s'étend au nord-est aussi loin que l'Armenia,

---

(1) Pour la géographie générale de l'Asie Mineure, V. Albert Forbiger, Handbuch der Alt. Geogr. part. II, sect. 61, et un instructif petit traité, Fünf Inschriften und fünf Staedte in Klein Asien, par Franz et Kiepert, Berlin, 1840, avec une carte de Phrygia annexée. Ce dernier traité est particulièrement précieux en ce qu'il nous montre combien il reste encore à établir ; c'est assez souvent l'usage pour les compilateurs de manuels géographiques de faire parade de connaissances complètes, et de déguiser l'imperfection de leurs données. Ils n'ont pas non plus toujours présente la nécessité de distinguer entre les noms et les divisions des territoires aux différentes époques.

formait la ligne de frontières la plus connue pendant l'époque romaine. Mais Hérodote ne la mentionne pas une seule fois ; le fleuve Halys est à ses yeux la limite géographique la plus importante. Au nord du Taurus, sur les parties supérieures des fleuves Halys et Sangarios, était située la spacieuse et haute plaine centrale de l'Asie Mineure. Au nord, à l'ouest et au sud de cette plaine centrale, la région est surtout montagneuse, à mesure qu'elle approche de toutes les trois mers, le Pont-Euxin, la mer Ægée et la mer de Pamphylia ; — elle l'est le plus sur les bords de cette dernière, où elle ne souffre pas de rivières de long cours. Les montagnes Kadmos, Messôgis, Tmôlos s'étendent à l'ouest vers la mer Ægée, laissant toutefois de vastes espaces de plaines et de longues vallées, de sorte que le Mæandros, le Kaïstros et l'Hermos ont chacun un cours d'une longueur considérable. La partie nord-ouest renferme les régions montagneuses de l'Ida, du Temnos, et l'Olympos mysien, avec un grand mélange de terrains fertiles et productifs. Les contrées les plus élevées près du Pont-Euxin paraissent avoir été les plus boisées, — particulièrement Kytôros : le Parthenios, le Sangarios, l'Halys et l'Iris sont tous des cours d'eau considérables coulant au nord vers cette mer. Néanmoins, les plaines parsemées dans ces nombreuses élévations étaient souvent de la plus grande fertilité ; et, en général, la péninsule de l'Asie Mineure était considérée par les anciens comme très-productive en grains, vin, fruits, bétail, et dans beaucoup de parties, en huile ; bien que la froide plaine centrale ne produisît pas l'olivier (1).

Le long des côtes occidentales de cette péninsule, où s'établirent les diverses bandes de Grecs émigrants, on nous parle de Pélasges, de Teukriens, de Mysiens, de Bithyniens, de Phrygiens, de Lydiens ou Mæoniens, de Kariens, de Lé-

---

(1) Cicéron, Pro Lege Maniliâ, c. 6 ; Strabon, XII, p. 572 ; Hérodote, V, 32. V. l'exposé instructif de la propagation et de la culture de l'olivier, dans Ritter, Erdkunde, West-Asien, b. III, Abtheilung III ; Abschn. I, sect. 50, p. 522-537.

lèges. Plus loin à l'est sont les Lykiens, les Pisidiens, les Kilikiens, les Phrygiens, les Kappadokiens, les Paphlagoniens, les Mariandyniens, etc. Généralement parlant, nous pouvons dire que les Phrygiens, les Teukriens et les Mysiens paraissent dans la partie nord-ouest, entre le fleuve Hermos et la Propontis, — les Kariens et les Lélèges au sud du fleuve Mæandros, — et les Lydiens dans la région centrale entre les deux. On trouve des Pélasges çà et là, vraisemblablement et dans la vallée de l'Hermos et dans celle du Kaïstros. Même du temps d'Hérodote, il y avait des établissements pélasges à Plakia et à Skylakê sur la Propontis, à l'ouest de Kyzikos; et O. Müller voudrait rapporter les Pélasges tyrrhéniens à Tyrrha, ville de l'intérieur en Lydia, d'où il imagine (bien que sans beaucoup de probabilité) que dérive le nom Tyrrhénien.

Un fait important à faire remarquer, relativement aux peuples indigènes de l'Asie Mineure au premier début de cette histoire, c'est qu'ils n'étaient pas réunis en royaumes ou confédérations considérables, ni même en cités vastes ou populeuses, — mais répartis en un grand nombre de petites tribus de peu d'importance, de manière à ne pas présenter de résistance écrasante aux corps successifs de Grecs émigrants, et à ne pas les menacer de dangers formidables. Il n'y a à cet état de choses qu'une exception, c'est la monarchie lydienne de Sardes, dont la force réelle commence avec Gygès et la dynastie des Mermnadæ, vers l'an 700 avant J.-C. Bien que la force croissante de ce royaume ait fini par anéantir l'indépendance des Grecs en Asie, elle semble n'avoir nullement empêché leur développement, tel qu'il fut quand ils arrivèrent pour la première fois et pendant un long temps après. Il n'y avait non plus ni Kariens ni Mysiens unis sous un roi quelconque, de manière à avoir des facilités pour l'agression ou la conquête.

Autant que nous pouvons le reconnaître par les chétives données que nous possédons, il paraît que toutes les nations de l'Asie Mineure à l'ouest du fleuve Halys étaient, dans un sens étendu, alliées de race les unes aux autres, aussi bien qu'aux Thraces sur le côté européen du Bosphore et de l'Hellespont. A l'est de l'Halys habitait le peuple des Syro-Arabes ou de race sémitique, — Assyriens, Syriens et Kappadokiens, — aussi bien que Kilikiens, Pamphyliens et Solymi, le long de son cours supérieur et plus loin au sud jusqu'à la mer Pamphylienne. A l'ouest de l'Halys les langues n'étaient pas sémitiques, mais elles appartenaient à une famille totalement différente (1), — parentes, distinctes toutefois les unes des autres, et n'étant pas peut-être mutuellement intelligibles. Les Kariens, les Lydiens et les Mysiens reconnaissaient entre eux un certain degré de fraternité, attesté par des sacrifices religieux communs dans le temple de Zeus Karios à Mylasa (2). Mais il n'est nullement certain que ces nations comprissent mutuellement la langue l'une de l'autre. Hérodote, qui nous fait connaître ces sacrifices communs, nous apprend en même temps que les Kauniens, à l'extrémité sud-ouest de la péninsule, n'y participaient pas, bien que parlant la même langue que les Kariens. Il ne semble pas, cependant, considérer l'identité ou la différence de langage comme une preuve d'affinité nationale.

Le long de la côte du Pont-Euxin, à partir du Bosphore de Thrace à l'est jusqu'au fleuve Halys, habitaient les Bithyniens ou Thyniens, les Mariandyniens et les Paphlagoniens, — toutes branches reconnues de la Thrace étendue au loin. On parle souvent des Bithyniens spécialement, dans la partie nord-ouest de ce territoire allant du Pont-Euxin jusqu'à la Propontis, comme étant des Thraces asiatiques, —

---

(1) Hérodote, I, 72 ; Heeren, Ideen ueber den Verkehr der Alten Welt, part. I. Abth. sect. p. 142-145. On peut faire remarquer, cependant, que les Arméniens, à l'est de l'Halis, sont considérés par Hérodote comme des colons venus de Phrygia (VII, 73); Etienne de Byz. dit la même chose, v. Ἀρμενία, ajoutant aussi καὶ τῇ φωνῇ πολλὰ φρυγίζουσι. Les recherches plus soigneuses de linguistes modernes, après beaucoup d'assertions dénuées de fondement avancées par ceux qui les précédaient, ont démontré que la langue arménienne appartient dans sa structure à la famille indo-germanique, et est essentiellement distincte de la famille sémitique; V. Ritter, Erdkunde, West-Asien, b. III, Abth. III; Abschn. I, 5, 36, p. 577, 582. Hérodote fait rarement attention à la langue parlée, il ne le fait pas non plus dans cette occasion, quand il parle du fleuve Halys comme d'une limite.

(2) Hérodote, I, 170, 171.

tandis que de l'autre côté diverses tribus parmi les Thraces d'Europe sont dénommées Thyni ou Thyniens (1); tant il y avait peu de différence dans la population des deux côtés du Bosphore, également brave, adonnée au pillage et sanguinaire. Les Bithyniens d'Asie sont aussi quelquefois appelés Békrykiens, nom sous lequel ils s'étendent au sud jusqu'au golfe de Kios dans la Propontis (2). Ici ils sont en contact avec les Mygdoniens, les Mysiens et les Phrygiens. Le long de la côte méridionale de la Propontis, entre les rivières Rhindakos et Æsêpos, dans un voisinage immédiat avec la puissante colonie grecque de Kyzikos, paraissent les Doliones; ensuite, des Pélasges à Plakia et à Skylakê; puis encore, le long de la côte de l'Hellespont, près d'Abydos et de Lampsakos, et occupant une portion de la Troade, nous trouvons mentionnés d'autres Bébrykiens (3). Dans l'intérieur de la Troade, c'est-à-dire dans la région de l'Ida, sont des Teukriens et des Mysiens. Ces derniers semblent atteindre au sud Pergamos et la région du mont Sipylos, et à l'est la contrée montagneuse appelée l'Olympos Mysien, au sud

---

(1) Strabon, VII, p. 295-303; XII, p. 542, 564, 565, 572; Hérodote, I, 28; VII, 74, 75; Xénophon, Hellen. I, 3, 2; Anabasis, VII, 2, 22-32. Mannert, Geographie der Gr. und Roemer, b. VIII, c. 2, p. 403.

(2) Dionys. Periegêt. 805; Apollodore, I, 9, 20. Théocrite place les Bébrykiens sur la côte du Pont-Euxin. Idyl. XXII, 29; Syncell. p. 340, Bonn. Le récit dans Appien, Bell. Mithrid. init. est un singulier spécimen d'imagination grecque ou du désir de rattacher les antiquités d'une nation à la guerre de Troie. Les Grecs qu'il suivait attribuaient l'origine des Bithyniens aux Thraces compagnons de Rhêsos, qui s'enfuirent de Troie après que ce dernier eût été tué par Diomèdes; Doloukos, éponyme des Thraces de la Chersonèse, est appelé frère de Bithynos (Steph. Byz. Δόλογκος — Βιθυνία).

Le nom Μαριαν-δυνοί, comme Βιθυνοί, peut probablement être une extension ou un composé du nom primitif Θυνοί; peut-être aussi Βέβρυκες est-il dans le même rapport avec Βρίγες ou Φρυγές. Hellanicus écrivait Θύμβριον, Δύμβριον (Steph. Byz. ad v.).

Kios est mysienne dans Hérodote, V, 121 : suivant Skylax, la côte depuis le golfe d'Astakos jusqu'à celle de Kios est Mysia (c. 93).

(3) Charon de Lampsakos, Fragm. 7, éd. Didot. Χάρων δέ φησι καὶ τὴν Λαμψακηνῶν χώραν προτέραν Βεβρυκίαν καλεῖσθαι ἀπὸ τῶν κατοικησάντων αὐτὴν Βεβρύκων · τὸ δὲ γένος αὐτῶν ἠφάνισται διὰ τοὺς γενομένους πολέμους. Strabon, XIII, p. 586; Conon, Narr. 12; Dionys. Hal. I, 54.

du lac Askanios, près duquel ils rejoignent les Phrygiens (1).

Autant qu'on peut se former une opinion positive quelconque relativement à des nations sur lesquelles nous savons si peu de chose, il semblerait que les Mysiens et les Phrygiens sont une sorte de lien d'union entre les Lydiens et les Kariens, d'un côté, et les Thraces (européens aussi bien qu'asiatiques), de l'autre, — affinité ethnique éloignée régnant dans le tout. — On parle d'anciennes migrations dans les deux directions à travers l'Hellespont et le Bosphore de Thrace. Quelques-uns pensaient que des Phrygiens, des Mysiens et des Thraces avaient émigré d'Europe en Asie; et l'historien lydien Xanthus rapportait l'arrivée des Phrygiens à une époque postérieure à la guerre de Troie (2). D'un autre côté, Hérodote parle d'un vaste corps de Teukriens et de Mysiens qui, avant la guerre de Troie, avaient franchi le détroit pour passer d'Asie en Europe, chassé un grand nombre de Thraces européens de leurs demeures, traversé le Strymôn et les rivières de Macedonia, et pénétré au sud jusqu'au fleuve Peneios en Thessalia, — et à l'ouest jusqu'au golfe Ionien. Cette émigration teukro-mysienne (nous dit-il) amena deux conséquences : d'abord l'établissement près du fleuve Strymôn des Pæoniens, qui s'appelaient colons teukriens (3); en second lieu, le passage en Asie d'un grand nombre de tribus de Thraces dépossédés, se rendant du voisinage du Strymôn dans la région nord-ouest de l'Asie Mineure, qui formèrent le peuple bithynien, ou peuple thrace asiatique. Quelques-uns supposent que les Phrygiens aussi ont occupé, dans l'origine, une terre en Europe sur les frontières de la Macedonia, près du mont Bermion couvert de neige, époque à laquelle ils s'appelaient Briges, — nom appellatif dans la langue lydienne équivalant à hommes libres ou Francs (4); tandis que les Mysiens vinrent, dit-on, des

---

(1) Hékatée, Fragm. 204, éd. Didot; Apollod. I, 9, 18; Strabon, XII, p. 564-575.

(2) Xanth. Fragm. 5, éd. Didot.

(3) Hérodote, VII, 20-75.

(4) Strabon, VII, p. 295; XII, p. 550; Hérodote, VII, 73; Hesych. v. Βρίγα.

parties nord-est de la Thrace européenne, au sud du Danube, connue pendant l'empire romain sous le nom de Mœsia (1). Mais quant aux Mysiens, il y avait encore un autre récit, suivant lequel ils étaient représentés comme colons émanant des Lydiens, colons renvoyés d'après le système qui consistait à vouer par un vœu solennel un dixième des habitants, choisis par le sort, à chercher des établissements ailleurs, ce qui se présente assez fréquemment dans les récits d'anciennes émigrations, comme la conséquence d'une détresse ou d'une famine. Et à l'appui de cette dernière opinion venait le caractère de la langue mysienne, à demi lydienne et à demi phrygienne, dont l'historien lydien Xanthus et Ménékrate d'Elæa (2) (qui énonçaient cette opinion) doivent avoir été des juges très-compétents.

De ces récits de deux courants d'ancienne migration à travers l'Hellespont et le Bosphore, tout ce que nous pouvons conclure avec quelque certitude, c'est un certain degré d'affinité dans la population de la Thrace et de l'Asie Mineure, — particulièrement visible dans le cas des Prhygiens et des Mysiens. Le nom et les légendes du héros phrygien Midas se rattachent à différentes villes dans toute la région étendue de la Phrygia asiatique, — Kelænæ, Pessinous (Pessinonte), Ankyra (3), Gordion ; — aussi bien qu'au voisinage du mont Bermion en Macedonia. L'aventure par laquelle Midas s'empara de Silène, en mêlant du vin à la source où il buvait, était adaptée à cette localité aussi bien qu'à la ville de Thymbrion, presque à l'extrémité orientale de la Phrygia

---

(1) Strabon, VII, p. 295 ; XII, p. 542, 564, 571, où il cite le géographe Artemidôros ; dans le passage de l'Iliade (XIII, 5), les Μυσοὶ ἀγχέμαχοι semblent être conçus par le poëte comme habitant la Thrace européenne ; mais Apollodore ne semble pas avoir expliqué ainsi le passage. Niebuhr (Kleine Schriften, p. 370) s'exprime avec plus de confiance que les preuves ne le permettent.

(2) Strabon, XII, p. 572 ; Hérodote, VII, 74.

(3) Diodore, III, 59 ; Arrien, II, 3, 1 ; Quinte Curce, III, 1, 12 ; Athénée, X, p. 415. Nous pouvons aussi mentionner la ville de Κοτυάειον, près de Μιδάειον en Phrygia, comme se rattachant au nom de la déesse thrace Kotys (Strabon, X, p. 470 ; XII, p. 576).

asiatique (1). Le nom de Mygdonia et le héros éponyme Mygdôn appartiennent autant au territoire européen, près du fleuve Axios (dans la suite faisant partie de la Macedonia), qu'à la côte asiatique de la Propontis orientale, entre Kios et le fleuve Rhyndakos (2). Otreus et Mygdôn sont les chefs des Phrygiens dans l'Iliade; et la rivière Odrysès, qui traversait le territoire des Mygdoniens asiatiques pour se jeter dans le Rhyndakos, donne un autre exemple d'homonymie avec les Thraces Odrysiens (3) en Europe. Et de même que ces coïncidences de noms et de légendes nous conduisent à l'idée d'analogie et d'affinité entre les Thraces et les Phrygiens, de même nous trouvons Archiloque, le plus ancien poëte que nous ayons, qui les mentionne comme contemporains, les réunissant dans la même comparaison (4). Cet ancien poëte ïambique de Paros semble avoir trouvé dans

---

(1) Hérodote, VIII, 138; Théopompe, Fragm. 74, 75, 76. Didot (il introduisit un long dialogue entre Midas et Silène); — Dionys. Halik. Vet. Script. Censur. p. 70 ; Theon, Progymn. c. 2) ; Strabon, XIV, p. 680; Xénoph. Anabas. I, 2, 13.

(2) Strabon, XII, p. 575, 576; Steph. Byz. Μυγδονία; Thucyd. II, 99. Il est difficile de concevoir le territoire Mygdonia et les Mygdoniens, dans la lointaine région de la Mésopotamia, à l'est de la rivière Chaboras (Plutarque, Lucullus, 32 ; Polyb. V, 51 ; Xénophon, Anab. IV, 3, 4), puisqu'il est surprenant de trouver une branche de ces Asiatiques plus occidentaux au milieu de la population syro-arabe. Strabon (XV, p. 747) suppose avec raison qu'elle date seulement des temps de la conquête de l'Asie par les Macédoniens, ce qui à la vérité serait réfuté par la mention du nom dans Xénophon; mais cette leçon du texte de Xénophon est rejetée par les meilleurs éditeurs modernes, vu que plusieurs Mss. ont Μαρδόνιοι au lieu de Μυγδόνιοι. V. Forbi-ger, Handbuch der Alten Geographie, part. II, sect. 98, p. 628.

(3) Iliade, III, 188 ; Strabon, XII, p. 551. La ville d'Otrœa, dont Otreus semble être l'éponyme, était située en Phrygia, sur les frontières mêmes de la Bithynia (Strabon, XII, p. 566).

(4) Archiloch. Fragm. 28; Schneid., 26 Gaisf. —

... ὥσπερ αὐλῷ βρῦτον ἢ Θρῆϊξ ἀνὴρ
Ἢ Φρὺξ ἔβρυζε, etc.

Le passage est trop altéré pour autoriser une conclusion quelconque, excepté l'étroit rapprochement que fait le poëte entre Thraces et Phrygiens. La phrase αὐλῷ βρῦτον βρύζειν doit probablement être expliquée par l'Anabasis de Xénophon (IV, 5, 27), où il décrit les soldats grecs à demi morts de faim se rafraîchissant dans les villages arméniens. Ils y trouvaient de grands bols pleins de vin d'orge ou bière, avec les grains d'orge flottant dans le liquide. Ils y buvaient au moyen de longs chalumeaux ou pailles sans nœuds (κάλαμοι γόνατα οὐκ ἔχοντες) qu'ils trouvaient mis là dans ce but exprès.

la population des deux côtés de l'Hellespont une similitude de traits et de coutumes.

Déterminer avec exactitude l'étendue et la condition de ces nations asiatiques pendant les premiers jours de l'établissement des Grecs parmi eux, est chose impraticable. Le problème ne pouvait pas être résolu même par les géographes de l'antiquité, avec leurs moyens supérieurs de connaissance. L'ancienne distribution indigène de la population phrygienne nous est inconnue ; car même la division en grande et en petite Phrygia appartient à une période au moins postérieure à la conquête des Perses (comme la plupart des divisions reconnues de l'Asie Mineure), et elle ne sert qu'à égarer, si on l'applique à la période antérieure à Crésus. Il paraît que le nom de Phrygiens, comme celui de Thraces, était une désignation générique, et comprenait des tribus ou communautés séparées, ayant aussi des noms spéciaux qui leur étaient propres. Nous retrouvons des Phrygiens à de vastes distances : sur la rive occidentale du fleuve Halys, — à Kelenæ, dans l'intérieur de l'Asie Mineure, sur le cours supérieur du fleuve Mæandros, — et sur la côte de la Propontis, près de Chios. Dans ces deux dernières localités, il y a un lac salé appelé Askanios, qui est le nom à la fois du chef des alliés phrygiens de Troie et du pays d'où il est dit dans l'Iliade qu'ils sont venus (1). Ils occupent ainsi un territoire borné au sud par les montagnes Pisidiennes, — à l'ouest par les Lydiens (comme l'indique une colonne terminale élevée par Crésus à Kydrara) (2), — à l'est par le fleuve Halys, de l'autre côté duquel étaient des Kappadokiens ou Syriens, — au nord par des Paphlagoniens et des Mariandyniens. Mais il semble en outre qu'ils ont dû s'étendre plus

---

(1) Iliade, II, 873 ; XIII, 792 ; Arrien, I, 29 ; Hérodote, VII, 30. La frontière des Phrygiens au sud du côté des Pisidiens, et à l'ouest aussi bien qu'au nord-ouest du côté des Lydiens et des Mysiens, n'a jamais pu être tracée distinctement (Strabon, XII, p. 564, 576,

628) ; la région volcanique appelée Katakekaumenê est rapportée du temps de Xénophon à la Mysia (Anabas. I, 2, 10) ; cf. les remarques de Kiepert dans le traité cité plus haut, Fünf Inschriften und fünf Staedte, p. 27.

(2) Hérodote, I, 72 ; VII, 30.

loin à l'ouest, de manière à occuper une grande partie de la région du mont Ida et de la Troade. Car Apollodore pensait que et les Doliones et les Bébrykiens étaient compris dans le grand nom Phrygien (1), et même dans l'ancien poëme appelé « Phorônis » (qui ne peut guère être placé plus bas que 600 avant J.-C.), les Daktyles du mont Ida, les grands inventeurs de la métallurgie, sont expressément nommés Phrygiens (2). L'usage où étaient les poëtes tragiques attiques d'appeler Phrygiens les habitants de la Troade n'implique pas nécessairement une translation d'habitants, mais un emploi du nom général, comme mieux connu de l'auditoire auquel ils s'adressaient, de préférence à un nom spécial moins notoire, — précisément comme les habitants de la Bithynia pouvaient être désignés soit comme Bithyniens, soit comme Thraces asiatiques.

Si (comme le langage d'Hérodote et d'Éphore (3) semblerait l'impliquer) nous supposons que les Phrygiens étaient à une distance considérable de la côte et habitaient seulement à l'intérieur, nous aurons de la peine à nous expliquer comment ou en quel lieu les anciens colons grecs finirent par être tant influencés par eux; tandis que la supposition que les tribus occupant la Troade et la région de l'Ida étaient phrygiennes éclaircit ce point. Et il est incontestable que et les Phrygiens et les Lydiens, non-seulement modifièrent les manifestations religieuses des Grecs asiatiques, et par eux celles du monde grec en général, — mais encore aidèrent d'une manière importante à la première création de l'échelle musicale grecque. C'est ce que prouvent les dénominations de la gamme.

Trois modes musicaux primitifs furent employés par les poëtes grecs, à l'époque la plus reculée sur laquelle des au-

---

(1) Strabon, XIV, p. 678; cf. XIII, p. 586.
La légende fait de Doliôn le fils de Silène, qui se rattache ainsi beaucoup au Phrygien Midas (Alexand. Ætolus ap. Strab. XIV, p. 681).

(2) Phorônis, Fragm. 5, éd. Düntzer, p. 57. .... ἔνθα γόητες
Ἰδαῖοι Φρυγὲς ἄνδρες, ὀρέστεροι,
[οἴκαδ' ἔναιον, etc.
(3) Ephore ap. Strab. XIV, p. 678; Hérodote, V, 49.

teurs plus récents ont pu trouver quelques renseignements; — le lydien, qui était le plus aigu, — le dôrien, qui était le plus grave, — et le phrygien, intermédiaire entre les deux; la note la plus élevée du lydien étant plus haute d'un ton, celle du dôrien d'un ton plus basse que la note la plus élevée de la gamme phrygienne (1). Telles étaient les trois gammes ou modes, renfermant chacune un tétracorde, sur lesquelles travaillèrent les plus anciens maîtres grecs : beaucoup d'autres gammes, tant plus élevées que plus basses, furent ajoutées dans la suite. Il paraît ainsi que la plus ancienne musique grecque fut, dans une large mesure, empruntée de la Phrygia et de la Lydia. En songeant qu'au huitième et au septième siècle avant l'ère chrétienne, la musique et la poésie unies (souvent aussi avec la danse et le geste rhythmique) étaient la seule manifestation intellectuelle connue chez les Grecs, et de plus que, dans la pensée de tous les écrivains de l'antiquité, chaque mode musical avait ses influences particulières propres à émouvoir, modifiait puissamment les dispositions des auditeurs, et se rattachait intimement au culte national, — nous verrons que cette transmission des modes musicaux suppose beaucoup et de communications et d'échanges entre les Grecs asiatiques et la population indigène du continent. — Or, le fait de communication entre les Grecs ioniens et les Grecs æoliens, et leurs voisins orientaux, les Lydiens, est aisé à comprendre en général, bien que nous n'ayons pas de détails quant à la manière dont elle s'effectua. Mais nous ne voyons pas distinctement dans quels lieux les Grecs se trouvèrent si souvent en contact avec les Phrygiens, si ce n'est dans la région de l'Ida, dans la Troade et sur la côte méridionale de la Propontis. C'est à cette région qu'appartenaient ces anciens musiciens phrygiens (sous les noms héroïques d'Olympos, de Hyagnis, de Marsyas) auxquels les Grecs faisaient des emprunts (2). Et nous

---

(1) V. la savante et importante Dissertation de Boeckh, De Metris Pindari, III, 8, p. 235-239.

(2) Plutarque, De Musicâ, c. 5, 7, p. 1132; Aristoxène ap. Athenæ. XIV, p. 624; Alkman, Fragm. 104, éd. Bergk.

Aristoxène semble avoir considéré le

pouvons faire remarquer que l'analogie entre les Thraces et les Phrygiens semble en partie être vraie, par rapport et à la musique et à la religion ; puisque le vieux mythe dans l'Iliade, où le barde thrace Thamyris, luttant témérairement pour le chant avec les Muses, est vaincu, frappé de cécité et dépouillé de son talent, semble être le prototype de l'histoire tout à fait semblable relative à la lutte d'Apollon avec le phrygien Marsyas (1), — la cithare contre la flûte ; tandis que le Phrygien Midas est de plus caractérisé comme le disciple religieux du Thrace Orpheus.

Dans le chapitre relatif à la légende de Troie (2), j'ai déjà fait mention de l'ancienne fusion des Grecs æoliens avec la population indigène de la Troade. C'est sans doute de là que passa aux compositeurs grecs la musique phrygienne avec la flûte pour instrument, — employée dans les rites orgiastiques et le culte de la Grande Mère sur le mont Ida, sur l'Olympos mysien, et dans d'autres régions montagneuses du pays, et même dans la cité grecque de Lampsakos (3). Son introduction coïncide avec les plus anciens faits relatifs à la

---

Phrygien Olympos comme le grand génie inventif qui donne l'élan à la musique grecque (Plutarque, *ib.* p. 1135-1141) ; sa musique était employée presque entièrement pour des hymnes adressés aux dieux, pour le culte religieux, pour les Mêtrôa ou cérémonies en l'honneur de la Grande Mère (p. 1140). Cf. Clem. Alexand. Strom. I, p. 306.

Μαρσύας a peut-être son étymologie dans la langue karienne ou lydienne. Σούας était en karien équivalent à τάφος (V. Steph. Byz. v. Σουαγέλα) ; Μᾶ était un des divers noms de Rhea (Steph. Byz. v. Μάσταυρα). Un Grec Æolien aurait écrit ce mot Μαρσούας.

Marsyas est représenté par Telestês l'auteur de dithyrambes comme un satyre, fils d'une nymphe, — νυμφαγενεῖ χειροκτύπῳ φηρὶ Μαρσύᾳ κλέος (Telestès ap. Athenæ. XIV, p. 617).

(1) Xénophon, Anab. I, 2, 8 ; Homère, Iliade, II, 595 ; Strabon, XII, p. 578 ; ce dernier rattache Olympos à Kelenæ, aussi bien que Marsyas. Justin, XI, 7 : « Mida, qui ab Orpheo sacrorum solemnibus, institutus, Phrygiam religionibus implevit. »

Les monnaies de Midaeion, de Kadi et de Prymnêssos, dans la partie plus septentrionale de la Phrygia, portent l'empreinte du héros phrygien Midas (Eckhel, Doctrina nummorum, vol. III, p. 143-168).

(2) V. vol. II, c. I.

(3) Le fragment d'Hippônax, mentionnant un eunuque de Lampsakos, riche et bien nourri, nous révèle les habitudes, et probablement un culte, asiatiques, dans cette ville (Fragment 26, éd. Bergk) :

Θύνναν τε καὶ μυττωτὸν ἡμέρας πά-
[σας
Δαινύμενος, ὥσπερ Λαμψακηνὸς εὐ-
[νοῦχος, etc.

musique grecque, et doit avoir été effectuée pendant le premier siècle des Olympiades constatées. Dans les poëmes homériques il n'y est fait aucune allusion; mais elle peut vraisemblablement avoir contribué à stimuler ce développement de composition lyrique et élégiaque qui arriva à sa maturité chez les Æoliens et les Ioniens post-homériques, jusqu'à remplacer graduellement l'ancienne épopée. On trouvera un autre exemple de la fusion des Phrygiens avec les Grecs dans les cérémonies religieuses de Kyzikos, de Kios et de Prusa, sur la côte occidentale et sur la côte sud-est de la Propontis. Dans la première de ces trois villes, le culte de la Grande Mère des Dieux était célébré avec beaucoup de solennité sur la colline de Dindymon, portant le même nom que cette colline de l'intérieur, près de Pessinous, d'où Cybèlè tirait son principal surnom de Dindymênê (1). L'analogie entre les pratiques religieuses krètoises et phrygiennes a été souvent signalée, et l'on confond assez fréquemment le mont Ida en Krète et la montagne du même nom dans la Troade; tandis que les Teukriens de Gergis dans la Troade, — qui n'étaient pas encore hellénisés, même à l'époque de l'invasion des Perses, et qui, selon l'assertion du poëte élégiaque Kallinus, étaient des immigrants venus de Krète, — s'ils n'étaient pas réellement Phrygiens, différaient si peu de ce peuple que les poëtes leur en donnaient le nom.

Hérodote célèbre les Phrygiens pour l'abondance et de leurs troupeaux et de leurs produits agricoles (2). L'excellente laine pour laquelle Milètos fut toujours renommée venait en partie de la vallée supérieure du fleuve Mæandros, qu'ils habitaient. Il les oppose sous ce rapport aux Lydiens, chez lesquels les attributs et les qualités de personnes habitant des villes sont particulièrement exposés à nos yeux : beaucoup d'or et d'argent, commerce de détail, jeux indigènes, impudicité des jeunes femmes, combinés toutefois avec de

---

(1) Strabon, XII, p. 564-575; Hérodote, IV, 76.

(2) Hérodote, V, 49. Πολυπροβατώτατοι καὶ πολυκαρπότατοι.

l'économie et de l'industrie (1). Le fromage et les provisions salées de Phrygia, — les onguents lydiens (2), les tapis et les souliers de couleur, — acquirent de la réputation. Les Phrygiens et les Lydiens sont également mentionnés par des auteurs grecs postérieurs à l'établissement de l'empire des Perses comme un peuple timide, soumis, industrieux et utile comme esclaves,— attribut qui n'est pas assigné aux Mysiens (3), représentés habituellement comme de braves et hardis montagnards, difficiles à tenir assujettis : il n'est pas même vrai non plus relativement aux Lydiens, dans les temps plus anciens antérieurs au renversement complet de Crésus par Cyrus; car ils étaient estimés alors pour leur valeur à la guerre. Le caractère différent de ces deux peuples asiatiques n'était pas non plus encore effacé même dans le second siècle de l'ère chrétienne; car les mêmes Mysiens, qui du temps d'Hérodote et de Xénophon donnaient tant de peine aux satrapes perses, sont représentés par le rhéteur Aristide comme s'emparant de son bien à Laneion près d'Hadriani et le pillant, — tandis qu'au contraire il mentionne les Phrygiens comme venant habituellement de l'intérieur vers les pays des côtes pour se livrer au travail de la cueillette de l'olive (4). Pendant l'époque de l'autonomie et de la suprématie de la Grèce, au cinquième siècle avant J.-C.,

---

(1) Hérodote, I, 93, 94.

(2) Τάριχος Φρύγιον (Eupolis, Marik. Fr. 23, p. 506, Meineke) — Τυρὸς, Athenæ. XII, 516 — ἰσχάδες, Alexis ap. Athenæ. III, 75 : *quelques Phrygiens cependant n'avaient jamais vu le figuier* (Cicéron pro Flacco, c. 17).
Tapis de Sardes (Athenæ. V, 197) : ϕοινικίδες Σαρδιανικαί (Plato, Comicus ap. Athenæ. II, 48) ; Ἀεὶ φιλόμυρον πᾶν τὸ Σάρδεων γένος (Alexis ap. Athenæ. XV, p. 691, et encore *ib.* p. 690) ; Πόδας δὲ Ποίκιλος μάσθλης ἐκάλυπτε Λύδιον καλὸν ἔργον (Sappho, Fragm. 54, d. Schneid.; Schol. Aristoph. Pac. 174).

(3) Xénophon, Anabas. I, 6, 7 ; III, 2, 23 ; Memorab. III, 5, 26, ἀκοντισταὶ Μυσοί ; Æschyl. Pers. 40, ἁβροδίαιτοι Λύδοι.

(4) Aristide, Orat. XXVI, p. 346. Le λόφος Ἄτυος était tout près de ce Laneion, ce qui montre l'identité des noms religieux dans toute la Lydia et la Mysia (Or. XXV, p. 318). Au sujet des Phrygiens, Aristide, Orat. 46, p. 308, Τῶν δὲ πλουσίων ἕνεκα εἰς τὴν ὑπερορίαν ἀπαίρουσιν, ὥσπερ οἱ Φρύγες τῶν ἐλαῶν ἕνεκα τῆς συλλογῆς.
Le lecteur est peu récompensé de la prolixité déclamatoire d'Aristide, si ce n'est par ces preuves précieuses de coutumes existantes qui se rencontrent par occasion.

l'idée d'un Phrygien ou d'un Lydien était associée dans l'esprit grec à des idées de mépris et de servitude (1), auxquelles incontestablement ces Asiatiques finirent par se faire, puisque, sous l'empire romain, ils avaient l'habitude de vendre leurs propres enfants comme esclaves (2), — coutume certainement fort rare chez les Grecs, même lorsque, eux aussi, ils avaient fini par être confondus dans la masse des sujets de Rome impériale. Mais nous pouvons à bon droit supposer que cette association de mépris au nom d'un Phrygien ou d'un Lydien ne régnait pas pendant l'ancienne période de l'établissement des Grecs en Asie, ou même du temps d'Alkman, de Mimnerme ou de Sappho, jusqu'à l'an 600 av. J.-C. Nous en trouvons pour la première fois une preuve dans un fragment d'Hippônax. Elle commença avec la soumission de l'Asie Mineure en général, d'abord sous Crésus (3) et ensuite sous Cyrus, et avec le sentiment d'orgueil comparatif qui se développa dans la suite dans l'esprit des Grecs européens. Les tribus phrygiennes indigènes le long de la Propontis, avec lesquelles les colons grecs furent en contact, — les Bébrykiens, les Doliones, les Mygdoniens, etc., — semblent avoir été adonnées à l'agriculture, à l'élevage du bétail et des chevaux; cependant plus ardentes et plus belliqueuses que les Phrygiens de l'intérieur, autant du moins qu'on peut le reconnaître par leurs légendes. Le brutal mais gigantesque

---

(1) Hermippus ap. Athenæ. I, p. 27. Ἀνδράποδ' ἐκ Φρυγίας, etc., le mot attribué à Socrate dans Élien, V. H. X. 14; Euripid. Alcest. 691; Xénophon, Agesilas, I, 21; Strabon, VII, p. 304; Polybe, IV, 38. Les Thraces vendaient leurs enfants comme esclaves (Hérod. V, 6), comme les Circassiens le font actuellement (Clarke's Travels, vol. I, p. 378).

Δειλότερος λαγὼ Φρυγὸς était un proverbe grec (Strabon, I, p. 36 : cf. Cicéron pro Flacco, c. 27).

(2) Philostrate, Vit. Apollon. VIII, 7, 12, p 346. Les marchands d'esclaves semblent avoir visité la Thessalia, et avoir acheté des esclaves à Pagasæ : c'étaient soit des Penestæ vendus par leurs maîtres hors du pays, soit peut-être des hommes non Grecs obtenus des habitants des frontières et amenés dans l'intérieur (Aristoph. Plutus, 521; Hermippus ap. Athenæ. I, p. 27. Αἱ Παγασαὶ δούλους καὶ στιγματίας παρέχουσι.

(3) Les esclaves phrygiens semblent avoir été nombreux à Milêtos du temps d'Hippônax, Frag. 36, éd. Bergk :

Καὶ τοὺς σολοίκους, ἢν λάβωσι, περ-
[νᾶσιν,
Φρυγὰς μὲν ἐς Μίλητον ἀλφιτεύσον-
[τας·

Amykos, fils de Poseidôn, chef des Bébrykiens, avec lequel Pollux lutte au pugilat, — et son frère Mygdôn, auquel est opposé Hêraklês, — sont des échantillons d'un peuple que les poëtes grecs considéraient comme féroce et non soumis (1); tandis que la célébrité des chevaux d'Erichthonios, de Laomedôn et d'Asios d'Arisbê, dans l'Iliade, montre que l'élevage des chevaux était un attribut distinctif de la région de l'Ida, non moins dans l'esprit d'Homère que dans celui de Virgile (2).

Selon la légende de la ville phrygienne de Gordion sur la rivière Sangarios, le premier roi phrygien Gordios était dans l'origine un pauvre laboureur : un jour qu'il labourait son champ, un aigle se percha et resta sur le joug de son attelage. Étonné de ce prodige, il consulta les augures Telmisséens pour en savoir le sens, quand une jeune fille de race prophétique lui apprit que le royaume était destiné à sa famille. Il l'épousa, et le fruit de cette union fut Midas. Une sédition ayant éclaté dans la suite chez les Phrygiens, un oracle leur ordonna, comme seul moyen de tranquillité, de se choisir pour roi l'homme qu'ils verraient d'abord approcher dans un chariot. Il se trouva que Gordios et Midas venaient alors à la ville dans leur voiture, et la couronne leur fut décernée. Leur chariot, consacré dans la citadelle de Gordion à Zeus Basileus, devint célèbre par le nœud indissoluble qui attachait le joug, et par la manière dont il fut tranché dans la suite par l'épée d'Alexandre le Grand. L'empire de l'Asie était assuré à celui qui pourrait dénouer le nœud, et Alexandre fut le premier dont le glaive remplit à la fois la condition et réalisa la prophétie (3).

Nous ne pouvons faire aucun usage dans des vues histori-

---

(1) Théocrite, Idylle XXII, 47-133; Apollon. Rhod. I, 937-954; II, 5-140; Valer. Flacc. IV, 100; Apollod. II, 5, 9.

(2) Iliade, II, 138; XII, 97; XX, 219; Virgile, Géorg. III, 270 :

« Illas ducit amor (equas) trans Gar-
    |gara, transque
« Ascanium, » etc.

Klausen (Eneas und die Penaten, vol. I, p. 52-56, 102-107) a réuni avec une grande érudition toutes les indications légendaires relatives à ces régions.

(3) Arrien, II, 3 ; Justin, XI, 7.
Suivant un autre récit, Midas était fils de la Grande Mère elle-même (Plutarque, César, 9; Hygin, fab. 191).

ques de ces noms et de ces contes phrygiens légendaires. Nous ne savons rien d'aucun roi phrygien pendant les temps historiques ; mais Hérodote nous parle d'un certain Midas, fils de Gordios, roi de Phrygia, et premier souverain étranger qui eût jamais envoyé des offrandes au temple de Delphes avant Gygès de Lydia. Ce Midas dédia au dieu de Delphes le trône sur lequel il avait l'habitude de s'asseoir pour rendre la justice. Des chronologistes ont rapporté l'incident à un roi phrygien Midas placé par Eusèbe dans la dixième Olympiade,— supposition que nous n'avons pas le moyen de vérifier (1). Il a pu exister réellement un Midas, roi de Gordion ; mais qu'il y ait eu jamais une grande monarchie phrygienne unie, nous n'avons pas la moindre raison qui nous le fasse supposer. Le nom de Gordios fils de Midas paraît encore dans la légende de Crésus et de Solon, racontée par Hérodote, comme faisant partie de la généalogie de l'infortuné prince Adrastos : ici aussi il semble représenter un être légendaire plutôt qu'une personne réelle (2).

Je parlerai des Lydiens dans le chapitre suivant.

---

(1) Hérodote, I, 14, avec une note de Wesseling.

(2) Hérodote, I, 34.

CHAPITRE X

LYDIENS. — MÈDES. — CIMMÉRIENS. — SCYTHES

Lydiens, — leur musique et leurs instruments. — Eux et leur capitale Sardes inconnus à Homère. — Anciens rois lydiens. — Kandaulês et Gygês. — La dynastie mermnade succède à la dynastie hêraklide. — Légende de Gygês dans Platon. — Influence des femmes dominant dans les légendes de l'Asie Mineure. — Division de la Lydia en deux parties. — Lydia et Torrhêbia. — Actions de Gygês. — Ardys son fils et son successeur. — Assyriens et Mèdes. — Premier roi mède — Dêiokês. — Son histoire composée de matériaux grecs, non orientaux. — Phraortês. — Kyaxarês.— Siége de Ninive; — invasion des Scythes et des Cimmériens. — Les Cimmériens. — Les Scythes. — Colonies grecques sur la côte du Pont-Euxin. — Scythie telle que la décrit Hérodote. — Tribus des Scythes. — Mœurs et culte. — Scythes formidables par leur nombre et leur courage. — Sarmates. — Tribus à l'est et au nord du Palus Mæôtis. — Tauri dans la Crimée. — Massagetæ. — Invasion de l'Asie par des Scythes et des Cimmériens. — Cimmériens chassés de leur pays par les Scythes. — Difficultés dans le récit d'Hérodote. — Cimmériens en Asie Mineure. — Scythes dans la haute Asie. — Expulsion de ces nomades, après une occupation temporaire. — Rois lydiens Sadyattês et Alyattês ; — guerre contre Milêtos.— Sacrilége commis par Alyattês.— Oracle ; — il fait la paix avec Milêtos.— Long règne ; — mort et tombeau d'Alyattês. — Crésus. — Il attaque et conquiert les Grecs asiatiques. — Absence de coopération entre les cités ioniennes. — Conseil inutile de Thalês — de réunir les douze cités ioniennes en une seule cité pan-ionienne à Teôs. — Prise d'Ephesos. — Crésus, roi de toute l'Asie à l'ouest de l'Halys. — Ère nouvelle et importante pour le monde hellénique — commençant avec les conquêtes de Crésus. — Action de l'empire lydien continuée sur une plus grande échelle par les Perses.

Les anciennes relations qui existaient entre les Lydiens et les Grecs asiatiques, avant le règne de Gygês, ne nous sont pas mieux connues que celles des Phrygiens. Leur musique indigène finit par s'incorporer en partie à la musique grecque, comme l'était la musique phrygienne, avec laquelle elle avait de grandes analogies, tant pour les instruments que pour le caractère, bien que le mode lydien fût considéré par les anciens comme plus efféminé et plus énervant. La flûte était employée également par les Phrygiens et par les Lydiens, et elle passa de ces deux peuples aux Grecs. Mais la magadis ou pectis (harpe qui avait quelquefois jusqu'à vingt cordes, résonnant deux à la fois à l'octave) fut, dit-on, empruntée des banquets lydiens par le Lesbien Terpandros (1). Les joueurs de flûte qui se firent estimer chez les anciens Grecs asiatiques étaient souvent des esclaves phrygiens ou lydiens; et même le poëte Alkman, qui se fit une renommée durable entre les poëtes lyriques grecs, bien que n'étant pas un esclave né à Sardes, comme on le dit quelquefois, était probablement d'origine lydienne.

Nous avons déjà dit qu'Homère ne connaît ni la Lydia ni les Lydiens. Il nomme les Mæoniens en juxtaposition avec les Kariens, et Hérodote nous dit que le peuple jadis appelé Mæonien reçut l'appellation nouvelle de Lydien de Lydos fils d'Atys. Sardes, dont la citadelle presque inexpugnable était située sur un rocher escarpé sur le versant septentrional de la chaîne du Tmôlos, dominant la plaine du fleuve Hermos, était la capitale des rois lydiens. Elle n'est pas nommée par Homère, bien qu'il mentionne et le Tmôlos et le lac voisin de Gygès : la fortification en était attribuée à un ancien roi lydien nommé Mélès, et on racontait à son sujet d'étranges légendes (2). Ses possesseurs étaient enrichis par le voisinage de la rivière Paktôlos, qui coulait du mont Tmôlos vers l'Hermos, entraînant dans ses sables des quantités d'or considérables. C'est à cette cause que des historiens attribuaient souvent l'abondant trésor appartenant à Crésus et à ses prédécesseurs. Mais Crésus possédait, en outre, d'autres mines près de Pergamos (3); tandis qu'on doit trouver une autre cause de richesses dans l'industrie du peuple lydien en général, que semblent attester les circonstances que l'on men-

---

(1) Pindare, ap. Athenæ. XIV, p. 635; cf. Telestès ap. Athenæ, XIV, p. 626; Pausan. IX, 5, 4.

(1) Hérodote, I, 84.
(2) Aristote, Mirabil. Auscultat. 52.

tionne relativement à lui. Il fut le premier peuple (suivant Hérodote) qui ait fait jamais un commerce de détail, et le premier qui ait frappé de la monnaie d'or et d'argent (1).

Les archéologues de Sardes du temps d'Hérodote (un siècle après la conquête des Perses) faisaient remonter fort loin l'antiquité de la monarchie lydienne, au moyen d'une série de noms qui sont en grande partie, sinon complétement, divins et héroïques. Hérodote nous donne d'abord Manês, Atys et Lydos, — ensuite une ligne de rois commençant par Hêraklês, au nombre de vingt-deux, se succédant de père en fils et durant 505 ans. Le premier de cette ligne de rois hêraklides était Agrôn, descendant d'Hêraklês à la quatrième génération : — Hêraklês, Alkæos, Ninos, Bêlos et Agrôn. Le vingt-deuxième prince de cette famille hêraklide, après une succession non interrompue de père en fils pendant 505 ans, fut Kandaulês, appelé par les Grecs Myrsilos le fils de Myrsos. Il fut le dernier de cette dynastie, qui finit par un de ces incidents curieux qu'Hérodote a racontés avec sa force dramatique habituelle, toutefois sans affectation. Les dieux voulaient que Kandaulês pérît, et il perdit la raison et le jugement. Ayant pour épouse la plus belle femme de la Lydia, sa vanité ne put se satisfaire qu'en montrant sa personne toute nue à Gygès, fils de Daskylos, son principal confident et le commandant de ses gardes. Malgré la vive répugnance de Gygès, cette résolution fut exécutée ; mais l'épouse apprit cet affront ineffaçable, et prit ses mesures pour s'en venger. Entourée de ses serviteurs les plus fidèles, elle envoya chercher Gygès et lui dit : « Deux voies s'ouvrent maintenant devant toi, Gygès : prends celle que tu voudras. Tue Kandaulês, épouse-moi et acquiers le royaume de Lydia, — ou bien tu mourras sur l'heure. Car tu as vu des choses défendues, et l'un des deux doit périr, ou toi, ou l'homme qui a combiné cela pour toi. » Gygès la supplia en vain de lui épargner une si terrible alternative : il fut forcé de faire un choix, et il choisit ce qui assurait son propre

---

(1) Hérodote, I, 94.

salut(1). La reine, le plaçant en embuscade derrière la porte de la chambre à coucher, dans le lieu même où Kandaulès l'avait placé comme spectateur, l'arma d'un poignard, qu'il plongea dans le cœur du roi endormi.

Ainsi finit la dynastie des Hèraklides; cependant il y eut en Lydia un parti considérable qui ressentit avec indignation la mort de Kandaulès, et prit les armes contre Gygès. Il s'ensuivit une guerre civile, que les deux parties consentirent enfin à terminer en s'en remettant à l'oracle de Delphes. La décision de ce saint arbitre étant donnée en faveur de Gygès, le royaume de Lydia passa à sa dynastie, appelée les Mermnadæ. Mais l'oracle accompagna son verdict d'un avertissement donnant à entendre que le meurtre de Kaudaulès serait vengé dans la personne du cinquième descendant de Gygès, — avertissement dont personne (Hérodote le fait remarquer naïvement) ne tint aucun compte, jusqu'à ce qu'il eût un effet réel dans la personne de Crésus (2).

Dans cette curieuse légende, qui marque le commencement de la dynastie appelée Mermnadæ, les rois historiques de Lydia, — nous ne pouvons déterminer ce qu'il y a d'historique, ni même s'il y a quelque chose qui le soit. Probablement Gygès exista réellement, et fut contemporain de la jeunesse du poëte Archiloque; mais le nom de Gygès est aussi un nom héroïque dans l'archéologie lydienne. Il est l'éponyme du lac Gygæen près de Sardes. Des nombreuses légendes que l'on raconte à son sujet, Platon en a conservé une, d'après laquelle Gygès est un simple berger du roi de Lydia : après un affreux orage et un terrible tremblement de terre, il voit près de lui une crevasse dans le sol; il y descend et trouve un immense cheval d'airain, creux et ouvert en partie, dans lequel est couché un mort de taille gigantesque avec un anneau d'or. Il emporte cet anneau et dé-

---

(1) Hérodote, I, 13. Αἱρέεται αὐτὸς περιεῖναι, — phrase à laquelle Gibbon a attribué une intention ironique qu'il est difficile de découvrir dans Hérodote.

(2) Hérodote, I, 13. Τούτου τοῦ ἔπεος... λόγον οὐδένα ἐποιεῦντο, πρὶν δὴ ἐπετελέσθη.

couvre inopinément qu'il possède la merveilleuse propriété de le rendre invisible à son gré. Chargé d'un message auprès du roi, il se sert de son anneau magique au profit de son ambition. Il se rend d'abord maître de la personne de la reine, puis avec son aide il assassine le roi, et finalement s'empare du sceptre (1).

La légende, ainsi racontée par Platon, d'un caractère entièrement oriental, a ce seul point de commun avec celle d'Hérodote, c'est que l'aventurier Gygès, grâce à la faveur et à l'aide de la reine, tue le roi et devient son successeur. La préférence et le patronage d'une femme sont la cause de sa prospérité. Klausen a montré (2) que cette influence aphrodisiaque » domine d'une manière particulière dans un grand nombre des légendes asiatiques, tant divines que héroïques. Le Phrygien Midas, ou Gordios (comme nous l'avons raconté plus haut), acquiert le trône par un mariage avec une jeune fille douée de priviléges divins : la faveur que Aphroditè témoigne à Anchisès donne aux Æneadæ la souveraineté dans la Troade; de plus, la grande déesse phrygienne et lydienne Rhea ou Cybèlè a toujours son favori, le jeune Atys, toujours prêt à se dévouer, qui est adoré avec elle et qui sert comme d'intermédiaire entre elle et l'humanité. L'élément féminin paraît prédominant dans les mythes asiatiques. Midas, Sardanapale, Sandôn et même Hèraklès (3) sont dépeints revêtus du costume des femmes et travaillant au métier; tandis que, d'un autre côté, les Amazones et Sémiramis font de grandes conquêtes.

En admettant donc le caractère historique des rois lydiens appelés Mermnadæ, commençant avec Gygès vers 715-690 avant J.-C., et finissant avec Crésus, nous ne trouvons que la légende pour nous expliquer les circonstances qui ame-

---

(1) Platon, Republ. II, p. 360; Cicéron, Offic. III, 9.

Platon (X, p. 612) compare très-justement l'anneau de Gygès au casque de Hadès.

(2) V. Klausen, Æneas und die Penaten, p. 34, 110, etc.; cf. Menke, Lydiaca, c. 8, 9.

(3) V. l'article de O. Müller dans le Rheinisch. Museum für Philologie, Jahrgang, III, p. 22-38; et Movers, Die Phœnizier, c. 12, p. 452-470.

nèrent leur avénement. Encore moins pouvons-nous établir quelque chose relativement aux trois précédents, ou déterminer si jamais la Lydia fut, dans des temps antérieurs, rattachée au royaume d'Assyria ou lui fut soumise, comme l'affirmait Ktêsias (1). Nous ne pouvons pas non plus certifier la réalité ni les dates des anciens rois lydiens, nommés par l'historien indigène Xanthus, — Alkimus, Kamblês, Adramytès (2). Toutefois, Xanthus nous donne un renseignement précieux, — la division de la Lydia en deux parties : la Lydia propre et la Torrhêbia, — qu'il rapporte aux deux fils d'Atys, — Lydos et Torrhêbos ; il dit que le dialecte des Lydiens et des Torrhêbiens différait presque autant que celui des Grecs dôriens et ioniens (3). La Torrhêbia semble avoir enfermé la vallée du Kaïstros, au sud du Tmôlos et près des frontières de la Karia.

Avec Gygès, le roi mermnade, commence la série d'agressions de Sardes contre les Grecs asiatiques, qui se termine définitivement par leur soumission. Gygès envahit les territoires de Milêtos et de Smyrna, et même prit la ville (probablement pas la citadelle) de Kolophôn. Toutefois, bien qu'il fît ainsi la guerre aux Grecs asiatiques, il était libéral dans les dons qu'il faisait au dieu grec de Delphes. Hérodote vit dans le temple ses offrandes nombreuses aussi bien que magnifiques. Des compositions élégiaques du poëte Mimnerme célébraient la valeur des Smyrnæens dans la bataille qu'ils livrèrent à Gygès (4). Nous entendons parler aussi, dans un récit qui a plutôt le cachet de l'imagination lydienne que de l'imagination grecque, d'un beau jeune homme de Smyrna nommé Magnès, auquel Gygès était attaché, et qui encourut la défaveur de ses con-

---

(1) Diodore, II, 2. Niebuhr pense aussi que la Lydia, à une époque reculée, fit partie de l'empire assyrien (Kleine Schriften, p. 371).

(2) Xanthi Fragm. 10, 12, 19, éd. Didot; Athénée, X, p. 415; Nicolas de Damas, p. 36, Orelli.

(3) Xanthi Fragm. 1, 2; Dionys. Halik. A. R. 1, 28 ; Steph. Byz. v. Τόρρηβος. Toute la généalogie donnée par Denys est probablement empruntée de Xanthus — Zeus, Manès, Kotys, Asiès et Atys, Lydos et Torrhêbos.

(4) Hérodote, I, 14; Pausan. IX, 29, 2.

citoyens pour avoir composé des vers où il célébrait les victoires des Lydiens sur les Amazones. Pour venger le mauvais traitement fait à ce jeune homme, Gygès attaqua le territoire de Magnêsia (probablement Magnêsia sur le Sipylos), et après une grande bataille s'empara de la cité (1).

Jusqu'où s'étendait le royaume lydien de Sardes pendant le règne de Gygès, c'est ce que nous n'avons pas le moyen de déterminer. Strabon prétend que toute la Troade lui appartenait (2), et que l'établissement grec d'Abydos sur l'Hellespont fut fondé par les Milésiens seulement sous ses auspices. On ne nous dit pas sur quelle autorité repose cette assertion, et elle semble douteuse, particulièrement en ce que tant d'anecdotes légendaires se rattachent au nom de Gygès. Ce prince régna (selon Hérodote) trente-huit ans, et eut pour successeur son fils Ardys, qui régna quarante-neuf ans (vers 678-629 av. J.-C.). On nous apprend qu'il attaqua les Milésiens et prit la cité ionienne de Priênê. Cependant cette possession ne peut avoir été conservée, car la cité paraît dans la suite comme autonome (3). Son long règne cependant fut signalé par deux événements, tous deux d'une importance considérable pour les Grecs asiatiques : l'invasion des Cimmériens, — et le premier pas vers une collision (du moins le premier de ceux dont nous ayons une connaissance historique quelconque) entre les habitants de la Lydia et ceux de la haute Asie sous les rois Mèdes.

Tous les auteurs affirment que les Mèdes étaient dans l'origine comptés parmi les sujets du grand empire assyrien, dont Ninive (ou Ninos, comme les Grecs l'appellent) était la capitale et Babylone une des principales parties. Il n'y a pas lieu de douter que la population et la puissance de ces deux grandes cités (aussi bien que de plusieurs autres que les dix mille Grecs dans leur marche trouvèrent ruinées et abandonnées dans ces mêmes régions) ne soient d'une haute antiquité (4). Mais un historien de la Grèce n'est nullement

---

(1) Nicolas de Damas, p. 52, éd. Orelli.

(2) Strabon, XIII, p. 590.

(3) Hérodote, I, 15.

(4) Xénophon, Anab. III, 4, 7; 10, 11.

obligé de s'engager dans le dédale de la chronologie assyrienne, ni de peser le degré de confiance que méritent les renseignements contradictoires d'Hérodote, de Ktêsias, de Bérose, d'Abydênos, etc. Les Grecs n'ont aucune connexion qu'on puisse déterminer avec l'empire assyrien (1), qui dura 520 ans, selon Hérodote, 1360 ans, selon Ktêsias. La cité de Ninive paraît avoir été prise par les Mèdes un peu avant l'an 600 avant J.-C. (autant qu'on peut établir la chronologie), et n'exerça aucune influence sur les affaires grecques. Les habitants de la haute Asie avec lesquels les anciens Grecs avaient des rapports étaient les Mèdes et les Assyriens ou Chaldæens de Babylone, — peuples soumis tous les deux dans l'origine aux Assyriens de Ninive, — acquérant tous deux plus tard l'indépendance, — et tous deux finissant par être incorporés dans l'empire des Perses. — A quelle époque l'un ou l'autre de ces deux peuples devint-il indépendant pour la première fois, c'est ce que nous ignorons (2).

---

(1) Hérodote, I, 95 ; Ktêsias, Fragm. Assyr. XIII, p. 419 ; éd. Bahr; Diodore, II, 21. Ktêsias donne trente générations de rois assyriens de Ninyas à Sardanapale : Velleius, 33 ; Eusèbe, 35 ; Syncelle, 40 ; Castor, 27 ; Cephalion, 23. V. Bahr ad Ctesiam, p. 428. La chronologie babylonienne de Bérose (prêtre de Bélus, vers 280 av. J.-C.) donnait 86 rois et 34,000 ans depuis le déluge jusqu'à l'occupation de Babylone par les Mèdes ; puis 1,453 ans jusqu'au règne de Phul, roi d'Assyria (Berosi Fragmenta, p. 8, éd. Richter).

M. Clinton expose les principales assertions et les principales différences relatives à la chronologie assyrienne dans son appendice, c. 4. Mais les suppositions auxquelles il a recours pour les mettre en harmonie me paraissent gratuites et dénuées de preuves.

Cf. la marche différente, mais non pas plus heureuse, suivie par Larcher (Chronologie, c. 3, p. 145-157).

(2) Ici encore Larcher et M. Clinton représentent tous deux le temps où les Mèdes se rendirent indépendants de l'Assyria, comme parfaitement déterminé, bien que Larcher le place en 748 avant J.-C., et M. Clinton en 711 avant J.-C. « L'époque ne me paraît pas douteuse » (Chronologie, c. 4, p. 157), dit Larcher. M. Clinton considère l'époque de 711 avant J.-C. pour le même événement, comme déterminée par « *l'autorité de l'Écriture* » et raisonne sur elle dans plus d'un endroit comme sur un fait entièrement incontestable (Appendix, c. 3, p. 259) : « Nous pouvons induire de l'Écriture que les Mèdes ne devinrent indépendants qu'après la mort de Sennachérib ; et en conséquence Josèphe (Ant. X, 2), ayant rapporté la mort de ce roi et la guérison miraculeuse d'Ezéchias, ajoute : — Ἐν τούτῳ τῷ χρόνῳ συνέβη τὴν τῶν Ἀσσυρίων ἀρχὴν ὑπὸ Μήδων καταλυθῆναι. Mais la mort de Sennachérib, comme on le verra ci-après, est fixée au commencement de 711 avant J.-C. La révolte des Mèdes n'arriva donc pas avant 711 avant J.-C.; ce qui ré-

Le canon astronomique, qui donne une liste de rois de Babylone, commençant à ce qu'on appelle l'ère de Nabonassar, ou 747 avant J.-C., ne prouve pas à quelle époque ces chefs fute Conringius, qui la porte à 715 avant J.-C., et Walckenaer, qui la place en 741 avant J.-C. Hérodote, il est vrai, suppose un intervalle de quelque temps entre la révolte des Mèdes et l'élection de Dèïokês (Déjocès) comme leur roi. Mais ces années ἀβασίλευτοι n'ont pu être antérieures aux cinquante-trois ans de Dèïokês, puisque la révolte est *limitée par l'Écriture* à 711 avant J.-C. De plus, p. 261, il dit, relativement aux quatre rois mèdes mentionnés par Eusèbe avant Dèïokês : — « Si jamais ils existèrent, ils gouvernèrent la Médie pendant l'empire des Assyriens, comme *nous le savons par l'Écriture.* » Et encore, p. 280 : — « La date précise de la fin (de l'empire assyrien) en 711 avant J.-C. est *donnée par l'Écriture,* ce qui concorde avec Hérodote, » etc.

Ici M. Clinton considère, plus d'une fois, la révolte des Mèdes comme fixée à l'an 711 avant J.-C. *par l'Écriture;* mais il ne produit aucun passage de l'Écriture pour justifier son allégation, et le passage de Josèphe qu'il cite fait allusion, non à la révolte des Mèdes, mais à la destruction de l'empire assyrien par eux. Hérodote représente les Mèdes comme se révoltant contre l'empire assyrien, et conservant leur indépendance pendant quelque temps (non défini quant à l'étendue) avant l'élection de Dèïokês comme roi : mais il ne nous donne pas le moyen de déterminer la date de la révolte des Mèdes. Quand M. Clinton dit (p. 280, note O) : — « Je suppose qu'Hérodote place la révolte des Mèdes dans l'Olymp. 17, 2, puisqu'il place l'avènement de Dèïokês dans l'Olymp. 17, 3. » — C'est une conjecture qui lui est personnelle, et le récit d'Hérodote semble évidemment faire entendre qu'il concevait un intervalle beaucoup plus grand qu'une année entre ces deux événements. Diodore donne le même intervalle comme durant pendant beaucoup de générations (Diod. II, 32).

Nous savons — et par l'Écriture et par les Annales phéniciennes que cite Josèphe — que les Assyriens de Ninive furent de puissants conquérants en Syrie, en Judée et en Phénicie, pendant les règnes de Salmanasar et de Sennachérib. Le renseignement de Josèphe donne en outre à entendre que la Médie était soumise à Salmanasar, qui fit passer les Israélites de leur pays dans la Médie et la Perse, et amena les Cuthæens de la Médie et de la Perse dans les terres des Israélites (Josèphe, IX, 14, 1 ; X, 9, 7). Nous savons encore qu'après Sennachérib les Assyriens de Ninive ne sont plus mentionnés comme envahissant ou troublant la Syrie ou la Judée; les Chaldæens ou Babyloniens deviennent alors les ennemis que ces contrées ont à craindre. Josèphe nous dit qu'à cette époque l'empire assyrien fut détruit par les Mèdes — ou, comme il le dit dans un autre endroit, par les Mèdes et les Babyloniens (X, 2, 2 ; X, 5, 1). Ici il y a de bonnes raisons pour croire que l'empire assyrien de Ninive reçut à cette époque un grand coup et subit une grande diminution de pouvoir. Mais quant à la nature de cette diminution et à la manière dont elle fut accomplie, il me semble qu'il y a une différence d'autorités que nous n'avons pas le moyen de concilier. — Josèphe suit la même idée que Ktêsias, à savoir la destruction de l'empire de Ninive par les Mèdes et les Babyloniens coalisés, tandis qu'Hérodote conçoit des révoltes successives des territoires dépendant de Ninive, commençant par celle des Mèdes, et

babyloniens devinrent indépendants de Ninive; et le catalogue des rois mèdes, qu'Hérodote commence avec Dëiokès, vers 709-711 avant J.-C., est commencé par Ktêsias

---

laissant encore Ninive florissante et puissante dans son propre territoire. Hérodote, en outre, croit que Ninive fut prise par Kyaxarès le Mède, vers l'an 600 avant J.-C., sans qu'il soit fait mention des Babyloniens; — au contraire, à ce qu'il dit, Nitokris, la reine de Babylone, redoute les Mèdes (I, 185), en partie à cause de l'accroissement de leur puissance en général, mais particulièrement parce qu'ils ont pris Ninive (bien que M. Clinton nous dise, p. 275, que « Ninive fut détruite en 606 avant J.-C., comme nous l'avons vu par les témoignages réunis de l'Écriture et d'Hérodote, *par les Mèdes et les Babyloniens.* »

Si l'on explique sans parti pris le texte d'Hérodote, on verra qu'il concevait les relations de ces royaumes orientaux entre 800 et 560 avant J.-C., différemment dans bien des points essentiels de Ktêsias, de Bérose ou de Josèphe. Et il nous dit lui-même expressément qu'il entendit « quatre récits différents » même relativement à Cyrus (I, 95) — et beaucoup plus encore relativement à des événements antérieurs à Cyrus de plus d'un siècle.

La chronologie des Mèdes, des Babyloniens, des Lydiens et des Grecs en Asie, quand nous arrivons au septième siècle avant J.-C., acquiert quelques points fixes qui nous donnent une assurance d'exactitude dans certaines limites; mais au delà de l'an 700 avant J.-C., on ne peut découvrir de tels points fixes. Nous ne pouvons distinguer l'élément historique de l'élément mythique dans nos autorités, — nous ne pouvons les concilier ensemble, si ce n'est par des conjectures et des changements violents; — nous ne pouvons pas non plus déterminer laquelle d'entre elles doit être écartée en faveur de l'autre. Les noms et les dates des rois babyloniens à partir de Nabonassar, dans le canon de Ptolémée, sont sans doute authentiques; mais ce ne sont que des noms et des dates. Quand nous en venons à les appliquer pour exposer des faits réels ou supposés, tirés d'autres sources, ils ne font que créer un nouvel embarras; car même les *noms* des rois, tels qu'ils sont rapportés par différents auteurs, ne s'accordent pas, et M. Clinton nous dit (p. 277) : « Pour retracer l'identité des rois orientaux, les temps et les transactions sont de meilleurs guides que les noms; car ces noms, pour une foule de causes bien connues (tels que les changements qu'ils subissent en passant dans la langue grecque, et la substitution d'un titre ou d'une épithète pour le nom) sont diversement rapportés, de sorte que *le même roi paraît fréquemment sous bien des appellations différentes.* » Il y a donc ici un nouveau problème; nous devons employer « les temps et les transactions » pour établir l'identité des rois; mais, par malheur, les temps ne sont marqués que par la succession des rois, et les *transactions* ne sont connues que par des renseignements toujours peu abondants et souvent inconciliables entre eux. De sorte que les moyens que nous avons pour reconnaître les rois sont tout à fait insuffisants, et quiconque examinera le procédé employé dans ce but tel qu'il paraît dans les chapitres de M. Clinton verra qu'il est arbitraire à un haut degré; plus arbitraires encore sont les procédés dont il use pour établir une harmonie forcée entre des autorités contradictoires. Les résultats chronologiques auxquels arrive Volney (Chronologie d'Hérodote, vol. I, p. 383-429) ne sont pas plus satisfaisants.

plus d'un siècle plus tôt; — de plus, les noms dans les deux listes sont différents presque depuis le premier jusqu'au dernier.

Pour l'historien de la Grèce, les Mèdes commencent pour la première fois à acquérir de l'importance vers 656 avant J.-C., sous un roi qu'Hérodote appelle Phraortès, fils de Dèïokès. Quant à Dèïokès lui-même, Hérodote nous raconte comment il parvint à être choisi roi (1). Les sept tribus des Mèdes habitaient dispersées dans des villages séparés, sans aucune autorité commune, et les malheurs de l'anarchie se faisaient péniblement sentir parmi eux. Dèïokès, qui avait acquis une grande réputation dans son propre village, celle d'un homme juste, fut prié successivement, par tous les villages adjacents, de décider leurs disputes. Aussitôt que son action dans ce rôle et l'amélioration qu'il amena se furent fait sentir dans toutes les tribus, il eut l'adresse de résigner son poste, et se retira de nouveau dans la vie privée; mais aussitôt les maux de l'anarchie reparurent d'une manière plus intolérable qu'auparavant. Les Mèdes n'eurent plus d'autre choix que d'élire un roi. Les amis de Dèïokès parlèrent avec tant de chaleur de ses vertus, qu'il fut celui que l'on choisit (2). La première démarche du nouveau roi fut d'exiger du peuple une troupe de gardes choisis par lui-même; ensuite il lui ordonna de construire la cité d'Ekbatana sur une colline entourée de sept cercles concentriques de murailles, son propre palais étant au sommet et dans la partie la plus centrale. De plus, il organisa le plan du despotisme mède; le roi, bien que sa personne fût constamment renfermée dans un palais fortifié, demandait des communications écrites de toutes les personnes lésées, et accordait à chacune la décision ou la réparation demandée; — de plus, il s'informait lui-même de ce qui se passait au moyen d'espions et d'agents présents partout, qui saisissaient tous les malfaiteurs et les amenaient au pa-

---

(1) Hérodote, I, 96-100.
(2) Hérodote, I, 97. Ὡς δ' ἐγὼ δοκέω, μάλιστα ἔλεγον οἱ τοῦ Δεϊόκεω φίλοι, etc.

lais pour recevoir le châtiment mérité. Déïokès força encore les Mèdes à abandonner leurs demeures séparées et à se concentrer à Ekbatana, d'où partaient en se ramifiant tous les pouvoirs du gouvernement. Et les sept cercles fortifiés distincts dans la ville, coïncidant avec le nombre des tribus mèdes, furent probablement conçus par Hérodote comme destinés chacun à une tribu distincte, — la tribu de Déïokès occupant avec le roi lui-même la partie la plus intérieure (1).

A l'exception des degrés successifs de ce plan politique si bien mené, nous n'entendons parler d'aucun autre acte attribué à Déïokès. Il garda, dit-on, le gouvernement pendant cinquante-trois ans, et mourut alors, ayant pour successeur son fils Phraortès. On ne peut dire que nous sachions quelque chose de l'histoire réelle de Déïokès; car l'intéressante narration d'Hérodote, dont ce qui précède est un abrégé, nous présente dans tous ses points la société et les idées de la Grèce, et non de l'Orient. C'est comme la discussion que l'historien attribue aux sept conspirateurs perses, avant l'avénement de Darius, — pour savoir s'ils adopteront une forme de gouvernement oligarchique, démocratique ou monarchique (2); ou l'on peut la comparer, peut-être plus justement encore, à la Cyropédie de Xénophon, qui trace avec un travail achevé et parfait un idéal tel que celui que présente Hérodote avec de brefs contours. L'histoire de Déïokès dépeint ce que l'on peut appeler le progrès d'un despote, d'abord comme candidat, puis comme complétement établi. Dans les discussions politiques actives qui s'élevaient entre des Grecs intelligents du temps d'Hérodote, il y avait sans doute maints récits des artifices heureux d'ambitieux despo-

---

(1) Hérodote, I, 98, 99, 100. Οἰκοδομηθέντων δὲ πάντων, κόσμον τόνδε Δηιόκης πρῶτός ἐστιν ὁ καταστησάμενος · μήτε ἐσιέναι παρὰ βασιλέα μηδένα, δι' ἀγγέλων δὲ πάντα χρέεσθαι, ὁρᾶσθαι δὲ βασιλέα ὑπὸ μηδενός · πρὸς δὲ τούτοισι ἔτι γελᾷν τε καὶ πτύειν ἄντιον, καὶ ἅπασι εἶναι τοῦτο γε αἰσχρόν, etc., et... οἱ κατάσκοποί τε καὶ κατήκοοι ἦσαν ἀνὰ πᾶσαν τὴν χώρην τῆς ἦρχε.

(2) Hérodote, tout en affirmant positivement l'authenticité de ces délibérations, donne à entendre sans le vouloir qu'un grand nombre de ses contemporains les regardaient comme étant de fabrication grecque.

tes, et plus d'une remarque sur les moyens probables qui en avaient amené la réussite, d'une même nature que celles que renferme la Politique d'Aristote : Hérodote a employé un de ces récits à orner la naissance et l'enfance de la monarchie des Mèdes. Son Dêïokês commence comme un Grec adroit parmi d'autres Grecs, équitable, libre et licencieux. Il a soif du despotisme dès le commencement, et est empressé de manifester sa droiture et sa justice, « comme il sied à un prétendant au commandement (1); » il devient ensuite despote en vertu d'un vote public, et reçoit ce qui était pour les Grecs le grand symbole et le principal instrument d'une telle transition, une garde personnelle; il finit par organiser et le mécanisme et l'étiquette d'un despostime à la mode orientale, comme le Cyrus de Xénophon (2). Seulement ces deux auteurs maintiennent la supériorité de leur idéal grec sur la réalité orientale en attribuant tant à Dêïokês qu'à Cyrus une administration juste, systématique et laborieuse, telle que leur propre expérience ne leur en offrait pas une pareille en Asie. Probablement Hérodote avait visité Ekbatana (qu'il décrit et mesure comme témoin oculaire, en compa-

---

(1) Ἐόντων δὲ αὐτονόμων πάντων ἀνὰ τὴν ἤπειρον, ὧδε αὖτις ἐς τυραννίδας περιῆλθον· Ἀνὴρ ἐν τοῖσι Μήδοισι ἐγένετο σοφὸς, τῷ οὔνομα ἦν Δηϊόκης... Οὗτος ὁ Δηϊόκης, ἐρασθεὶς τυραννίδος, ἐποίεε τοιάδε, etc... Ὁ δὲ δὴ, οἷα μνεώμενος ἀρχὴν, ἰθύς τε καὶ δίκαιος ἦν.

(2) Cf. les chapitres d'Hérodote cités plus haut avec le huitième livre de la Cyropédie, où Xénophon décrit la manière dont le despotisme mède fut organisé d'une façon effective et mis à profit par Cyrus, particulièrement les dispositions prises pour imposer à l'imagination de ses sujets (καταγοητεύειν, VIII, I, 40) — (c'est une petite chose, mais qui marque le rapport du plan d'Hérodote et de Xénophon), Dêïokês défend à ses sujets de rire ou de cracher en sa présence. Cyrus aussi interdit de cracher, de se moucher, ou de se tourner pour regarder quelque chose, quand le roi est présent (Hérodote, I, 99; Xén. Cyr. VIII, I, 42). Et, VIII, 3, 1, sur le pompeux cortége de Cyrus, quand il sort à cheval :—Καὶ γὰρ αὐτῆς τῆς ἐξελάσεως ἡ σεμνότης ἡμῖν δοκεῖ μία τῶν τεχνῶν εἶναι τῶν μεμηχανημένων, τὴν ἀρχὴν μὴ εὐκαταφρόνητον εἶναι — analogue au Dêïokês mède dans Hérodote — Ταῦτα δὲ περὶ ἑωυτοῦ ἐσέμνυνε τῶνδε εἵνεκεν, etc. Cyrus. — ἐμφανίζων δὲ καὶ τοῦτο ὅτι περὶ πολλοῦ ἐποιεῖτο, μηδένα μήτε φίλον, ἀδικεῖν μήτε σύμμαχον, ἀλλὰ τὸ δίκαιον ἰσχυρῶς ὁρῶν (Cyrop. VIII, I, 26). Dêïokês. — Ἦν τὸ δίκαιον φυλάσσων χαλεπός (Hérod. I, 100). Cyrus se pourvoit d'une foule de personnes qui lui servent d'yeux et d'oreilles dans tout le pays (Cyrop. VIII, 2, 12). Dêïokês a beaucoup de κατάσκοποι et de κατήκοοι (Hérodote, ib.).

rant son circuit à celui d'Athènes), et il y avait appris que Déiokès était le fondateur de la cité, le plus ancien roi mède connu, et le premier auteur de ces coutumes publiques qui, après un soulèvement contre l'Assyria, le frappaient comme particulières: l'intervalle pouvait donc être aisément rempli, entre l'autonomie mède et le despotisme mède, par des incidents intermédiaires, tels que ceux qui auraient accompagné ce passage de l'une à l'autre sous le ciel de la Grèce. Les traits de ces habitants de la haute Asie, pendant un millier d'années à partir du temps auquel nous sommes arrivé maintenant, — sous les descendants de Déiokès, de Cyrus, d'Arsakès et d'Ardshir, — sont si invariables (1), que c'est pour nous un grand secours pour découvrir ces occasions dans lesquelles Hérodote ou d'autres introduisent dans leur histoire des idées grecques indigènes.

Phaortès (658-636 av. J.-C.), ayant étendu la domination des Mèdes sur une portion considérable de la haute Asie, et ayant vaincu les Perses et plusieurs autres nations, fut à la fin défait et tué dans une guerre contre les Assyriens de Ninive, qui, bien que dépouillés de leurs dépendances extérieures, étaient encore braves et puissants par eux-mêmes. Son fils Kyaxarès (636-595 av. J.-C.) poursuivit avec une plus grande énergie encore les mêmes plans de conquête, et fut le premier, dit-on, qui introduisit quelque organisation dans les forces militaires; avant lui, archers, hastaires et cavalerie avaient été confondus ensemble indistinctement, jusqu'à ce que ce monarque établît des divisions séparées pour chaque arme. Il étendit la domination mède jusqu'à la rive orientale de l'Halys, fleuve qui, dans la suite, par les conquêtes du roi lydien Crésus, devint la limite entre l'em-

---

(1) Quand l'empereur romain Claude envoie le jeune prince parthe Meherdatès, qui avait été en otage à Rome, occuper le royaume que les envoyés parthes lui offraient, il lui donne quelques bons avis, conçus à l'école de la politique grecque et romaine : « Addidit præcepta, ut non dominationem ac servos, sed rectorem et cives, cogitaret; clementiamque ac justitiam, quanto ignara barbaris, tanto toleratiora, capesseret » (Tacite, Annal. XII, 11).

pire lydien et celui des Mèdes ; et il fit la guerre pendant six
ans à Alyattês, roi de Lydia, par suite du refus qu'opposa ce
dernier de livrer une troupe de nomades scythes qui, ayant
quitté le territoire de Kyaxarès pour échapper aux rigueurs
dont ils étaient menacés, avaient cherché un refuge en Lydia
comme suppliants (1). La guerre, indécise quant au succès,
fut terminée par un incident remarquable. Au milieu d'une
bataille que se livraient les armées des Mèdes et des Lydiens,
il arriva une éclipse totale de soleil, qui causa une alarme
égale aux deux parties belligérantes, et les amena immédiatement à cesser les hostilités (2). Le prince kilikien Syen-
nesis, et le prince babylonien Labynêt interposèrent leur
médiation, et opérèrent entre Kyaxarès et Alyattès une ré-
conciliation dont une des conditions fut qu'Alyattès donne-
rait sa fille Aryènis en mariage à Astyagès, fils de Kyaxarès.
C'est ainsi que commencèrent entre les rois lydiens et les
rois mèdes les rapports qui plus tard devinrent si funestes à
Crésus. On affirme que le philosophe grec Thalès prédit cette
éclipse ; mais nous pouvons raisonnablement considérer la
prédiction supposée comme non moins apocryphe que quelques autres qu'on lui attribue, et douter que quelque Grec
vivant à cette époque possédât soit des connaissances, soit
une capacité scientifique suffisantes pour faire un tel calcul (3). L'éclipse elle-même et son action terrible sur les

---

(1) Le passage de ces hordes nomades d'un gouvernement de l'Orient dans
un autre a été toujours et est même
encore aujourd'hui une cause fréquente
de disputes entre les différents États :
on les apprécie autant comme tributaires que comme soldats. Les Ilats
Turcomans (c'est ainsi que sont appelées actuellement ces tribus nomades)
au nord-est de la Perse passent et repas-
sent souvent, selon leur convenance, du
territoire persan chez les Usbecks de
Khiva et de Bokhara : des guerres
entre la Perse et la Russie ont été également occasionnées par le passage de
Ilats sur la frontière de Perse en Géor-
gie ; c'est ainsi que les tribus kurdes
près du mont Zagros ont amené aussi
par leurs mouvements des querelles
entre les Persans et les Turcs.
V. Morier, Account of the Ilyats or
Wandering Tribes of Persia, dans le
Journal of the Geographical Society of
London, 1837, vol. VII, p. 240, et
Carl Ritter, Erdkunde von Asien.
West-Asien, B. II ; Abth. II, Abschn.
II, sect. 8, p. 387.

(2) Hérodote, I, 74-103.

(3) Cf. le cas analogue de la prédiction relative à la récolte prochaine
d'olives attribuée à Thalès (Aristote,
Polit. I, 4, 5 ; Cicéron, De Divinat.

esprits des combattants sont des faits à ne pas contester; bien que la diversité d'opinions entre les chronologistes, quant à sa date, soit surprenante (1).

I, 3). On assure qu'Anaxagoras avait prédit la chute d'un aérolithe (Arist. Meteor. I, 7; Pline, H. N. II, 58; Plut. Lysand. c. 5).

Hérodote dit que Thalès avait prédit que l'éclipse arriverait « dans l'année dans laquelle elle arriva réellement, » — renseignement si vague qu'il confirme les raisons qui suggèrent le doute.

Le penchant des Ioniens à montrer la sagesse de leur éminent philosophe Thalès rattachée à l'histoire des rois lydiens peut encore se voir dans l'histoire de Thalès et de Crésus au fleuve Halys (Hérod. I, 75), — histoire à laquelle Hérodote lui-même n'ajoute pas foi.

(1) Consulter, pour l'exposé chronologique de ces événements, Larcher ad Herod. I, 74; Volney, Recherches sur l'Histoire ancienne, vol. I, p. 330-355; M. Fynes Clinton, Fasti Hellenici, vol. I, p. 418 (note ad 617 av. J.-C., 2); Des Vignoles, Chronologie de l'Histoire sainte, vol. II, p. 245; Ideler, Handbuch der Chronologie, vol. I, p. 209.

Différents chronologistes n'ont pas donné moins de huit dates différentes à cette éclipse : — la plus ancienne est 625 avant J.-C., la plus récente 583 avant J.-C. Volney est pour 625 avant J.-C; Larcher pour 597 avant J.-C.; Des Vignoles pour 585 avant J.-C.; M. Clinton pour 603 avant J.-C. Volney fait observer, avec raison, que l'éclipse, dans cette occasion, « n'est pas l'accessoire, la broderie du fait, mais le *fait principal* lui-même » (p. 347); les calculs astronomiques relatifs à l'éclipse sont donc de beaucoup les points les plus importants dans l'estime chronologique de cet événement.

Trois éminents astronomes, Francis Baily, Oltmanns et Ideler, se sont arrêtés à l'éclipse de 610 avant J.-C., 30 septembre, comme étant la seule qui remplisse les conditions demandées par le récit. Enfin, dans les Transactions philosophiques de la Société royale de Londres de 1853, le professeur Airy a inséré un article approfondi « On the Eclipses of Agathoklês, Thalès and Xerxès, » p. 179-200. Ce qu'il appelle « l'éclipse de Thalès » (ou que l'on dit avoir été prédite par Thalès) est l'événement, objet de la discussion actuelle décrit par Hérodote, I, 74. Quoique trois astronomes tels que Francis Baily, Oltmanns et Ideler se soient accordés, après des recherches entreprises indépendamment les uns des autres, à reconnaître l'éclipse solaire de 610 avant J.-C. comme étant la seule, dans les limites possibles de temps, qui remplisse les conditions d'Hérodote, cependant le professeur Airy a présenté de fortes raisons pour se défier des données lunaires d'où ils sont tous partis. Il dit : « J'ai examiné chaque éclipse totale dans les tables d'Oltmanns, s'étendant de 631 avant J.-C. à 585 avant J.-C. et je *n'en trouve qu'une seule* (à savoir, celle de 585 avant J.-C., mai 28) qui puisse être survenue près de l'Asie Mineure. Celle de 610 avant J.-C., 30 septembre, qu'ont adoptée Baily et Oltmanns, a dû, *comme nous le savons maintenant, être arrivée même au nord de la mer d'Azof* (p. 193). Il est certain, comme le suppose le prof. Airy, que la bataille décrite par Hérodote doit avoir été livrée quelque part en Asie Mineure.

Voilà où en est la question relative à la date de cette éclipse telle qu'elle est déterminée par une haute autorité, d'après les données les plus exactes auxquelles on soit encore arrivé.

Je transcris du prof. Airy un passage

Ce fut après cette paix avec Alyattès, autant que nous pouvons reconnaître la série des événements dans Hérodote, que Kyaxarês rassembla toutes ses forces et mit le siége devant Ninive ; mais il fut obligé d'y renoncer par une irruption inattendue des Scythes. Presque à la même époque, ou un peu avant le temps dans lequel la haute Asie fut désolée par ces formidables nomades, l'Asie Mineure aussi fut envahie par d'autres nomades, — les Cimmériens, — Ardys étant alors roi de Lydia ; et ces deux invasions, répandant également d'extrêmes désastres, nous sont présentées comme étant rattachées indirectement l'une à l'autre sous le rapport des causes et des effets.

Le nom de Cimmériens paraît dans l'Odyssée ; — la fable les représente comme habitant au delà du courant de l'Océan, plongés dans les ténèbres sans être favorisés des rayons de Hèlios. Nous ne pouvons rendre aucun compte de l'existence de ce peuple ; car il a disparu ou a perdu son identité, et est devenu sujet avant le commencement des autorités dignes de foi ; mais il semble avoir été le principal occupant de la Chersonèse Taurique (Crimée) et du territoire situé

---

intéressant, parce qu'il tend à confirmer le fait général avancé par Hérodote, séparément des difficultés rattachées à la date de l'éclipse. Le professeur dit, p. 180 :

« M. Baily en premier lieu fit remarquer que *seulement une éclipse totale* répondrait au récit d'Hérodote — et qu'une éclipse *totale suffirait.* Il vécut assez longtemps pour être témoin de l'éclipse totale de 1842 ; mais il l'observa de la chambre d'une maison où probablement il pouvait difficilement remarquer l'effet général de l'éclipse. J'ai moi-même vu deux éclipses totales (celles de 1842 et de 1851), étant dans les deux occasions en pleine campagne, et je puis attester exactement l'effet soudain et terrible d'une éclipse totale. J'ai vu bien des éclipses partielles considérables, et une seule éclipse annulaire cachée par les nuages ; et je pense qu'un grand nombre d'hommes, appliqués à des manœuvres militaires, auraient à peine remarqué dans ces occasions quelque chose d'inusité. »

Si l'année 585 avant J.-C. est reconnue comme la date réelle de l'éclipse totale dont parle Hérodote, nous serons forcés d'admettre que l'historien s'est trompé en représentant la bataille comme ayant été livrée sous le règne de Kyaxarês, qui, autant que nous pouvons l'établir, mourut en 595 avant J.-C. La bataille doit l'avoir été pendant le règne d'Astyagês, fils de Kyaxarês ; et Cicéron (De Divinat. I, 49) dit clairement que l'éclipse arriva sous le règne d'Astyagês, tandis que Pline (H. N. II, 12) aussi donne comme date de l'éclipse l'Olymp. 48-4, soit 585 avant J.-C.

entre cette péninsule et le fleuve Tyras (Dniester), à l'époque où les Grecs commencèrent pour la première fois leurs établissements permanents sur ces côtes, au septième siècle avant J.-C. Les nombreuses localités qui portaient leur nom, même du temps d'Hérodote (1), après qu'ils avaient cessé d'exister comme nation, aussi bien que les tombes des rois cimmériens montrées alors près du Tyras, — attestent suffisamment ce fait. Il y a lieu de croire que c'était (comme les Scythes leurs vainqueurs et leurs successeurs) un peuple nomade, trayant le lait de jument, se déplaçant avec ses tentes et ses troupeaux, conformément à la nature de ces steppes continues que présentait leur territoire, et qui n'offraient guère que de l'herbe en abondance. Strabon nous dit (2) (nous ignorons sur quelle autorité) que ces Cimmériens, aussi bien que les Trères et autres Thraces, avaient désolé l'Asie Mineure plus d'une fois avant le temps d'Ardys, et même avant Homère.

Les Cimmériens appartiennent ainsi en partie à la légende, en partie à l'histoire; mais les Scythes formèrent pendant plusieurs siècles une section importante du monde grec de cette époque. Leur nom, qui n'est pas mentionné par Homère, se présente pour la première fois dans les poëmes hésiodiques. Quand le Zeus homérique dans l'Iliade détourne ses regards de Troie vers la Thrace, il voit, outre les Thraces et les Mysiens, d'autres tribus dont on ne peut établir les noms, mais que le poëte connaît comme se nourrissant de lait, et trayant le lait de jument (3). Les mêmes attributs caractéristiques, joints à celui « d'avoir des chariots pour demeures », paraissent dans Hésiode rattachés au nom de Scy-

---

(1) Hérodote, IV, 11-12. Hékatée aussi parle d'une ville Κιμμερίς (Strabon, VII, p. 294).

Relativement aux Cimmériens, consulter Ukert, Skythien, p. 360 seq.

(2) Strabon, I, p. 6, 59, 61.

(3) Homère, Iliade, XIII, 4 :

..... Αὐτὸς δὲ πάλιν τρέπεν ὄσσε φαεινὼ

Νόσφιν ἐφ' ἱπποπόλων Θρηκῶν καθο-
[ρώμενος αἶαν
Μυσῶν τ' ἀγχεμάχων, καὶ ἀγαυῶν
['Ἱππημολγῶν,
Γλακτοφάγων, Ἀβίωντε, δικαιοτάτων
[ἀνθρώπων.

Cf. Strabon, XII, p. 553.

thes (1). La navigation des Grecs dans le Pont-Euxin devint par degrés de plus en plus fréquente, et pendant la dernière moitié du septième siècle avant J.-C. ils établirent leurs premières colonies sur ses côtes. La fondation de Byzantion, aussi bien que celle d'Hêrakleia du Pont (à une faible distance à l'est du Bosphore thrace) par les Mégariens, est placée dans la trentième Olympiade, soit 658 avant J.-C. (2). La série de colonies fondées par l'esprit d'entreprise de citoyens milésiens sur la côte occidentale du Pont-Euxin ne semble pas tomber bien longtemps après cette date;—elle s'effectua au moins dans le siècle suivant. Istria, Tyras et Olbia ou Borysthenes furent fondées respectivement près des bouches des trois grands fleuves le Danube, le Dniester et le Bog : Kruni, Odèssos, Tomi, Kallatis et Apollonia furent aussi fondées sur la côte sud-ouest c'est-à-dire la côte de Thrace, — au nord de la dangereuse terre de Salmydessos, théâtre de naufrages si fréquents, — cependant au sud du Danube (3). Suivant le tour de la foi religieuse des Grecs, les colons emportèrent avec eux le culte du héros Achille (dont peut-être l'œkiste et quelques-uns des chefs qui s'expatriaient prétendaient descendre), qu'ils établirent avec une grande solennité tant dans les diverses villes que sur les petites îles adjacentes. La preuve la plus ancienne que nous rencontrions de la Scythie, comme territoire familier aux idées et aux sentiments grecs, se trouve dans un fragment du poëte Alcée (vers 600 av. J.-C.), où il s'adresse à Achille (4) comme

---

(1) Hésiode, Fragm. 63-64, Marktscheffel :

Γλακτοφάγων εἰς αἶαν, ἀπήναις οἶκι' [ἐχόντων...
Αἰθίοπας, Λίγυάς τε, ἰδὲ Σκύθας ἱππη- [μολγούς.

Strabon, VII, p. 300-302.

(2) Raoul Rochette, Histoire des Colonies grecques, t. III, c. 14, p. 297. Les dates de ces colonies grecques près du Danube sont très-vagues et peu dignes de foi.

(3) Skymnus de Chios, v. 730, Frag. 2-25.

(4) Alcée, Fragm. 49, Bergk ; Eustath. ad Dionys. Perieg. 306. Ἀχιλλεῦ, ὁ τᾶς (γᾶς, Schneid.) Σκυθικᾶς μέδεις.

Alkman, un peu plus ancien, faisait mention des Issêdones (Alkm. Fragm. 129, Bergk; Steph. Byz. v. Ἰσσήδονες, — il les appelait Assêdones) et des monts Rhipées (Fragm. 80).

Dans l'ancienne épopée d'Arktinus, Achille après sa mort est transporté

« au souverain de la Scythie. » Il y avait en outre dans la Chersonèse Taurique (Crimée) ou auprès, d'autres fondations milésiennes qui mettaient les Grecs en rapport avec les Scythes, — Hèrakleia Chersonesos et Theodosia, sur la côte méridionale et à l'extrémité sud-ouest de la péninsule, — Pantikapæon et la colonie de Phanagoria venue de Teos (ces deux dernières sur le côté européen et sur le côté asiatique du Bosphore cimmérien respectivement), et Kêpi, Hermônassa, etc., non loin de Phanagoria, sur la côte asiatique du Pont-Euxin. Il y avait même, à l'extrémité du Palus Mæotis (mer d'Azof), la colonie grecque de Tanaïs, qui était la dernière de toutes (1). Toutes ces colonies ou la plupart d'entre elles semblent avoir été fondées dans le cours du sixième siècle avant J.-C., bien qu'on ne puisse donner les dates précises de la plupart; probablement il y en eut plusieurs qui furent antérieures à l'époque du poëte mystique Aristeas de Prokonnêsos, vers 540 avant J.-C. Son long voyage du Palus Mæotis (mer d'Azof) dans l'intérieur de l'Asie jusqu'au pays des Issèdones (décrit dans le poëme, aujourd'hui perdu, appelé les vers Arimaspes), implique des relations habituelles entre les Scythes et les Grecs, qui probablement n'auraient pas pu exister s'il n'y avait pas eu d'établissements grecs sur le Bosphore cimmérien.

Hékatée de Milêtos (2) semble avoir donné beaucoup de

---

vers un élysée dans la λευκὴ νῆσος (V. l'argument de l'Æthiopis dans la collection des poètes épiques grecs de Düntzer, p. 15) ; mais on peut raisonnablement douter que λευκὴ νῆσος dans son poëme soit autre chose qu'une imagination; — cependant elle n'est pas localisée dans la petite île située à la hauteur de l'embouchure du Danube.

Pour les anciennes allusions au Pont-Euxin et à ses habitants voisins, que l'on trouve dans les poètes grecs, V. Ukert, Skythien, p. 15-18, 78 ; bien qu'il place les colonies ioniennes dans le Pont presque un siècle trop tôt, à mon avis.

(1) Cf. la description que fait le Dr Clarke du commerce actuel entre Taganrog (non loin de l'ancienne colonie grecque de Tanaïs) et l'Archipel ; outre une exportation de poisson salé, de blé, de cuir, etc., en échange de vins, de fruits, etc., c'est le grand dépôt des productions sibériennes ; d'Orenbourg elle reçoit du suif, des fourrures, du fer, etc.; ce commerce est sans doute aussi ancien qu'Hérodote. (Clarke's Travels in Russia, c. XV, p. 330).

(2) Hekatæi Fragmenta, Fragm. 153, 168, éd. Klausen. Hékatée mentionnait les Issèdones (Fragm. 168 ; Steph. Byz. v. Ἰσσηδόνες) ; lui et Danestès semblent

renseignements géographiques relativement aux tribus scythes. Mais Hérodote, qui visita personnellement la ville d'Olbia, ainsi que les régions intérieures adjacentes et probablement d'autres colonies grecques dans le Pont-Euxin (à une époque qui, comme nous pouvons le supposer, fut vers 450-440 av. J.-C.) — et qui conversa tant avec des Scythes qu'avec des Grecs en mesure de le renseigner, — nous a laissé des détails bien précieux relativement à la nation scythe, à sa domination, à ses mœurs, telles qu'elles étaient de son temps. Sa conception des Scythes, aussi bien que celle d'Hippokratês, est précise et bien définie, — très-différente des auteurs plus modernes qui emploient le mot presque indistinctement pour désigner tous les nomades barbares. — Son territoire, appelé Scythie, est une surface carrée de vingt jours de marche ou de 4,000 stades (un peu moins de 500 milles anglais 804^k 500^m) dans chaque direction, — borné par le Danube (fleuve qu'il se représente comme coulant du N.-O. au S.-E.), le Pont-Euxin et le Palus Mæotis avec le fleuve Tanaïs, sur trois côtés respectivement — et sur le quatrième côté, ou côté septentrional, par les nations appelées Agathyrsi, Neuri, Androphagi et Melanchlæni (1). Quelque imparfaite que l'on puisse trouver l'idée

---

tous deux avoir été familiers avec le poëme d'Aristeas; V. Klausen *ad loc.*; Steph. Byz. v. Ὑπερβόρεοι. Cf. aussi Æschyle, Prometh. 409, 710, 805.

Hellanicus aussi semble avoir parlé de la Scythie d'une manière conforme à Hérodote en général (Strabon, XII, p. 550). Le dédain avec lequel Strabon traite l'important chapitre d'Hérodote sur les Scythes fait peu honneur à son discernement : — Ἅπερ Ἑλλάνικος καὶ Ἡρόδοτος καὶ Εὔδοξος κατεφλυάρησαν ἡμῶν (*ib.*).

(1) Hérodote, IV, 100-101. V. relativement à la Scythie d'Hérodote, l'excellente dissertation de Niebuhr, comprise dans ses Kleine Historische Schriften « Ueber die Geschichte der Skythen, Geten und Sarmaten, » p. 360, aussi instructive sous le rapport de la géographie que sous celui de l'histoire. Et les deux chapitres dans la Mythische Geographie de Voelcker, c. 7-8, sect. 23-26, relatifs aux conceptions géographiques présentes à Hérodote lorsqu'il décrivait la Scythie.

Il y a toutefois dans la géographie qu'il donne de ce pays beaucoup de choses qu'aucun commentaire ne peut nous mettre en état de comprendre. Si on le compare avec ses prédécesseurs, ses conceptions géographiques prouvent un grand progrès; mais nous aurons occasion, dans le cours de cette histoire, de signaler des exemples mémorables de méprises extrêmes par rapport à la distance et à la situation de ces contrées éloignées, erreurs qui

qu'il a de ce territoire, si nous le comparons avec une bonne carte moderne, les limites qu'il nous donne sont incontestables : depuis le bas Danube et les montagnes à l'est de la Transylvanie, jusqu'au bas Tanaïs, tout ce territoire était ou occupé par les Scythes ou soumis à eux. Et ce nom comprenait des tribus différant essentiellement sous le rapport des mœurs et de la civilisation. La grande masse du peuple qui le portait était rigoureusement nomade dans ses habitudes ; — ils ne semaient ni ne plantaient, mais ils vivaient seulement de la nourriture tirée d'animaux, particulièrement de lait de jument et de fromage ; ils allaient de place en place, transportant leurs familles dans des chariots couverts d'osier et de cuir, étant eux-mêmes toujours à cheval avec leurs troupeaux de petit et de grand bétail, entre le Borysthenès et le Palus Mæotis. C'était à peine s'ils atteignaient à l'ouest le Borysthenès, puisqu'une rivière (dont il n'est pas facile d'établir l'identité) qu'Hérodote appelle Pantikapês, coulant de l'est dans le Borysthenès, formait leur frontière. Ces nomades étaient les véritables Scythes, possédant les attributs marqués de la race, et comprenant dans leur nombre les Scythes royaux (1), hordes plus populeuses et plus puis-

---

lui sont communes non-seulement avec ses contemporains, mais encore avec ses successeurs.

(1) Hérodote, IV, 17-21, 46-56 ; Hippokratês, De Aëre, Locis et Aquis, c. 6. Eschyle, Prometh. 709 ; Justin, II, 2.

Il est inutile de multiplier des citations relativement à la vie nomade, la même dans de si grandes différences et de temps et de latitude — la même chez l' « Armentarius Afer » de Virgile (Georg. III, 343), chez les « Campestres Scythæ » d'Horace (Ode III, 24, 12) et chez les Tartares d'aujourd'hui. V. D' Clarke Travels in Russia, c. 14, p. 310.

Le quatrième livre d'Hérodote, les Tristia et les Epistolæ ex Ponto d'Ovide, le Toxaris de Lucien (V. c. 36, vol. I, p. 544, Hemst.), et l'Inscription d'Olbia (n° 2058 dans la collection de Boeckh), présentent un tableau véritable des mœurs scythes telles que les voyait ceux qui les observaient de près et ceux qui résidaient dans le pays, — tableau très-différent des aimables imaginations des poëtes éloignés relativement à l'innocence de la vie pastorale. Les flèches empoisonnées dont Ovide se plaint, chez les Sarmates que chez les Gètes (Trist. III, 10, 60, entre autres passages, et Lucain, III, 270), ne sont pas mentionnées par Hérodote chez les Scythes.

On a souvent parlé de la Horde d'Or dominant chez les Tartares, du temps de Zinghiz Khan. Parmi les différentes tribus arabes aujourd'hui en Algérie, quelques-unes sont nobles,

santes à la guerre que le reste, au point de conserver son ascendant incontesté et de ne pas faire plus cas des autres Scythes que de leurs esclaves. C'est à ceux-ci qu'appartenaient les rois scythes, qui maintenaient l'unité religieuse et politique du nom, — chaque horde ayant son chef séparé et dans une certaine mesure un culte et des usages séparés. — Mais, outre ces nomades, il y avait aussi des Scythes agriculteurs, avec des demeures fixes, vivant plus ou moins de pain et faisant venir du blé pour l'exportation, le long des rives du Borysthenês et de l'Hypanis (1). Et telle avait été l'influence de la colonie grecque d'Olbia, à l'embouchure de ce dernier fleuve, en créant de nouveaux goûts et de nouvelles habitudes, que deux tribus sur la rive occidentale, les Kallipidæ et les Alazônes, avaient fini par s'accoutumer complétement tant au labourage qu'à la nourriture végétale, et s'étaient, sous d'autres rapports, tellement éloignés de leur rudesse scythe, qu'on les appelait Scythes-Helléniques, un grand nombre de Grecs étant vraisemblablement domiciliés parmi eux. Au nord des Alazônes étaient ceux qu'on nommait les Scythes agriculteurs, qui semaient du blé non pour s'en nourrir, mais pour le vendre (2).

---

d'autres réduites à l'esclavage : ces dernières par habitude et par héritage, servant les premières, les suivant partout où il leur est ordonné d'aller (Tableau de la situation des établissements français en Algérie, p. 393, Paris, Mar. 1846).

(1) Ephore plaçait les Karpidæ immédiatement au nord du Danube (Fragm. 78, Marx; Skym. de Chios, 102). Je suis d'avis avec Niebuhr que c'est là probablement une reproduction inexacte des Kallipidæ d'Hérodote, bien que Boeckh soit d'une opinion différente (Introduct. ad Inscript. Sarmatic. Corpus Inscript. part. 11, p. 81). Les renseignements vagues et chimériques d'Ephore, autant que nous les connaissons par les fragments, contrastent d'une manière défavorable avec la précision relative d'Hérodote. Ce dernier sépare expressément les Androphagi des Scythes —ἔθνος ἐὸν ἴδιον καὶ οὐδαμῶς Σκυθικόν, (IV, 18), tandis que quand nous comparons Strabon, VII, p. 302 et Skym. de Chios 105-115, nous voyons qu'Ephore parlait des Androphagi comme d'une variété de Scythes — ἔθνος ἀνδροφάγων Σκυθῶν.

La précieuse inscription d'Olbia (n° 2058 Boeckh) reconnaît Μιξέλληνες près de cette ville.

(2) Hérodote, IV, 17. Nous pouvons expliquer cette assertion d'Hérodote par un extrait du journal de Heber cité dans les « Dr Clarke's Travels, c. 15, p. 337 » : — « Les Tartares Nagay commencent à l'ouest de Marinopol; ils cultivent une grande quantité de blé; cependant ils n'aiment pas le pain comme article de nourriture. »

Ces cultivateurs à demeure fixe étaient sans doute regardés par la masse prédominante des Scythes comme des frères dégénérés. Quelques historiens mêmes soutiennent qu'ils appartenaient à une race étrangère, étant vis-à-vis des Scythes simplement dans le rapport de sujets (1), — hypothèse contredite implicitement, sinon directement, par les mots d'Hérodote, et nullement nécessaire dans le cas présent. — Ce n'est pas d'eux toutefois qu'Hérodote tire son tableau animé du peuple, avec ses rites inhumains et ses traits personnels repoussants. Ce sont les Scythes purement nomades qu'il dépeint, les plus anciens spécimens de la race mongole (ce qui semble probable) (2) que connaisse l'histoire

---

(1) Niebuhr (Dissert. *ut sup.* p. 360), Boeckh (Introd. Inscript. *ut sup.* p. 110) et Ritter (Vorhalle der Geschichte, p. 316) avancent cette opinion. Mais nous ne devons pas, dans cette occasion, nous éloigner de l'autorité d'Hérodote, dont les renseignements relatifs au peuple de la Scythie, recueillis par lui-même sur les lieux, sont une des parties les plus instructives et les plus précieuses de tout son ouvrage. Il met beaucoup de soin à distinguer ce qui est scythe de ce qui ne l'est pas. Ces tribus, que Niebuhr (contrairement au sentiment d'Hérodote) *ne* croit *pas* scythes, étaient les tribus les plus rapprochées et les mieux connues de lui ; probablement il les avait visitées, puisque nous savons qu'il remonta le fleuve Hypanis (Bog) aussi haut que l'Exampæos, à quatre jours de marche de la mer (IV, 52-81).

Ce fait, que quelques parties du même ἔθνος fussent ἀροτῆρες, et d'autres parties νομάδες, est loin d'être sans pendant ; tel était le cas chez les Perses, par exemple (Hérodote, I, 126), et chez les Ibériens entre le Pont-Euxin et la mer Caspienne (Strabon, XI, p. 500).

Les Grecs du Pont confondaient Agathyrsos, Gelônos et Scythês dans la même généalogie, comme étant trois frères, fils d'Hêraklês et de la μιξοπάρθενος Ἔχιδνα de l'Hylæa (IV, 7-10). Hérodote est plus précis ; il distingue et les Agathyrsi et les Gelôni d'avec les Scythes.

(2) Niebuhr et Boeckh regardent les anciens Scythes comme étant de race mongole (Niebuhr, dans la Dissertation mentionnée plus haut, Untersuchungen ueber die Geschichte der Skythen, Geten und Sarmaten, dans les Kleine Historische Schriften, p. 362 ; Boeckh, Corpus Inscript. Græcarum, Introductio ad Inscript. Sarmatic. part. XI, p. 81). Paul-Joseph Schafarik, dans son examen approfondi de l'ethnographie des anciens peuples représentés comme habitant le nord de l'Europe et de l'Asie, arrive au même résultat (Slavische Alterthümer, Prag. 1843, vol. I, XIII, 6, p. 279).

Une explication frappante de cette analogie de race est signalée par Alexander von Humboldt, quand il parle du lieu de sépulture et des obsèques funèbres du Tartare Tchinghiz Khan :

« Les cruautés lors de la pompe funèbre des grands khans ressemblent entièrement à celles que nous trouvons décrites par Hérodote (IV, 71) environ 1700 ans avant la mort de Tchinghiz, et 65° de longitude plus à l'ouest, chez les Scythes de Gerrhus et du Bo-

et les prototypes des Huns et des Bulgares des siècles plus récents. Le Glaive, dans le sens littéral du mot, était leur principal dieu (1), — un cimeterre de fer solennellement élevé sur une large et haute plate-forme, supportée par des masses de fagots entassés en dessous, — auquel on offrait en sacrifice des moutons, des chevaux et une partie des prisonniers faits à la guerre. Hérodote regarde ce glaive comme l'image du dieu Arês, donnant ainsi une interprétation hellénique à ce qu'il décrit littéralement comme un rite barbare. Le péricrâne et la peau d'ennemis tués, et quelquefois

---

rysthène » (Humboldt, Asie centrale, vol. I, p. 244).

Néanmoins M. de Humboldt ne partage pas l'opinion de Niebuhr et de Boeckh, et il considère les Scythes d'Hérodote comme étant de race indo-germanique, et non de race mongole : Klaproth semble adopter la même idée (V. Humboldt, Asie centrale, vol. I, p. 401, et son important ouvrage, Kosmos, p. 491, note 383. Il admet comme un fait certain (je ne vois pas clairement sur quelle preuve) qu'aucune tribu de race turque ou mongole n'émigra à l'ouest hors de l'Asie centrale qu'extrêmement longtemps après l'époque d'Hérodote. Prouver une telle négative me semble impossible ; et les marques d'analogie ethnographique, aussi loin que va leur force probante, sont incontestablement en faveur de l'opinion de Niebuhr. Ukert aussi (Skythien, p. 266-280) discute l'opinion de Niebuhr.

En même temps on doit accorder que ces marques ne sont pas très-concluantes, et que beaucoup de hordes nomades, que personne ne rapporterait à la même race, ont pu cependant présenter une analogie de mœurs et de caractère égale à celle qui existe entre les Scythes et les Mongols.

Le principe d'après lequel la famille indo-européenne dans la race humaine est déterminée et séparée, me semble inapplicable à un cas particulier où la *langue* du peuple nous est inconnue.

Les nations constituant cette famille n'ont pas d'autre point d'affinité, si ce n'est dans les racines et la structure de leur langue ; sur tout autre point il y a la plus grande différence. Pour être en état d'affirmer que les Massagètes, ou les Scythes, ou les Alains appartenaient à la famille indo-européenne, il serait nécessaire que nous connussions quelque chose de leur langue. Mais on peut dire que la langue scythe est complètement inconnue, et le très-petit nombre de mots que nous pouvons connaître ne tendent pas à soutenir l'hypothèse indo-européenne.

(1) V. l'histoire de la découverte accidentelle de cette épée scythe qui avait été perdue, faite par Attila le chef des Huns (Priscus ap. Jornandem de Rebus Geticis, c. 35, et dans Eclog. Legation. p. 50).

Lucien dans le Toxaris (c. 38, vol. II, p. 546, Hemst.), mentionne le culte de l'Akinakês ou Cimeterre par les Scythes en termes littéraux, sans que l'idée du dieu Arês soit interposée. Cf. Clem. Alexand. Protrept. p. 25, Syl. Ammien Marcellin, en parlant des Alains (XXXI, 2), aussi bien que Pomponius Mela (II, 1) et Solin (c. 20), copient Hérodote. Ammien est plus littéral dans sa description du culte de l'épée chez les Sarmates (XVII, 12) : « Eductisque mucronibus, quos pro numinibus colunt, » etc.

le crâne transformé en coupe, constituaient l'ornement d'un guerrier scythe. Quiconque n'avait pas tué un ennemi n'était pas admis à participer au festin annuel et au bol de vin préparé par le chef de chaque horde séparée. Les cérémonies qui étaient accomplies pendant la maladie et les obsèques funèbres des rois scythes (que l'on enterrait à Gerrhi au point extrême auquel s'étendait la navigation du Borysthenês) participaient de la même disposition sanguinaire. C'était l'usage chez les Scythes de crever les yeux de tous leurs esclaves. La forme disgracieuse du Scythe, souvent surchargée de graisse, jointe à une extrême saleté de corps, et l'absence de tout trait distinctif entre un homme et un autre homme complètent ce portrait de brute (1). Du lait de jument (avec du fromage fait de ce lait) semble avoir été leur principal luxe, et probablement servait à fournir la liqueur enivrante appelée *koumiss*, comme aujourd'hui chez les Bashkirs et les Kalmouks (2).

Si les habitudes des Scythes étaient telles qu'elles ne faisaient naître, dans l'observateur qui les voyait de près, qu'un seul sentiment, celui de la répugnance, leur force du moins inspirait la terreur. Ils paraissaient aux yeux de Thucydide si nombreux et si formidables qu'il déclare qu'aucune nation de celles qu'il connaît ne pourrait leur résister, s'ils pouvaient seulement s'unir. Hérodote aussi avait la même idée d'une race dans laquelle tout homme était un guerrier et un archer à cheval exercé, et qui, par ce genre de vie, était placé hors de toute atteinte de l'attaque d'un ennemi (3). De plus, Hérodote ne parle pas avec mépris

---

(1) Hérodote, IV, 3-62, 71-75; Sophocle, Œnomaüs — ap. Athenæ. IX, p. 410; Hippokratês, De Aëre, Locis et Aquis, c. 6, sect. 91-99, etc.

Il est rare que nous ayons, par rapport au genre de vie d'une ancienne population, deux témoins aussi excellents qu'Hérodote et Hippokratês au sujet des Scythes.

Hippokratês était accoutumé à voir la forme nue dans sa plus grande perfection aux jeux grecs; c'est ce qui l'amène peut-être à insister plus fortement sur les défauts corporels des Scythes.

(2) V. Pallas, Reise durch Russland, et Dr Clarke's Travels in Russia, c. 12, p. 238.

(3) Thucyd. II, 95; Hérodote, II. 46-47; l'idée qu'il a du formidable

de leur intelligence, qu'il oppose en termes favorables à la stupidité générale des autres nations touchant au Pont-Euxin. Sous ce rapport, Thucydide semble différer de lui.

A l'est, les Scythes du temps d'Hérodote n'étaient séparés que par le fleuve Tanaïs des Sarmates, qui occupaient le territoire de plusieurs jours de marche, au nord-est du Palus Mæôtis : au sud, ils l'étaient par le Danube de la section des Thraces appelés Getæ. Ces deux nations étaient nomades, analogues aux Scythes en habitudes, en puissance militaire et en férocité. En effet, Hérodote et Hippokratês font entendre distinctement que les Sarmates n'étaient pas autre chose qu'une branche des Scythes (1), parlant un dialecte

---

pouvoir des Scythes semble aussi impliquée dans son expression (c. 81), καὶ ὀλίγους, ὡς Σκύθας εἶναι.

Hérodote, cependant, tient le même langage au sujet des Thraces que Thucydide au sujet des Scythes : — on ne pourrait leur résister, s'ils pouvaient seulement agir de concert (V, 3).

(1) Le témoignage d'Hérodote sur ce point (IV, 110-117) semble clair et positif, spécialement quant au langage. Hippokratês aussi appelle les Sauromatæ ἔθνος Σκυθικόν (De Aëre, Locis et Aquis, c. 6, sect. 89, Petersen).

Je ne puis croire qu'il y ait de raison suffisante à l'appui de la distinction ethnique marquée que quelques auteurs (contrairement à Hérodote) établissent entre les Scythes et les Sarmates. Boeckh considère ces derniers comme étant d'origine médique ou persique, mais aussi comme les ancêtres de la famille slave moderne : « Sarmatæ, Slavorum haud dubie parentes » (Introduct. ad Inscrip. Sarmatic. Corp. Inscr. part. XI, p. 83). Un grand nombre d'autres auteurs ont partagé cette opinion, qui identifie les Sarmates avec les Slaves ; mais Paul-Joseph Schafarik (Slavische Alterthümer, vol. I, c. 16) a donné contre elle des raisons puissantes.

Néanmoins Schafarik admet les Sarmates comme étant d'origine médique, et radicalement distincts des Scythes. Mais les passages cités à l'appui de ce point et empruntés de Diodore (II, 43), de Mela (I, 19) et de Pline (H. N. VI, 7) me paraissent avoir une autorité bien moins grande que l'assertion d'Hérodote. Dans aucun de ces auteurs il n'y a trace de recherches faites dans le lieu même ou à côté auprès de voisins ou de gens propres à donner de bons renseignements, tels que nous en trouvons dans Hérodote. Et le chapitre de Diodore, sur lequel et Boeckh et Schafarik s'appuient spécialement, est l'un des moins dignes de foi dans tout le livre. Croire à l'existence des rois scythes qui régnaient sur toute l'Asie depuis l'océan oriental jusqu'à la mer Caspienne et envoyaient au dehors des colonies considérables de Mèdes et d'Assyriens, cela est assurément impossible ; et Wesseling dit avec beaucoup de vérité : « Verum hæc dubia admodum atque incerta. » Il est remarquable de voir Boeckh considérer ce passage comme concluant contre Hérodote et Hippokratês. M. Boeckh a aussi donné une analyse détaillée des noms trouvés dans les inscriptions grecques de localités scythiques, sarmatiques et mæotiques (Introd. ad Inscript. Sarmatic.), et il s'efforce d'établir une analogie

scythe, et distingués de leurs voisins de l'autre côté du Tanaïs surtout par cette particularité — que les femmes chez eux n'étaient guère moins audacieuses et moins exercées à la guerre que les hommes. Cet attribut des femmes sarmates, comme fait réel, est bien attesté, bien qu'Hérodote lui ait donné un air suspect qui ne lui appartient pas proprement par son mythe généalogique explicatif, en faisant sortir les Scythes d'une race mélangée de Scythes et d'Amazones.

La vaste étendue de steppes à l'est et au nord-est du Tanaïs, entre les monts Ourals et la mer Caspienne, et au delà des possessions des Sarmates, était traversée par des marchands grecs, même jusqu'à une bonne distance dans la direction des monts Altaï, — les riches produits de l'or, et dans l'Altaï et dans l'Oural, étant le grand attrait. D'abord (selon Hérodote) venait la nation nomade indigène appelée Budini, qui habitait au nord des Sarmates (1), et chez eux

---

entre les deux dernières classes et les noms médiques. Mais l'analogie est vraie précisément tout autant quant aux noms scythiques.

(1) La localité qu'Hérodote assigne aux Budini crée une difficulté. Suivant sa propre assertion, il semblerait qu'ils devaient être près des Neuri (IV, 105), et c'est ainsi en effet que Ptolémée les place (V, 9) tout près de la Volhynie et des sources du Dniester.

Mannert (Geographie der Griech. und Roemer, Der Norden der Erde, v. IV, p. 138) croit que les Budini sont une tribu teutonique ; mais Paul-Joseph Schafarik (Slavische Alterthümer, I, 10, p. 185-195) a présenté des raisons plus plausibles qui font croire qu'eux et les Neuri sont de famille slave. Il semble que les noms Budini et Neuri peuvent être rapportés à des racines slaves ; que la ville de bois décrite par Hérodote au milieu des Budini est le pendant exact des villes slaves primitives, même jusqu'au douzième siècle, et que la description du pays à l'entour, avec ses bois et ses marais contenant des castors, des loutres, etc., s'accorde mieux avec la Pologne et la Russie méridionales qu'avec le voisinage des monts Ourals. On ne peut tirer aucune conclusion certaine de la couleur attribuée aux Budini : γλαυκόν τε πᾶν ἰσχυρῶς ἐστι καὶ πυρρόν (IV, 108) Mannert l'explique en faveur de la famille teutonique, Schafarik en faveur de la famille slave ; et il est à remarquer qu'Hippokratês parle des Scythes en général comme étant extrêmement πυρροί (De Aëre, Locis et Aquis, c. VI ; cf. Aristote, Problem. XXXVIII, 2).

Ces raisonnements sont plausibles. cependant nous ne pouvons guère nous permettre de changer la position des Budini telle qu'Hérodote la décrit, à l'est du Tanaïs. Car il dit de la manière la plus explicite que la route jusqu'aux Argippæi *est entièrement connue*, qu'elle est traversée à la fois par des marchands scythes et par des marchands grecs, et que toutes les nations sur le chemin qui mène à ce point sont connues (IV, 24) : Μέχρι μὲν τούτων πολλὴ περιφάνεια τῆς χώρης ἐστὶ καὶ

était établie une colonie de Grecs du Pont, mêlés avec des indigènes et appelée Gelôni : ces derniers habitaient une ville spacieuse, construite entièrement de bois. Au delà des Budini, à l'est, habitaient les Thyssagetæ et les Jurkæ, tribus de chasseurs, et même un corps de Scythes qui avaient émigré des territoires des Scythes Royaux. Les Issedônes étaient le peuple le plus oriental sur lequel quelque renseignement déterminé fût parvenu aux Grecs; au delà d'eux nous ne trouvons rien que de fabuleux (1), — les Arimaspes, qui n'avaient qu'un œil, les Grypes ou Griffons, qui gardaient l'or, et les Argippæi à la tête chauve. Il est impossible de fixer avec précision la géographie de ces différentes tribus, ou de faire autre chose que de comprendre approximativement leur situation locale et leurs relations mutuelles.

Mais ce qui est le mieux connu, c'est la situation des Tauri (peut-être un reste des Cimmériens expulsés), qui habitaient la partie méridionale de la Chersonèse Taurique (ou Crimée) et qui offraient des sacrifices humains à leur déesse vierge indigène,— identifiée par les Grecs avec Artemis, et servant de base à la légende touchante d'Iphigeneia. Hérodote distingue les Tauri des Scythes (2); mais leurs

---

τῶν ἔμπροσθεν ἐθνέων · καὶ γὰρ Σκυθέων τινες, ἀπικνέονται ἐς αὐτοὺς τῶν οὐ χαλεπόν ἐστι πυθέσθαι, καὶ Ἑλλήνων τῶν ἐκ Βορυσθένεός τε ἐμπορίου καὶ τῶν ἄλλων Ποντικῶν ἐμπορίων. Ces marchands grecs et scythes, en se rendant des ports du Pont-Euxin dans l'intérieur, employaient sept langues différentes et autant d'interprètes.

Voelcker pense qu'Hérodote, ou ceux qui l'instruisaient, confondait le Don avec le Volga (Mythische Geographie, sect. 24, p. 190), en supposant que les parties supérieures de ce dernier fleuve appartenaient au premier ; méprise assez naturelle, puisque les deux fleuves s'approchent assez près l'un de l'autre à un point particulier, et que les parties basses du Volga, ainsi que le côté septentrional de la mer Caspienne, où est située son embouchure, semblent avoir été peu visitées et avoir été presque inconnues dans l'antiquité. Il ne peut y avoir de preuve plus frappante de l'ignorance où l'on était par rapport à ces régions, que la persuasion, si générale dans l'antiquité, que la mer Caspienne était un golfe de l'Océan, persuasion qu'Hérodote, Aristote et Ptolémée sont peut-être les seuls à ne pas partager. Alexander von Humboldt a quelques excellentes remarques sur l'espace indiqué par Hérodote depuis le Tanaïs ju qu'aux Argippæi (Asie centrale, vol. I, p. 390-400).

(1) Hérodote, IV, 80.
(2) Hérodote, IV, 99-101. Denys le Périégète semble identifier les Cimmé-

mœurs et leur état de civilisation semblent avoir été très-analogues. Il paraît aussi que les puissants et nombreux Massagetæ, qui habitaient en Asie dans les plaines à l'est de la Caspienne et au sud des Issèdones, étaient si semblables aux Scythes qu'un grand nombre des contemporains d'Hérodote les regardaient comme des membres de la même race (1).

Cette brève énumération des diverses tribus voisines du Pont-Euxin et de la mer Caspienne, aussi bien que nous pouvons les reconnaître depuis le septième jusqu'au cinquième siècle avant J.-C., est nécessaire pour l'intelligence de cette double invasion de Scythes et de Cimmériens qui ravagèrent l'Asie entre 630 et 610 avant J.-C. Nous ne devons attendre d'Hérodote, né un siècle et demi plus tard, aucune explication bien claire de cet événement, et tous ceux qui le renseignèrent n'étaient pas non plus unanimes sur les causes qui en amenèrent l'accomplissement. Mais c'est un fait entièrement du domaine de l'analogie historique, que des agrégations accidentelles de nombre, le développement d'un esprit agressif ou un manque de moyens de subsistance chez les tribus nomades des plaines de l'Asie aient déterminé des invasions calamiteuses dans les nations civilisées de l'Europe méridionale, invasions dont le premier mobile était éloigné et inconnu. Souvent une tribu plus faible, fuyant devant une plus forte, a été de cette manière précipitée sur le territoire d'une population plus riche et moins guerrière, de sorte qu'une impulsion ayant son origine dans les plaines éloignées de la Tartarie centrale, s'est propagée jusqu'à ce qu'elle atteignît l'extrémité méridionale de l'Europe, par une série de tribus intermédiaires,— phénomène qui se présente particulièrement pendant le quatrième et le cinquième siècle de l'ère chrétienne, dans les années de

---

riens avec les Tauri (v. 168; cf. v. 680, où les Cimmériens sont placés sur le côté asiatique du Bosphore cimmérien, dans le voisinage des Sindi).

(1) Hérodote, I, 202. Strabon compare les incursions des Sakæ, nom qui était appliqué aux Perses par les Scythes, à celles des Cimmériens et des Trères (XI, p. 511-512).

décadence de l'empire romain. C'est, dit-on, un mouvement ainsi transmis d'une tribu à l'autre qui jeta les Cimmériens et les Scythes sur les parties plus méridionales de l'Asie. Le plus ancien récit qui explique cet incident semble avoir été contenu dans le poëme épique (aujourd'hui perdu) appelé *Arismaspia*, du mystique Aristeas de Prokonnêsos, composé apparemment vers 540 avant J.-C. Ce poëte, inspiré d'Apollon (1), entreprit un pèlerinage pour visiter les Hyperboréens sacrés (adorateurs spéciaux de ce dieu) dans leur élysée, situé au delà des monts Rhipées; mais il n'alla pas plus loin que les Issèdones. Selon lui, le mouvement qui avait chassé les Cimmériens de leurs possessions sur le Pont-Euxin commença chez les Grypes ou Griffons à l'extrême nord, — le caractère sacré des Hyperboréens placés au delà étant incompatible avec l'agression ou l'effusion du sang. Les Grypes envahirent les Arimaspes, qui, à leur tour, assaillirent leurs voisins les Issèdones (2). Ces derniers allèrent au sud ou à l'ouest et forcèrent les Scythes à franchir le Tanaïs; tandis que les Scythes, poussés en avant par ce choc, chassèrent les Cimmériens de leurs territoires, situés le long du Palus Mæôtis et de l'Euxin.

Nous voyons ainsi qu'Aristeas rapportait l'attaque des Scythes contre les Cimmériens à une impulsion éloignée venant dans le principe des Grypes ou Griffons. Mais Hérodote l'avait entendu expliquer d'une autre manière qu'il semble juger plus exacte. — Les Scythes, occupant dans l'origine l'Asie ou les régions à l'est de la mer Caspienne, avaient été forcés de franchir l'Araxês, par suite d'une guerre malheureuse avec les Massagetæ, et précipités sur les Cimmériens en Europe (3).

Quand l'armée des Scythes approcha, les Cimmériens n'étaient pas d'accord entre eux sur la question de savoir s'ils devaient résister ou se retirer. La majorité du peuple

---

(1) Hérodote, IV, 13. Φοιβόλαμπτος γενομένος.
(2) Hérodote, IV, 13.
(3) Hérodote, IV, 11. Ἔστι δὲ καὶ ἄλλος λόγος, ἔχων ὧδε, τῷ μάλιστα λεγομένῳ αὐτὸς πρόσκειμαι.

était effrayée et désirait évacuer le territoire; tandis que les rois des différentes tribus résolurent de combattre et de périr dans leur patrie. Ceux qui étaient animés de ce farouche désespoir se divisèrent avec les rois en deux corps égaux, et périrent par les mains les uns des autres près de la rivière Tyras, où l'on montrait encore, du temps d'Hérodote, les tombeaux des rois (1).

La masse des Cimmériens s'enfuit et abandonna son pays aux Scythes. Ceux-ci, cependant, ne se contentant pas de posséder la contrée, suivirent les fugitifs en traversant le Bosphore cimmérien de l'ouest à l'est, sous le commandement de leur prince Madyès, fils de Protothyès. Les Cimmériens, côtoyant l'est du Pont-Euxin et passant à l'ouest du mont Caucase, se frayèrent d'abord une route vers la Kolchis et ensuite vers l'Asie Mineure, où ils s'établirent dans la péninsule sur la côte septentrionale, près de l'endroit où fut placée plus tard la ville grecque de Sinôpê. Mais les Scythes qui les poursuivaient, se trompant sur la direction prise par les fugitifs, suivirent la route plus détournée à l'est du mont Caucase près de la mer Caspienne (2), ce qui les mena, non pas en Asie Mineure, mais en Médie. L'Asie Mineure et la Médie devinrent ainsi exposées presque à la même époque aux ravages des nomades septentrionaux.

Ces deux récits, représentant l'opinion d'Hérodote et celle d'Aristeas, donnent lieu de supposer que les Scythes étaient des immigrants relativement modernes dans le territoire situé entre l'Ister et le Palus Mæôtis. Mais les légendes des Scythes eux-mêmes, aussi bien que celles des Grecs du Pont, impliquent le contraire de cette supposition, et représentent les Scythes comme des habitants primitifs et indigènes de la contrée. Ces deux légendes sont composées de manière à expliquer une triple division, qui probablement peut avoir prévalu, d'une nationalité collective de Scythes remontant à trois frères héroïques : elles s'accordent aussi toutes deux à donner la prédominance au plus jeune des trois frères (3),

---

(1) Hérodote, IV, 11.
(2) Hérodote, IV, 1-12.

(3) Hérodote, IV, 5-9. De nos jours, les trois grandes tribus des Turcomans

bien que, sous d'autres rapports, les noms et les incidents des deux légendes soient complétement différents. Les Scythes s'appelaient Skoloti.

Ces différences considérables, dans les divers récits faits à Hérodote des invasions des Scythes et des Cimmériens en Asie, ne sont nullement surprenantes, si l'on songe que presque deux siècles s'étaient écoulés entre cet événement et sa visite au Pont. Que les Cimmériens (peut-être la portion la plus septentrionale du grand nom Thrace et limitrophe des Getæ sur le Danube) occupassent antérieurement une grande partie du territoire entre l'Ister et le Palus Mæôtis, et qu'ils aient été chassés par les Scythes au septième siècle avant J.-C., nous pouvons sur ces points adopter l'opinion d'Hérodote. Mais Niebuhr a démontré qu'il y a une grande improbabilité intrinsèque dans le récit qu'il fait de la marche des Cimmériens en Asie Mineure et dans la poursuite de ces fugitifs par les Scythes. Il n'est guère supposable que ces derniers les aient poursuivis, quand un territoire étendu leur était abandonné sans résistance : il est encore plus difficile de croire qu'ils les aient poursuivis et se soient trompés sur le chemin qu'ils avaient pris; nous ne pouvons pas non plus oublier les grandes difficultés de la route et des défilés du Caucase, dans la marche attribuée aux Cimmériens (1). Niebuhr suppose que ces derniers sont entrés dans

---

nomades, sur la frontière nord-est de la Perse près de l'Oxus, — la tribu Yamud, la tribu Gokla et la tribu Tuka,— assurent avoir une généalogie légendaire dérivant de trois frères (Frazer, Narrative of á Journey in Khorasan, p. 258).

(1) Lire la description de la peine qu'eut Mithridate Eupator à se sauver avec une simple poignée d'hommes du Pont au Bosphore par cette route, entre l'arête occidentale du Caucase et le Pont-Euxin (Strabon, XI, p. 495-496) — ἡ τῶν Ἀχαιῶν καὶ Ζυγῶν καὶ Ἡνιόχων παραλία — toutes tribus barbares et adonnées à la piraterie —

τῇ παραλίᾳ χαλεπῶς ᾔει, τὰ πολλὰ ἐμβαίνων ἐπὶ τὴν θάλασσαν. Cf. Plutarque, Pompée, c. 34. Pompée regardait la route comme peu propre pour sa marche.

Pour supposer que les tribus cimmériennes avec leurs chariots passèrent le long d'un tel chemin, il faudrait une forte preuve positive. Selon Ptolémée, cependant, il y avait deux défilés sur la chaîne du Caucase : — les portes Caucasiennes ou Albaniennes, près de Derbend et de la Caspienne, et les portes Sarmates, beaucoup plus à l'ouest (Ptolémée, Geog. V, 9; Forbiger, Handbuch der Alten Geographie, vol. II, sect. 56, p. 55). Il n'est pas

l'Asie Mineure par le côté occidental du Pont-Euxin et en traversant le Bosphore de Thrace, après avoir été défaits par les Scythes dans une bataille décisive près de la rivière Tyras, où leurs derniers rois tombèrent et furent enterrés (1). Bien que ceci soit à la fois une route plus aisée, et plus en conformité avec l'analogie d'autres occupants chassés du même territoire, nous devons, dans l'absence de preuves positives, considérer le point comme non constaté.

L'invasion des Cimmériens en Asie Mineure se rattachait sans doute à leur expulsion de la côte septentrionale du Pont-Euxin par les Scythes; mais nous pouvons bien douter qu'elle se rattachât du tout (comme on le dit à Hérodote) à l'invasion de la Médie par les Scythes, si ce n'est comme étant effectuée presque à la même époque. La même grande marche du peuple scythe, ou le mouvement donné par d'autres tribus le poussant par derrière, peut avoir occasionné les deux événements — accomplis par différents corps de Scythes, mais presque contemporains.

Hérodote nous rapporte deux faits relatifs aux immigrants cimmériens en Asie Mineure. Ils commirent des ravages destructeurs, bien que passagers, dans bien des parties de la Paphlagonia, de la Phrygia, de la Lydia et de l'Iônia, — et ils occupèrent d'une manière permanente le nord de la péninsule (2), où fut fondée dans la suite la cité grecque de Sinôpê. Si les élégies du poëte contemporain Kallinus d'Ephesos avaient été conservées, nous aurions su mieux comment apprécier ces temps critiques. Il s'efforça d'entretenir l'énergie de ses concitoyens contre les formidables envahisseurs (3).

---

impossible que les Cimmériens aient suivi le plus occidental et les Scythes le plus oriental de ces deux défilés; mais toute l'histoire est certainement très-improbable.

(1) V. la Dissertation de Niebuhr citée plus haut, p. 366-367. Une raison pour supposer que les Cimmériens vinrent en Asie Mineure de l'ouest et non de l'est, c'est que nous les trouvons confondus à ce haut degré avec les Trères Thraces, ce qui indique vraisemblablement une invasion faite en commun.

(2) Hérodote, I, 6-15; IV, 12. Φαίνονται δὲ οἱ Κιμμέριοι, φεύγοντες ἐς τὴν Ἀσίην τοὺς Σκύθας καὶ τὴν Χερσόνησον κτίσαντες, ἐν τῇ νῦν Σινώπη πόλις Ἑλληνὶς οἴκισται.

(3) Kallinus, Fragm. 2, 3, éd. Bergk. Νῦν δ' ἐπὶ Κιμμερίων στρατὸς ἔρχεται ὀβριμοέργων (Strabon, XIII, p. 627;

Des auteurs plus récents (qui probablement avaient ces poëmes sous les yeux) nous apprennent que l'armée cimmérienne, ayant occupé Sardes, la capitale de la Lydia (son

XIV, 633-647). O. Müller (History of the Literature of Ancient Greece, c. 10, sect. 4) et M. Clinton (Fasti Hellenici, 716-635 av. J.-C.) peuvent être consultés sur la chronologie obscure de ces événements. L'invasion scythico-cimmérienne en Asie, à laquelle *Hérodote* fait allusion, paraît fixée à quelque moment du règne d'Ardys le Lydien, 640-629 avant J.-C.; et peut-être en 635 avant J.-C., comme M. Clinton la place. O. Müller a raison, je pense, de dire que le fragment du poëte Kallinus cité plus haut fait allusion à *cette* invasion; car la supposition que fait M. Clinton, à savoir que Kallinus parle ici d'une invasion passée et non présente, paraît exclue par le mot νῦν. M. Clinton place et Kallinus et Archiloque (à mon avis) un demi-siècle trop haut; car je suis d'accord avec O. Müller pour ne pas croire le récit fait par Pline du tableau vendu par Bularchus à Kandaulês. O. Müller suit Strabon (I, p. 61) en appelant Madys un prince cimmérien qui chassa les Trêres de l'Asie Mineure; tandis qu'Hérodote le mentionne comme le prince *scythe* qui chassa les Cimmériens *hors* de leur propre territoire et les jeta *dans* l'Asie Mineure (I, 103).

La chronologie d'Hérodote est intelligible et logique; nous ne pouvons fixer celle de Strabon, quand il parle de nombreuses invasions différentes. Son langage ne nous donne pas non plus la plus petite raison de supposer qu'il fût en possession de moyens propres à déterminer des dates pour ces temps reculés; il n'est nullement calculé pour justifier la chronologie positive qu'en tire M. Clinton; cf. Fasti Hellenici, 635, 629, 617 avant J.-C. Strabon dit, après avoir affirmé qu'Homère connaissait et le nom et la réalité des Cimmériens (I, p. 6; III,

p. 149) : Καὶ γὰρ καθ' Ὅμηρον, ἢ πρὸ αὐτοῦ μικρόν, λέγουσι τὴν τῶν Κιμμερίων ἔφοδον γενέσθαι τὴν μέχρι τῆς Αἰολίδος καὶ τῆς Ἰωνίας; — « ce qui place la première apparition des Cimmériens en Asie Mineure un siècle *au moins* avant l'Olympiade de Corœbus » (dit M. Clinton). Mais quel moyen Strabon pouvait-il avoir eu pour établir la chronologie d'événements survenus *du temps d'Homère ou un peu avant*? Aucune date dans le monde grec n'était aussi contestée, ni aussi difficile à déterminer que l'époque d'Homère : cela n'autorise pas non plus à raisonner, comme le fait M. Clinton, *i. e.* à prendre la date la plus récente fixée pour Homère parmi beaucoup d'autres, et alors à dire que l'invasion des Cimmériens *doit* être *au moins* en 876 avant J.-C.; admettant comme une certitude que, soit que la date d'Homère soit un siècle plus tôt ou plus tard, on doit faire concorder avec elle l'invasion des Cimmériens. Quand Strabon emploie des règles chronologiques si peu dignes de foi, il nous montre seulement (ce que tout d'ailleurs confirme) qu'il n'existait aucun critérium d'une valeur quelconque pour des événements de cette date reculée dans le monde grec.

M. Clinton proclame ce calcul antéhomérique comme une certitude chronologique : « Les Cimmériens apparurent pour la première fois en Asie Mineure environ 776 avant J.-C. Une interruption est constatée en 782 avant J.-C. Leur dernière irruption se fit en 635 avant J.-C. L'établissement d'Ambrôn (le Milésien, à Sinôpê) peut être placé vers 782 avant J.-C., vingt-six ans avant l'ère assignée à Trapezus (colonie milésienne ou sinôpique). »

Sur quelle autorité M. Clinton affirme-t-il qu'une irruption cimmérienne

akropolis inaccessible les défait), se précipitèrent avec leurs chariots dans la fertile plaine du Kaïstros, prirent et saccagèrent Magnêsia sur le Mæandros, et même menacèrent le temple d'Artemis à Ephesos (1). Mais la déesse protégea si

---

fut constatée en 782 avant J.-C. ? Simplement sur le passage suivant d'Orose, qu'il cite à propos de l'an 635 avant J.-C. : « Anno ante urbem conditam tricesimo. — Tunc etiam *Amazonum gentis et Cimmeriorum* in Asiam repentinus incursus plurimum diu lateque vastationem et stragem intulit. » Si l'on doit se fier à cette autorité d'Orose, nous devons dire que l'invasion des Amazones était un fait *constaté*. Regarder un fait mentionné dans Orose (auteur du quatrième siècle après J.-C.) et rapporté à 782 avant J.-C.), comme un fait constaté, c'est confondre les règles les plus importantes quant à l'appréciation des preuves historiques.

En fixant l'invasion cimmérienne en Asie à 782 avant J.-C., M. Clinton a pour appui le renseignement d'Orose, quelle que puisse être sa valeur; mais en fixant l'établissement d'Ambrôn le Milésien (à Sinôpê) à 782 avant J.-C., je ne sache pas qu'il ait eu aucune autorité. Eusèbe en effet place la fondation de Trapezous en 756 avant J.-C., et Trapezous fut, dit-on, une colonie de Sinôpê; aussi M. Clinton est-il désireux de trouver, pour la fondation de Sinôpê, quelque date antérieure à 756 avant J.-C.; mais il n'y a rien qui l'autorise à choisir 782 avant J.-C. plutôt que toute autre année.

A mon avis, l'établissement d'une colonie milésienne quelconque dans le Pont-Euxin, à une date aussi reculée que 756 avant J.-C., est extrêmement improbable; et quand nous trouvons que le même Eusèbe fixe la fondation de Sinôpê (la métropole de Trapézous) aussi bas que 629 avant J.-C., c'est pour moi une raison de croire que la date qu'il assigne à Trapezous est beaucoup trop reculée. M. Clinton regarde le date qu'Eusèbe assigne à Trapezous comme certaine, et en conclut que la date que le même auteur assigne à *Sinôpê* est de cent trente ans *plus récente* qu'elle ne l'est réellement : je renverse la conclusion, en considérant la date qu'il assigne à *Sinôpê* comme étant celle des deux qui mérite le plus de confiance, et en concluant de là que la date qu'il donne pour *Trapezous* est de cent trente ans au moins plus reculée qu'elle ne l'est réellement.

Toute raison bien pesée, l'autorité des chronologistes est plus grande quant à la plus récente des deux périodes que quant à la plus ancienne, et il y a en outre la probabilité additionnelle qui naît de ce qui est une date convenable pour une colonie milésienne. A ceci j'ajouterai qu'Hérodote place l'établissement des Cimmériens près de « ce lieu où Sinôpê est *actuellement* fondée, » sous le règne d'Ardis, bientôt après 635 avant J.-C. Sinôpê n'était donc *pas* fondée à l'époque où les Cimmériens vinrent là, au jugement d'Hérodote.

(1) Strabon, I, p. 61; Callim. Hym. ad Dian. 251-260. —

.... ἡλαίνων ἁλαπάζεμεν
[ἠπείλησε (Ἔφεσον)
Λύγδαμις ὑβριστής, ἐπὶ δὲ στρατὸν
[ἱππημολγῶν
Ἤγαγε Κιμμερίων, ψαμάθῳ ἴσον, οἵ
[ῥα παρ' αὐτὸν
Κεκλιμένοι ναίουσι βοὸς πόρον Ἰνα-
[χιώνης.
Ἇ δειλῶν βασιλέων ὅσον ἤλιτεν · οὐ
[γὰρ ἔμελλε
Οὔτ' αὐτὸς Σκυθίηνδε παλίμπετες,
[οὔτε τις ἄλλος
Ὅσσων ἐν λειμῶνι Καϋστρίῳ ἦσαν
[ἄμαξαι,
Ἂψ ἀπονοστήσειν....................

Dans l'explication du proverbe Σκυθῶν ἐρημία, il est fait allusion à une

bien sa ville et son sanctuaire, que Lygdamis, le chef des Cimmériens, dont le nom le désigne comme Grec, après une saison de déprédations heureuses en Lydia et en Iônia, conduisant son armée dans les régions montagneuses de Kilikia, y fut accablé et tué. Bien que ces maraudeurs aient péri, il restait les colons cimmériens dans le territoire voisin de Sinôpê ; et Ambrôn, le premier œkiste milésien qui essaya de coloniser ce lieu, fut tué par eux, si nous pouvons en croire Skymnus. Ils ne sont pas mentionnés dans la suite, mais il semble assez raisonnable de croire qu'ils paraissent sous le nom de Chalybes, qu'Hérodote signale le long de cette côte entre les Mariandyniens et les Paphlagoniens, et que Méla désigne comme contigus à Sinôpê et à Amisos (1). D'autres auteurs placent les Chalybes, sur plusieurs points différents, plus à l'est, bien que le long du même parallèle de latitude, — entre les Mosynœki et les Tibarêni, — près du fleuve Thermôdôn — et sur la frontière septentrionale de l'Armenia, près des sources de l'Araxês ; mais Hérodote et Méla reconnaissent des Chalybes à l'ouest du fleuve Halys et des Paphlagoniens près de Sinôpê. Ces Chalybes étaient de braves montagnards, bien que de mœurs sauvages, distingués comme extrayant et travaillant le fer que fournissaient leurs montagnes. Dans les conceptions des Grecs que manifeste une variété de mentions fabuleuses, ils se rattachaient évidemment aux Scythes et aux Cimmériens ; c'est pourquoi, selon toute probabilité, cette connexion était présente à l'esprit d'Hérodote par rapport à la population de l'intérieur près de Sinôpê (2).

---

soudaine panique de Scythes qui s'enfuirent d'Éphesos (Hesychius, v. Σκυθῶν ἐρημία); — probablement ceci doit avoir trait à quelque histoire d'intervention de la part d'Artemis pour protéger la ville contre ces Cimmériens. La confusion entre Cimmériens et Scythes est très-fréquente.

(1) Hérodote, I, 28; Mela, I, 19, 9; Skym. Chi. Fragm. 207.

(2) Les Dix Mille, dans leur voyage vers leur patrie, passèrent à travers un peuple appelé Chalybes entre l'Armenia et la ville de Trapezous, et encore aussi après une marche de huit jours à l'ouest de Trapezous, entre les Tibarêni et les Mosynœki; cf. Xénophon, Anab. IV, 7, 15; V, 5, 1; probablement différentes sections du même peuple. Les Chalybes dont il est fait mention en dernier lieu semblent avoir été les mieux connus, par leurs ouvrages en fer, et

Hérodote semble n'avoir conçu qu'un seule invasion en Asie par les Cimmériens, pendant le règne d'Ardys en Lydia. Ardys eut pour successeur son fils Sadyattês, qui régna douze ans; et ce fut Alyattês, fils et successeur de Sadyattês (suivant Hérodote), qui chassa d'Asie les Cimmériens (1). Mais Strabon semble parler de plusieurs invasions, auxquelles se mêlèrent les Trêres, tribu thrace, et qui ne sont pas clairement distinguées; tandis que Callisthène affirmait que Sardes avait été prise par les Trêres et les Lykiens (2). Nous voyons seulement qu'une vaste et belle portion de l'Asie Mineure fut, pendant une bonne partie de ce septième siècle avant J.-C., au pouvoir de ces nomades destructeurs qui, tout en désolant d'un côté les Grecs ioniens, de l'autre les servaient en amis indirectement en retardant le développement de la monarchie lydienne.

L'invasion de la haute Asie par les Scythes semble avoir été effectuée presque en même temps que celle de l'Asie Mineure par les Cimmériens, mais avoir été plus destructive et plus prolongée. Le roi mède Kyaxarès, appelé du siége de Ninive

---

leur voisinage plus rapproché des ports grecs. Éphore les reconnaissait (V. Ephori Fragm. 80-82, éd. Marx); il est moins certain qu'il connût les Chalybes placés plus à l'est, au nord de l'Armenia; également aussi Denys le Périégète, v. 768; cf. Eustathe, *ad loc.*

Hoeckh, Kreta b. I, p. 294-305, et Mannert, Geographie der Griechen und Roemer, VI, 2, p. 408-416, discutent l'idée qui dominait chez d'anciens écrivains, d'une connexion existant entre les Chalybes de ces régions et les Scythes ou Cimmériens (Χάλυβος Σκυθῶν ἄποικος, Æschyl. Sept. ad Theb. 729; et Hésiode, ap. Clem. Alex. Strab. I, p. 132), et dont la résidence supposée des Amazones sur le fleuve Thermôdôn semble être une des manifestations; cf. Steph. Byz. v. Χάλυβες. Mannert croit à une ancienne immigration des Scythes dans ces contrées. Les Dix Mille traversèrent le territoire d'un peuple appelé Skythini, confinant immédiatement aux Chalybes au nord; contrée que quelques-uns identifient avec la Sakasênê de Strabon (XII, 511), occupée (suivant ce géographe) par des envahisseurs venus de la Scythie orientale.

Il paraît que Sinôpê était un des endroits les plus considérables pour l'exportation du fer employé en Grèce : le fer sinopique aussi bien que le fer chalybdique (ou chalybique) avait une réputation particulière (Stephan. Byz. v. Λακεδαίμων).

Sur les Chalybes, cf. Ukert, Skythien, p. 521-523.

(1) Hérodote, I, 15, 16.
(2) Strabon, XI, p. 511; XII, p. 552; XIII, p. 627.

Le poëte Kallinus mentionnait et les Cimmériens et les Trêres (Fragm. 2, 3, éd. Bergk; Strabon, XIV, p. 633-647).

pour s'opposer à eux, fut totalement défait; et les Scythes devinrent complétement maîtres du pays. Ils se répandirent sur toute la surface de la haute Asie, jusqu'en Palestine et aux frontières de l'Égypte, où Psammétichus, le roi égyptien, les rencontra et ne sauva son royaume de l'invasion que par des prières et de riches présents. A leur retour, un corps de Scythes détaché saccagea le temple d'Aphrodite à Askalon; acte sacrilége que la déesse vengea et sur les dévastateurs et sur leurs descendants, jusqu'à la troisième et la quatrième génération. Leur domination dans la haute Asie continua vingt-huit ans (1), avec une cruauté et une oppression intolérables; jusqu'à ce qu'enfin Kyaxarès et les Mêdes trouvassent moyen d'attirer par ruse les chefs dans un banquet et de les tuer au moment de l'ivresse. L'armée des Scythes une fois expulsée, les Mêdes recouvrèrent leur empire. Hérodote nous dit que ces Scythes retournèrent vers la Chersonèse Taurique, où ils trouvèrent que, pendant leur longue absence, leurs épouses s'étaient mariées avec les esclaves, tandis que les nouveaux enfants qui avaient grandi refusèrent de les recevoir. Un fossé profond avait été creusé en travers de la ligne qu'ils avaient à suivre dans leur marche (2), et les jeunes gens nés pendant leur absence le défendirent avec bravoure, jusqu'à ce qu'enfin (ainsi le raconte l'histoire) les maîtres qui revenaient prissent leurs fouets en guise d'armes, et, en en frappant les esclaves rebelles, les forçassent à se soumettre.

Quelque peu que nous sachions sur les particularités de ces invasions des Cimmériens et des Scythes, elles méritent

---

(1) Hérodote, I, 105. Le récit donné par Hérodote de la punition infligée par Aphrodite offensée aux dévastateurs scythes, et aux enfants de leurs enfants jusqu'à son époque, devient particulièrement intéressant quand nous le combinons avec le renseignement fourni par Hippokratès relativement à des incapacités particulières qui affectaient si facilement les Scythes, et avec l'interprétation religieuse que leur donnaient ceux qui en étaient atteints (De Aëre, Locis et Aquis, c. 6, sect. 106-109).

(2) V. au sujet de la direction de ce fossé, Voelcker, dans l'ouvrage cité plus haut sur la Scythie d'Hérodote (Mythische Geographie, c. 7, p. 177).

On ne peut douter raisonnablement de l'existence du fossé, bien que le conte donné par Hérodote soit d'une haute improbabilité.

attention comme étant les premières (du moins les premières connues historiquement) parmi les nombreuses invasions de l'Europe et de l'Asie civilisées, faites par les nomades de la Tartarie. On voit dans des siècles postérieurs Huns, Avares, Bulgares, Magyars, Turks, Mongols, Tartares, etc., infliger les mêmes maux et établir une domination à la fois plus durable, et non moins destructrice, que le fléau passager des Scythes pendant le règne de Kyaxarès.

Lorsque les Scythes eurent été expulsés d'Asie, l'empire mède fut rétabli dans la plénitude de son pouvoir et de ses possessions, et Kyaxarès fut en état d'assiéger de nouveau Ninive. Il prit cette grande cité et réduisit sous sa domination tous les Assyriens, excepté ceux qui formaient le royaume de Babylone. Cette conquête fut achevée vers la fin de son règne, et il légua l'empire mède, à l'apogée de sa grandeur, à son fils Astyagès, en 595 avant J.-C. (1).

De même que la domination des Scythes dans la haute Asie dura vingt-huit ans avant leur expulsion par Kyaxarès, de même aussi les incursions des Cimmériens dans l'Asie Mineure, qui avaient commencé sous le règne du roi lydien Ardis, continuèrent pendant les douze années du règne de son fils Sadyattès (629-617 av. J.-C.), et furent définitivement terminées par Alyattès, fils de ce dernier (2). Toutefois, nonobstant les Cimmériens, Sadyattès fut en état de poursuivre contre la cité grecque de Milètos une guerre, qu'il continua pendant les sept dernières années de son règne et qu'il légua à son fils et successeur. Alyattès fit encore la guerre pendant cinq ans. Si faible était le sentiment d'union entre les diverses villes grecques sur la côte asiatique, qu'aucune d'elles ne voulut secourir Milètos, excepté les habitants de Chios, qui avaient, à l'égard de Milètos, des

---

(1) Hérodote, I, 106. M. Clinton fixe la date de la prise de Ninive à 606 avant J.-C. (F. H. vol. I, p. 269), sur des raisons qui ne me paraissent pas concluantes : tout ce qui peut être établi, c'est qu'elle fut prise pendant les dix dernières années du règne de Kyaxarès.

(2) De qui Polyen a-t-il emprunté le renseignement qu'il donne, à savoir qu'Alyattès employa avec succès des chiens sauvages contre les Cimmériens, c'est ce que j'ignore (Polyen, VII, 2, 1).

obligations spéciales pour un appui qu'elle leur avait prêté antérieurement dans une lutte contre Erythræ. Les Milésiens sans alliés n'étaient pas de force à résister en campagne à une armée lydienne, bien que leur grande force navale les mît hors de tout danger d'un blocus ; et nous devons supposer que l'érection de ces levées de terre en face des murailles, à l'aide desquelles le Perse Harpagos vainquit les cités ioniennes, un demi-siècle plus tard, était alors inconnue des Lydiens. Pendant douze années successives le territoire milésien fut annuellement envahi et ravagé avant la récolte de la moisson. Les habitants, après avoir été défaits dans deux batailles désastreuses, renoncèrent à tout espoir de résister à la dévastation, de sorte que la tâche des envahisseurs devint aisée, et l'armée lydienne poursuivit sa marche destructive au son des flûtes et des harpes. Tout en ruinant les moissons et les arbres à fruits, Alyattès ne permettait de brûler ni les fermes ni les maisons de campagne, afin que les moyens de production fussent encore conservés, pour être de nouveau ravagés l'année suivante. Ces incessantes dévastations réduisirent les Milésiens à la détresse et à la famine, malgré leur puissance sur mer. La destinée qu'ils subirent dans la suite sous le règne de Crésus, en devenant sujets tributaires du trône de Sardes, aurait commencé un demi-siècle plus tôt, si Alyattès n'avait involontairement commis une profanation contre la déesse Athênê. Son temple, à Assêssos, prit feu accidentellement et fut consumé, quand ses soldats, un jour de vent, brûlaient le blé sur pied des Milésiens. Bien que personne n'eût remarqué cet incident sur le moment, cependant Alyattès, à son retour à Sardes, fut frappé d'une maladie prolongée. Ne pouvant obtenir de soulagement, il députa des envoyés pour chercher un humble avis auprès du dieu de Delphes. Mais la Pythie refusa de donner aucun conseil curatif avant qu'il eût rebâti le temple incendié d'Athênê, et Périandre, despote de Corinthe à cette époque, ayant appris la teneur de cette réponse, en informa en secret Thrasybule, despote de Milêtos, auquel il était intimement allié. Bientôt il arriva à Milêtos un héraut de la part d'Alyattès, proposant une trêve, dans le dessein spécial de lui permettre de reconstruire le temple détruit ; le monarque lydien croyait que les Milésiens étaient tellement dénués de moyens de subsister, qu'ils accepteraient avec empressement ce soulagement temporaire. Mais le héraut, à son arrivée, trouva une quantité de blé amoncelée sur l'agora, et les citoyens se livrant à la joie et aux festins ; car Thrasybule avait fait sortir toutes les provisions, tant publiques que particulières, qui se trouvaient dans la ville, afin que le héraut vît les Milésiens dans un état d'abondance apparente et en reportât la nouvelle à son maître. Le stratagème réussit. Alyattês, dans la persuasion que ses dévastations répétées n'infligeaient pas aux Milésiens de sensibles privations, abandonna ses desseins hostiles, et conclut avec eux un traité d'amitié et d'alliance. Son premier soin fut de construire deux temples à Athênê, à la place du temple unique qui avait été détruit, et il fut guéri aussitôt de sa longue maladie. La reconnaissance qu'il éprouva de cette cure fut attestée par l'envoi d'un grand bol d'argent, avec un pied de fer, soudés ensemble par l'artiste de Chios Glaukos, — l'inventeur de l'art de réunir ainsi des pièces de fer (1).

Alyattês, dit-on, exécuta d'autres opérations contre quelques-uns des Grecs ioniens : il prit Smyrna, mais fut défait dans une incursion sur le territoire de Klazomenæ (2). Mais, en général, son long règne de cinquante-sept ans fut un temps de tranquillité pour les cités grecques sur la côte, bien que l'on nous parle d'une expédition qu'il entreprit contre la Karia (3). Il avait été, dit-on, dans sa jeunesse, d'une insolence présomptueuse ; mais il acquit dans la suite un caractère juste et meilleur. Une épouse ionienne lui donna pour fils Crésus, que même pendant sa vie il nomma satrape de la

---

(1) Hérodote, I, 20-23.
(2) Hérodote, I, 18. Polyen (VII, 2, 2) mentionne un acte hostile d'Alyattês contre les Kolophoniens.
(3) Nicolas de Damas, p. 54, éd. Orelli ; Xanthi Fragm. p. 243, Creuzer. M. Clinton dit qu'Alyattês *conquit* la Karia, et aussi l'Æolis : je ne trouve pour ni l'une ni l'autre de ces deux assertions d'autorités suffisantes (Fast. Hellen. c. 17, p. 298).

ville d'Adramyttion et de la plaine voisine de Thêbê. Mais il eut aussi d'autres épouses et d'autres fils, et l'un d'eux, Adramytos, fonda, dit-on, Adramyttion (1). Jusqu'où s'étendait sa domination dans l'intérieur de l'Asie Mineure, c'est ce que nous ignorons; mais très-probablement son règne long et relativement inactif peut avoir favorisé l'accumulation de ces trésors qui, dans la suite, rendirent la richesse de Crésus si proverbiale. Son tombeau, énorme, levée pyramidale sur une base de pierre, érigé près de Sardes par les efforts réunis de toute la population de la ville, était la curiosité la plus mémorable en Lydia du temps d'Hérodote. Il n'était inférieur qu'aux édifices gigantesques d'Egypte et de Babylone (2).

Crésus obtint le trône, à la mort de son père, en vertu d'un décret de ce dernier. Mais il y avait un parti parmi les Lydiens qui avait favorisé les prétentions de son frère Pantaleôn. Un des chefs les plus riches de ce parti fut mis à mort dans la suite par le nouveau roi, dans la cruelle torture d'une machine à carder garnie de pointes, — ses biens étant confisqués (3). — Le règne agressif de Crésus, durant quatorze ans (559-545 av. J.-C.), présenta un contraste marqué avec le long repos de son père pendant un règne de cinquante-sept ans.

Des prétextes étant faciles à trouver pour une guerre à faire contre les Grecs asiatiques, Crésus les attaqua les uns après les autres. Par malheur, nous ne savons ni les détails de ces agressions successives ni l'histoire antérieure des cités ioniennes, de manière à pouvoir expliquer comment il se fit que le cinquième des rois mermnades de Sardes obtint un succès si complet dans une entreprise que ses prédécesseurs avaient tentée en vain. Milêtos seule, avec l'aide de Chios, avait résisté à Alyattês et à Sadyattês pendant onze ans, — et Crésus ne possédait point de force navale, pas plus que son père et son grand-père. Mais, dans cette occasion, il

---

(1) Aristote ap. Steph. Byz. v. Ἀδραμυττεῖον.

(2) Hérodote, I, 92, 93.
(3) Hérodote, I, 92.

se peut qu'aucune des villes n'ait pas déployé la même énergie individuelle. Quant aux Milésiens, nous pouvons supposer que la période dont nous nous occupons actuellement était comprise dans cette longue durée de lutte intestine qui, comme le représente Hérodote (bien qu'il ne dise pas exactement quand), paralysa les forces de la cité pendant deux générations, et qui fut apaisée à la fin par une décision mémorable de quelques arbitres appelés de Paros. Ces derniers, invités à venir du mutuel accord des partis rivaux épuisés à Milêtos, trouvèrent et la cité et son territoire dans un état d'abandon et de ruine en général. Mais, en examinant les terres, ils en découvrirent quelques-unes qui semblaient encore être labourées avec le même soin et la même habileté : c'est aux propriétaires de ces champs qu'ils remirent le gouvernement de la ville, dans la pensée qu'ils administreraient les affaires publiques avec autant de succès que les leurs propres (1). Un tel état de faiblesse intestine expliquerait en partie l'assujettissement aisé des Milésiens par Crésus, tandis qu'il était peu dans les habitudes des cités ioniennes de présenter la chance d'efforts réunis contre un ennemi commun. Ces cités, loin de maintenir une confédération politique puissante, étaient dans un état de jalousie habituelle les unes vis-à-vis des autres, et assez souvent en guerre effective (2). Les fêtes religieuses communes, — la fête de Dêlos aussi bien que les Pan-Ionia, et dans la suite les Ephesia à la place des Dêlia, — semblent avoir été régu-

---

(1) Hérodote, V, 28. Κατύπερθε δὲ τουτέων, ἐπὶ δύο γενεὰς ἀνδρῶν νοσήσασα τὰ μάλιστα στάσει.
Alyattês régna cinquante-sept ans, et la vigoureuse résistance que lui firent les Milésiens se place dans les six premières années de son règne. Les « deux générations de dissensions intestines » peuvent bien avoir suivi le règne de Thrasybule. Ceci, il est vrai, est une simple conjecture ; on peut faire observer cependant qu'Hérodote, parlant du temps de la révolte ionienne (500 av. J.-C.), et donnant à entendre que Milêtos, bien que paisible alors, avait été pendant deux générations à une époque ancienne déchirée par des dissensions intestines, ne pouvait guère avoir voulu dire que ces « deux générations » s'appliquaient à un temps antérieur à 617 avant J.-C.

(2) Hérodote, I, 17 ; VI, 99 ; Athénée, VI, p. 267. Cf. K. F. Hermann, Lehrbuch der Griech. Staatsalterthümer, sect. 77, note 28.

lièrement fréquentées par toutes les cités pendant les époques les plus mauvaises. Mais ces assemblées n'avaient pas de fonction politique directe; il ne leur était pas non plus permis de contrôler ce sentiment d'autonomie municipale séparée qui dominait dans l'esprit grec, — bien que leur influence fût extrêmement précieuse en provoquant des sympathies sociales. — Séparément de la fête périodique, il y avait des assemblées tenues dans des conjonctures spéciales au temple pan-ionien; mais toute ville qui n'y était pas directement impliquée se tenait à l'écart de telles assemblées (1). Il en fut pour d'autres cas, dans tout le cours de la période historique, comme pour celui-ci, — l'impuissance à former une combinaison politique considérable fut la source d'un danger constant et finit par devenir une cause de ruine pour l'indépendance de tous les États grecs. Hérodote loue chaudement l'avis donné par Thalès à ses compatriotes ioniens, — et donné (pour employer sa remarquable expression) « avant la ruine de l'Iônia (2), — à savoir qu'on formât dans les murs de Teôs, comme étant la position la plus centrale, un sénat commun investi d'autorité sur toutes les douze cités; et que toutes ces cités se considérassent comme de simples dèmes de cette république ou Polis agrégée. Et nous ne pouvons douter que telle fût l'aspiration inutile de plus d'un patriote de Milêtos ou d'Ephesos, même avant que les opérations définitives de Crésus fussent ouvertes contre elles.

Ce prince attaqua les cités grecques successivement, en trouvant ou en créant différents prétextes d'hostilité contre chacune d'elles. Il commença par Ephesos, qui était gouvernée alors, dit-on, par un despote d'un caractère dur et oppressif, nommé Pindaros, dont le père, Melas, avait épousé

---

(1) V. le cas remarquable de Milêtos n'envoyant pas de députés à une assemblée pan-ionienne, étant elle-même à l'abri de danger (Hérodote, I, 141).

(2) Hérodote, I, 141-170. Χρηστὴ δὲ καὶ πρὶν ἢ διαφθαρῆναι Ἰωνίην, Θάλεω ἀνδρὸς Μιλησίου γνώμη ἐγένετο, etc.

Sur les Pan-Ionia et les Ephesia, V. Thucydide, III, 104; Dionys. Halik. IV, 25; Hérodote, I, 143-148. Cf. aussi Whitte, De Rebus Chiorum Publicis, sect. VIII, p. 22-26.

une fille d'Alyattês, et qui par conséquent était lui-même neveu de Crésus (1). Ce dernier, ayant invité en vain Pindaros et les Éphésiens à rendre la ville, fit avancer ses forces et attaqua les murs. Une des tours étant renversée, les Éphésiens renoncèrent à tout espoir de défendre leur ville, et cherchèrent à la sauver en la plaçant sous la protection d'Artemis, au temple de laquelle ils menèrent une corde partant des murs, — à une distance qui n'était pas tout à fait de sept furlongs (1,400 m.). En même temps ils envoyèrent un message de supplication à Crésus, qui, dit-on, leur accorda la conservation de leurs libertés, par respect pour la protection d'Artemis, exigeant en même temps que Pindaros quittât la place. Tel est le récit dont nous trouvons une mention confuse dans Élien et dans Polyen. Mais Hérodote, tout en signalant le fait de la longue corde au moyen de laquelle les Éphésiens cherchèrent à se mettre en contact avec leur divine protectrice, n'indique pas que Crésus ait été amené à les traiter plus favorablement. Ephesos, comme toutes les autres cités grecques de la côte, fut soumise et forcée de lui payer tribut (2). Comment en agit-il avec elles, et quel degré de précaution coercitive employa-t-il, soit pour assurer leur soumission, soit pour percevoir le tribut, c'est ce que la brièveté de l'historien ne nous fait pas connaître. Mais on

---

(1) Si nous pouvons ajouter foi au récit de Nicolas de Damas, Crésus avait été en relations avec Ephesos et les Éphésiens durant le temps qu'il était prince héréditaire, et pendant qu'Alyattês vivait. Il avait emprunté à un riche Éphésien nommé Pamphaês une somme considérable d'argent, qui lui était indispensable pour lui permettre d'accomplir un devoir militaire imposé par son père. Le récit en est donné avec quelques détails par Nicolas, Fragm. p. 51, éd. Orelli. J'ignore d'après quelle autorité.

(2) Hérodote, I, 26; Élien, V. H. III, 26; Polyen, VI, 50. L'histoire contenue dans Élien et Polyen semble venir de Batôn de Sinôpê; V. Guhl, Ephesiaca, II, 3, p. 26, et IV, 5, p. 150.

L'article dans Suidas, v. Ἀρίσταρχος, est beaucoup trop vague pour être intercalé comme fait positif dans une histoire d'Ephesos (ainsi que le fait Guhl) immédiatement après la retraite de Pindaros.

Au sujet de la corde s'étendant de la ville jusqu'à l'Artemision, nous pouvons citer un cas analogue, celui des suppliants kyloniens à Athènes, qui cherchèrent à rester en contact avec l'autel au moyen d'une corde continue; — par malheur la corde cassa (Plutarque, Solôn, c. 12).

leur demanda de raser leurs fortifications, du moins partiellement, sinon entièrement ; car lorsque, peu d'années après, ils furent menacés d'un danger de la part de Cyrus, on les voit en effet sans fortifications (1).

Entièrement heureux ainsi dans ses agressions contre les Grecs asiatiques du continent, Crésus conçut l'idée de rassembler une flotte, dans le dessein d'attaquer les insulaires de Chios et de Samos ; mais il finit par se convaincre (comme quelques-uns le disaient, par la remarque sarcastique de l'un des sept sages, Bias ou Pittakos) que le projet était impraticable. Cependant il porta ses armes, avec un plein succès, sur d'autres parties du continent de l'Asie Mineure, jusqu'à ce qu'il eût soumis tout le territoire situé en deçà du fleuve Halys, excepté seulement les Kilikiens et les Lykiens. L'empire lydien atteignit ainsi le maximum de sa puissance, comprenant, outre les Grecs Æoliens, Ioniens et Doriens sur la côte de l'Asie Mineure, les Phrygiens, les Mysiens, les Maryandiniens, les Chalybes, les Paphlagoniens, les Thraces Thyniens et Bithyniens, les Kariens et les Pamphyliens. Et les trésors amassés par Crésus à Sardes, provenant en partie de ce grand nombre de tributaires, en partie de mines placées dans divers endroits, aussi bien que des sables aurifères du Paktôlos, dépassèrent tout ce que les Grecs avaient jamais connu auparavant.

Nous apprenons, par les courtes mais importantes observations d'Hérodote, à apprécier la grande importance de ces conquêtes de Crésus, par rapport non-seulement aux cités grecques réellement soumises, mais encore indirectement à tout le monde grec.

« Avant le règne de Crésus (fait observer l'historien) tous les Grecs étaient libres ; ce fut par lui pour la première fois que les Grecs furent soumis et contraints à payer tribut. » Et il considère cet événement comme le premier phénomène de la série d'où sortirent les sentiments hostiles entre les

---

(1) Hérodote, I, 141. Ἴωνες δὲ, ὡς ἤκουσαν — τείχεά τε περιεβάλλοντο ἕκαστοι, etc.; cf. aussi le renseignement relatif à Phôkæa, c. 168.

Grecs, d'un côté, et l'Asie, en tant que représentée par les Perses, de l'autre, sentiments qui régnaient dans son esprit et dans celui de ses contemporains.

Ce fut à l'occasion de Crésus que les Grecs furent appelés pour la première fois à avoir affaire à un agrégat barbare assez considérable commandé par un prince belliqueux et entreprenant, et le résultat fut tel qu'il manifesta la faiblesse inhérente à leur système politique, par l'impuissance où ils étaient de former une coalition considérable. Les cités autonomes séparées ne pouvaient conserver leur indépendance que par une désunion semblable chez des adversaires barbares — ou, de leur côté, par la supériorité de leur organisation militaire aussi bien que de leur position géographique. La situation de la Grèce propre et des îles était favorable au maintien d'un pareil système; il n'en était pas de même des côtes de l'Asie avec une vaste contrée intérieure derrière elles. Les Grecs ioniens étaient à cette époque différents de ce qu'ils devinrent dans le siècle suivant. Le cédant peu en énergie à Athènes ou au corps des Grecs européens en général, ils auraient pu sans doute conserver leur indépendance, s'ils avaient été cordialement unis. Mais on verra ci-après que les colonies grecques — fondées comme établissements isolés, et peu disposées à une union politique, même quand elles étaient voisines — tombèrent toutes dans la dépendance aussitôt qu'une attaque partie de l'intérieur en vint à être puissamment organisée; surtout si cette organisation était dirigée par des chefs formés en partie par le contact avec les Grecs eux-mêmes. De petites cités autonomes se maintiennent tant qu'elles n'ont affaire qu'à des ennemis d'égale force; mais résister à des agrégats plus considérables exige un concours si favorable de circonstances qu'il ne peut guère durer pendant un long temps. Et la soumission définitive de la Grèce entière, sous le règne des rois de Macédoine, ne fut qu'un exemple de ce même principe sur une plus grande échelle.

La monarchie lydienne sous Crésus, la plus considérable avec laquelle les Grecs eussent été en contact jusqu'à ce moment, fut très-vite absorbée dans une plus considérable encore, — la monarchie des Perses, dont les Grecs ioniens devinrent sujets, après une résistance inutile. La sympathie et l'aide partielles qu'ils obtinrent des Grecs indépendants ou Européens, leurs voisins occidentaux, suivies de la tentative infructueuse que fit le roi de Perse pour ajouter ces derniers à son empire, donnèrent un tour entièrement nouveau à l'histoire et à la conduite des Grecs. En premier lieu, cette tentative nécessita contre les Perses un degré d'action centrale qui était étranger à l'instinct politique grec; en second lieu, elle fournit à la section la plus noble et la plus entreprenante du nom hellénique — les Athéniens — une occasion de se placer à la tête de cette tendance centralisatrice, tandis qu'un concours de circonstances, étrangères et domestiques, lui donna en même temps ce mouvement extraordinaire et complexe, combinant l'action avec l'organisation, qui jeta tant d'éclat sur la période d'Hérodote et de Thucydide. C'est ainsi que la plupart des splendides phénomènes de l'histoire grecque sortirent, directement ou indirectement, de la dépendance forcée dans laquelle les Grecs asiatiques furent tenus par les puissances barbares de l'intérieur, à commencer par Crésus.

Ce peu d'observations suffira pour faire entendre qu'une nouvelle phase de l'histoire grecque est maintenant sur le point de s'ouvrir. Jusqu'à l'époque de Crésus, tout ce qui est fait ou souffert par les cités grecques ne concerne que l'une ou l'autre d'entre elles séparément : l'instinct des Grecs répudie même les formes modifiées de centralisation politique, et il n'y a pas de circonstances qui agissent pour la leur imposer. Il existe un rapport de puissance et de soumission entre un état fort et un faible, mais aucune tendance à une coordination politique permanente. A partir de ce temps désormais, nous verrons des causes partielles à l'œuvre, tendant vers cette direction, et non sans une influence considérable ; bien que toujours en guerre avec l'instinct indestructible de la nation, et fréquemment neutralisées par l'égoïsme et la mauvaise conduite des cités dominantes.

CHAPITRE XI

PHÉNICIENS

Phéniciens et Assyriens — membres de la famille sémitique. — Présence à une époque reculée de vaisseaux phéniciens dans les mers grecques — dès les temps homériques. — Situation et cités de la Phénicie. — Le commerce phénicien florissait plus dans les temps reculés que dans les temps plus récents. — Colonies phéniciennes : — Utique, Carthage, Gadês, etc. — Commerce des Phéniciens de Gadês, — vers l'Afrique d'un côté et la Bretagne de l'autre. — Contrée productive autour de Gadês, appelée Tartessos. — Phéniciens et Carthaginois ; — les colonies de ces derniers combinaient des vues de domination avec des vues commerciales. — Phéniciens et Grecs en Sicile et dans l'île de Kypros ; — les derniers se substituent aux premiers. — Ibêria et Tartessôs, — les Grecs ne les visitent pas antérieurement à 630 avant J.-C. environ. — Mémorable voyage du Samien Kôlæos à Tartêssos. — Voyages d'explorations des Phôkæens entre 630-570 avant J.-C. — Importante addition aux connaissances géographiques des Grecs, et stimulant pour leur imagination qui en résulte. — Voyage de circumnavigation autour de l'Afrique par les Phéniciens. — Cette circumnavigation fut réellement accomplie ; — examen des doutes de critiques anciens et modernes. — Commerce par caravanes fait sur terre par les Phéniciens.

Il est nécessaire que je parle des Phéniciens, des Assyriens et des Egyptiens en tant qu'ils influèrent sur la condition ou occupèrent les pensées des anciens Grecs, sans que j'entreprenne de rechercher entièrement leur histoire antérieure. Comme les Lydiens, ces trois peuples finirent par être tous absorbés dans la vaste masse de l'empire des Perses, tout en conservant cependant leur caractère et leurs particularités sociales, après avoir été dépouillés de leur indépendance politique.

Les Perses et les Mèdes, portion de la race Arienne et membres de ce qui a été classifié, eu égard au langage, comme la grande famille indo-européenne, occupaient une partie du vaste espace compris entre l'Indus à l'est et la ligne du mont Zagros (s'étendant à l'est du Tigre et presque parallèle à ce fleuve) à l'ouest. Les Phéniciens, aussi bien que les Assyriens, appartenaient à la famille Sémitique, Araméenne ou Syro-Arabe, comprenant en outre les Syriens, les Juifs, les Arabes, et en partie les Abyssins. Dans quelle famille convenue de la race humaine doit-on ranger les Egyptiens basanés et aux cheveux frisés, c'est un point qui a été très-disputé. Nous ne pouvons les compter comme membres des deux précédentes, et les recherches les plus soigneuses font présumer que leur type physique était quelque chose de purement africain, approchant en bien des points de celui du nègre (1).

Nous avons déjà fait remarquer que le vaisseau marchand et commerçant phénicien figure dans les poëmes homériques comme un visiteur bien connu, et que les robes aux mille couleurs et les ornements d'or fabriqués à Sidon sont estimés parmi les ornements précieux appartenant aux chefs (2).

---

(1) V. la discussion dans le Dr Prichard, Natural History of Man, sect. 17, p. 152.

Μελαγχρόες καὶ οὐλότριχες (Hérodote, II, 104 ; cf. Ammien Marcell. XXII, 16, « subfusculi, atrati, » etc.) sont des attributs certains des anciens Egyptiens, reposant sur la preuve d'un témoin oculaire.

« Par leur teint et par beaucoup de leurs particularités physiques (fait observer le docteur Prichard, p. 138), les Egyptiens étaient une race africaine. Dans les parties orientales et même dans les parties centrales de l'Afrique, nous retrouverons l'existence de diverses tribus qui, par des caractères physiques, ressemblent presque aux Egyptiens ; et il ne serait pas difficile de remarquer chez beaucoup de nations de ce continent une déviation graduelle du type physique de l'Egyptien jusqu'au caractère fortement marqué du nègre, et cela sans aucune solution de continuité ni interruption bien décidée. La langue égyptienne aussi, dans les grands principes dominants de la construction grammaticale, a beaucoup plus d'analogie avec les idiomes de l'Afrique qu'avec ceux qui règnent chez les peuples d'autres contrées. »

(2) Homère, Iliade, VI, 290 ; XXIII, 740 ; Odyss. XV, 116 :

.... Πέπλοι παμποίκιλοι, ἔργα
[γυναικῶν
Σιδονίων.

Tyr n'est nommée ni dans l'Iliade ni dans l'Odyssée, bien qu'un passage dans Probus (ad Virgil. Georg. II, 115) semble prouver qu'elle était mentionnée dans un des poëmes épiques qui passaient sous le nom d'Homère : « Tyrum Sarram, appellatam esse, Homerus docet ; quem etiam Ennius sequitur cum dicit, Pœnos Sarrā oriundos. »

Le catalogue hésiodique semble avoir signalé et Byblos et Sidon. V. Hesiodi Fragm. 30, éd. Marktscheffel, et Etymol. magnum, v. Βύβλος.

Il y a lieu de conclure, en général, que dans ces temps reculés les Phéniciens traversaient habituellement la mer Ægée et même qu'ils formèrent des établissements dans quelques-unes de ses îles pour faire le commerce et exploiter des mines. A Thasos particulièrement, près de la côte de Thrace, on voyait même, à l'époque d'Hérodote, des traces de mines d'or abandonnées, indiquant à la fois un travail persévérant et une durée considérable d'occupation. Mais au moment où s'ouvre l'ère historique, ils semblent avoir été en train de quitter graduellement ces contrées (1). Leur commerce avait pris une direction différente. Nous ne pouvons donner de détails sur ce changement ; mais nous pouvons aisément comprendre que l'accroissement de la marine grecque, tant de guerre que marchande, rendit incommode pour les Phéniciens de rencontrer des rivaux si entreprenants, — la piraterie (ou guerre privée sur mer) étant alors un procédé habituel, particulièrement à l'égard d'étrangers.

Les villes phéniciennes occupaient une bande étroite de la côte de la Syrie et de la Palestine, ayant environ 120 milles (193 kilomètres) en longueur, — jamais plus et généralement beaucoup moins de 20 milles (32 kilomètres) en largeur, — entre le mont Liban et la mer. Aradus (dans un îlot, avec Antaradus et Marathus vis-à-vis sur la terre ferme) était la plus septentrionale, et Tyr était la plus méridionale (aussi dans une petite île, avec Palæ-Tyrus et une fertile plaine adjacente vis-à-vis d'elle). Entre les deux étaient situées Sydon, Berytos, Tripolis et Byblos, outre

---

(1) Le nom d'Adramyttion ou Atramyttion (très-semblable au nom africo-phénicien *Adrumetum*) est, dit-on, d'origine phénicienne (Olshausen, De Origine Alphabeti, p. 7, dans Kieler Philologische Studien, 1841). Il y avait près de Pergamos des mines importantes exploitées dans la suite pour le compte de Crésus, et ces mines peuvent avoir engagé des colons phéniciens à s'établir dans ces régions (Aristotel. Mirab. Auscult. c. 52).

Les inscriptions africaines, dans les Monumenta Phœnic. de Gesenius, reconnaissent Makar comme un surnom de Baal, et Movers croit que le héros Makar, qui figure d'une manière saillante dans la mythologie de Lesbos, de Chios, de Samos, de Kôs, de Rhodes, etc., peut être reporté à ce dieu phénicien et à d'anciennes colonies phéniciennes dans ces îles (Movers, Die Religion der Phœniker, p. 420).

quelques villes plus petites (1) attachées à l'une ou à l'autre des cités que nous venons de mentionner, et plusieurs îles tout près de la côte, occupées de la même manière ; tandis

---

(1) Strabon, XVI, p. 754-758 ; Skylax, Peripl. c. 104; Justin, XVIII, 3; Arrien, Exp. Al. II, 16-19 ; Xénophon, Anab. I, 4, 6.

Par malheur, le texte de Skylax est extrêmement altéré ici, et l'exposé de Strabon est embarrassé sur bien des points, parce qu'il n'avait pas voyagé en personne dans la Phénicie, la Célésyrie ou la Judée. V. une note de Grosskurd à la page 755, et l'Introduction à sa traduction de Strabon, sect. 6.

Relativement aux rapports qui existaient dans l'origine entre Palæ-Tyrus et Tyr, il y a quelque difficulté à concilier tous les renseignements que nous possédons, quelque faibles qu'ils soient. Le nom Palæ-Tyrus (on l'a supposé comme chose toute naturelle ; cf. Justin, XI, 10) indique cette ville comme étant la fondation primitive d'où les Tyriens passèrent dans l'île : il y avait aussi sur la terre ferme un endroit nommé Palæ-Byblos (Pline, H. N. V, 20 ; Ptolem. V, 15), que l'on considérait également comme le siége original d'où sortait la ville appelée proprement Byblos. Cependant le récit d'Hérodote représente clairement la Tyr insulaire, avec son temple d'Hêraklês, comme la fondation originale (II, 44), et on désigne les Tyriens comme vivant dans une île même du temps de leur roi Hiram, le contemporain de Salomon (Joseph. Ant. Jud. VIII, 2, 7). Arrien regarde le temple d'Hêraklês dans la Tyr insulaire comme le temple le plus ancien de mémoire d'homme (Exp. Al. II, 16). Les Tyriens vivaient aussi dans leur île pendant l'invasion de Salmanasar, roi de Ninive, et leur position leur permit de lui résister, tandis que Palæ-Tyrus sur la terre ferme fut obligée de se rendre (Josèphe, ib. IX, 14, 2). La ville prise (ou réduite à capituler), après un long siége, par Nabuchodonosor, était la Tyr insulaire, non la continentale ou Palæ-Tyrus, qui s'était rendue sans résistance à Salmanasar. En conséquence, il n'est pas exact de dire — avec Volney (Recherches sur l'Hist. anc. c. 14, p. 249), Heeren (Ideen ueber den Verkehr der Alten Welt, part. I, abth. 2, p. 11) et autres — que la Tyr insulaire était appelée Nouvelle Tyr, et que la situation de Tyr, de continentale qu'elle était, devint insulaire, par suite de la prise de la Tyr continentale par Nabuchodonosor : la situation resta sans changement, et les Tyriens insulaires devinrent ses sujets et ceux de ses successeurs jusqu'à la destruction de la monarchie chaldéenne par Cyrus. La dissertation de Hengstenberg, De Rebus Tyriorum (Berlin, 1832), est instructive sur beaucoup de ces points : il démontre d'une manière suffisante que Tyr, depuis les temps les plus anciens auxquels l'on puisse remonter, était une cité insulaire ; mais il désire en même temps prouver que dès le commencement elle était aussi réunie à la terre ferme par un isthme (p. 10-25), — ce qui ne s'accorde pas avec la première assertion, et de plus n'est appuyé par aucune preuve solide. Elle resta une île dans toute la force du terme, jusqu'au siége fait par Alexandre ; la digue, au moyen de laquelle ce conquérant lui avait donné l'assaut, dura après son époque, peut-être agrandie, de manière à former une union permanente désormais entre l'île et la terre ferme (Pline, H. N. V, 19 ; Strabon, XVI, p. 757) et à rendre la Tyr insulaire capable d'être enfermée par Pline dans un calcul de circonférence conjointement avec Palæ-Tyrus, la ville continentale.

On peut douter que nous connaissions

que la colonie de Myriandros était plus au nord, près des frontières de la Kilikia.

Il ne semble pas possible de déterminer laquelle des deux villes était la plus ancienne, de Sydon ou de Tyr. S'il est vrai, comme l'affirmaient quelques autorités, que Tyr fut fondée dans l'origine par Sidon, la colonie doit avoir grandi assez rapidement pour surpasser sa métropole en puissance et en considération ; car elle devint la principale de toutes les villes phéniciennes (1). Aradus, la plus importante après elle, fut fondée par des exilés de Sidon, et toutes les autres par des colons tyriens ou sidoniens. Dans ce territoire limité étaient concentrées la richesse commerciale, l'activité et l'habileté industrielles à un plus haut degré qu'on ne pouvait les trouver dans aucune autre partie du monde contemporain. Chaque ville était une communauté indépendante,

---

le sens exact du mot que les Grecs appelaient Παλαι-Τύρος. Il est évident que les Tyriens eux-mêmes ne lui donnaient pas ce nom ; peut-être le nom phénicien que portait cette ville adjacente sur le continent a-t-il été quelque chose de ressemblant à Palæ-Tyrus sous le rapport du son, sans coïncider par le sens.

La force de Tyr consistait dans sa situation insulaire; car le continent adjacent, où se trouvait Palæ-Tyrus, était une plaine fertile, décrite ainsi par William de Tyr pendant le temps des croisades :

« Erat prædicta civitas non solum munitissima, sed etiam fertilitate præcipuâ et amœnitate quasi singularis ; nam licet in medio mari sita est, et in modum insulæ tota fluctibus cincta ; habet tamen pro foribus latifundium per omnia commendabile; et planitiem sibi continuam divitis glebæ et optimi soli, multas civibus ministrans commoditates. Quæ licet modica videatur respectu aliarum regionum, exiguitatem suam multâ redimit ubertate, et infinita jugera multiplici fœcunditate compensat. Nec tamen tantis arctatur angustiis. Protenditur enim in Austrum versus Ptolemaidem usque ad eum locum, qui hodie vulgo dicitur districtum Scandarionis, milliaribus quatuor aut quinque : e regione in Septentrionem versus Sareptam et Sidonem iterum porrigitur totidem milliaribus. In latitudinem vero ubi minimum ad duo, ubi plurimum ad tria, habens milliaria » (Apud Hengstenberg ut sup. p. 5). Cf. Maundrell, Journey from Aleppo to Jerusalem, p. 50, éd. 1749; et Volney, Travels in Egypt and Syria, vol. II, p. 210-226.

(1) Justin (XVIII, 3) dit que Sidon était la métropole de Tyr ; mais la série d'événements qu'il raconte est confuse et inintelligible. Strabon aussi, dans un endroit, appelle Sidon la μητρόπολις τῶν Φοινίκων (I, p. 40) ; dans un autre endroit il avance comme un point disputé entre les deux cités, de savoir laquelle était la μητρόπολις τῶν Φοινίκων (XVI, p. 756).

Quinte-Curce affirme que Tyr et Sidon furent toutes les deux fondées par Agênôr (IV, 4, 15).

ayant son territoire environnant et sa constitution politique propres et son propre prince héréditaire (1), quoique les annales de Tyr présentent bien des exemples de princes assassinés par des hommes qui leur succédaient sur le trône. Tyr paraît avoir joui d'une certaine autorité prédominante sur toutes ces villes, peut-être d'un certain contrôle, auquel on ne se soumettait pas toujours volontairement ; et il se présente des exemples dans lesquels les villes inférieures, lorsque Tyr était pressée par un ennemi étranger (2), saisissaient l'occasion de se révolter, ou du moins se tenaient à l'écart. La même difficulté à diriger d'une manière satisfaisante les relations entre une ville dominante et ses confédérés, que manifeste l'histoire grecque, se trouve aussi prévaloir en Phénicie, et sera remarquée ci-après par rapport à Carthage; tandis qu'on observe aussi les mêmes effets de la constitution politique d'une cité autonome, qui entretient l'énergie individuelle et les aspirations régulières de ses habitants. Le sentiment prédominant d'isolement jaloux dans une ville est expliqué d'une manière frappante par l'exemple de Tripolis, établie conjointement par Tyr, Sidon et Aradus. Elle consistait en trois villes, distinctes chacune d'elles à la distance d'un furlong (200 mètres) des deux autres, et chacune avec ses propres murailles séparées, bien que probablement constituant dans une certaine mesure une seule communauté politique, et servant de lieu d'assemblée et de délibération communes pour tout le nom phénicien (3). Les promontoires avancés du Liban et de l'Anti-Liban touchaient la mer le long de la côte phénicienne, et ces chaînes de montagnes, bien que rendant une portion très-considérable de la surface très-restreinte impropre à la culture du blé, fournissaient ce qui peut-être était plus indispensable encore, — une grande quantité de bois pour la construction des navires ; tandis que le manque absolu de tout bois en

---

(1) V. les citations intéressantes que fait Josèphe des ouvrages de Dius et de Menander, qui avaient accès aux ἀναγραφαί ou chroniques tyriennes (Joseph. cont. Apion, I, c. 17, 18, 21; Antiq. J. IX, 14, 2.

(2) Joseph. Antiq. Jud. IX, 14, 2.

(3) Diodore, XVI, 41 ; Skylax, c. 104.

Babylonie, excepté le dattier, empêchait les Assyriens de ce territoire de faire un trafic maritime sur le golfe Persique. Il paraît cependant que les montagnes du Liban donnaient asile à des tribus d'Arabes pillards, qui infestaient continuellement et le territoire phénicien et la riche plaine voisine de Célé-Syrie (1).

Le magnifique temple de ce grand dieu phénicien (Melkarth), que les Grecs appelaient Hêraklês (2), était situé à Tyr. Les Tyriens affirmaient que son établissement avait été effectué en même temps que la première fondation de la cité, 2,300 ans avant l'époque d'Hérodote. Ce dieu, le compagnon et le protecteur de leurs établissements coloniaux, et le premier père des rois phénico-libyens, se trouve particulièrement à Carthage, à Gadès et à Thasos (3). Quelques-uns supposaient que les Phéniciens étaient venus s'établir sur la côte de la Méditerranée en quittant des demeures antérieures près de l'embouchure de l'Euphrate (4), ou dans les

---

(1) Strabon, XVI, p. 756.

(2) Une inscription maltaise identifie le Tyrien Melkarth avec Ἡρακλῆς (Gesenius, Monument.Phœnic. tab. VI.)

(3) Hérodote, ii, 44; Sallust. Bell. Jug. c. 18; Pausan. X, 12, 2; Arrien, Exp. Al. II, 16; Justin, 44, 5; Appien, VI, 2.

(4) Hérodote, I, 2; Ephore, Frag. 40, éd. Marx; Strabon, XVI, p. 766-784, avec une note de Grosskurd sur le premier passage; Justin, XVIII, 3. Dans la discussion animée qui s'éleva entre les critiques homériques et les grands géographes de l'antiquité, pour déterminer où alla réellement Menelaos pendant ses courses de huit années (Odyss. IV, 85).

.... ἦ γὰρ πολλὰ παθὼν καὶ
[πολλ' ἐπαληθεὶς
Ἠγαγόμην ἐν νηυσὶ, καὶ ὀγδοάτῳ
[ἔτει ἦλθον,
Κύπρον, Φοινίκην τε, καὶ Αἰγυπτίους
[ἐπαληθεὶς
Αἰθίοπας τ' ἱκόμην, καὶ Σιδονίους, καὶ
['Ερεμβοὺς,

Καὶ Λιβύην, etc.
une idée mise en avant était qu'il avait visité ces Sidoniens dans le golfe Persique ou dans la mer Erythrée (Strabon, I, p. 42). Les diverses opinions que cite Strabon, comprenant celles d'Eratosthène et de Kratês, aussi bien que ses propres explications, sont très-curieuses. Kratês supposait que Menelaos avait franchi le détroit de Gibraltar et fait le tour de la Libye jusqu'en Ethiopie et en Inde, voyage qui suffirait (pensait-il) pour remplir les huit années. D'autres supposaient que Menelaos avait d'abord remonté le Nil, et qu'ensuite il était entré dans la mer Rouge, au moyen du canal (διωρυξ) qui existait du temps des critiques alexandrins entre le Nil et la mer; à quoi Strabon répond que ce canal ne fut fait qu'après la guerre de Troie. Eratosthène émettait une idée encore plus remarquable : il pensait que du temps d'Homère le détroit de Gibraltar n'avait pas encore été ouvert, de sorte que la Méditerranée était de ce côté

îles (nommées Tylos et Arados) du golfe Persique ; tandis que d'autres considéraient les Phéniciens de la Méditerranée comme indigènes et les autres comme colons. Qu'il en soit ainsi ou non, l'histoire ne les connaît pas dans un temps antérieur dans une autre portion de l'Asie que dans la Phénicie propre.

Bien que l'industrie et l'activité infatigables des Phéniciens leur aient conservé leur importance jusqu'à l'époque de l'empire romain, cependant on doit chercher beaucoup plus tôt la période de leur essor le plus étendu et de leur plus grande puissance, — antérieurement à 700 ans avant J.-C. Dans ces temps reculés, eux et leurs colons naviguaient seuls sur la Méditerranée : la naissance des établissements maritimes grecs bannit dans une grande mesure leur commerce de la mer Ægée, et le gêna même dans les eaux plus occidentales. Ils établirent leurs colonies en Afrique, en Sicile, en Sardaigne, dans les Baléares, en Espagne. La grandeur aussi bien que l'ancienneté de Carthage, d'Utique et de Gadès atteste les plans à longue portée des commerçants phéniciens, et même dans les temps qui précèdent la première Olympiade. Nous retrouvons la richesse et l'industrie de Tyr, et la lointaine navigation de ses vaisseaux dans la mer Rouge et le long de la côte de l'Arabie,

---

une mer fermée ; mais, d'autre part, son niveau était alors beaucoup plus haut, au point qu'elle couvrait l'isthme de Suez et rejoignait la mer Rouge. Ce fut (pensait-il) la rupture du détroit de Gibraltar qui pour la première fois abaissa le niveau de l'eau, et laissa l'isthme de Suez à sec, quoique Menelaos, de son temps, eût passé de la Méditerranée dans la mer Rouge sans difficulté. Eratosthène avait puisé cette idée dans Stratôn de Lampsakos, le successeur de Théophraste ; Hipparque la combattit, ainsi que beaucoup d'autres opinions d'Eratosthène (V. Strabon, I, p. 38, 49, 56 ; Seidel, Fragmenta Eratosthenis, p. 39).

Quant à l'idée de Kratês, à savoir que Menelaos avait navigué autour de l'Afrique, il est à remarquer que tous les géographes de ce temps se formaient une idée très-insuffisante de l'étendue de ce continent, croyant qu'il ne s'étendait pas même au sud jusqu'à l'équateur.

Strabon lui-même n'adopte ni l'une ni l'autre de ces trois opinions, mais il explique les mots homériques qui décrivent les courses errantes de Menelaos comme s'appliquant seulement aux côtes d'Egypte, de Libye, de Phénicie, etc. Il avance plusieurs raisons, plus curieuses que convaincantes, pour prouver que Menelaos peut aisément avoir employé huit années dans ces visites, tantôt d'ami, tantôt de pirate.

dès l'époque de David et de Salomon. Et comme ni les Egyptiens, ni les Assyriens, ni les Perses, ni les Indiens ne se livraient à une vie de courses sur mer, il semble que et l'importation et la distribution des produits de l'Inde et de l'Arabie dans l'Asie occidentale et dans l'Europe étaient faites par les Arabes Iduméens entre l'Arabie Pétrée et la mer Rouge, — par les Arabes de Gerrha sur le golfe Persique, augmentés comme ils le furent plus tard par un corps d'exilés chaldéens de la Babylonie, — et par les Phéniciens plus entreprenants de Tyr et de Sidon dans ces deux mers aussi bien que dans la Méditerranée (1).

Les plus anciennes colonies phéniciennes étaient Utique, presque sur le point le plus septentrional de la côte d'Afrique et dans le même golfe (appelé aujourd'hui le golfe de Tunis) que Carthage, vis-à-vis du cap Lilybæon en Sicile, — et Gadès ou Gadeira, dans l'île de Tartessos, c'est-à-dire sur la côte sud-ouest de l'Espagne. Cette dernière ville, fondée peut-être près de mille ans avant l'ère chrétienne (2), a conservé plus longtemps qu'aucune ville d'Europe une prospérité continue et un nom (Cadix) qui n'est pas réellement changé. Ce qui peut prouver combien la situation d'Utique était bien adaptée aux besoins des colons phéniciens, c'est ce fait que Carthage fut plus tard établie dans le même golfe et près du même endroit, et que les deux villes atteignirent un haut point de prospérité. La distance qui sépare Gadès de Tyr semble surprenante, et si nous calculons par le temps plutôt que par l'espace, les Tyriens étaient séparés de leurs colons tartèssiens par un intervalle plus grand que celui qui sépare aujourd'hui un Anglais de Bombay ; car l'ancien navi-

---

(1) V. Ritter, Erdkunde von Asien, West-Asien, b. III. Abtheil, III. Abschn. I, sect. 29, p. 50.

(2) Strabon parle des plus anciennes colonies des Phéniciens en Afrique et en Ibéria comme μικρὸν τῶν Τρωϊκῶν ὕστερον (I, p. 48).

On affirme qu'Utique est de 267 ans plus ancienne que Carthage (Aristot. Mirab. Auscult. c. 134); cf. Velleius Paterc. I, 2.

Archaleus, fils de Phœnix, était représenté comme le fondateur de Gadès dans l'histoire phénicienne de Claudius Julius, aujourd'hui perdue (Etymolog. Magn. v. Γαδεῖρα). Archaleus est un changement du nom Hercules, suivant Movers.

gateur longeait toujours les côtes, et Skylax compte soixante-quinze jours (1) de voyage depuis la bouche Kanôpique (la plus occidentale) du Nil jusqu'aux colonnes d'Hêraklês (détroit de Gibraltar); calcul auquel il faut ajouter quelques jours de plus pour représenter la distance complète entre Tyr et Gadès. Mais la hardiesse de ces anciens marins surmontait toutes les difficultés compatibles avec le principe de ne jamais perdre la côte de vue. S'avançant le long de la côte septentrionale de la Libye, à une époque où les bouches du Nil étaient encore fermées par la jalousie égyptienne à tout navire étranger, ils paraissent avoir été peu tentés de coloniser (2) sur la côte dangereuse voisine des deux golfes appelés la grande Syrte et la petite Syrte, — dans un territoire pour la plus grande partie dépourvu d'eau et occupé par de grossiers nomades libyens, répandus en petit nombre sur le vaste espace qui est entre le Nil occidental (3) et le cap Hermæa, appelé aujourd'hui le cap Bon. Les villes grecques de Kyrènê et de Barka, fondées dans la suite, dont la situation bien choisie formait une exception au caractère général de la contrée, ne furent pas établies dans des vues commerciales; tandis que la ville phénicienne de Leptis (3), près du golfe appelé la grande Syrte, fut fondée plutôt comme un asile pour des exilés venus de Sidon que d'après un plan préconçu de colonisation. La situation d'Utique et de Carthage, dans le golfe immédiatement à l'ouest du cap Bon,

---

(1) Skylax, Peripl. c. 110. « Carteia, ut quidam putant, aliquando Tartessus; et quam transvecti ex Africâ Phœnices habitant, atque unde nos sumus, Tingentera » (Mela, II, 6, 75). L'expression *transvecti ex Africâ* s'applique autant aux Phéniciens qu'aux Carthaginois : « uterque Pœnus » (Horace, Od. II, 11) veut dire les Carthaginois et les Phéniciens de Gadès.

(2) Strabon, XVII, p. 836.

(3) Voir l'erratum.

(4) Salluste, Bell. Jug. c. 78. On l'appelait Leptis magna, pour la distinguer d'une autre Leptis, plus à l'ouest et plus près de Carthage, nommé Leptis parva; mais cette dernière semble avoir été généralement connue sous le nom de Leptis (Forbiger, Alte Geograph. sect. 109, p. 844). Dans Leptis magna, la proportion des colons phéniciens était si peu considérable que la langue phénicienne s'était perdue, et qu'on y parlait la langue des indigènes, que Salluste appelle Numides; mais ces peuples avaient adopté les institutions et la civilisation sidoniennes (Sall. ib.).

était favorable pour le commerce avec la Sicile, l'Italie et la Sardaigne; et les autres colonies phéniciennes, Adrumêtum, Neapolis, Hippone (deux villes de ce nom), la Petite Leptis, etc., furent fondées sur la côte, à peu de distance du promontoire oriental ou du promontoire occidental où était renfermé le golfe de Tunis, commun à Carthage et à Utique.

Ces anciennes colonies phéniciennes furent fondées ainsi dans le territoire aujourd'hui connu comme royaume de Tunis et comme portion orientale de la province française de Constantine. De là jusqu'aux colonnes d'Hêraklês (détroit de Gibraltar), nous n'entendons parler d'aucun autre établissement. Mais la colonie de Gadês, en dehors du détroit, formait le centre d'un commerce vaste et florissant, et qui s'étendait d'un côté loin jusqu'au sud, à une distance non moindre que trente jours de navigation le long de la côte occidentale de l'Afrique (1), et de l'autre côté jusqu'à la Bretagne et aux îles Sorlingues. Il y avait de nombreux comptoirs phéniciens et beaucoup de petites villes commerçantes le long de la côte occidentale de ce qui est aujourd'hui l'empire du Maroc; tandis que l'île de Kernê, à douze jours de navigation le long de la côte à partir du détroit de Gibraltar, formait un dépôt fixe pour les marchandises phéniciennes dans les rapports commerciaux avec l'intérieur. Il y avait, en outre, à peu de distance de la côte, des villes de

---

(1) Strabon, XVII, p. 825, 826. Il trouva avancé par quelques auteurs qu'il y avait eu jadis trois cents établissements de commerce le long de cette côte, s'étendant jusqu'à trente jours de navigation au sud de Tingis (Tanger); mais qu'ils avaient été ruinés surtout par les tribus de l'intérieur,—les Pharusiens et les Nigritæ. Il soupçonne le renseignement d'exagération, mais il ne paraît y avoir rien d'incroyable. Nous concluons des paroles de Strabon qu'Eratosthène produisit ce renseignement comme étant vrai à ses yeux. Le texte de Strabon, p. 825, tel que nous le lisons, confond Tingis avec Lixus, autre colonie phénicienne à environ deux jours de marche au sud le long de la côte, et selon quelques récits plus ancienne même que Gadês. V. les intéressants et importants voyages du Dr Barth, celui qui a décrit le dernier cette contrée aujourd'hui si peu attrayante. — Wanderungen durch die Küstenlaender des Mittelmeers, c. I, p. 23-49. J'avais dans ma première édition suivi Strabon en confondant Tingis avec Lixus, erreur signalée par le Dr Barth et par Grosskurd.

Libyens et d'Ethiopiens auxquelles se rendaient les habitants des régions centrales, et où ils apportaient leurs peaux de léopards et leurs dents d'éléphants pour les échanger contre les onguents de Tyr et la poterie d'Athènes (1). Un commerce si éloigné avec la navigation restreinte de cette époque n'était pas de nature à embrasser des marchandises d'un très-gros volume.

Mais ce commerce, bien que vraisemblablement important, ne constituait qu'une faible partie des sources de richesses ouvertes aux Phéniciens de Gadès. Les Turdetani et les Turduli, qui occupaient la portion sud-ouest de l'Espagne, entre le fleuve Anas (Guadiana) et la Méditerranée, semblent avoir été la section la plus civilisée et la plus perfectible des tribus ibériennes, bien placée pour entretenir des relations commerciales avec les colons qui occupaient l'île de Léon, et qui établirent le temple, dans la suite si riche et si fréquenté, du Tyrien Hêraklès. Et l'extrême fertilité de la région septentrionale de l'Espagne, en blé, poisson, bétail et vin, aussi bien qu'en argent et en fer, est un point au sujet duquel nous ne trouvons qu'unanimité chez les écrivains anciens. Le territoire autour de Gadès, de Carteia et des autres colonies phéniciennes dans ce district, était connu des Grecs dès le sixième siècle avant J.-C. sous le nom de Tartêssos, et considéré par eux à peu près sous le même jour sous lequel le Mexique et le Pérou paraissaient aux Espagnols du seizième siècle. Pendant trois ou quatre siècles les Phéniciens avaient possédé le monopole entier de ce commerce tartêssien, sans aucune concurrence de la part des Grecs. Probablement les métaux qu'ils s'y procuraient

---

(1) Cf. Skylax, c. 3, et le Périple d'Hannon, ap. Hudson, Geogr. Græc. Min. vol. I, p. 1-6. J'ai déjà fait remarquer que le τάριχος (provisions salées) de Gadeira se vendait continuellement dans les marchés d'Athènes, à partir de la guerre du Péloponèse. — Eupolis, Fragm. 23; Μαριχᾶς, p. 506, ed. Meineke, Comic. Græc.

Ηότερ' ἦν τὸ τάριχος; Φρύγιον ἢ [Γαδειρικόν.

Cf. les citations des autres écrivains comiques, Antiphane et Nikostrate ap. Athenæ. III, p. 118. Les marchands phéniciens achetaient en échange de la poterie attique pour leur commerce avec l'Afrique.

étaient à cette époque leur plus précieuse acquisition, et les tribus qui occupaient les régions à mines de l'intérieur trouvaient un nouveau marché et un débit important pour un produit obtenu alors avec un degré de facilité exagérée jusqu'à la fable (1). Ce fut de Gadès comme d'un centre que ces entreprenants marchands, poussant leur voyage le long des côtes encore plus loin, établirent des relations avec les mines d'étain du Cornouailles, peut-être aussi avec ceux qui recueillaient l'ambre sur les côtes de la Baltique. Il faut quelque effort pour reporter notre imagination jusqu'au temps où, le long de toute cette vaste longueur de pays, de Tyr et de Sidon jusqu'à la côte de Cornouailles, il n'y avait pas d'autres navires marchands pour acheter ou vendre des marchandises que ces navires phéniciens. Les tribus les plus grossières trouvent un avantage à avoir de pareils visiteurs; et nous ne pouvons douter que les hommes qu'un amour résolu du gain poussait à braver tant de hasards et de difficultés, ne doivent avoir été récompensés par les produits du monopole sur la plus grande échelle.

Les colons phéniciens sur la côte d'Espagne devinrent graduellement de plus en plus nombreux et paraissent avoir été répartis dans des municipes séparés ou mêlés à la population indigène, entre l'embouchure de l'Anas (Guadiana) et la ville de Malaka (Malaga) sur la Méditerranée. Par malheur nous savons très-peu de chose au sujet de leurs localités et de leurs particularités précises; mais nous n'apprenons rien de colonies phéniciennes sur la côte espagnole de la Méditerranée au nord de Malaka; en effet, Carthagène, ou nouvelle Carthage, était un établissement carthaginois, fondé seulement dans le troisième siècle avant J.-C., — après la première guerre punique (2). Le mot grec « Phéniciens » étant employé pour signifier aussi bien les habitants de Carthage que ceux de Tyr et de Sidon, il n'est pas aisé de distinguer ce qui appartient à chacun d'eux. Néanmoins nous pouvons

---

(1) Sur la nature productive des mines d'Espagne, Polybe (XXXIV, 9, 8) ap. Strabon, III, p. 147; Aristot. Mirab. Aus. c. 135.

(2) Strabon, III, p. 156, 158, 161; Polybe, III, 10, 3-10.

distinguer une grande et importante différence dans le caractère de leurs établissements, spécialement en Ibéria. Les Carthaginois combinaient avec leurs projets commerciaux de vastes plans de conquête et d'empire. C'est ainsi que les établissements phéniciens indépendants, sur le golfe de Tunis et auprès, furent réduits sous leur domination, tandis que beaucoup de nouveaux petits municipes, issus directement de Carthage elle-même, furent fondés sur la côte africaine de la Méditerranée, et que toute la côte, depuis la Syrtis grecque à l'ouest jusqu'aux colonnes d'Hèraklès (détroit de Gibraltar), est représentée comme leur territoire dans le Périple de Skylax (360 av. J.-C.). En Ibéria, pendant le troisième siècle avant J.-C., ils entretenaient des armées considérables (1), soumettaient les tribus de l'intérieur, et acquirent une domination que rien, si ce n'est la force supérieure de Rome, ne put empêcher d'être durable ; tandis qu'en Sicile aussi, la résistance des Grecs prévint un semblable résultat. Mais les colonies étrangères de Tyr et de Sidon furent formées dans des vues purement commerciales. Dans la région de Tartèssos aussi bien que sur la côte occidentale de l'Afrique, en dehors du détroit de Gibraltar, nous n'entendons parler que d'échange pacifique et de métallurgie ; et le nombre des Phéniciens qui acquirent graduellement des établissements dans l'intérieur fut si grand, que Strabon représente ces villes (qui n'étaient pas moins de deux cents) comme devenues complétement phéniciennes (2). Puisque, de son temps, les circonstances favorables aux nouvelles immigrations phéniciennes avaient disparu depuis longtemps, — on ne doit guère hésiter à attribuer la prépondérance que cet élément étranger avait acquise alors, à une période plus ancienne de plusieurs siècles, commençant à une époque où Tyr et Sidon jouissaient toutes deux d'une autonomie incontestée chez elles et du monopole entier du commerce ibérien, sans intervention de la part des Grecs.

---

(1) Polybe, I, 10 ; II, 1.
(2) Strabon, III, p. 141-150. Οὗτοι γὰρ Φοίνιξιν οὕτως ἐγένοντο ὑποχείριοι, ὥστε τὰς πλείους τῶν ἐν τῇ Τουρδιτανίᾳ πολέων καὶ τῶν πλησίων τόπων ὑπ' ἐκείνων νῦν οἰκεῖσθαι.

La plus ancienne colonie fondée en Sicile fut celle de Naxos, établie par les Chalkidiens en 735 avant J.-C. Syracuse suivit l'année d'après, et pendant le siècle qui vint ensuite plus d'une cité grecque florissante prit racine dans l'île. Ces Grecs trouvèrent les Phéniciens déjà en possession d'une foule d'îlots et de promontoires avancés autour de l'île, qui leur servaient dans leur commerce avec les Sikels ou Sicaniens occupant l'intérieur. Les nouveaux venus enlevèrent tellement à ce commerce établi sa sûreté et ses facilités, que les Phéniciens, abandonnant leurs nombreux petits établissements autour de l'île, se concentrèrent dans trois villes considérables, à l'angle sud-ouest près de Lilybæon (1), — Motyè, Soloeis et Panormos, — et dans l'île de Malte, où ils furent le moins éloignés d'Utique et de Carthage. Les Tyriens, à cette époque, étaient vivement pressés par les Assyriens sous Salmanasar, et le pouvoir de Carthage n'avait pas encore atteint son apogée; autrement il est probable que cette retraite des Phéniciens de Sicile devant les Grecs ne se serait pas effectuée sans lutte. Mais les Phéniciens des premiers temps, supérieurs aux Grecs en activité commerciale, et peu disposés à combattre, si ce n'est dans le cas d'une force très-supérieure, avec des aventuriers belliqueux déterminés à s'établir d'une manière permanente, prirent le sage parti de circonscrire leur sphère d'opérations. Il paraît qu'il se fit un changement semblable dans Kypros, l'autre île où les Grecs et les Phéniciens en vinrent à être dans un étroit contact. Si nous pouvons ajouter foi aux annales tyriennes que consulta l'historien Ménandre, Kypros était sujette des Tyriens, même du temps de Salomon (2). Nous ne savons pas les dates de l'établissement de Paphos, de Salamis, de Kition et des autres cités grecques qui y furent fondées, — mais l'on ne peut douter qu'elles ne fussent pos-

---

(1) Thucydide, VI, 3; Diodore, V, 12.

(2) V. ce qu'en dit Josèphe, Antiq. Jud. VIII, 5, 3, et Josèphe, cont. Apion. I, 18. On trouve une allusion dans Virgile, Énéide, I, 642, dans la bouche de Didon :

« Genitor tum Belus opimam Vastabat Cyprum, et late ditione [tenebat. »

térieures à cette période, et qu'une portion considérable du sol et du commerce de Kypros n'ait passé ainsi des Phéniciens aux Grecs, qui, de leur côté, embrassèrent partiellement et répandirent les rites, parfois cruels, parfois voluptueux, que renfermait la religion phénicienne (1). En Kilikia aussi, particulièrement à Tarsos, l'intrusion de colons grecs semble avoir graduellement hellénisé une ville phénicienne et assyrienne dans l'origine, contribuant, avec les autres colonies grecques (Phasêlis, Aspendos et Sidê) sur la côte méridionale de l'Asie Mineure, à diminuer la sphère des aventures pour les Phéniciens dans cette direction (2).

C'est ainsi que les Phéniciens eurent à souffrir de l'expansion des colonies grecques. Et si les Ioniens de l'Asie Mineure, quand ils furent conquis pour la première fois par Harpagos et les Perses, avaient suivi le conseil de Bias de Priênê, d'émigrer en corps et de fonder une grande colonie pan-ionienne dans l'île de Sardô (Sardaigne), ces premiers marchands auraient éprouvé le même empêchement (3) reporté encore plus à l'ouest, — peut-être, en effet, toute l'histoire postérieure de Carthage eût-elle été sensiblement modifiée. — Mais l'Ibèria et la région d'or de Tartêssos restèrent comparativement peu visitées et encore moins colonisées par les Grecs; elles ne finirent même par leur être connues que plus d'un siècle après que leurs premiers établissements eurent été formés en Sicile. Quelque facile que le voyage de Corinthe à Cadix puisse nous paraître aujourd'hui, pour un Grec du septième ou du sixième siècle avant J.-C., c'était une entreprise formidable. Il était dans la nécessité d'abord de longer les côtes de l'Akarnania et de l'Epeiros, ensuite de traverser la mer pour se rendre d'abord à l'île de Korkyra, puis au golfe de Tarantos (Tarente). Doublant ensuite le cap

---

(1) Relativement au culte à Salamis (de Kypros) et de Paphos, V. Lactance, I, 21; Strabon, XIV, p. 683.

(2) Tarsos est mentionnée par Dion Chrysostôme comme une colonie de la ville phénicienne Arados (Orat. Tarsens. II, p. 20, éd. Reisk.), et selon Hérodote, Kilix est frère de Phœnix et fils d'Agênôr (VII, 92).

On trouve des monnaies phéniciennes de la cité de Tarsos qui datent de la fin de l'empire des Perses environ. V. Movers, Die Phœnizier, 1, p. 13.

(3) Hérodote, I, 170.

le plus septentrional de l'Italie, il suivait les sinuosités de la côte de la Méditerranée, par la Tyrrhénie, la Ligurie, la Gaule méridionale et l'Ibèria orientale, jusqu'aux colonnes d'Hèraklès ou détroit de Gibraltar ; ou, s'il ne suivait pas cette route, il avait l'alternative de franchir la pleine mer de Krête ou du Péloponèse pour aller en Libye, puis de longer à l'ouest la côte dangereuse des Syrtes, jusqu'à ce qu'il fût arrivé au même point. Les deux voyages présentaient des difficultés pénibles à affronter ; mais de tous les hasards le plus sérieux était la traversée directe, par la pleine mer, de Krête en Libye. Ce fut vers l'an 630 avant J.-C. que les habitants de l'île de Thèra, à la suite d'une sécheresse de sept années, reçurent de l'oracle de Delphes l'ordre de fonder une colonie en Libye. Rien moins que le commandement divin les aurait engagés à obéir à une si terrible sentence de bannissement ; car non-seulement la région désignée leur était complétement inconnue, mais ils ne pouvaient découvrir, au moyen des recherches les plus soigneuses parmi les navigateurs grecs exercés, un seul homme qui eût jamais à dessein fait le voyage en Libye (1). Ils ne purent trouver qu'un seul Krêtois, nommé Korôbios, qui y avait été poussé accidentellement par des vents violents, et il leur servit de guide.

Dans ces conjonctures, l'Egypte venait seulement d'être ouverte au commerce grec, — Psammétichus ayant été le premier roi qui se fût en partie relâché de la jalousie qui empêchait les navires d'entrer dans le Nil, exclusion imposée par tous ses prédécesseurs. Le stimulant d'un trafic si avantageux enhardit quelques marchands ioniens à faire le voyage direct de Krête à l'embouchure de ce fleuve. Ce fut dans l'accomplissement de l'un de ces voyages, rattaché à la fondation de Kyrènè (qui sera racontée dans un autre chapitre), que nous apprenons la mémorable aventure du marchand samien Kôlæos. Tandis qu'il allait en Egypte, il avait été jeté hors de sa route par des vents contraires et

---

(1) Hérodote, IV, 151.

avait trouvé asile sur un îlot inhabité appelé Platea, à la hauteur de la côte de Libye, — lieu où les émigrants destinés pour Kyrênê s'établirent d'abord, peu de temps après. De là il partit de nouveau pour se rendre en Egypte, mais encore sans succès ; des vents d'est violents et continus le repoussèrent continuellement vers l'ouest, jusqu'à ce qu'enfin il franchît les colonnes d'Hêraklês, et que, sous la direction providentielle des dieux (1), il se trouvât, visiteur inattendu, chez les Phéniciens et les Ibériens de Tartêssos. Quelle cargaison transportait-il en Egypte, c'est ce qu'on ne nous dit pas. Mais il vendit sur ce marché encore neuf aux prix les plus exorbitants. Lui et son équipage (dit Hérodote) (2) « réalisèrent un profit plus considérable qu'aucun Grec connu n'avait jamais eu la chance de le faire, excepté Sostratos l'Æginète, avec lequel personne autre ne peut entrer en concurrence. » On peut juger de la grandeur de leurs profits d'après l'offrande votive qu'ils élevèrent à leur retour dans l'enceinte sacrée de Hêrê, à Samos, en reconnaissance de la protection que cette déesse leur avait accordée pendant leur voyage. C'était un immense vase de bronze, orné de têtes de griffons en saillie, et supporté par trois figures de bronze agenouillées de taille colossale : il coûtait six talents et représentait le dixième de leurs gains. Le total de soixante talents (3) (environ 16,000 liv. = 400,000 fr. en compte

---

(1) Hérodote, IV, 152. Θείῃ πομπῇ χρεώμενος.

(2) Hérodote, IV, 152. Τὸ δὲ ἐμπόριον τοῦτο (Ταρτῆσσος) ἦν ἀκήρατον τοῦτον τὸν χρόνον · ὥστε ἀπονοστήσαντες οὗτοι ὀπίσω μέγιστα δὴ Ἑλλήνων πάντων, τῶν ἡμεῖς ἀτρεκέως ἴδμεν, ἐκ φορτίων ἐκέρδησαν, μετά γε Σώστρατον τὸν Λαοδάμαντος, Αἰγινήτην · τούτῳ γὰρ οὐκ οἷά τε ἐρίσαι ἄλλον.

On trouve dans Anakreon des allusions à la prodigieuse richesse de Tartêssos, Fragm. 8, éd. Bergk; Stephan. Byz. Ταρτησσός · Eustath. ad Dionys. Periêgêt. 332, Ταρτησσὸς ἦν καὶ ὁ Ἀνακρέων φησὶ πανευδαίμονα; Himerius ap. Photium, cod. 243, p. 599. — Ταρτησσοῦ βίον, Ἀμαλθείας κέρας, πᾶν ὅσον εὐδαιμονίας κεφαλαῖον.

(3) Ces talents ne peuvent pas avoir été des talents attiques; car le talent attique résulta pour la première fois de l'altération que Solôn fit subir à l'étalon de la monnaie athénienne et qui ne fut effectuée qu'une génération après le voyage de Kôlæos. Ils ont dû être des talents ou euboïques ou æginæens; probablement les premiers, si l'on considère que le cas se rapporte à l'île de Samos. Soixante talents euboïques équivaudraient à peu près à la somme indiquée dans le texte. Sur la proportion

rond), correspondant à ce dixième, était une somme que peu même des personnes riches d'Athènes, au moment de sa plus grande richesse, pouvaient se vanter de posséder.

C'est à l'heureux hasard de cet énorme vase et à l'inscription qu'il portait sans doute, et qu'Hérodote vit dans le Hêræon à Samos, ainsi qu'à l'impression que fit sur son imagination un enrichissement si merveilleux, que nous sommes redevables de connaître l'époque précise à laquelle le secret du commerce phénicien à Tartêssos en vint, pour la première fois, à être connu des Grecs. Le voyage de Kôlæos leur ouvrit dans ce temps un nouveau monde, qui n'était guère moins important (si l'on tient compte de leur somme antérieure de connaissances) que la découverte de l'Amérique pour les Européens de la seconde moitié du quinzième siècle. Mais Kôlæos ne fit guère plus que de leur faire connaître l'existence de cette région éloignée et lucrative : on ne peut dire qu'il en ait montré le chemin. Nous ne trouvons pas non plus, — malgré la fondation de Kyrênê et de Barka, qui rendit les Grecs beaucoup plus familiers avec la côte de Libye qu'ils ne l'avaient été auparavant, — que la route par laquelle il avait été entraîné contre sa propre volonté ait jamais été suivie de propos délibéré par des marchands grecs.

Probablement les Carthaginois, complétement sans scrupules dans leur conduite à l'égard de rivaux de commerce (1), avaient aggravé ces difficultés maritimes naturelles par de faux renseignements et des procédés hostiles. Toutefois le simple récit de tels gains était bien fait pour agir comme stimulant sur d'autres navigateurs entreprenants. Les Phôkæens, dans le cours du demi-siècle suivant, poussant leurs voyages d'exploration, tant le long des côtes de l'Adriatique que le long des côtes de la mer Tyrrhénienne, et fondant Massalia (Marseille) dans l'année 600 avant J.-C.,

---

des diverses échelles monétaires grecques, V. vol. III, c. 4, et vol. IV, c. 5.

(1) Strabon, XVII, p. 802; Aristote, Mirab. Ausc. c. 84-132.

parvinrent enfin aux colonnes d'Hêraklês et à Tartêssos le long de la côte orientale d'Espagne. Ces hommes étaient les marins les plus aventureux (1) que la Grèce eût encore produits, créant une inquiétude jalouse même parmi leurs voisins ioniens (2). Ils voyageaient, non pas sur des navires marchands ronds et gros, calculés seulement pour le maximum de cargaison, mais sur des penteconters armés, — et ils étaient ainsi en état de défier les corsaires des cités tyrrhéniennes sur la Méditerranée, qui avaient longtemps empêché le marchand grec de faire un trafic habituel près du détroit de Messine (3). On ne peut guère douter que les progrès des Phôkæens ne fussent très-lents, et la fondation de Massalia, une des colonies grecques les plus éloignées, a pu pendant un temps absorber leur attention ; de plus, ils avaient à recueillir des renseignements à mesure qu'ils avançaient, et leur marche était un voyage de découvertes, dans le sens rigoureux du mot. L'époque à laquelle ils atteignirent Tartêssos peut vraisemblablement être placée entre 570-560 avant J.-C. Ils surent se faire si bien venir d'Arganthônios, roi de Tartêssos, ou au moins roi d'une partie de cette région, qu'il les pressa d'abandonner leur ville de Phôkæa et de s'établir sur son territoire, leur offrant la position qu'ils voudraient occuper. Bien qu'ils déclinassent cette offre tentante, il n'en fut pas moins désireux encore de les aider contre les dangers qui les menaçaient dans leur patrie, et leur fit un don considérable d'argent qui les mit en état, à un moment critique, d'achever leurs fortifications. Arganthônios mourut peu de temps après, ayant vécu (nous dit-on) jusqu'à l'âge de cent vingt ans, sur lesquels il en avait régné quatre-vingts. Les Phôkæens eurent probablement lieu de se repentir de leur

---

(1) Hérod. I, 163. Οἱ δὲ Φωκαιέες οὗτοι ναυτιλίῃσι μακρῇσι πρῶτοι Ἑλλήνων ἐχρήσαντο, καὶ τὸν Ἀδρίην καὶ τὴν Τυρσηνίην καὶ τὴν Ἰβηρίην καὶ τὸν Ταρτησσὸν οὗτοί εἰσιν οἱ καταδείξαντες · ἐναυτίλλοντο δὲ οὐ στρογγύλῃσι νηυσίν, ἀλλὰ πεντηκοντέροισιν ; — les termes sont remarquables.

(2) Hérodote, I, 164, 165, donne un exemple de la jalousie des habitants de Chios au sujet des îles appelées Œnussæ.

(3) Ephore, Fragm. 52, éd. Marx; Strabon, VI, p. 267.

refus ; puisqu'après un intervalle de temps assez rapproché, leur ville ayant été prise par les Perses, la moitié de ses citoyens fut exilée et obligée de chercher une demeure précaire en Corse, au lieu de l'établissement avantageux que le vieux Arganthônios leur avait offert à Tartêssos (1).

C'est par cette série d'actes que les Grecs suivirent graduellement les lignes du commerce phénicien dans la Méditerranée, et accomplirent ce vaste progrès dans leurs connaissances géographiques, — la circumnavigation de ce que Eratosthène et Strabon appelaient « notre mer, » en tant que distincte de l'océan Extérieur (2). Il ne résulta cependant que peu d'avantage pratique de la découverte, qui ne fut faite que pendant les dernières années de l'indépendance ionienne. Les cités ioniennes devinrent sujettes de la Perse, et Phôkæa particulièrement fut mise hors de combat et à demi dépeuplée dans la lutte. Si la période d'entreprises des Ioniens s'était prolongée, nous aurions probablement entendu parler d'autres colonies grecques en Ibêria et à Tartêssos, outre Emporia et Rhodes, fondées par les Massaliotes entre les Pyrénées et l'Ebre, — aussi bien que des progrès du commerce grec avec ces régions. Les malheurs de Phôkæa et des autres villes ioniennes évitèrent aux Phéniciens de Tartêssos une intervention et une rivalité de la part des Grecs, telles que celles que leurs compatriotes en Sicile avaient eu à subir pendant un siècle et demi.

Mais bien que ces circonstances eussent empêché que l'Artemis éphésienne, la divine protectrice de l'émigration phôkæenne, ne devînt consacrée à Tartêssos avec l'Hêraklês tyrien, une impulsion non moins puissante fut donnée à l'imagination de philosophes tels que Thalès et de poëtes tels que Stésichore, qui vécurent dans l'intervalle séparant le voyage surnaturel de Kôlæos emporté sur les ailes du vent, de l'exploration persévérante, bien calculée, qui émana de Phôkæa. Tandis que d'un côté l'Hêraklês tyrien avec son temple vénéré à Gadès fournissait une nouvelle localité et

---

(1) Hérodote, I, 165.
(2) Ἡ καθ' ἡμᾶς θάλασσα (Strabon) ; τῆσδε τῆς θαλάττης (Hérod. IV, 41).

de nouveaux détails pour des mythes relatifs à l'Hèraklès grec, — d'un autre côté, des Grecs intelligents apprirent pour la première fois que les eaux qui entouraient leurs îles et le Péloponèse formaient une partie d'une mer circonscrite par des limites assignables. La navigation continue des Phôkæens autour des côtes, d'abord de l'Adriatique, puis du golfe de Lyon jusqu'aux colonnes d'Hèraklès et à Tartêssos, mit pour la première fois ce fait important en lumière. Pour les auditeurs d'Archiloque, de Simonide d'Amorgos et de Kallinus, vivant avant le voyage de Kôlæos ou à la même époque, il n'y avait pas de limite maritime connue, soit au nord de Korkyra, soit à l'ouest de la Sicile; mais ceux d'Anakreon et d'Hippônax, un siècle plus tard, trouvaient le Pont-Euxin, le Palus Mæotis, l'Adriatique, la Méditerranée occidentale et les Syrtes libyennes, tous assez explorés pour présenter à l'esprit une conception déterminée et pour pouvoir être représentés d'une manière visible sur une carte par Anaximandre. Quelque familière qu'une telle connaissance nous soit devenue aujourd'hui, à l'époque dont nous nous occupons maintenant, c'était un pas prodigieux. Les colonnes d'Hèraklès, particulièrement, restèrent profondément fixées dans l'esprit grec, comme un terme pour les aventures et les aspirations de l'homme ; quant à l'océan qui s'étend au delà, on se contentait en général de rester dans l'ignorance à son sujet.

Nous avons déjà dit que les Phéniciens, comme explorateurs des côtes, furent plus entreprenants même que les Phôkæens. Mais leur jaloux esprit commercial les poussa à cacher leur route, — à donner des renseignements faux à dessein (1) relativement aux dangers et aux difficultés, — et même à noyer tout rival de commerce, quand ils pouvaient le faire sans danger (2).

Nous ne devons pas cependant passer sous silence un ex-

---

(1) Le géographe Ptolémée, avec un véritable zèle scientifique, se plaint amèrement de la réserve et des fraudes communes aux anciens commerçants, relativement aux contrées qu'ils visitaient (Ptolem. Geogr. I, 11).

(2) Strabon, III, p. 175, 176 ; XVII, p. 802.

ploit remarquable des Phéniciens, contemporain de la période de l'exploration phôkæenne. Ce fut à peu près vers 600 avant J.-C. qu'ils firent par mer le tour de l'Afrique ; partis de la mer Rouge, par ordre du roi égyptien Nechao, fils de Psammétichus, ils doublèrent le cap de Bonne-Espérance, se rendirent à Gadès, et de là revinrent au Nil.

Il paraît que Nechao, désireux d'établir une communication par eau entre la mer Rouge et la Méditerranée, commença à creuser un canal de cette mer au Nil, mais qu'il renonça à l'entreprise après avoir fait un progrès considérable. Pour poursuivre le même objet, il expédia des Phéniciens dans un voyage d'essai à partir de la mer Rouge autour de la Libye, voyage qui s'accomplit heureusement, bien qu'il n'eût pas duré moins de trois années ; car, pendant chaque automne, les marins abordaient et restaient à terre assez de temps pour semer et récolter une moisson de blé. Ils revinrent en Égypte par le détroit de Gibraltar, dans le cours de la troisième année, et racontèrent un conte — « que (dit Hérodote) d'autres croiront peut-être, mais que je ne puis croire, » — à savoir qu'en faisant voile autour de la Libye ils avaient le soleil à leur droite, c'est-à-dire au nord (1).

La réalité de cette circumnavigation fut confirmée à Hérodote par des renseignements qu'il reçut de divers Carthaginois (2), et lui-même y croit pleinement. Il semble qu'il y ait

---

(1) Hérodote, IV, 42. Καὶ ἔλεγον, ἐμοὶ μὲν οὐ πιστά, ἄλλῳ δὲ δή τέῳ, ὡς περιπλώοντες τὴν Λιβύην, τὸν ἥλιον ἔσχον ἐς τὰ δεξιά.

(2) Hérodote, Οὕτω μὲν αὐτὴ ἐγνώσθη τὸ πρῶτον (i. e.) ἡ Λιβύη ἐγνώσθη ἐοῦσα περίρρυτος) · μετὰ δέ, Καρχηδόνιοί εἰσιν οἱ λέγοντες. Ces Carthaginois, auxquels Hérodote fait ici allusion, lui dirent que l'on pouvait faire par mer le tour de la Libye ; mais ils ne semble pas qu'ils connussent d'autre voyage réel de circumnavigation, excepté celui des Phéniciens envoyés par Nechao ; autrement Hérodote y aurait fait quelque allusion, au lieu de passer, comme il le fait immédiatement, à raconter l'histoire du Perse Sataspês, qui essaya sans succès.

Le témoignage des Carthaginois a d'autant plus de valeur, qu'il atteste la persuasion où ils étaient de la vérité du renseignement donné par les Phéniciens.

Quelques critiques ont expliqué les mots dans lesquels Hérodote fait allusion aux Carthaginois comme étant ceux qui l'avaient renseigné, en supposant que ce qu'ils lui dirent était l'histoire de la tentative inutile faite par Sataspês. Mais ce n'est pas là évi-

de bonnes raisons pour partager sa croyance, bien que plusieurs habiles critiques rejettent le conte comme incroyable. Les Phéniciens étaient experts et audacieux dans la navigation le long des côtes, et en faisant le tour de l'Afrique, ils n'eurent jamais occasion de perdre la terre de vue. Nous pouvons présumer que leurs vaisseaux étaient abondamment approvisionnés, de sorte qu'ils pouvaient choisir leur temps et s'arrêter quand il faisait mauvais; nous pouvons aussi regarder comme certain que la récompense dépendant du succès était considérable. En effet, pour tous les autres marins qui existaient alors, l'entreprise eût été trop difficile; mais il n'en était pas de même pour eux, et ce fut pour ce motif que Nechao les choisit. A ces raisons, qui montrent que l'histoire ne présente pas d'incrédibilité intrinsèque (ce qui en effet est à peine allégué même par Mannert et autres qui n'y croient pas), nous pouvons en ajouter une autre, qui va jusqu'à prouver qu'elle est positivement vraie. Ils disaient que dans le cours de leur voyage, en allant vers l'ouest, ils avaient le soleil à leur droite (c'est-à-dire au nord); et ce phénomène, observable suivant la saison même quand ils étaient entre les tropiques, ne pouvait manquer de s'imposer à leur attention comme constant, après qu'ils eurent atteint la zone tempérée méridionale. Mais Hérodote déclare sans hésiter que cette partie de l'histoire est incroyable, et elle pouvait paraître telle à presque tout homme Grec (1), Phénicien ou Égyptien, non-seulement de l'époque de Nechao, mais du temps même d'Hérodote, qui l'entendait raconter, puisque personne n'avait une expérience réelle des phénomènes que présente la latitude méridionale, ni une théorie suffisamment exacte de la relation qui existe entre le soleil et la terre, pour comprendre la direction changeante

---

demment la pensée de l'historien; il présente l'opinion des Carthaginois comme servant à confirmer l'assertion des Phéniciens qu'avait employés Nechao.

(1) Diodore (III, 40) parle avec exactitude de la direction des ombres au sud du tropique du Cancer (cf. Pline, H. N. VI, 29), — marque entre autres de l'extension des observations géographiques et astronomiques pendant les quatre siècles qui s'écoulèrent entre lui et Hérodote.

des ombres ; et peu de personnes auraient consenti à renoncer aux idées reçues relativement aux mouvements solaires, par pure confiance dans la véracité de ces narrateurs phéniciens. Or, il est extrêmement improbable que, dans de telles circonstances, ces derniers aient inventé le conte ; et s'ils n'en étaient pas les inventeurs, ils doivent avoir éprouvé le phénomène pendant la partie méridionale de leur passage.

Quelques critiques ne croient pas à cette circumnavigation, en supposant que si un exploit aussi remarquable avait réellement été accompli une fois, il avait dû être renouvelé, et une application pratique en avait dû être faite. Mais bien que ce soupçon soit assez naturel pour ceux qui se rappellent quelle grande révolution s'opéra lorsque le passage au sud de l'Afrique fut découvert de nouveau dans le quinzième siècle —cependant on trouvera que le raisonnement n'est pas applicable au sixième siècle avant l'ère chrétienne.

La curiosité scientifique pure, à cette époque, comptait pour rien. Le motif de Nechao, en ordonnant cette entreprise, était le même que celui qui l'avait engagé à creuser son canal, — afin de pouvoir établir la meilleure communication entre la Méditerranée et la mer Rouge. Mais, comme il en fut pour le passage au nord-ouest de l'Amérique à notre époque, de même en fut-il pour la circumnavigation de l'Afrique à l'époque de ce roi, — la preuve qu'il était praticable démontra en même temps qu'il n'était pas propre à des desseins de trafic ou de communication, si l'on considère les ressources que les navigateurs avaient alors à leur disposition, — fait, cependant, qui ne pouvait être connu qu'après l'expérience faite. Passer de la Méditerranée à la mer Rouge au moyen du Nil continua encore à être la route la plus facile, soit en voyageant par terre, ce qui du temps des Ptolémées se faisait ordinairement, de Koptos, sur le Nil, à Berenikê, sur la mer Rouge, — soit en prenant le canal de Nechao, que Darius acheva plus tard, bien qu'il semble avoir été négligé pendant l'empire des Perses en Égypte et qu'il ait été réparé dans la suite et mis en état de servir sous les Ptolémées. Sans aucun doute, les marins phéniciens qui réussirent eurent à supporter à la fois de sérieuses fatigues et à affronter de grands périls réels, outre ces périls supposés encore plus grands, dont l'appréhension affaiblissait si constamment, dans l'Océan inconnu, les âmes des hommes résolus et éprouvés. Telle fut la force de ces terreurs et de ces difficultés, auxquelles on ne connaissait pas de terme, sur l'esprit de l'achæménide Sataspês (à qui la circumnavigation de l'Afrique fut imposée comme une peine « pire que la mort » par Xerxès, en commutation d'une sentence capitale), qu'il revint sans avoir achevé le tour, bien qu'en agissant ainsi il s'exposât à perdre la vie. Il affirma qu'il avait fait voile « jusqu'à ce que son vaisseau s'arrêtât court, sans pouvoir aller plus loin, » — ayant la persuasion assez commune dans les temps anciens et même jusqu'à Christophe Colomb, qu'il y avait un point au delà duquel l'Océan, soit à cause de la vase, des sables, des bas-fonds, des brouillards, soit à cause d'amas d'herbes marines, n'était plus navigable (1).

---

(1) Skylax, après avoir suivi la ligne de côtes de la Méditerranée au delà du détroit de Gibraltar, et ensuite au sud-ouest de l'Afrique jusqu'à l'île de Kernê, continue en disant que « au delà de Kernê la mer n'est plus navigable à cause de bas-fonds, de vases et d'herbes marines. » Τῆς δὲ Κέρνης νήσου τὰ ἐπέκεινα οὐκέτι ἐστι πλωτὰ διὰ βραχύτητα θαλάττης καὶ πηλὸν καὶ φῦκος. Ἔστι δὲ τὸ φῦκος τῆς δοχμῆς τὸ πλάτος καὶ ἄνωθεν ὀξύ, ὥστε κεντεῖν (Skylax, c. 109). Néarque, quand il entreprend son voyage en descendant l'Indus, pour aller de là jusqu'au golfe Persique, n'est point certain s'il trouvera la mer extérieure navigable, — εἰ δὴ πλωτός γέ ἐστιν ὁ ταύτῃ πόντος (Nearchi Periplus, p. 2; cf. p. 40, ap. Geogr. Minor. vol. I, éd. Hudson). Pytheas représentait le voisinage de Thulê comme une sorte de chaos, — un mélange de terre, de mer et d'air dans lequel on ne pouvait ni marcher ni naviguer : — οὔτε γῆ καθ' αὑτὴν ὑπῆρχεν οὔτε θάλασσα οὔτε ἀήρ, ἀλλὰ σύγκριμά τι ἐκ τούτων πλεύμονι θαλασσίῳ ἐοικός, ἐν ᾧ φησι τὴν γῆν καὶ τὴν θάλασσαν αἰωρεῖσθαι καὶ τὰ σύμπαντα, καὶ τοῦτον ὡς ἂν δεσμὸν εἶναι τῶν ὅλων, μήτε πορευτὸν μήτε πλωτὸν ὑπάρχοντα · τὸ μὲν οὖν τῷ πλεύμονι ἐοικὸς αὐτὸς (Pytheas) ἑωρακέναι, τἄλλα δὲ λέγειν ἐξ ἀκοῆς (Strabon, II, p. 104). De plus, les prêtres de Memphis dirent à Hérodote que Sésostris, leur héros conquérant avait équipé une flotte dans le golfe Arabique et fait un voyage dans la mer Erythrée, subjuguant des peuples partout, « jusqu'à ce qu'il fût arrivé à une mer qui n'était plus navigable à cause des bas-fonds, » — οὐκέτι πλωτὴν, ὑπὸ βραχέων (Hérod. II, 109). Platon représente la mer en dehors des colonnes d'Hercule comme inaccessible et impropre à la navigation, à cause du mélange considérable de terre, de vase, ou d'une surface végétale, qui s'y était formé à la suite de la rupture de la grande île ou du continent Atlantis (Timé, p. 25, et Kritias, p. 108) ; passages bien expliqués par le Scholiaste, qui semble avoir lu des descriptions géographiques du caractère que présente cette mer Extérieure, — τοῦτο καὶ

Or, nous apprenons par là que l'entreprise, même aux yeux de ceux qui croyaient aux récits des capitaines de Nechao, passait pour être à la fois désespérée et inutile ;

οἱ τοὺς ἐκείνῃ τόπους ἱστοροῦντες λέγουσιν, ὡς πάντα τεναγώδη τὸν ἐκεῖ εἶναι χῶρον · τέναγος δέ ἐστιν ἰλύς τις, ἐπιπολάζοντος ὕδατος οὐ πολλοῦ, καὶ βοτάνης ἐπιφαινομένης τούτῳ. V. aussi l'imagination de Plutarque relative à une mer Kronienne épaisse, terreuse et visqueuse (quelques journées à l'ouest de la Bretagne), dans laquelle un vaisseau ne pouvait avancer qu'avec difficulté, et seulement en ramant avec de grands efforts (Plutarque, De Facie in Orbe Lunæ, c. 26, p. 941). Ainsi encore dans les deux ouvrages géographiques en vers de Rufus Festus Avienus (Hudson, Geogr. Minor. vol. IV, Descriptio orbis terræ, v. 57, et Ora maritima, v. 406-415) ; dans la première de ces deux productions, la densité de l'eau de l'océan occidental est attribuée à ce qu'elle est saturée de sel ; — dans la seconde, nous avons des bas-fonds, des amas considérables d'herbes marines, et des animaux sauvages nageant çà et là, que le Carthaginois Himilcon affirmait avoir vus lui-même :

« Plerumque porro tenue tenditur
[salum,
Ut vix arenas subjacentes occulat ;
Exsuperat autem gurgitem fucus
[frequens
Atque impeditur æstus ex uligine ;
Vis vel ferarum pelagus omne inter-
[natat,
Mutusque terror ex feris habitat
[freta.
Hæc olim Himilco Pœnus Oceano
[super
Spectasse semet et probasse rettulit :
Hæc nos, ab imis Punicorum anna-
[libus
Prolata longo tempore edidimus
[tibi. »

Cf. aussi v. 115-130 du même poëme, où l'auteur fait une citation empruntée d'un voyage d'Himilcon, qui avait été quatre mois dans l'océan en dehors des colonnes d'Hercule : —

« Sic nulla late flabra propellunt
[ratem,
Sic segnis humor æquoris pigri stupet,
Adjicit et illud, plurimum inter gur-
[gites
Exstare fucum, et sæpe virgulti vice
Retinere puppim, » etc.

Le calme plat, la vase et les bas-fonds de l'océan intérieur sont mentionnés par Aristote, Meteorolog. II, 1, 14, et semblent avoir été un sujet favori de déclamation chez les rhéteurs du siècle d'Auguste. V. Sénèque, Suasoriar. I, 1.

Même les compagnons et les contemporains de Colomb, quand la navigation avait fait comparativement de tels progrès, conservaient encore beaucoup de ces craintes relativement aux dangers et aux difficultés de l'océan inconnu : « Le tableau exagéré (fait observer A. von Humboldt, Examen critique de l'Histoire de la Géographie, t. III, p. 95) que la ruse des Phéniciens avait tracé des difficultés qu'opposaient à la navigation au delà des colonnes d'Hercule, de Cerné et de l'île Sacrée (Ierné), le fucus, le limon, le manque de fond et le calme perpétuel de la mer, ressemble d'une manière frappante aux récits animés des premiers compagnons de Colomb. »

Colomb fut le premier homme qui traversa la mer de Sargasso, ou partie de l'Océan Atlantique au sud des Açores, où il est couvert d'une masse immense d'herbes marines dans un espace six ou sept fois aussi considérable que la France : l'alarme de son équipage à ce spectacle inattendu fut très-grande. Les herbes marines sont quelquefois accumulées à une telle épaisseur, qu'il faut un vent violent pour que le navire puisse les traverser. Les remarques et

mais sans doute beaucoup de gens la regardaient comme un pur « mensonge phénicien (1) » (pour employer une expression proverbiale des temps anciens).

---

les comparaisons de M. von Humboldt au sujet de la navigation ancienne et de la moderne sont d'un haut intérêt (Examen, ut sup. p. 69, 88, 91, etc.).

J.-M. Gessner (Dissertat. de Navigationibus extra Columnas Herculis, sect. 6 et 7) renferme une bonne justification du récit fait par Hérodote. Le major Rennel adopte aussi la même idée et démontre par de nombreux arguments combien la circumnavigation était plus facile en venant de l'est que de l'ouest (Geograph. System of Herodotus, p. 680); cf. Ukert, Geograph. der Griechen und Roemer, vol. I, p. 61; Mannert, Geograph. der Griechen und Roemer, vol. I, p. 19-26. Gossellin (Recherches sur la Géogr. des anc. I, p. 149) et Mannert rejettent tous les deux le récit comme indigne de foi; Heeren le défend (Ideen ueber den Verkehr der Alten Welt, I, 2, p. 86-95).

Agatharchidès, dans le second siècle avant J.-C., déclare que la côte orientale de l'Afrique, au sud de la mer Rouge, n'a pas encore été explorée; il regarde comme un fait certain, cependant, que la mer au sud-ouest fait suite à l'océan occidental (De Rubro Mari, Geogr. Minores, éd. Huds. vol. I, p. 11).

(1) Strabon, III, p. 170. Sataspès (le Perse mentionné plus haut, qui avait tenté sans succès de faire le tour de la Libye) avait violé la fille d'un autre noble Perse, Zopyros, fils de Megabyzos, et Xerxès avait ordonné qu'il fût crucifié pour cette action : sa mère obtint qu'il conservât la vie en suggérant l'idée de le condamner à quelque chose de *pire que la mort*, — la circumnavigation de la Libye (Hérod. IV, 43). Il y a deux choses à remarquer au sujet de son voyage : — 1. Il prit avec lui un vaisseau et des marins d'Egypte; on ne nous dit pas qu'ils fussent Phéniciens; probablement il n'y avait pas d'autres marins que des Phéniciens qui fussent en état de faire un tel voyage, — et même si Sataspès avait eu un équipage composé de Phéniciens, il ne pouvait pas, en cas de succès, offrir des récompenses égales à celles que pouvait accorder Nechao. 2. Il commença son entreprise par le détroit de Gibraltar au lieu de commencer par la mer Rouge; or, il semble que le courant qui se trouve entre Madagascar et la côte orientale de l'Afrique pousse très-fortement vers le cap de Bonne-Espérance, de sorte que, s'il est d'un grand secours pour le voyage méridional, d'un autre côté, il rend le retour par le même chemin très-difficile (V. Humboldt, Examen critique de l'Histoire de la Géographie, t. I, p. 343). Strabon cependant affirme que tous ceux qui avaient essayé de faire le tour de l'Afrique, tant par la mer Rouge que par le détroit de Gibraltar, avaient été forcés de retourner sans succès (I, p. 32); aussi pensait-on généralement qu'il y avait un isthme continu qui rendait impraticable d'aller par mer d'un point à un autre; toutefois il est persuadé que l'Atlantique est σύρρους des deux côtés de l'Afrique, et qu'en conséquence la circumnavigation est possible. Lui aussi, bien que Poseidonius (II, p. 98-100), ne croyait pas à la vérité de cette histoire des Phéniciens envoyés par Nechao. Il devait être arrivé à la conviction complète qu'on pouvait faire le tour de la Libye, d'après une théorie géographique qui le conduisit à diminuer les dimensions de ce continent au sud. En effet, dans son opinion, la chose n'avait jamais été faite, bien qu'elle eût été souvent tentée. Mannert (Geogr. der Griech. und Roem. I, p. 24) dit par erreur que Strabon et autres fondaient leur opinion sur le récit d'Hérodote.

La circumnavigation de la Libye fut, dit-on, un des projets conçus par Alexandre le Grand (1). Nous pouvons croire sans peine que, s'il eût vécu plus longtemps, elle eût été confiée à Néarque ou à quelque autre officier aussi capable, et selon toute probabilité, elle aurait réussi, surtout puisqu'elle aurait été entreprise en partant de l'est, — et cela au grand profit des connaissances géographiques chez les anciens, mais avec peu de profit pour leur commerce. Il y a donc des raisons suffisantes pour admettre que ces Phéniciens doublèrent le cap de Bonne-Espérance par l'est, vers l'an 600 avant J.-C., plus de 2,000 ans avant que Vasco de Gama fît la même chose par l'ouest, bien que la découverte ait été dans le premier cas sans avantage, soit pour le commerce, soit pour la science géographique.

Outre la carrière maritime de Tyr et de Sidon, le commerce qu'ils faisaient par terre dans l'intérieur de l'Afrique était d'une grande valeur et d'une grande importance. Ils étaient les marchands spéculateurs qui dirigeaient la marche des caravanes chargées des produits assyriens et égyptiens à travers les déserts qui les séparaient de l'intérieur de l'Asie (2), — opération qui, à considérer les pillards Arabes, qu'ils étaient obligés de se concilier et même d'employer comme porteurs, ne présentait guère moins de difficultés que le plus long voyage fait le long des côtes. Ils semblent avoir été les seuls dans l'antiquité qui aient voulu braver et qui aient pu surmonter les périls d'un lointain trafic par terre (3) ;

Il est à propos de faire remarquer que Strabon ne peut avoir lu le récit dans Hérodote avec beaucoup d'attention, puisqu'il cite Darius comme étant le roi qui envoya les Phéniciens autour de l'Afrique, et non Nechao ; il ne fait pas non plus attention au remarquable renseignement que donnent ces navigateurs relativement à la position du soleil. Il y avait sans doute maints récits apocryphes circulant à son époque au sujet de tentatives, heureuses et malheureuses, en vue de faire le tour de l'Afrique, comme nous pouvons le voir par le conte d'Eudoxe (Strabon, II, 98 ; Cornel. Nep. ap. Plin. H. N. 11, 67, qui donne l'histoire tout différemment ; et Pomp. Mela, III, 9).

(1) Arrien, Exp. Al. VII, 1,2.
(2) Hérodote, I, 1. Φοίνικας — ἀπαγινέοντας φόρτια Ἀσσύριά τε καὶ Αἰγύπτια.
(3) V. dans Heeren (Ueber den Verkehr der Alten Welt, I, 2. Abschn. 4,

et leurs descendants à Carthage et à Utique ne furent pas moins actifs pour mener des caravanes jusque dans l'intérieur de l'Afrique.

---

p. 96) l'important chapitre sur le commerce de terre des Phéniciens.

Le vingt-septième chapitre du prophète Ezéchiel présente un tableau frappant du commerce général de Tyr.

FIN DU QUATRIÈME VOLUME

TABLE DES MATIÈRES

DU QUATRIÈME VOLUME

DEUXIÈME PARTIE

GRÈCE HISTORIQUE

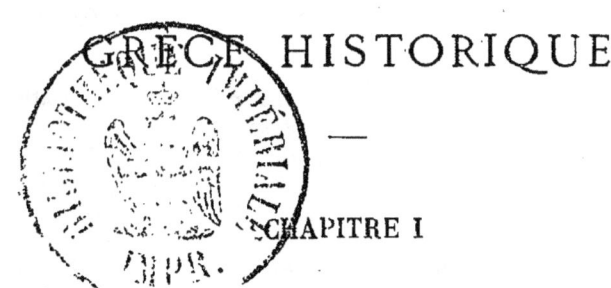

CHAPITRE I

CONQUÊTES DE SPARTE DU CÔTÉ DE L'ARKADIA ET DE L'ARGOLIS

	PAGES.
Etat de l'Arkadia...............	2
Tegea et Mantineia les plus puissantes villes arkadiennes avant la fondation de Megalopolis...	5
Empiétement de Sparte sur la frontière méridionale de l'Arkadia...................	6
Tentatives malheureuses des Spartiates contre Tegea.......	7
L'oracle leur ordonne d'apporter à Sparte les ossements du héros Orestês.................	8
Leurs opérations contre Tegea deviennent plus heureuses; néanmoins Tegea conserve son indépendance.................	9
Limites de Sparte du côté d'Argos; — conquête de la Thyreatis par Sparte.................	10
Combat de trois cents champions choisis, entre Sparte et Argos, pour décider de la possession de la Thyreatis. — Bravoure	

	PAGES.
d'Othryadês................	11
La Thyreatis tombe sous la domination de Sparte. — Efforts des Argiens pour la recouvrer....	ib.
Changement dans l'opinion des Grecs, quant à l'usage de décider des disputes par des champions choisis...............	13
Kynuriens en Argolis — de race ionienne, disait-on, mais devenus Dôriens...............	ib.
Les Spartiates sont complétement maîtres de la partie méridionale du Péloponèse, d'une mer à l'autre, avant 540 avant J.-C.	14
Grande puissance comparative de Sparte à cette époque reculée.	15
Education personnelle fort soignée chez les Spartiates — à une époque où d'autres Etats n'avaient aucune éducation....	17
Institutions militaires de Sparte; — subdivisions militaires par-	

	PAGES.		PAGES.
ticulières, et extrêmement petites, distinctes des civiles. — Enômoties, etc.	18	dance croissante à augmenter l'union	24
Éducation soignée des Enômoties.	20	Manière homérique de combattre, — appartenait probablement à l'Asie, non à la Grèce	25
Dans les autres cités grecques il n'y avait pas de divisions militaires particulières, distinctes des divisions civiles	23	Argos, — ses efforts pour recouvrer la suprématie de la Grèce.	26
		Elle conquiert Mykenæ, Tiryns et Kleônæ. — Jeux Néméens.	27
Supériorité reconnue de Sparte — partie de l'ancien sentiment grec — coïncidant avec la ten-		Achaia; — douze cités autonomes, peut-être plus, — peu connues.	29

CHAPITRE II

CORINTHE, SIKYÔN ET MEGARA. — SIÈCLE DES DESPOTES GRECS

	PAGES.		PAGES.
Ancien commerce et premières entreprises des Corinthiens...	32	cien roi héroïque. Position du despote	57
Oligarchie des Bacchiadæ	33	Il lui est impossible de bien gouverner	59
Ancienne condition de Megara...	ib.		
Ancienne condition de Sikyôn...	35	Le conflit entre l'oligarchie et le despotisme précéda le conflit entre l'oligarchie et la démocratie	63
Élévation des despotes	ib.		
Premiers changements de gouvernement en Grèce	36		
Particularité à Sparte	37	Les anciennes oligarchies renfermaient une foule de sections et d'associations différentes	64
Cessation de la royauté dans la Grèce en général	39		
Comparaison avec le moyen âge en Europe	ib.	Gouvernement des Geomori, — ordre fermé de propriétaires actuels ou anciens	65
Sentiment antimonarchique de la Grèce. — M. Mitford	43	Classes du peuple	66
Causes qui ont amené la naissance de ce sentiment	47	Les forces militaires des anciennes oligarchies consistaient en cavalerie	ib.
Changement en gouvernement oligarchique	48	Origine de l'infanterie pesamment armée et de la marine militaire libre, — toutes deux peu favorables à l'oligarchie	ib.
Un tel changement indique un progrès dans l'esprit grec	50		
Mécontentement inspiré par les oligarchies; — moyens employés par les despotes pour acquérir le pouvoir	51	États dôriens; — habitants dôriens et non dôriens	67
		Dynastie de despotes à Sikyôn, — les Orthagoridæ	ib.
Exemples	53	Actes violents de Kleisthenês	68
Tendance vers un droit de cité mieux organisé	54	Classes de la population sikyonienne	71
Caractère et action des despotes.	ib.		
Le despote démagogue des anciens temps comparé au démagogue de date plus récente	55	Chute des Orthagoridæ; — état de Sikyôn après cet événement	72
Contraste entre le despote et l'an-		Les despotes sikyoniens n'ont pas été déposés par Sparte	73

	PAGES.
Despotes de Corinthe : — Kypselos, — Périandre............	77
Grande puissance de Corinthe sous Périandre..............	79
Chute de la dynastie kypsélide..	ib.
Megara.— Theagenês le despote.	80
Gouvernement troublé à Megara Theognis...................	81
Analogie de Corinthe, de Sikyôn et de Megara...............	84

CHAPITRE III

PORTION IONIENNE DE LA HELLAS. — ATHÈNES AVANT SOLÔN

	PAGES.
Histoire d'Athènes avant Drakôn seulement une liste de noms..	88
Plus de roi après Kodros. — Archontes à vie. — Archontes décennaux. — Archontes annuels, au nombre de neuf..........	ib.
Archontat de Kreôn, 683 avant J.-C. — Commencement de la chronologie attique..........	89
Obscurité de la condition civile de l'Attique avant Solôn......	90
Prétendue division duodécimale de l'Attique dans les temps anciens.........................	ib.
Quatre tribus ioniennes : — Geleontes, Hoplêtes, Ægikoreis, Argadeis...................	91
Point de noms de castes ni de professions..................	92
Parties constitutives des quatre tribus.....................	93
La Trittys et la Naukrarie.....	ib.
La Phratrie et la Gens........	94
Ce qui constituait la gens ou communauté de familles......	95
Agrandissement artificiel de la primitive association de famille. Les idées de culte et d'ancêtres se confondent..............	98
Croyance à un premier père divin commun.....................	99
Ces ancêtres sont fabuleux, cependant encore accrédités.....	100
Analogies empruntées d'autres nations.....................	102
Gentes romaines et grecques....	105
Droits et obligations des frères de la gens et de la phratrie....	107
La gens et la phratrie après la révolution de Kleisthénês devinrent extra-politiques.......	109
Nombreuses communautés politiques distinctes dans l'origine à Athènes. — Thêseus........	110
Longue durée du sentiment cantonal.	112
Quels dêmes étaient dans l'origine indépendants d'Athènes.— Eleusis.....................	113
Eupatridæ, Geômori et Demiurgi.	114
Les Eupatridæ dans l'origine occupaient tous les pouvoirs politiques.....................	115
Sénat de l'Aréopage...........	116
Les neuf archontes,—leurs fonctions.	117
Drakôn et ses lois............	119
Différents tribunaux pour juger l'homicide à Athènes........	120
Règlements de Drakôn au sujet des Ephetæ.................	123
Superstitions locales à Athènes au sujet du jugement pour homicide......................	124
Tentative d'usurpation faite par Kylôn......................	126
Son insuccès, et massacre de ses partisans par l'ordre des Alkmæônides..................	127
Jugement et condamnation des Alkmæônides................	129
Peste et souffrances d'Athènes..	130
Sectes et confréries mystiques au sixième siècle avant J.-C. — Epimenidês de Krête.........	131
Epimenidês visite et purifie Athènes.......................	132
Sa vie et son caractère........	133
Contraste entre son époque et celle de Platon..............	ib.

CHAPITRE IV

LOIS ET CONSTITUTION DE SOLÔN

	PAGES.
Vie, caractère et poëmes de Solôn	138
Guerre entre Athènes et Megara au sujet de Salamis	140
Acquisition de Salamis par Athènes	141
Les arbitres spartiates décident le débat en faveur d'Athènes	142
État d'Athènes immédiatement avant la législation de Solôn	143
Dissensions intestines; — misère de la population pauvre	144
Les débiteurs réduits à l'esclavage. — Loi concernant le débiteur et le créancier	145
Injustice et rapacité des riches	146
Révolte générale et nécessité d'une réforme considérable	148
Solôn nommé archonte et investi de pleins pouvoirs pour faire des lois	ib.
Il refuse de se faire despote	
Sa Seisachtheia, ou loi allégeant le sort des débiteurs pauvres	150
Altération du titre de l'argent	151
Popularité générale de la mesure après un mécontentement partiel	152
Différentes assertions postérieures quant à la nature et à l'étendue de la Seisachtheia	154
Nécessité de la mesure. — Contrats funestes auxquels la loi antérieure avait donné naissance	155
La loi de Solôn résolut définitivement la question; — aucune plainte postérieure quant aux dettes privées; — respect pour les contrats conservé entier sous la démocratie	157
Distinction faite dans une ancienne société entre le principal et l'intérêt d'un prêt; — intérêt désapprouvé *in toto*	159
Cette opinion fut conservée par les philosophes, quand elle avait cessé de prévaloir dans la communauté en général	164
La Seisachtheia solonienne ne fut jamais imitée à Athènes. — Titre de l'argent honnêtement maintenu dans la suite	167
Solôn est autorisé à modifier la constitution politique	169
Son cens. — Quatre échelles de biens	170
Les trois classes les plus riches sujettes par degrés à une taxe sur le revenu; — comparaison des trois classes	171
Mesure de droits et de priviléges politiques suivant cette échelle; une timocratie	173
La quatrième classe ou la plus pauvre n'exerçait de pouvoirs qu'en assemblée, — choisissait les magistrats et leur demandait des comptes	174
Sénat des Quatre Cents, corps probouleutique ou délibérant d'avance	ib.
Sénat de l'Aréopage. — Ses pouvoirs agrandis	175
On voit souvent une confusion faite entre les institutions de Solôn et celles qui lui sont postérieures	ib.
Langage vague des orateurs athéniens sur ce point	176
Solôn n'eut jamais en vue le changement futur ou la révision de ses propres lois	178
Solôn posa le fondement de la démocratie athénienne, mais ses institutions ne sont pas démocratiques	179
La réelle démocratie athénienne commence avec Kleisthenês	180
Gouvernement athénien après So-	

	PAGES.
lôn, encore oligarchique, mais mitigé........................	182
Les archontes continuèrent encore à être juges jusqu'à l'époque postérieure à Kleisthenês.....	184
Changements ultérieurs dans la constitution athénienne non remarqués par les orateurs, mais compris par Aristote, et vivement sentis à Athènes pendant l'époque de Periklês........	185
Gentes et phratries sous la constitution de Solôn ; — état des personnes qui n'y étaient pas comprises...................	186
Lois de Solôn...................	187
Les lois drakoniennes sur l'homicide maintenues ; le reste abrogé	188
Caractère varié des lois de Solôn : aucune apparence de classification......................	189
Il interdit l'exportation des produits du sol hors de l'Attique, excepté celle de l'huile.......	190
La prohibition est de peu d'effet ou n'en a aucun.............	191
Encouragements donnés aux artisans et à l'industrie.........	192
Pouvoir de faire des legs testamentaires — sanctionné pour la première fois par Solôn....	193
Lois relatives aux femmes.......	195
Règlements relatifs aux funérailles.........................	ib.
A la médisance et au langage injurieux....................	197

	PAGES.
Récompenses décrétées aux vainqueurs des jeux sacrés........	197
Vol...........................	198
Censure prononcée par Solôn sur les citoyens restés neutres dans une sédition..................	199
Nécessité, sous les gouvernements municipaux grecs, de quelque sentiment positif de la part des citoyens.....................	201
Contraste sous ce rapport entre l'époque de Solôn et la démocratie qui s'établit après lui......	ib.
La même idée suivie jusqu'au bout dans l'ostracisme établi postérieurement...................	202
Sentiment de Solôn à l'égard des poëmes homériques et du drame.	203
Difficultés que rencontre Solôn après la promulgation de ses lois. — Il se retire de l'Attique.	204
Il visite l'Égypte et Kypros.....	205
Entrevue et conversation prétendues de Solôn avec Crésus à Sardes.......................	206
Leçon morale résultant du récit.	210
État de l'Attique après la législation solonienne...............	211
Retour de Solôn à Athènes.....	ib.
Élévation de Pisistrate.........	ib.
Son mémorable stratagème pour obtenir du peuple une garde...	213
Pisistrate s'empare de l'akropolis, — courageuse résistance de Solôn........................	214
Mort de Solôn, — son caractère.	215

CHAPITRE V

EUBŒA — CYCLADES

	PAGES.
Les îles appelées Cyclades......	223
L'Eubœa......................	224
Ses six ou sept villes : — Chalkis, Eretria, etc..................	225
Comment elle était peuplée.....	226
Ancienne puissance de Chalkis, d'Eretria, de Naxos, etc.	227
Antique fête ionienne à Dêlos, fréquentée et opulente........	229

	PAGES
Son déclin vers 560 avant J.-C. — Ses causes................	230
Hymne homérique à Apollon Dêlien, — preuve quant à la vie ionienne primitive...........	ib.
Guerre entre Chalkis et Eretria à une époque reculée ; — alliances étendues de chacune d'elles.	231
Commerce et colonies de Chalkis	

et d'Eretria. — Échelle euboïque de poids et de monnaies.... 232
Trois différentes échelles grecques
— æginæenne, euboïque et attique, — leur rapport mutuel...................... 233

CHAPITRE VI

IONIENS ASIATIQUES

Douze cités ioniennes en Asie.... 235
Événement légendaire appelé migration ionienne.............. 236
Émigrants se rendant dans ces cités ; — divers Grecs........ ib.
Grandes différences de dialectes dans les douze cités.......... 238
Cités ioniennes réellement fondées par différentes migrations. ib.
Conséquences du mélange d'habitants dans ces colonies, — plus d'activité, d'instabilité... 239
Mobilité attribuée à la race ionienne en tant que comparée à la race dôrienne, — provient de cette cause.................. 240
Cités ioniennes en Asie mêlées avec les habitants indigènes... ib.
Culte d'Apollon et d'Artemis, — existait sur la côte asiatique avant l'immigration grecque, — adopté par les immigrants... 241
Fête et Amphiktyonie pan-ioniennes sur le promontoire de Mykale....................... ib.
Situation de Milêtos, — des autres cités ioniennes............. 242
Territoires parsemés de villages asiatiques.................. 243
Magnêsia sur le Mæandros. — Magnêsia sur le mont Sipylos. ib.
Ephesos. — Androklos l'œkiste, premier établissement et première distribution............ 245
Accroissement et acquisitions d'Ephesos....................... 247
Kolophôn, son origine et son histoire........................ 248
Temple d'Apollon à Klaros, près de Kolophôn. — Les légendes.. 249
Lebedos, Têos, Clazomenæ, etc... 250
Distribution intérieure des habitants de Teôs................ 251
Erythræ et Chios.............. 252
Klazomenæ. — Phôkæa........ 254
Smyrna....................... ib.

CHAPITRE VII

GRECS ÆOLIENS EN ASIE

Douze cités de Grecs æoliens.... 257
Leur situation ; — onze voisines les unes des autres sur le golfe Elæitique.................. 258
Migration æolienne légendaire.. 259
Kymê — la plus ancienne aussi bien que la plus puissante des douze....................... ib.
Magnêsia ad Sipylum........... 260
Lesbos....................... 261
Anciens habitants de Lesbos avant les Æoliens.................. 262
Établissements æoliens dans la région du mont Ida.......... 263
Colonies continentales de Lesbos et de Tenedos............... ib.
Habitants anté-helléniques dans la région du mont Ida. — Mysiens et Teukriens............ 264
Teukriens de Gergis............ 265
Mitylênê ; — ses dissensions politiques, ses poètes............ 266
Pouvoir et mérite de Pittakos... 267
Alcée le poète, — sa fuite dans le

	PAGES.		PAGES.
combat..................................	267	intérieure........................	268
Opposition acharnée de Pittakos et d'Alcée dans la politique		Pittakos est créé æsymnêtês, ou dictateur de Mitylênê........	269

CHAPITRE VIII

DORIENS ASIATIQUES

	PAGES.		PAGES.
Dôriens asiatiques, — leur Hexapolis.................................	271	l'Hexapolis.......................	272
Autres Dôriens, non compris dans		Exclusion d'Halikarnassos de l'Hexapolis...........................	273

CHAPITRE IX

INDIGÈNES DE L'ASIE MINEURE AUXQUELS LES GRECS S'ALLIÈRENT

	PAGES.		PAGES.
Nations indigènes de l'Asie Mineure. — Géographie homérique.......................................	275	Affinités ethniques et migrations par races........................	281
Caractère du pays................	276	Identité partielle des légendes...	282
Noms et situation des différents peuples..............................	277	Phrygiens.........................	284
Non réunis dans l'origine en royaumes ou cités considérables..................................	278	Leur influence sur les anciens colons grecs.........................	285
Fleuve Halys, — la limite ethnographique. Syro-Arabes à l'est de ce fleuve......................	ib.	Gamme musicale grecque empruntée en partie des Phrygiens	ib.
Race Thrace — au nord de l'Asie Mineure...........................	279	Musique et culte phrygiens chez les Grecs en Asie Mineure....	287
		Caractère des Phrygiens, des Lydiens et des Mysiens...........	288
		Premier roi phrygien ou héros Gordios. — Midas.............	289

CHAPITRE X

LYDIENS. — MÈDES. — CIMMÉRIENS. — SCYTHES

	PAGES.		PAGES
Lydiens, — leur musique et leurs instruments.......................	293	Légende de Gygês dans Platon..	296
Eux et leur capitale Sardes inconnus à Homère....................	294	Influence des femmes dominant dans les légendes de l'Asie Mineure...............................	297
Anciens rois lydiens.............	295	Division de la Lydia en deux parties : — Lydia et Torrhebia...	298
Kandaulês et Gygês.............	ib.	Actions de Gygês................	ib.
La dynastie mermnade succède à la dynastie hêraklide...........	296	Ardys son fils et successeur.....	299

	PAGES.		PAGES.
Assyriens et Mèdes	299	Scythes dans la Haute Asie	330
Premier roi mède. — Dêïokês	303	Expulsion de ces nomades, après une occupation temporaire	332
Son histoire composée de matériaux grecs, non orientaux	304	Rois lydiens Sadyattês et Alyattês; guerre contre Milêtos	ib.
Phraortês. — Kyaxarês	306	Sacrilége commis par Alyattês. — Oracle, — il fait la paix avec Milêtos	333
Siége de Ninive, — invasion des Scythes et des Cimmériens	309	Long règne. — Mort et tombeau d'Alyattês	334
Les Cimmériens	ib.	Crésus	335
Les Scythes	310	Il attaque et conquiert les Grecs asiatiques	ib.
Colonies grecques sur la côte du Pont-Euxin	312	Absence de coopération entre les cités ioniennes	336
Scythie telle que la décrit Hérodote	313	Conseil inutile de Thalês de réunir les douze cités ioniennes en une seule cité pan-ionienne à Teôs	337
Tribus des Scythes	314		
Mœurs et culte	316		
Scythes formidables par leur nombre et leur courage	318	Prise d'Ephesos	ib.
Sarmates	319	Crésus roi de toute l'Asie à l'ouest de l'Halys	339
Tribus à l'est et au nord du Palus Mæôtis	320	Ere nouvelle et importante pour le monde hellénique — commençant avec les conquêtes de Crésus	ib.
Tauri dans la Crimée. — Massagetæ	321		
Invasion de l'Asie par des Scythes et des Cimmériens	322		
Cimmériens chassés de leur pays par les Scythes	323	Action de l'empire lydien continuée sur une plus grande échelle par les Perses	340
Difficultés dans le récit d'Hérodote	325		
Cimmériens en Asie Mineure	326		

CHAPITRE XI

PHÉNICIENS

	PAGES.		PAGES.
Phéniciens et Assyriens — membres de la famille sémitique	343	Contrée productive autour de Gadês appelée Tartêssos	354
Présence dans les temps reculés de vaisseaux phéniciens dans les mers grecques — dès les temps homériques	344	Phéniciens et Carthaginois; — les colonies de ces derniers combinaient des vues de domination avec des vues commerciales	355
Situations et cités de Phénicie	345		
Le commerce phénicien florissait plus dans les temps reculés que dans les temps plus récents	350	Phéniciens et Grecs en Sicile et dans l'île de Kypros; — les derniers se substituent en partie aux premiers	357
Colonies phéniciennes: — Utique, Carthage, Gadês, etc	351		
Commerce des Phéniciens de Gadês — vers l'Afrique d'un côté et la Bretagne de l'autre	353	Ibéria et Tartêssos; — les Grecs ne les visitent pas antérieurement à 630 avant J.-C. environ	358

TABLE DES MATIÈRES

	PAGES.		PAGES.
Mémorable voyage du Samien Kôlæos à Tartêssos	359	Voyage de circumnavigation autour de l'Afrique par les Phéniciens	364
Vóyages d'explorations des Phokæens, entre 630-570 avant J.-C.	361	Cette circumnavigation fut réellement accomplie; — examen des doutes de critiques, anciens et modernes	365
Importante addition aux connaissances géographiques des Grecs et stimulant pour leur imagination, résultant de là	363	Commerce par caravanes fait sur terre par les Phéniciens	371

FIN DE LA TABLE DU QUATRIÈME VOLUME

1865. — Imp. Poupart-Davyl et Cⁱᵉ, rue du Bac, 30.

ERRATUM

Note omise à la page 352.,
(3) Le cap Soloeis, considéré par Hérodote comme le promontoire le plus occidental de la Libye, coïncide par le nom avec la ville phénicienne de Soloeis dans la Sicile occidentale, et aussi (vraisemblablement) avec la colonie phénicienne *Suel* (Mela, II, 6, 65) dans l'Ibêria méridionale ou Tartêssos. Le cap Hermæa était le nom du promontoire nord-est du golfe de Tunis, et aussi celui d'un cap en Libye à deux jours de navigation à l'ouest des colonnes d'Hêraklês (Skylax, c. 111).

Probablement tous les promontoires remarquables dans ces mers reçurent leurs noms des Phéniciens. Mannert (Geog. der Gr. und Roem. X, 2. p. 495), et Forbiger (Alte Geogr. sect. 111, p. 867) identifie le cap Soloeis avec ce qui est appelé aujourd'hui le cap Cantin ; Heeren le considère comme étant le même que le cap Blanc ; Bougainville, que le cap Boyador.

www.ingramcontent.com/pod-product-compliance
Lightning Source LLC
Chambersburg PA
CBHW060606170426
43201CB00009B/911